新世纪优秀人才支持计划项目资助(NCET-10-009)
北京市教育委员会社科计划重点项目资助(SZ201110020010)
北京农学院"三农"数据采集与分析预警创新团队资助
北京市农业经济管理重点建设学科系列学术著作资助

北京鲜活果蔬
产品价格波动与调控研究

刘 芳 何忠伟 著

中国农业出版社

前 言

随着北京经济的快速发展，市民消费水平不断提高，其饮食结构也发生了很大转变，鲜活农产品（尤其是果蔬产品）占食物消费的比重不断增加，其价格波动对居民生活的影响力不断增强。同时，北京作为一个现代化、国际化大都市，常住人口超过2 000万，市民人均收入已过 1 万美元，对于鲜活果蔬需求量不断增加。目前，北京针对大米、小麦等大宗农产品扶持政策体系已基本建立，水果、蔬菜等鲜活农产品价格调控机制尚不健全。影响鲜活果蔬产品市场价格波动因素还很多，鲜活果蔬产品价格存在着明显波动。究其原因有：国内外市场价格传导的波动，果蔬产品生产受到自然灾害影响的波动，农业支持政策引起的大宗鲜活果蔬产品的季节性、区域性、结构性波动。其结果是：一方面，鲜活果蔬产品价格波动剧烈，消费者反响强烈；另一方面，鲜活果蔬产品竞争加剧，农民种植鲜活果蔬产品的效益下降。不论是消费者还是生产者，都对鲜活果蔬产品价格大幅度波动付出了较高的成本。因此，研究北京鲜活果蔬产品价格波动，探寻影响因素，健全鲜活果蔬产品市场价格调控政策，对于稳定北京鲜活果蔬产品市场和提高北京城乡居民的社会福利具有重要意义。

本书采用定量与定性分析相结合的方法，运用有关价格波动理论、价格形成机制理论等理论方法，采用 X_{11} 季节调整模型、H-P 滤波模型、线性回归模型和脉冲效应函数等计量模型，以水果、蔬菜为研究主体，研究北京与相关主产地果蔬产品生产与价格波动的规律、价格形成机制和传导机制。一方面，定量分析北京果蔬产品生产波动的规律和特征，北京及果蔬供给主产地价格波动的规律和特征，分析北京及主产地果蔬价格联动机制以及影响主产地果蔬价格的因素。另一方面，借鉴国内外有关鲜活果蔬产品市场调控政策的成功经验，提出一系列合理化建议。

研究表明，北京果蔬价格的波动性频繁于果蔬种植面积和产量的波动性，种植面积和产量的变化对果蔬价格的变化有先导性作用，市场是水果价格波动的主要诱因；北京鲜活果蔬产品价格短期存在明显的季节性波动，长期处于缓慢上升趋势，且存在明显的周期性，谷峰落差存在日趋增大的趋势；主产区和北京果蔬价格波动一直较为频繁，主产区价格总体上低于北京价格，主产区价格波动幅度高于北京价格波动幅度，且北京价格波动滞后于主产区价格；北京与果蔬供给主产地价格存在明显的联动关系，且蔬菜较水果而言联动更为频繁剧烈；与国际发达国家相比，中国目前鲜活果蔬产品市场调控还存在补贴不足、多头管理、市场调控的参考标准与信息系统不完善、流通领域补贴效率偏低等问题。

本书提出了改善北京鲜活果蔬产品市场调控的基本思路和具体办法：建立稳定北京果蔬产品价格与市场供应的调控体系，包括建立价格干预政策、建立适合北京发展的农业保险经营体制、建立鲜活果蔬产品市场调节基金、发展设施农业、建立鲜活果蔬产品价格预警机制、调整鲜活果蔬产品出入京政策以及构建共同维护稳定有序的果蔬市场环境等；建立北京与相关主产地果蔬生产和价格联动调控机制，包括建立北京市场果蔬供应基地、大力发展“农超对接”以及构建果蔬价格联动机制等政策建议。

本书综合了新世纪优秀人才支持计划项目（NCET-10-009)、北京市教育委员会社科计划重点项目（SZ201110020010)、北京农学院“三农”数据采集与分析预警创新团队等项目的阶段性研究成果，在研究中得到了教育部科技司、北京市教育委员会科研处、北京市农村工作委员会流通处、北京市哲学社会科学规划办、北京市郊区县农委等单位的大力支持；中国农业科学院博士生王琛、北京农学院经济管理学院杜睿、龙华平、白燕飞和范宣丽等研究生参加了系列调研，并为数据的收集与整理付出了辛勤的劳动；同时，许多同行的研究成果为本书的形成提供了很好的借鉴，在此一并表示感谢。

鉴于作者的水平有限，书中难免会有缺点和不足，恳请广大读者批评指正。

著　者

2014 年 4 月

目录

第一章　绪　论

北京鲜活果蔬产品产业为促进北京农民增收做出了重要贡献，由于鲜活果蔬产品产业面临的市场风险较大，鲜活果蔬产品市场价格经常发生波动，严重影响了鲜活果蔬产品生产者的积极性。北京水果消费量每年大约850 899吨，蔬菜3 213 118.7吨，60%以上依赖外埠供应。其价格的形成一方面取决于本地果蔬产品的供给，同时也受周边外埠省市果蔬产品生产的影响。鲜活果蔬产品的供给是北京城乡居民“菜篮子”工程的重要组成部分，价格大起大落对城乡居民的生活带来较大的影响。目前，北京粮食等大宗农产品的扶持政策框架已经基本建立，但鲜活果蔬产品的扶持和调控机制尚不健全，个别产品生产起伏波动、价格大起大落的情况时有发生。因此，进一步研究北京鲜活果蔬产品市场价格形成机制，挖掘其波动规律，健全鲜活果蔬产品市场调控政策，对于稳定北京农产品市场和促进农民增收、保护消费权益具有重要意义。

一、研究目的

本项目拟运用 X_{11} 季节调整模型和 H-P 滤波模型分析近些年北京鲜活果蔬产品市场价格波动的特点和规律；运用主成分分析模型从供给因素、市场需求因素和政策环境因素三方面分析果蔬市场价格形成机制，并试图从理论上把握鲜活果蔬产品市场价格形成的市场规律，从而丰富农产品市场理论；通过梳理北京调控鲜活果蔬产品市场的主要政策措施，分析评价鲜活果蔬产品市场调控措施的效果和存在的问题，借鉴其他国家和我国其他省份稳定鲜活果蔬产品市场、防止价格过度波动的经验，提出改善北京鲜活果蔬产品市场调控的可操作性的政策建议，以期对政府部门制定中国鲜活果蔬产品市场宏观政策提供科学依据。

二、国内外研究现状

1. 关于果蔬农产品价格波动的研究　水果、蔬菜经济波动过去被归入农产品大类分析，未有单列。改革开放以来，由于比较收益颇佳，水果、蔬菜成为各地区农业结构调整竞相上马的对象，至今已成为我国农业中举足轻重的部分。近几年，由于宏观经济过热、气候多变以及供过于求的压力，水果、蔬菜价格波动日趋复杂，即便在同一年，“价贱伤农”、“价格疯涨”现象也时有发生，价格不稳定性异常突出。对此，也有学者做了有益的探索，其中既有现象描述和规律总结，也有深层的机理分析。

阎晓军、赵友森等（2002）对北京市新发地、大钟寺、岳各庄三大批发市场54种蔬菜的市场行情做了广泛的调研，系统总结了北京市近年来各类蔬菜价格变化特征及本地蔬菜的市场占有状况，为当地种植业结构调整提供了有益的资料与建议。姚霞等（2004）以蔬菜为研究对象，探讨苏南、苏中、苏北蔬菜价格波动的时空特征，得出了江苏省蔬菜价格波动趋势相同，波动系数具有区域性和品种性差异的一般特征。李锁平、王利农（2006）分析了我国蔬菜生产对价格的反应程度，认为我国蔬菜供给对价格的反应程度较大，且存在滞后性。沈琼（2007）在Nerlovian供给理论的基础上，利用中国油菜籽生产和价格的历史数据，探讨中国油菜籽供给对外界价格变化的反应程度，认为1979年以后，价格对国内油菜籽播种面积变动影响非常显著。周红岩、唐羽等（2007）分析了近期猪肉上涨对大米、蔬菜价格的影响，认为逆向调控政策的缺失是农产品价格波动的深层次原因。姜新和魏垂敬（2007）在对江苏丰县、沛县蒜薹生产区多年考察的基础上，推导出气温通过作用于产量，最终影响蒜薹价格的结论。鲍继友、李朋忠等（2007）对江苏省连云港2001—2006年27个蔬菜品种进行调查分析，探讨了该市蔬菜价格周期，并认为季节性、区域性、品种差异和政策是影响蔬菜价格波动的主要因素。陈彦峰（2008）则认为，生产流通成本的增加、蔬菜品质的提高、城市化带来的需求增加以及局部气候波动是蔬菜价格波动的主要原因。从文献资料所反映的情况来看，尹成杰（2003）、柯炳生（2005）等分别对粮食、棉花等大宗农产品的生产波动进行了研究，但关于果产业的研究，乔宪生、乔娟（2002）等大多侧重产业发展及比较优势和竞争优势进行了分析，但关于果蔬波动的研究除了杜俊（2008）运用小波分析法分析了蔬菜价格波动及与气候关系研究外，系统全面的研究几乎是空白。

2. 关于农产品价格波动原因的研究　价格波动是商品供需矛盾运动的结果。国内外许多学者从供给、需求和政策等方面论述农产品价格波动的成因。研究表明，价格波动直接和间接地受宏观经济政策的影响。例如，在需求非随机扰动的假定前提下，Hazell和Scandizzo（1975）认为，市场价格的方差是预期价格方差和产量方差的线性函数。Lapp和Smith（1992）研究表明，粮食价格及波动水平直接和间接地受宏观政策特别是货币政策的影响。Fafchamps（1992）指出，运用作物生产决策选择模型（Crop portfolio choice model），在农村农产品市场发展不完善的条件下，食品价格具有波动性，且与农产品产量高度相关。另外，贸易地位（进口或出口）以及贸易政策（干预与否）也可能对价格波动产生不同的影响（Konandeas and Schmitz，1978；Chung，1989）。国内学者论述了市场发育程度对农产品价格波动的重要影响。隆国强（1999）将垄断竞争的理论运用到对农产品价格的影响上，得出了"农产品价格的相对下降是不可避免"的结论。如何让农产品获得市场平均利润，这就需要农产品补贴政策。姚明龙（2001）、李岳云（2000）等论述了流通机制对价格波动的重大影响。中国非市场化农产品流通体制价格信号的失真乃至传导阻塞，导致农民无法按照市场信号形成正确的预期，产生农产品生产投入品的决策失误，从而引发农产品价格的大起大落。许经勇（1995）认为市场信息的偏差是农产品价格风险的根源。姜德波（2002）认为农产品市场运行中没有形成反风险机制、风险分担机制、价格发现机制、权益保障机制和农产品套期保值机制等市场机制，是农产品市场风险存在和得不到很好防范的重要原因之一。乔娟和索志林（2008）、姜德波（2001）等认为市场主体的发育程度和组织化程度低，加大了农产品价格风险。

3. 关于农产品价格波动的研究方法　研究价格波动实质就是研究时间序列的波动情况，一般认为，对于任何时间序列而言，都存在三种分量，即长期趋势分量、周期波动分量和不规则分量。研究波动的传统方法有速度法、趋势分解法和滤波法等。

速度法是以变量的年际环比增长率来衡量波动强度，并通过寻找增长率的波峰和波谷来研究波动的规律，计算出增长率后可直接计算波动的绝对幅度（标准差）和相对幅度（变异系数）。速度法用增长率来衡量波动强度，简单而实用，但作为一个年度概念，其本身含有的长期趋势成分会在计算中被平滑，因而分析具有长期变化趋势的时间序列时结果会有所失真。

趋势分解法是度量经济周期波动的一种有效方法，其基本思想是按照某一方法将趋势变动剔除，其余部分即为经济量的波动。趋势波动法克服了速度法测度波动强度时的缺陷，并且计算也十分方便。

滤波法是由 Hodrick 和 Prescott 提出的一种分析经济变量周期波动的趋势分解方法，简称 H-P 滤波法。作为一种线性回归技术，其作用很像双向移动平均。H-P 滤波法的基本思路是从经济波动中分离出长期趋势分量和短期波动分量后，以周期波动分量为标准差，再用方差分析滤波法或傅立叶周期分析滤波法进行滤波，将剩余部分界定为随机波动，并分别对各种波动予以分析，把握规律。H-P 滤波法是目前经济周期理论研究者采用较多的方法，因为它可以有效满足真实经济周期理论关于将增长和周期统一处理的目的。

4. 关于农产品价格传导机制的研究 生产者价格与消费者价格之间的传导机制问题一直受到学术界的关注。消费者价格指数（CPI）是衡量通货膨胀（或紧缩）程度的一个重要指标。CPI 反映了居民的生活成本，生产者价格指数则反映了企业的生产成本。根据经济理论，一般把生产者价格指数（PPI）作为消费者价格指数的先导指标，而 CPI 对 PPI 也有反馈机制。究竟这种传导机制是如何作用的，国内外学者做了大量的研究，但结论不尽相同。Cushing 和 McGarvey 对美国的价格传导机制的实证分析表明，从生产者价格到消费者价格的传导机制比从消费者价格到生产者价格的传导机制更重要。Todd E. Clark 全面分析了生产者价格对消费者价格的传导机制的各种可能原因并且运用回归分析和向量自回归（VAR）模型对美国数据做了实证分析，得出从生产者价格到消费者价格的传导机制比较微弱的结论。

Apo-rale 等对 G7 国家的生产者价格和消费者价格传导机制进行研究，考虑了由货币政策传导机制（transmission of monetary policy）引起的因果关系，使用了 Toda 和 Yamamoto（1995）介绍的适用于不稳定系统的因果关系检验方法检验 CPI 和 PPI 之间的 Granger 因果关系，得到有效的检验结果。

从近期国内文献来看，这方面的研究主要选择了以下几个角度：第一种是从价格传导机制是否发生变异的角度分析。刘敏等利用相关分析和回归分析，从多个角度对山东省居民消费价格指数（CPI）和生产者价格指数（PPI）（包括生产资料价格指数和生活资料出厂价格指数）与原材料、燃料及动力购进价格指数之间的关系做了分析，其结果表明，PPI 和 CPI 间具有较高的线性相关关系；PPI 对 CPI 的影响有明显的滞后期，但是 PPI 的上涨最终势必会传递到 CPI 上；从长期来看，PPI 的波动幅度一般大于 CPI 的波动幅度，但是两者总的变动方向往往是一致的或接近的，也就是说所谓的价格传导机制变异从数据上得不到证实。何新华分析了不同价格指数间的区别及联系，通过仔细观察各价格指数的变化情况以及使用中国宏观经济季度模型建立了工业品出厂价格指数和原材料购进价格指数间的误差修正模型，得出上下游工业的价格传导规律并未发生变异的有益结论。

第二种是研究价格传导机制的长短期动态关系。张延群采用二阶单整协整向量自回归模型构造了居民消费价格指数、商品零售价格指数、工业品出厂价格指数和原材料、燃料、动力购进价格指数间的长期动态关系。该模型的分析表明，从长期来看，CPI 决定了系统中价格指数的长期趋势；并且建立了各指数间的一阶单整协整向量自回归模型分析指数间的短期关系。从短期来看，原材料、燃料及动力购进价格指数的变动是其他价格指数发生变动的推动力量。

此外，程建华等运用 Granger 因果关系检验和 K—L 信息量、时差相关分析等技术，分析了各宏观经济变量对价格水平的影响以及指标间的先行关系；并对中国物价传导机制做了较深入的探讨，分别分析了上游价格向消费价格的传导机制和生产资料价格向分类消费物价的传导机制。分析表明，在市场化较为完善的行业或领域，价格传导机制畅通；而一些由政府控制或存在垄断的行业，价格传导发生阻塞。这些结论为政府制定宏观调控政策提供了重要的依据。贺力平、樊纲、胡嘉妮利用 2001 年 1 月至 2008 年 7 月的 CPI、PPI 数据分析两指数间的带动关系，用 Granger 因果关系检验得出消费者价格指数是生产者价格指数变动的 Granger 原因，两者之间仅存在单向因果关系。据此得出结论：在所考察的时期内，在影响以消费者价格指数来衡量的国内通货膨胀中，需求方面的因素相对大于供给方面的因素。

国内学者从各个不同角度对生产者价格和消费者价格的传导机制进行研究，得出很多有益于政府制定宏观经济政策的结论。但是，上述研究都没有考虑货币政策的传导机制对生产者价格和消费者价格有关农产品价格传导机制的研究。蔡风景等（2008）、周帅等（2008）分别运用动态计量方法和分布滞后模型对中国一般性商品价格传导机制进行了实证分析。肖六亿、常去昆（2005）认为，市场分割是价格不能从生产领域顺利传递到消费领域的原因；李未无（2006）则认为，价格传导失衡的原因包括人民币汇率低估、成本构成的复杂性以及利润追逐行为。在养猪业上，刘政（1992）认为，生猪价格运行机制从粮食丰歉程度开始，生猪生产转变首先出现在母猪存栏量上，然后由母猪存栏量影响仔猪供给量和仔猪价格，进而引起生猪饲养量和猪肉价格变动。王芳（2009）以仔猪价格、玉米价格、生猪价格、猪肉价格组成的养猪业价格系统为研究对象，运用动态计量方法探讨它们之间的均衡和引导关系，然后用分布滞后模型对养猪业价格传导机制进行分析；张璐（2005）按照产业链流程分析了食品产业从农副产品原料→食品加工→食品消费的三级链条中价格传导机制，并得出了食品行业价格监控，主要不在传导过程而在源头的供给的结论。

5. 关于市场预警及调控机制研究 Caporale 和 Pittis（1997）指出，利用两变量向量自回归模型检验 Granger 因果关系，会受到系统之外第三个变量 z_t 的影响。他们检验了一个包含 x_t 和 y_t 的两变量 VAR 系统是如何受到系统之外的第三个变量的影响。当 z_t 是其中的变量时，利用不完整的两变量 VAR 系统检验因果关系将不能得出有效的结论。有鉴于此，本书拟将货币政策的传导机制纳入中国果蔬产品价格的传导机制研究，以期得到反映经济运行状况的有效结论。

上述国内外资料具有一定的借鉴意义，也存在一些不足：

一是在研究领域与层次上，国内外关于农产品波动的研究较多，但多着眼于对国民经济起基础性作用的农业总体波动以及粮食、棉花等大宗作物波动研究，而对果蔬业价格波动的研究则相对较少。国内果品、蔬菜产业发展的研究较多，但多集中于WTO与果蔬产业发展及产业竞争力等宏观问题研究，而专门以果蔬价格序列作为研究对象的文献较少。在国内为数不多涉及果蔬价格的文献中，描述性研究较多，探讨背后成因的文献较少；探讨成因的文献，定性的较多，定量的较少；定量分析的当中，对基本宏观数据平铺直叙的较多，广泛调查收集数据进行实证研究的较少。

二是在研究内容上，对于区域性的价格波动特征，往往仅依赖少数的蔬菜品种进行判断，全面性与客观性不足；在区域比较方面，对价格差异的解释也多归结为区域的社会经济条件，而对最基本的自然环境条件有欠考虑，而在很多时候，自然条件特别是气候条件的变化对蔬菜价格的影响是决定性的。

三是在研究方法上，特别是对波动周期的描述，很多只是根据序列特征做定性的判断，该方法简单实用，很适合波动特征典型的序列分析，但由于缺乏统一的标准，往往出现认识上的偏差，且对不同尺度下的周期波动识别力较差。

三、研究内容

（一）界定鲜活果蔬产品产业研究的范围

基于鲜活果蔬产品种类繁多，本书将选用主要水果和蔬菜种类进行生产及市场的研究。具体范围如下：

（1）4类水果：①苹果；②西瓜；③香蕉；④柑橘。

（2）7大类14种蔬菜：①白菜类：大白菜、圆白菜；②绿叶蔬菜类：油菜、芹菜；③葱蒜类：蒜薹、韭菜；④茄果类：番茄、青椒、茄子、尖椒；⑤瓜类：黄瓜；⑥根菜类：白萝卜、胡萝卜；⑦薯芋类：马铃薯。

（二）北京果蔬产品生产波动特征和规律

基于生产波动和价格波动互为因果，本部分将对两方面波动进行系统研究。利用1952—2011年的北京果蔬产品产量和1990—2011年的种植面积数据，分析北京果蔬产品生产的时间序列波动情况，包括长期趋势成分和周期成分。

（三）北京与相关主产地果蔬产品价格波动特征和规律

将利用北京市和相关主产地集市、批发市场的平均价格的月度时序统计数据，运用 X_{11} 季节调整模型和 H-P 滤波模型动态分析鲜活果蔬产品价格波动的特征和其中所包含的周期性变化规律和趋势性变化规律。这是本部分的重点。

（四）北京市与相关主产省果蔬产品价格的联动机制

北京市作为多种水果蔬菜的主销地，其蔬果消费主要依靠外埠供给。这样就形成了北京市蔬菜水果市场价格的特殊性，即其价格形成主要受相关省份蔬菜水果价格的影响，北京市与主要供给省份的蔬菜水果价格形成了联动协同波动的关系。本部分先研究了北京果蔬价格与主产地果蔬价格互相冲击及响应的方式，再分析构建了各个果蔬产品的价格联动机制。研究其联动机制可以有助于消化价格变动带来的不利影响，寻求在短时间幅度适宜的价格变动调控预期。

（五）北京市及相关主产地果蔬产品价格波动的成因

鲜活果蔬产品价格受到多方面的影响，其价格波动很难从某一方面得到较准确的估计与预测。本部分根据蛛网理论、市场供求决定价格理论等，拟从计量的角度，采用拓展的 ARCH 模型，从供给（包括生产与流通）和需求角度考察北京本地鲜活果蔬产品市场占有率、鲜活果蔬产品生产成本价格、鲜活果蔬产品产量、上一期（年）价格、价格预期、规模化种植情况、病虫害因素、自然灾害、自然环境、人口数量、人口城乡结构、市场发育程度、消费量及消费结构、通货膨胀和政策因素等对北京鲜活果蔬产品价格波动的影响，以及各因素的作用方向和影响程度。

（六）北京与国内外大都市鲜活果蔬产品市场调控比较

总结近期北京市政府调控鲜活果蔬产品市场的主要措施、取得的成效以及存在的不足。选取上海、东京和纽约等国际大都市进行国际比较研究，概括这些城市调控鲜活果蔬产品市场的主要办法、运用的政策工具以及对北京市的启示。

（七）稳定北京鲜活果蔬产品价格与市场供应的调控机制的政策建议

根据第三、第四、第五和第六部分的分析结果，遵循鲜活果蔬产品产业产量适度、价格适中、质量优良、利益分配基本合理的价格与市场供应调控机制的运行目标，完善现行政策机制缺陷，构建更加可持续运行的鲜活果蔬产品价格与市场供应的调控机制的政策建议。根据北京鲜活果蔬产品的产销特点，研究提出改善北京鲜活果蔬产品市场调控的基本思路和具体办法。

四、研究的思路与方法

（一）研究思路

本书试图在鲜活果蔬产品价格波动及市场调控理论（主要包括蛛网模型理论、供求决定价格理论和波动分析理论模型）的指导下，从市场需求情况（城镇人口增长率、农村人口增长率、农村人均纯收入增长率、鲜活果蔬产品消费价格变动率、农产品加工业总产值增长率、鲜活果蔬产品出口增长率等）；市场供给情况（北京鲜活果蔬产品市场占有率、上一期鲜活果蔬产品生产价格变动率、上一期鲜活果蔬产品种植面积量增长率、苗种费用增长率、化肥价格变动率、农药价格变动率、鲜活果蔬产品进口增长率等）；环境因素（温度、降水和日照）和面临的环境政策（通货膨胀率、鲜活果蔬产品国际价格变动率和支农支出增长率等）等方面系统分析北京鲜活果蔬产品市场价格波动的基本规律和成因，并在北京市鲜果果蔬价格形成机制和现行调控政策效果分析的基础上，完善北京鲜活果蔬产品市场调控的政策体系。理论框架如图 1-1 所示。

（二）研究方法

本书将采用定性定量综合集成、理论与实证相结合的研究方法，使研究形成一个从定性到定量，再到定性的完整闭合结构，力求做到分析准确、论证科学、方案设计具有现实针对性和可操作性。在分析鲜活果蔬产品产销现状部分，主要采用文献查阅和资料分析等定性分析方法；在分析鲜活果蔬产品生产波动和与价格波动的特征和规律分析部分主要采用理论与实证相结合、定性与定量分析相结合，以定量分析为主的方法。而在现行政策评价部分采用国内外比较分析的方法。

1. 问卷调查与深度访谈法　对现行调控政策绩效评价，需要通过大量的调研对现行政策的实施效果、执行偏差、机制缺陷进行客观评估；将选取北京市城郊的水果蔬菜消费者、生产者进行果蔬消费生产基本情况调研和流通市场调研。同时，本书还采用深度访谈法。通过与受访者的互动，深入了解病虫害、自然灾害等农业保险制度对实施力度和效果；了解鲜活果蔬产品种植农户和流通加工企业对产业扶持政策的需求和建议。从而进一步提高调查资料的全面性、准确性和权威性。

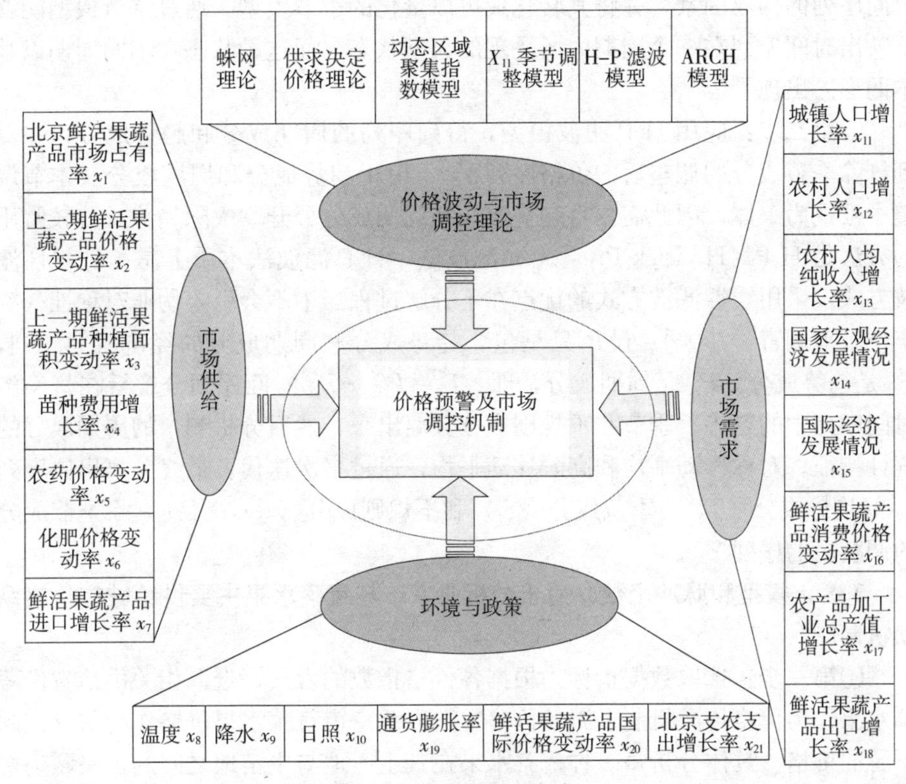

图 1-1 研究的理论框架

2. 计量模型分析法，用于分析波动周期规律和波动成因分析 通过现有资料分析，发现北京市鲜活果蔬产品产业经济指标有着较强的周期性。鲜活果蔬产品周期是指鲜活果蔬产品经济指标围绕其长期趋势扩张和收缩而体现出的周期性波动。首先通过 X_{11} 季节调整方法对北京市鲜活果蔬产品价格月度资料进行季节调整，在此基础上使用 H-P 滤波法获得周期成分，然后分析周期成分的统计特征，从而对鲜活果蔬产品价格和生产周期做出判断和分析。在此基础上，得到剔除季节成分的调整后的价格序列 Y_t^*，进而运用 ARCH 模型定量的分析各因素对鲜活果蔬产品价格波动的影响。

①第一步：应用 X_{11} 季节调整模型，进行序列分解，得到季节周期成分。X_{11} 季节调整法是美国官方对公布的经济时间序列数据进行季节调整的标准方法。该方法的核心思想是：时间序列 Y_t 是由四种成分构成的，他们分别是：趋势成分 T_t（Trend）、季节成分 S_t（Seasonal Fluctuation）、周期成分 P_t（Periodicity）和不规则成分 I_t（Irregular Variations）。这些成分通过不同组合方式影响时间序列的发展变化。时间序列的季节调整法从这个角度出发理解

时间序列的构成因素，并将其转化成可以量化的季节模型。通过季节模型能够反映出时间序列在一个周期内所呈现的典型状态，而这种状态在不同周期以基本的形态出现。

②第二步：应用 H-P 滤波模型，得到序列的周期成分和趋势成分，并得到剔除季节成分的调整后的价格序列 Y_t^* 。由于趋势成分和周期成分在季节调整中被视为一体，因此需要将趋势成分和周期成分分开。去除趋势成分较常用的方法是 H-P（Hodrick-Prescott）滤波法。H-P 滤波法本质上是一种线性滤波方式，采用线性滤波方式的优点在于分解过程当中不会引入伪非对称性（刘金全、范剑青，2001）。设 P_t 只是包含趋势成分和周期成分的经济时间序列，P_{tT} 是趋势成分，P_{tC} 是周期成分，即：$P_t = P_{tT} + P_{tC}$ 时间序列分解旨在将经济时间序列中的趋势、季节和不规则成分分离出来，然后分析剩余的周期成分的统计特征。对称移动平均和高阶移动平均，通过多次迭代，最终分离出原序列 Y_t 的趋势成分（T_t）、季节成分（S_t）和不规则成分（I_t），得到剔除季节成分的调整后的序列 Y_t^* 。

3. Var 模型和脉冲函数，用于分析北京市与蔬菜水果主要供给城市价格联动机制

①第一步：选取数据指标。根据各价格指数的含义，选取相关供给省份蔬菜水果作为价格传导机制上游的价格；选取北京市蔬菜水果价格作为传导机制下游的价格。具体分析每一种蔬菜水果在其主产地与主销地之间的价格联动协同波动关系，分析上游价格对下游的推动作用及下游价格的对上游价格的反作用。

②第二步：计算各价格涨幅和价格传导率。为了分析北京市果蔬价格与主要供给省份果蔬价格的联动机制，将选用了北京市各类果蔬价格与主产省份各类果蔬价格的涨幅及价格传导率作为研究价格传导指标。分析各果蔬品种价格联动的启动点和联动时间。

4. 典型案例分析与比较分析法 北京市作为国际大都市，有其特有的经济与政治地位，形成了其独有的市场调控地位。为了研究北京市果蔬市场调控的能力及水平，借鉴国外果蔬产业发展经验，如欧盟、日本、沙特阿拉伯和印度等国家和地区来对比分析和学习借鉴。

五、研究的技术路线

本书突破以往文献研究的局限性，将鲜活果蔬产品价格波动放置于国民经济体系中（图 1-2），既从供给和需求的市场角度，也从外部环境及产业政策的角度对北京鲜活果蔬产品市场进行系统的研究。

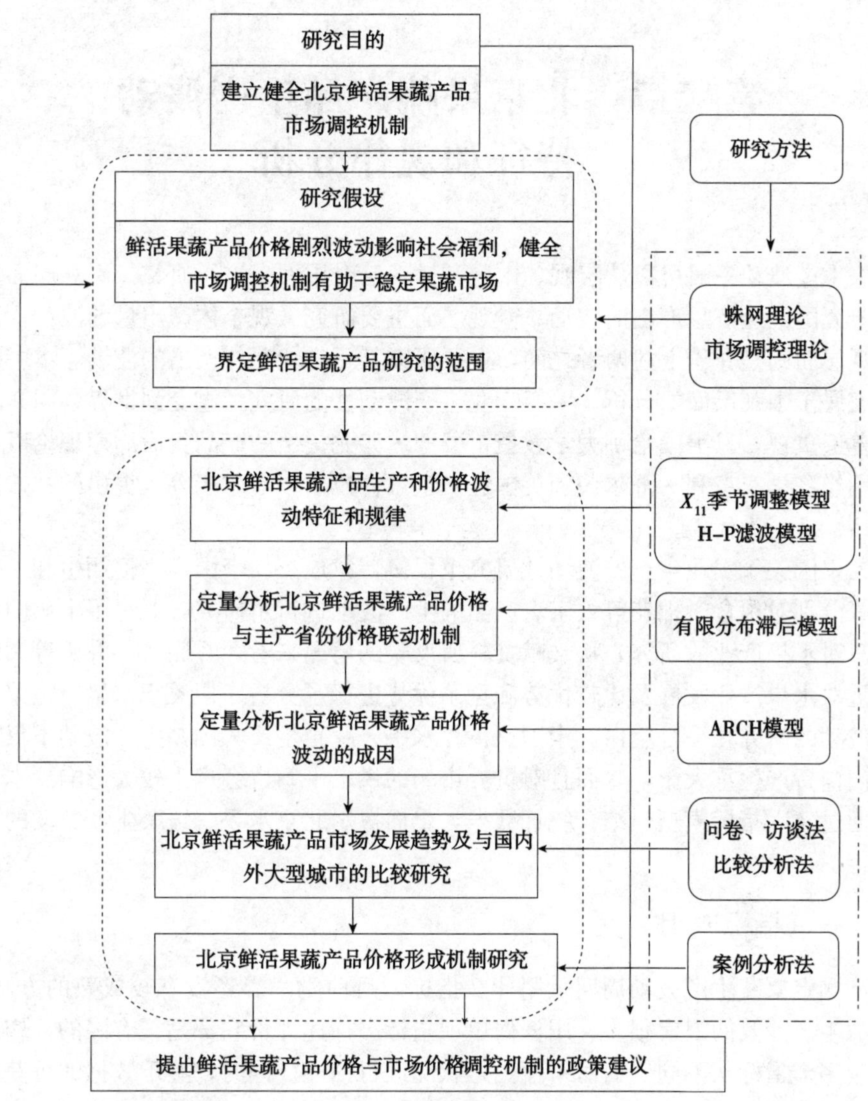

研究目的
建立健全北京鲜活果蔬产品
市场调控机制
研究方法
研究假设
鲜活果蔬产品价格剧烈波动影响社会福利，健全
市场调控机制有助于稳定果蔬市场
蛛网理论
市场调控理论
界定鲜活果蔬产品研究的范围
北京鲜活果蔬产品生产和价格波
动特征和规律
X_{11}季节调整模型
H-P滤波模型
定量分析北京鲜活果蔬产品价格
与主产省份价格联动机制
有限分布滞后模型
定量分析北京鲜活果蔬产品价格
波动的成因
ARCH模型
北京鲜活果蔬产品市场发展趋势及与国内
外大型城市的比较研究
问卷、访谈法
比较分析法
北京鲜活果蔬产品价格形成机制研究
案例分析法
提出鲜活果蔬产品价格与市场价格调控机制的政策建议

图 1-2 技术路线

第二章　北京果蔬产品生产波动特征和规律分析

生产波动一般可以从宏观、中观和微观三个层面来进行研究。宏观层面主要研究国民经济总产出的波动；微观层面主要研究微观个体产出量的波动；而中观层面则是介于上述两者之间，主要研究某一产业总体产出的波动。本书的研究属于中观层面的分析。关于产业生产波动性的研究一直受到世界各国学者的普遍重视，以美国哈佛大学教授雷蒙德·弗龙提出的产品生命周期理论以及美国经济学家亨利·舒尔茨和英国经济学家古拉斯·卡尔多等人提出的“蛛网模型”理论为代表。

中国关于农业生产的波动性研究也很多，尹成杰、李国祥、柯炳生和王征兵等分别对粮食、棉花等大宗农产品的生产波动进行了研究，取得了丰硕的成果。对水果产业的研究，从文献资料所反映的情况来看，乔宪生、乔娟等大多侧重对水果产业发展及比较优势和竞争优势进行了分析，但关于水果、蔬菜生产波动的研究几乎是空白。中国是世界水果、蔬菜生产大国，生产波动不仅对国内消费产生重大影响，而且对世界市场的供求平衡也会产生较大影响。本章拟通过建立指标模型，结合统计数据，全面揭示北京水果、蔬菜生产波动的基本特征。

一、指标说明

测定果蔬生产波动周期采用什么指标，目前学术界还没有较成熟的方法。果蔬生产涉及的因素很多，用任何单项指标去描述评价它都是很有限的，应该采用多个指标从不同侧面对果蔬生产状况进行描述。同时，鉴于数据的可获得性，本章选用果蔬产量、种植面积两个指标来分析果蔬生产波动周期。其中，果蔬产量反映当年的种植面积。既反映出当年果蔬生产状况，同时又影响下一年的果蔬生产。两个指标既有联系又相互区别，可以从不同侧面较充分地反映果蔬生产波动状况。本章从果蔬产量、种植面积两个方面来描述北京果蔬产业生产波动的特征和规律。

二、数据说明

由表 2-1 可以发现，北京市农作物总的播种的面积总体呈逐年下降的趋势，这与北京市近20年来城市化进程的发展与城市功能定位的调整有关。北京已逐渐转变为以政治、文化、教育、金融和高科技产业等为主题的国际化大都市，随之发生的转变是北京市农业产业的发展定位，由原来的传统农业功能转变为都市型农业、种业为主要内容的现代化农业形势。与农作物播种面积不同，蔬菜水果的播种面积总体呈先上升后下降的“∩”趋势，且这两者占前者的总量总体也呈“∩”趋势，但近10年来都超过40%。也就是说，果蔬类种植在北京市农业中所占比重较大，这是由于鲜活果蔬产品不仅具有不易保存、鲜活度要求高等特点导致本地供给的必要性。同时，鲜活果蔬产品还具有经济效益相对较高、技术规格要求相对较高等特点，适宜在北京市这类都市发展。

表2-1　北京市农作物播种面积及蔬菜水果播种面积数据

年份	农作物总播种面积（万亩*）	蔬菜面积（万亩）	果园面积（万亩）	果蔬播种面积总和（万亩）	果蔬面积占农作物播种面积比例（%）
1990	590.30	155.70	76.30	232.00	39.30
1991	590.20	109.90	74.80	184.70	31.29
1992	585.30	75.00	50.70	125.70	21.48
1993	565.30	78.30	58.10	136.40	24.13
1994	550.56	91.24	58.40	149.64	27.18
1995	553.20	90.90	59.70	150.60	27.22
1996	538.30	87.60	57.50	145.10	26.96
1997	535.80	88.80	58.80	147.60	27.55
1998	535.30	90.20	60.20	150.40	28.10
1999	527.10	93.50	64.00	157.50	29.88
2000	457.30	107.80	85.30	193.10	42.23
2001	386.40	119.90	85.33	205.23	53.11
2002	342.00	122.10	89.90	212.00	61.99
2003	308.80	116.29	87.54	203.83	66.01
2004	312.48	99.80	81.40	181.20	57.99
2005	318.00	88.60	75.69	164.29	51.66
2006	329.62	81.55	70.02	151.57	45.98
2007	295.01	70.10	74.30	144.40	48.95
2008	322.02	68.19	72.15	140.34	43.58
2009	320.13	68.49	66.71	135.20	42.23
2010	317.27	67.54	64.93	132.47	41.75
2011	302.58	66.80	63.46	130.26	43.05

数据来源：1991—2012年《中国农业统计年鉴》。

北京市蔬菜水果年产量见表2-2。

* 亩为非法定计量单位。1亩=1/15公顷。

表 2-2　北京市蔬菜水果年产量

年份	蔬菜产量（万吨）	水果产量（万吨）	年份	蔬菜产量（万吨）	水果产量（万吨）
1952	29.24	3.41	1982	208.26	13.1
1953	46.28	3.97	1983	199.12	16.95
1954	46.6	1.77	1984	217.97	18.98
1955	59.13	2.44	1985	203.96	17.86
1956	67.5	3.78	1986	222.7	17.49
1957	89.33	4.65	1987	241.07	21.49
1958	102.34	4.13	1988	271.28	22.54
1959	122.86	6.81	1989	331	25.66
1960	131.57	4.52	1990	356.12	26.38
1961	129.82	4.43	1991	368.38	27.84
1962	161.12	8.25	1992	381.43	32.87
1963	148.24	8.86	1993	418.77	37.97
1964	115.39	9.94	1994	350	47.2
1965	134.4	9.58	1995	397.29	45.24
1966	115.96	10.45	1996	403.17	49.46
1967	132.62	9.5	1997	410.29	50.68
1968	121.38	10.78	1998	406.13	54.11
1969	122.09	11.69	1999	426.77	54.06
1970	144.78	9.1	2000	489.15	58.6
1971	139.93	10.54	2001	522.87	61.79
1972	145.85	12.52	2002	545.63	66.91
1973	143.96	10.39	2003	527.34	70.12
1974	156.26	14.8	2004	489.15	74.41
1975	156.34	14.8	2005	423.89	111.9
1976	173.86	14.65	2006	341.2	114.8
1977	173.57	12.15	2007	340.1	124.9
1978	164.15	16.5	2008	321.31	118.8
1979	181.33	15.21	2009	371.11	120.1
1980	175.93	14.86	2010	302.98	115.2
1981	172.77	14.8	2011	296.9	120.9

数据来源：1952—2004 年数据来自《新中国 55 年统计资料汇编》，2005—2011 年数据来自《中国农村统计年鉴》。

由表 2-1 和表 2-2 数据可以获得北京市蔬菜和水果单位产量数据（表 2-3）。

表 2-3 北京市蔬菜和水果单位产量

年份	蔬菜单产（千克）	水果单产（千克）	年份	蔬菜单产（千克）	水果单产（千克）
1990	2 287.2	345.7	2001	4 360.9	724.1
1991	3 352.0	372.2	2002	4 468.7	744.3
1992	5 085.7	648.3	2003	4 534.7	801.0
1993	5 348.3	653.5	2004	4 901.3	914.1
1994	3 836.0	808.2	2005	4 784.3	1 478.4
1995	4 370.6	757.8	2006	4 183.9	1 639.5
1996	4 602.4	860.2	2007	4 851.6	1 681.0
1997	4 620.4	861.9	2008	4 712.0	1 646.6
1998	4 502.5	898.8	2009	5 418.5	1 800.3
1999	4 564.4	844.7	2010	4 485.9	1 774.2
2000	4 537.6	687.0	2011	4 444.6	1 905.1

数据来源：由表 2-1 和表 2-2 计算所得。

三、研究方法

目前，经济变量波动测量方法主要有三种：速度法、剩余法和滤波法。速度法以经济变量的年环比增长率来衡量波动强度，寻找增长率的波峰、波谷，以此来研究波动的规律，这种方法的特点是简单易行、直观明了，缺点是测定结果具有较大局限性，不能有效剔除长期趋势，易受相邻年份数值波的影响。剩余法将经济变量的变动分解为长期趋势和波动分量两部分，利用某一方法剔除长期趋势其余部分即为经济变量的波动成分，剔除趋势变动的方法主要有回归分析法、移动平均法和阶段平法等。与速度法相比，该方法可以较有效地消除长期趋势，被学者们广泛使用。H-P 滤波法由 Hodrick-Prescott（1980）在分析战后美国经济周期的论文中首次提出以后被广泛采用，该方法是一种非线性回归技术，其优点是运用灵活、拟合效果较好，缺点是计算起来比较繁琐。

在分析计算过程中，本书分别采用回归分析法和滤波法剔除长期趋势，发现两种方法得到的波分量变化基本一致，波峰、波谷也大致相同。但是，由滤波法分解出的波动分量更加平稳，同时考虑果蔬生产变化的长期趋势并非线性，故最终选用 H-P 滤波法对果蔬生产波周期进行测定。

H-P 滤波法的基本思想：设 $\{Y_t\}$ 是包含趋势成分和波动成分的经济时间序列（比如生猪年末存栏量），$\{Y_t^d\}$ 是其中含有的趋势分量，$\{Y_t^c\}$ 是其中含有的波动分量，则 $Y_t=Y_t^d+Y_t^c$，（$t=1$，2，…，T）。

计算 H-P 滤波就是从 $\{Y_t\}$ 中将 Y_t^d 分离出来，即选择一个时间估计序列 $\{Y_t^d\}$，最小化实际值和样本点趋势值。$\{Y_d{}^t\}$ 常被定义为下面损失函数的最小化问题的解：

$$\min\sum_{t=l}^{T}\left\{(Y_t-Y_t^d)^2+\lambda\sum_{t=l}^{T}\left[(Y_{t+1}^d-Y_t^d)-(Y_t^d-Y_{t-1}^d)\right]^2\right\}$$

H-P 滤波依赖于参数 λ，该参数需要先给定，λ 越大，估计出的趋势线越光滑，反之越弯折。但参数的取值存在争议，对于年度数据，较为常见的取值是 $\lambda=100$（高铁梅，2006），也有学者（Ra and Uhlig，2002）、（陈蓉，2009）主张 λ 应该取值 6.25。分别使用 $\lambda=100$ 和 $\lambda=6.25$ 对年份数据列进行 H-P 滤波，发现二者有利弊：前者的趋势线更加平滑，波动值起伏大，对较大的波动反映更加敏感；后者趋势值与实际值贴近，趋势线更加弯折，但波动反映更细致，既能反映大的波动变化，也能显示较小的年度起伏。经课题组权衡比较，也认为 $\lambda=6.25$ 时的滤波结果更能反映北京果蔬生产波动的实际情况，因此选用 $\lambda=6.25$ 来进行 H-P 滤波。

利用 H-P 滤波法求得 $\{Y_t\}$ 的趋势分量 $\{Y_t^d\}$ 后，再用 $Y_t-Y_t^d$ 求得波动周期分量 $\{Y_t^c\}$。进一步计算变异率（Ratio of Variation）：$RV=Y_t^c/Y_t^d$，它反映经济变量在特定时间上对长期趋势的偏离幅度，反映经济变量的短期波动情况。本章将以变异率（RV）作为波动周期划分的主要依据。

四、北京水果生产和波动周期的测定

（一）水果生产长期趋势分析

本章应用 H-P 滤波法，分析了 1990—2011 年水果面积、单产和 1952—2011 年总产量进行长期趋势分解，结果见图 2-1、图 2-2 和图 2-3。

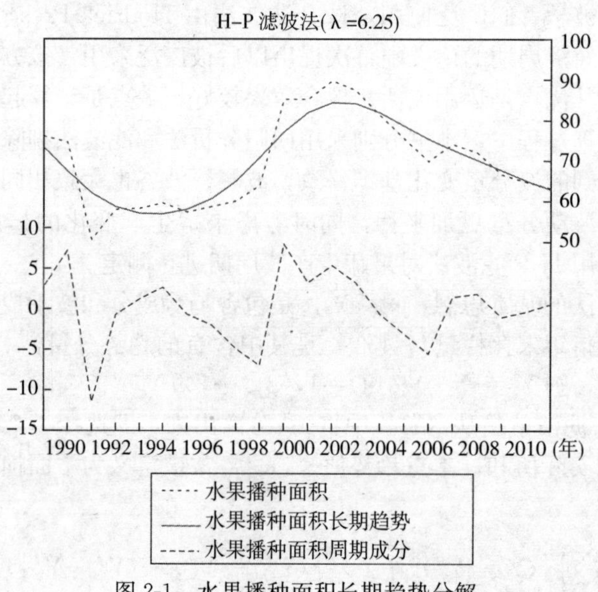

图 2-1　水果播种面积长期趋势分解

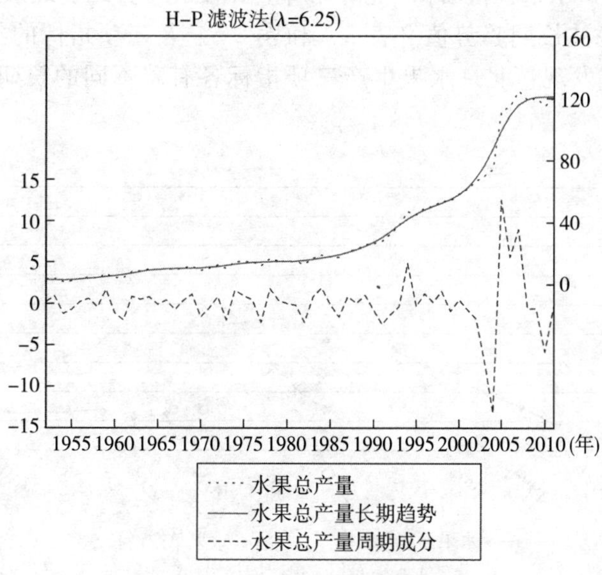

图 2-2　水果总产量长期趋势分解

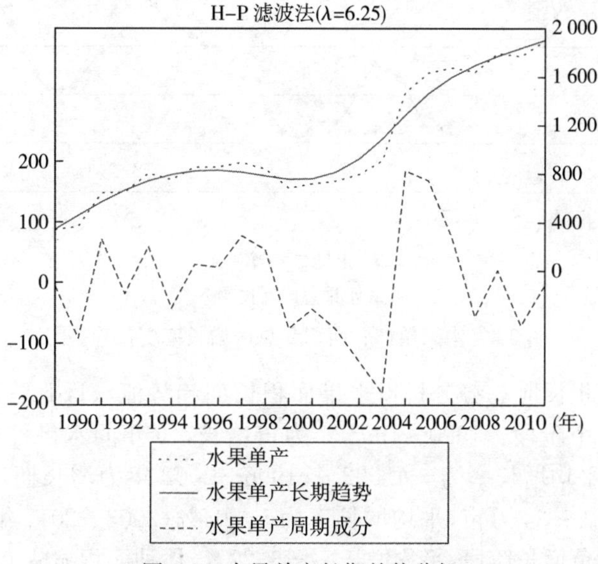

图 2-3　水果单产长期趋势分解

从图 2-1～图 2-3 可以得出：

①H-P滤波法对长期趋势的拟合效果较好，趋势值和真实值的拟合优度很高。

②剔除趋势值后的波动值围绕零值上下波动。

根据北京市水果种植面积、总产和单产的变化，并结合北京水果生产三项指标的H-P滤波长期趋势值（表2-4和表2-5）及三项指标的年增长率指标（图2-4）分析发现：北京水果生产三项指标各有着不同的长期趋势线变化。具体而言：

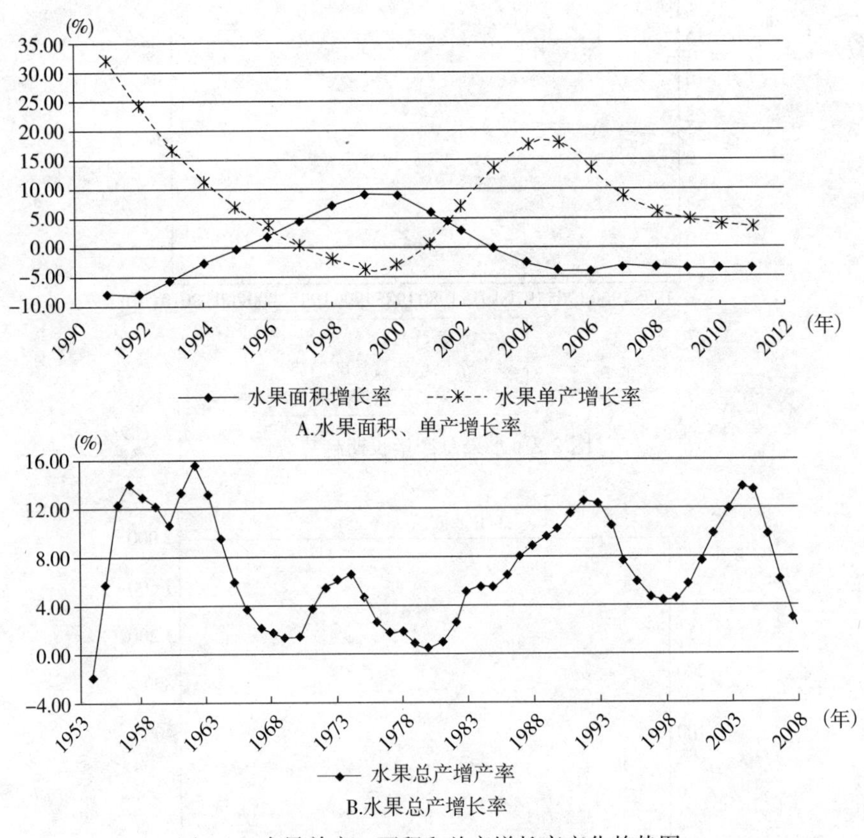

A.水果面积、单产增长率

B.水果总产增长率

图2-4 水果单产、面积和总产增长率变化趋势图

①水果面积长期趋势分析：水果面积长期趋势值（H-P滤波值）增长率大体经历了3个阶段：1990—1995年为负增长，6年间水果种植面积减少了16.45万亩，平均增长率为－4.892％；1996—2002年为增长期，7年间水果种植面积增长了26.34万亩，平均增长率为5.804％；2003—2011年，水果种植面积又一次进入负增长阶段，平均增长率－3.22％，播种面积缩减了21.38万亩。

②水果总产长期趋势分析：以长期趋势值（H-P滤波值）增长率10％作为增长时间段划分依据也可以划分为7个阶段：1952—1955年为平稳期；1956－1963年为快速增长期，这主要是由于国民经济在这一阶段得到了快速的恢复和发展，农业生产得到了有效的复苏；1964—1989年，北京市的水果

生产进入了历时26年的停滞期，这主要是由于政治、经济因素的影响，严重阻碍了农业生产的进程和发展；1990—1994年为快速增长期，5年增长率保持在10%；1995—2002年为平稳增长，平均增长率为6.261%；2003—2005年为高速增长阶段，3年平均增长率为13.07%；2006—2011年北京水果生产进入缓慢增长通道，平均增长率仅为3.428%。

③水果单产长期趋势分析：水果单产以长期趋势值（H-P滤波值）增长率10%作为增长时间段划分依据也可以划分为4个阶段：1990—1994年为快速增长，5年间亩产翻了一番，平均增长率为21.118%；1995—2002年为平稳调整期，8年间平均增长率仅为1.238%，水果生产进入了相对停滞期；2003—2006年为第二次快速增长期，4年平均增长率为15.758%；2007—2011年为稳定增长阶段，5年间平均亩产增长300多千克，增长率呈逐年减少的态势，同总产量一样同步进入了缓慢增长通道。与水果播种面积对应来看，可以明显发现单产增产对应面积的减少，而单产减少则面积增加，这体现了生产者对于生产预期的理性认识，根据预期对生产规模的合理调整。

表2-4　北京水果播种面积及单产H-P滤波长期趋势值及增长率

年份	水果面积（万亩）	水果面积增长率（%）	水果单产（千克/亩）	水果单产增长率（%）
1990	73.51	—	350.0	—
1991	67.63	−8.00	462.5	32.13
1992	62.20	−8.03	574.3	24.17
1993	58.81	−5.45	670.3	16.71
1994	57.21	−2.71	747.1	11.46
1995	57.06	−0.27	798.7	6.92
1996	58.18	1.96	829.0	3.80
1997	60.82	4.55	835.3	0.75
1998	65.14	7.10	819.7	−1.87
1999	70.96	8.93	788.7	−3.78
2000	77.30	8.94	761.5	−3.44
2001	82.09	6.19	766.3	0.62
2002	84.52	2.96	819.1	6.90
2003	84.30	−0.25	929.6	13.48
2004	82.03	−2.70	1095.0	17.80
2005	78.78	−3.96	1292.4	18.03
2006	75.56	−4.09	1469.7	13.72
2007	72.87	−3.56	1604.6	9.18
2008	70.32	−3.50	1702.0	6.07
2009	67.74	−3.66	1779.0	4.52
2010	65.29	−3.63	1843.9	3.65
2011	62.92	−3.63	1908.2	3.49

表 2-5 北京水果总产量 H-P 滤波长期趋势值及增长率

年份	水果总产（万吨）	水果总产增长率（%）	年份	水果总产（万吨）	水果总产增长率（%）
1952	3.15	—	1982	15.39	2.60
1953	3.05	−3.31	1983	16.16	4.99
1954	2.99	−2.07	1984	17.06	5.60
1955	3.15	5.58	1985	17.99	5.44
1956	3.54	12.40	1986	19.13	6.35
1957	4.04	13.98	1987	20.66	7.99
1958	4.56	12.84	1988	22.49	8.83
1959	5.11	12.24	1989	24.65	9.61
1960	5.66	10.66	1990	27.20	10.34
1961	6.41	13.29	1991	30.34	11.56
1962	7.41	15.54	1992	34.16	12.59
1963	8.37	12.97	1993	38.34	12.23
1964	9.15	9.33	1994	42.35	10.45
1965	9.68	5.85	1995	45.60	7.67
1966	10.03	3.61	1996	48.27	5.87
1967	10.24	2.08	1997	50.51	4.64
1968	10.42	1.73	1998	52.63	4.20
1969	10.56	1.33	1999	54.99	4.47
1970	10.71	1.41	2000	58.15	5.76
1971	11.10	3.63	2001	62.57	7.60
1972	11.70	5.43	2002	68.75	9.88
1973	12.40	5.98	2003	77.07	12.10
1974	13.21	6.55	2004	87.63	13.69
1975	13.83	4.69	2005	99.39	13.42
1976	14.21	2.71	2006	109.21	9.89
1977	14.44	1.65	2007	115.97	6.19
1978	14.71	1.85	2008	119.42	2.97
1979	14.82	0.74	2009	120.74	1.10
1980	14.86	0.30	2010	121.02	0.23
1981	15.00	0.93	2011	121.24	0.19

数据来源：根据表 2-1～表 2-3 数据，由 Eviews 6.0 计算所得。

（二）水果生产周期成分分析

改革开放以来，特别是1984年国家实行水果流通体制改革以后，中国水果产业开始经历大规模的商品经济时代，由此也开始了水果生产的扩张与收缩、一起一伏的波动发展。周期成分是剔除长期趋势后反应波动情况的波动值。从波动周期成分来看（图2-5），周期性波动是北京市水果产业的显著特征。其中，以水果总产量的周期特征尤为突出，2005—2011年之间波动幅度突然增大，生产调节能力降低。

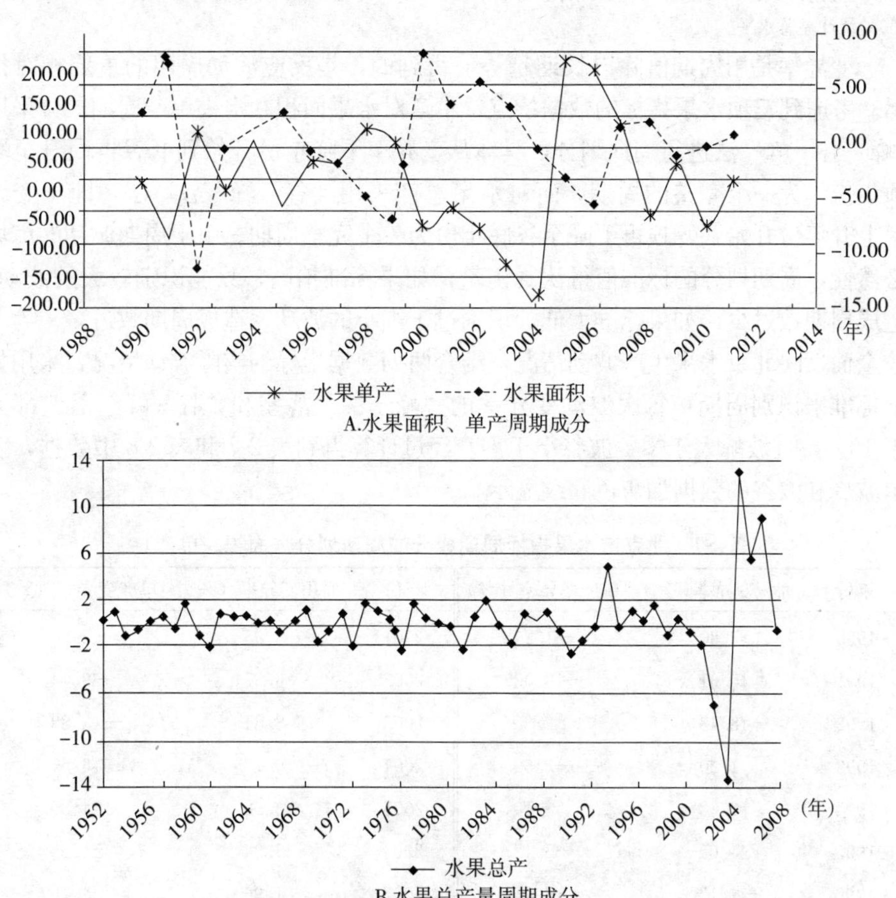

图2-5　北京水果种植面积、单产和总产周期成分变化趋势

为了检验三列数据波动周期值的平稳性，本章进一步对水果种植面积波动周期值（C _ 面积）、水果单产周期值（C _ 单产）和水果总产量周期值（C _ 总产）序列进行ADF单位根检验。从表2-6检验结果看，三者均不存在单位

根，均为平稳时间序列。

表 2-6 变量的单位根检验结果

变量	T统计量	(c，t，k)	相伴概率	显著性	结论
C_面积	−6.9142	(c，0，0)	0.0000	−2.6857***	平稳
C_总产	−5.3856	(c，0，0)	0.0000	−2.6140**	平稳
C_单产	−6.1043	(c，0，0)	0.0000	−2.6857***	平稳

注：①表中，c为常数项，t为趋势项，k为滞后阶数；②滞后期k的选择标准是以AIC值和SC值最小为准则；③"*"代表10%的统计显著水平；"**"代表5%的统计显著水平；"***"代表1%的统计显著水平。

变异率是用周期值除以长期趋势值得到的，是反应波动周期的重要相对指标。考虑到三项水果指标的数据特点，本章对水果面积和水果单产周期成分采用"峰—谷—峰"法进行周期划分，具体从变异率下降年份开始到低谷再回升至峰顶年份作为一个完整的周期。而对水果总产采用"谷—峰—谷"法，即从变异率上升年份开始到峰顶再下降至谷底年份为一个完整周期。由于周期波动的市场必然性，周期划分的标准值得认真衡量，如果标准抬高，只能识别较大的波动，造成周期数过少；如果标准太低，识别过于细小的波动，造成周期数过多。为了较全面反映北京水果生产波动情况，结合两列数据指标的实际波动情况，采用如下标准来识别周期：每次波动变异率的"峰—谷"落差和"谷—峰"落差都大于10%，且波峰大于零，波谷小于零。经过计算得到表2-7和表2-8中数据，表示波峰和波谷的数据加灰色底纹显示。

表 2-7 北京市水果指标周期成分的周期划分（面积、单产）

年份	面积变异率（%）	单产变异率（%）	年份	面积变异率（%）	单产变异率（%）
1990	3.80	−1.24	2001	3.95	−5.50
1991	10.61	−19.53	2002	6.37	−9.14
1992	−18.48	12.88	2003	3.84	−13.83
1993	−1.20	−2.50	2004	−0.77	−16.52
1994	2.08	8.19	2005	−3.93	14.39
1995	4.63	−5.12	2006	−7.34	11.55
1996	−1.17	3.76	2007	1.96	4.76
1997	−3.33	3.19	2008	2.61	−3.26
1998	−7.59	9.65	2009	−1.52	1.20
1999	−9.81	7.10	2010	−0.55	−3.78
2000	10.35	−9.79	2011	0.86	−0.16

表 2-8　北京市水果指标周期成分的周期划分（总产量）

年份	总产变异率（%）	年份	总产变异率（%）	年份	总产变异率（%）	年份	总产变异率（%）
1952	8.17	1967	−7.25	1982	−14.88	1997	0.33
1953	30.24	1968	3.45	1983	4.90	1998	2.81
1954	−40.70	1969	10.71	1984	11.23	1999	−1.68
1955	−22.58	1970	−15.01	1985	−0.73	2000	0.77
1956	6.70	1971	−5.01	1986	−8.59	2001	−1.25
1957	15.16	1972	7.02	1987	4.00	2002	−2.68
1958	−9.35	1973	−16.20	1988	0.23	2003	−9.02
1959	33.17	1974	12.03	1989	4.10	2004	−15.08
1960	−20.12	1975	7.01	1990	−3.01	2005	12.59
1961	−30.90	1976	3.12	1991	−8.25	2006	5.12
1962	11.38	1977	−15.86	1992	−3.79	2007	7.70
1963	5.88	1978	12.19	1993	−0.97	2008	−0.52
1964	8.65	1979	2.66	1994	11.45	2009	−0.53
1965	−1.08	1980	−0.01	1995	−0.78	2010	−4.81
1966	4.15	1981	−1.33	1996	2.46	2011	−0.28

数据来源：根据作者计算所得。

1. 从水果种植面积看　1990—2011 年间，按照“峰—谷—峰”法划分，水果种植面积变异率经历了 4 轮波动：第 1 轮波动：1991—1995 年，历时 5 年；第 2 轮波动：1996—2000 年，历时 5 年；第 3 轮波动：2001—2008 年，历时 8 年；第 4 轮波动：2009—2011 年，目前该轮波动还没有结束。

2. 从水果单产看　1990—2011 年间，同样按照“峰—谷—峰”法划分，水果单产变异率经历了 4 轮波动：第 1 轮波动：1992—1994 年，历时 3 年；第 2 轮波动：1995—1998 年，历时 4 年；第 3 轮波动：1999—2005 年，历时 7 年；第 4 轮波动：2006—2011 年，目前该轮波动还没有结束。

3. 从水果总产量看　1952—2011 年的 60 年间，按照“谷—峰—谷”法划分，水果总产量共经历了 13 轮波动：第 1 轮波动：1954—1958 年，历时 5 年；第 2 轮波动：1959—1961 年，历时 3 年；第 3 轮波动：1962—1965 年，历时 4 年；第 4 轮波动：1966—1970 年，历时 5 年；第 5 轮波动：1971—1973 年，历时 3 年；第 6 轮波动：1974—1977 年，历时 4 年；第 7 轮波动：1978—1982 年，历时 5 年；第 8 轮波动：1983—1986 年，历时 4 年；第 9 轮波动：1987—1991 年，历时 5 年；第 10 轮波动：1992—1995 年，历时 4 年；第 11 轮波动：1996—2004 年，历时 9 年；第 12 轮波动：2005—2010 年，历时 6 年；目前进入第 13 轮的起始阶段，即将进入反弹上升通道。

总体而言，水果产量的波动性高于种植面积和单产的波动性。水果种植面积及单产的波动周期都具有延长的趋势。水果总产量前 10 轮波动周期较为平稳，保持在 3～5 年的水平，从 1996 年以后波动周期亦有延长的趋势，且第 12 轮波动开始波幅显著加剧，说明供给平稳度降低，将会对水果产品市场带来负效应，进一步使产品价格发生剧烈变化。

五、中国蔬菜生产和波动周期的测定

（一）蔬菜长期趋势分析

本章应用 H-P 滤波法，分析了 1990—2011 年蔬菜面积、单产和 1952—2011 年总产进行长期趋势分解，结果见图 2-6、图 2-7 和图 2-8。可以看出：

①H-P 滤波法对长期趋势的拟合效果较好，趋势值和真实值的拟合优度很高。

②剔除趋势值后的波动值围绕零值上下波动。

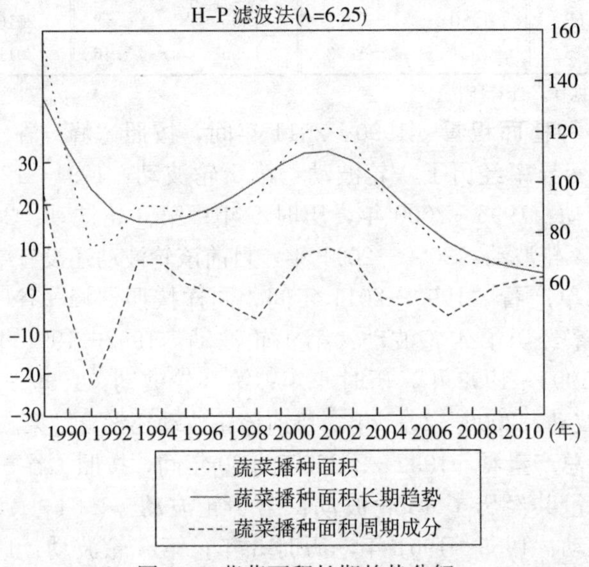

图 2-6　蔬菜面积长期趋势分解

根据 1980—2008 年北京蔬菜总产、单产和种植面积变化，并结合中国蔬菜生产三项指标的 H-P 滤波长期趋势值（表 2-9 和表 2-10）分析发现：北京蔬菜生产三项指标各有着不同的长期趋势线变化。具体而言：

①蔬菜总产长期趋势分析：以长期趋势值（H-P 滤波值）增长率 10%作为增长时间段划分依据也可以划分为 9 个阶段：1952—1962 年为快速增长期，11 年增长了 108.6 万吨，平均增长率为 30.36%；1963—1965 年为稳定增长期，2 年增长了 22.33 万吨，平均增长率为 7.61%；1966—1970 年为缓慢下

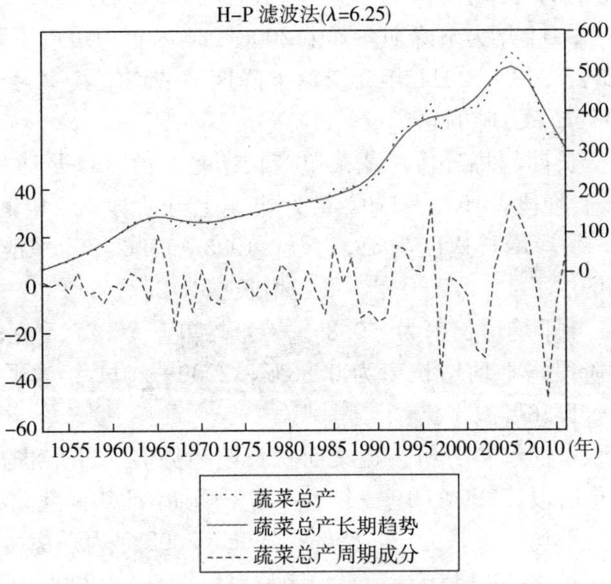

图 2-7　蔬菜总产长期趋势分解

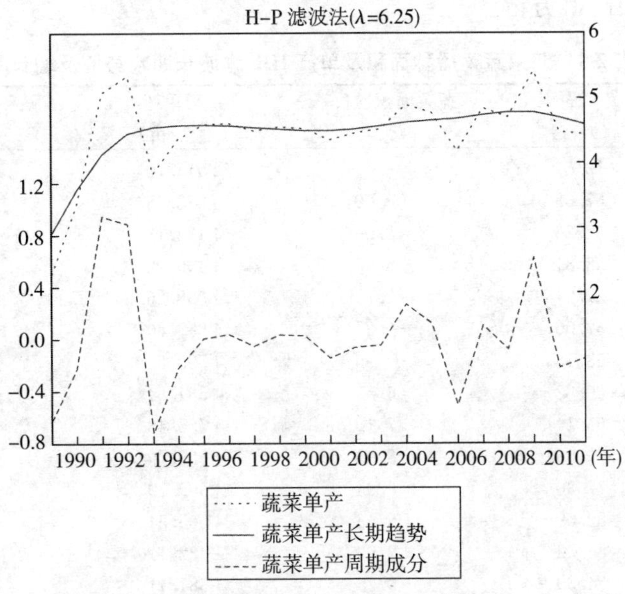

图 2-8　蔬菜单产长期趋势分解

降阶段，5 年减少了 12.5 万吨；1971—1990 年为缓慢增长，平均增长率为 3.62%；1991—1992 年为快速增长期，平均增长率为 10.78%；1993—2005

年又进入了缓慢增长期，13 年总产增长了 169.79 万吨，平均增长率为 3.83%；2006—2011 年为下降期，其中 2006—2008 年为缓慢下降期，平均增长率为－5.41%，2009—2011 年为快速下降期，平均增长率为－10.61%，3 年总共减少了 79.75 万吨的总产量。

②蔬菜单产长期趋势分析：蔬菜单产长期趋势值（H-P 滤波值）增长率大体经历了 5 个阶段：1990—1992 年为快速上升阶段，3 年间单产增加了 1220.42 千克，平均增长速度为 19.14%；1993—1996 年为平滑上升阶段，4 年间平均单产增加了 135.72 千克，平均增长率为 2.7%；1997—2001 年为小幅下降阶段，5 年平均增长率为－0.39%，平均单产 76.27 千克；2002—2008 年为缓慢增长阶段，平均增长率为 0.88%；2009—2011 年为平滑下降阶段，平均增长率为－1.36%。

③蔬菜面积长期趋势分析：蔬菜面积长期趋势值（H-P 滤波值）增长率大体经历了 3 个阶段：1990—1995 年为平滑下降期，6 年间蔬菜种植面积减少了 16.45 万亩，平均增长率为－4.89%；1996—2002 年为平稳增长期，7 年间蔬菜种植面积增长了 26.34 万亩，平均增长率为 5.8%；2003—2011 年，北京蔬菜种植再次进入下滑阶段，连续 9 年下滑且年平均增长率为－3.22%，种植面积减少了 21.38 万亩。

表 2-9　北京蔬菜播种面积及单产 H-P 滤波长期趋势值及增长率

年份	蔬菜面积（万亩）	蔬菜面积增长率（%）	蔬菜单产（千克/亩）	蔬菜单产增长率（%）
1990	73.51	—	2 917.70	—
1991	67.63	－8.00	3 578.35	22.64
1992	62.20	－8.03	4 138.12	15.64
1993	58.81	－5.45	4 459.92	7.78
1994	57.21	－2.71	4 558.26	2.20
1995	57.06	－0.27	4 589.80	0.69
1996	58.18	1.96	4 595.64	0.13
1997	60.82	4.55	4 581.81	－0.30
1998	65.14	7.10	4 555.43	－0.58
1999	70.96	8.93	4 529.79	－0.56
2000	77.30	8.94	4 509.70	－0.44
2001	82.09	6.19	4 505.54	－0.09
2002	84.52	2.96	4 532.11	0.59
2003	84.30	－0.25	4 581.11	1.08
2004	82.03	－2.70	4 634.04	1.16
2005	78.78	－3.96	4 665.03	0.67
2006	75.56	－4.09	4 690.94	0.56
2007	72.87	－3.56	4 747.72	1.21

（续）

年份	蔬菜面积（万亩）	蔬菜面积增长率（%）	蔬菜单产（千克/亩）	蔬菜单产增长率（%）
2008	70.32	−3.50	4 790.20	0.89
2009	67.74	−3.66	4 789.84	−0.01
2010	65.29	−3.63	4 705.59	−1.76
2011	62.92	−3.63	4 596.96	−2.31

表 2-10　北京蔬菜总产 H-P 滤波长期趋势值及增长率

年份	蔬菜总产（万吨）	蔬菜总产增长率（%）	年份	蔬菜总产（万吨）	蔬菜总产增长率（%）
1952	9.11	—	1982	175.49	2.02
1953	16.49	80.88	1983	179.39	2.22
1954	24.09	46.10	1984	184.61	2.91
1955	32.09	33.21	1985	191.50	3.73
1956	40.90	27.47	1986	198.50	3.66
1957	50.49	23.44	1987	206.75	4.16
1958	61.67	22.15	1988	217.48	5.19
1959	74.64	21.04	1989	233.71	7.46
1960	89.21	19.51	1990	256.31	9.67
1961	104.01	16.59	1991	284.36	10.95
1962	117.71	13.18	1992	314.55	10.61
1963	128.73	9.36	1993	341.43	8.55
1964	136.28	5.86	1994	362.21	6.08
1965	140.04	2.76	1995	376.43	3.93
1966	138.67	−0.98	1996	384.64	2.18
1967	134.18	−3.24	1997	388.17	0.92
1968	130.12	−3.02	1998	393.83	1.46
1969	127.04	−2.37	1999	402.31	2.15
1970	126.17	−0.69	2000	414.86	3.12
1971	126.96	0.63	2001	432.85	4.34
1972	129.90	2.32	2002	456.95	5.57
1973	134.59	3.61	2003	483.53	5.82
1974	139.39	3.56	2004	504.13	4.26
1975	144.26	3.49	2005	511.22	1.40
1976	149.27	3.47	2006	500.22	−2.15
1977	154.74	3.67	2007	472.10	−5.62
1978	160.15	3.49	2008	432.15	−8.46
1979	165.19	3.15	2009	388.37	−10.13
1980	168.99	2.29	2010	347.48	−10.53
1981	172.01	1.79	2011	308.62	−11.18

数据来源：根据表 2-1～表 2-3 数据，由 Eviews 6.0 计算所得。

（二）蔬菜周期成分分析

为了检验三列数据波动周期值的平稳性，进一步对蔬菜种植面积波动周期值（C _ 面积）、蔬菜单产周期值（C _ 单产）和蔬菜总产量周期值（C _ 总产）序列进行 ADF 单位根检验。从表 2-11 的检验结果看，三者均不存在单位根，均为平稳时间序列。

表 2-11　变量的单位根检验结果

变量	T 统计量	(c, t, k)	相伴概率	显著性	结论
C _ 单产	−5.0528	(0，0，0)	0.0000	−2.6924***	平稳
C _ 总产	−6.2502	(0，0，0)	0.0000	−2.6120***	平稳
C _ 面积	−7.1484	(0，0，0)	0.0000	−2.6857***	平稳

注：①表中，c 为常数项，t 为趋势项，k 为滞后阶数；②滞后期 k 的选择标准是以 AIC 值和 SC 值最小为准则；③ "*" 代表 10%的统计显著水平；"**" 代表 5%的统计显著水平；"***" 代表 1%的统计显著水平。

2008 年以来，北京蔬菜产量正进入一个新的波动周期的上扬阶段（图 2-9）。

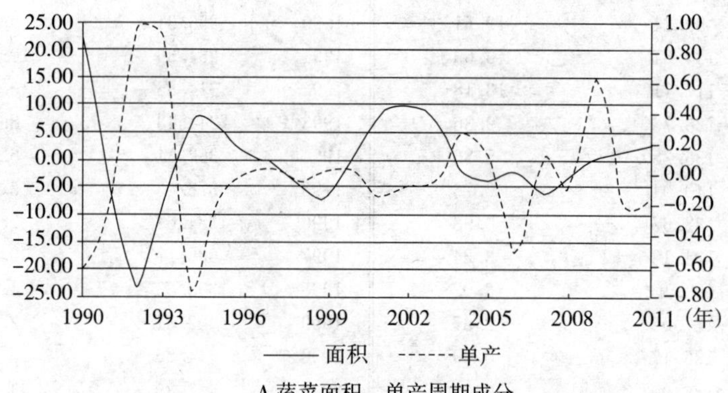

A.蔬菜面积、单产周期成分

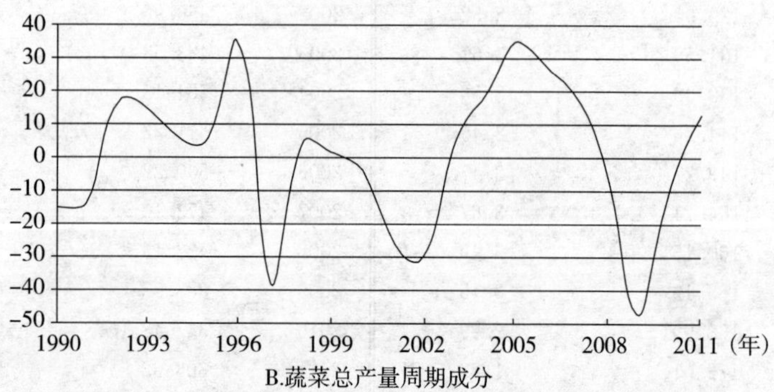

B.蔬菜总产量周期成分

图 2-9　北京蔬菜种植面积、单产和总产周期成分变化趋势

蔬菜总产量和蔬菜种植面积的波动周期有着明显的区别。1996 年以后，蔬菜种植面积的波动幅度相对平稳，但蔬菜产量的波动幅度较大，1992 年、1996 年、1997 年、2005 年和 2009 年蔬菜生产出现了较大的异常波动，具体数据见表 2-12 和表 2-13。2008 年以来，北京蔬菜产量即正进入一个新的波动周期的上扬阶段。

继续沿用研究水果周期成分时采用的变异率法来研究蔬菜生产指标的周期成分。考虑到三项蔬菜指标的数据特点，蔬菜面积和蔬菜总产周期成分采用“峰—谷—峰”法进行周期划分，具体从变异率下降年份开始到低谷再回升至峰顶年份作为一个完整的周期。而对蔬菜单产采用“谷—峰—谷”法，即从变异率上升年份开始到峰顶再下降至谷底年份为一个完整周期。由于周期波动的市场必然性，周期划分的标准值得认真衡量，如果标准抬高，只能识别较大的波动，造成周期数过少；如果标准太低，识别过于细小的波动，造成周期数过多。为了较全面反映北京蔬菜生产波动情况，结合两列数据指标的实际波动情况，采用如下标准来识别周期：每次波动变异率的“峰—谷”落差和“谷—峰”落差都大于 10%，且波峰大于零，波谷小于零。经过计算，得到表 2-12 和表 2-13 中的数据。

表 2-12　北京市蔬菜指标周期成分的周期划分（面积、单产）

年份	面积变异率（%）	单产变异率（%）	年份	面积变异率（%）	单产变异率（%）
1990	30.35	−21.61	2001	10.00	−3.21
1991	−5.91	−6.33	2002	11.37	−1.40
1992	−36.93	22.90	2003	8.88	−1.01
1993	−17.41	19.92	2004	−2.04	5.77
1994	11.14	−15.84	2005	−5.05	2.56
1995	11.10	−4.78	2006	−3.09	−10.81
1996	2.29	0.15	2007	−8.86	2.19
1997	−1.37	0.84	2008	−4.52	−1.63
1998	−6.63	−1.16	2009	0.63	13.12
1999	−10.09	0.76	2010	2.55	−4.67
2000	0.92	0.62	2011	4.25	−3.31

表 2-13　北京市蔬菜指标周期成分的周期划分（总产量）

年份	总产变异率（%）	年份	总产变异率（%）	年份	总产变异率（%）	年份	总产变异率（%）
1952	15.65	1967	−14.00	1982	3.33	1997	−9.83
1953	−2.16	1968	3.29	1983	−1.93	1998	0.88
1954	6.33	1969	−8.72	1984	−6.42	1999	0.21
1955	−8.87	1970	5.12	1985	8.75	2000	−1.10
1956	13.16	1971	−4.39	1986	0.31	2001	−6.17
1957	−7.70	1972	−6.01	1987	5.43	2002	−6.60
1958	−4.12	1973	7.57	1988	−6.22	2003	1.16
1959	−9.57	1974	0.39	1989	−4.71	2004	3.72
1960	0.14	1975	1.10	1990	−5.94	2005	6.73
1961	−1.60	1976	−3.56	1991	−4.60	2006	5.42
1962	4.37	1977	0.98	1992	5.23	2007	3.61
1963	2.21	1978	−2.38	1993	4.30	2008	−1.91
1964	−4.74	1979	5.25	1994	1.70	2009	−12.15
1965	15.05	1980	2.71	1995	1.33	2010	−2.12
1966	6.90	1981	−4.57	1996	8.87	2011	4.11

数据来源：根据作者计算所得。

1. 从蔬菜总产量看　1952—2011 年的 60 年间，按照“峰—谷—峰”法划分，蔬菜总产量共经历了 7 轮波动周期：第 1 轮波动：1952—1956 年，历时 5 年；第 2 轮波动：1956—1965 年，历时 9 年；第 3 轮波动：1965—1970 年，历时 5 年；第 4 轮波动：1970—1973 年，历时 3 年；第 5 轮波动：1973—1985 年，历时 12 年；第 4 轮波动：1985—1996 年，历时 11 年；第 6 轮波动：1996—2005 年，历时 9 年；第 7 轮波动：2005—2011 年，历时 6 年。

2. 从蔬菜种植面积看　1990—2011 年的 22 年间，同样按照“峰—谷—峰”法划分，蔬菜栽培面积增长率共经历了 3 轮波动：第 1 轮波动：1990—1994 年，历时 5 年；第 2 轮波动：1994—2002 年，历时 8 年；第 3 轮波动：2002 年开始，该轮波动还没有结束，处于上升通道。

3. 从蔬菜单产看　按照“谷—峰—谷”法划分，蔬菜单产增长率共经历了 3 轮波动：第 1 轮波动：1990—1994 年，历时 5 年；第 2 轮波动：1994—2006 年，历时 12 年；第 3 轮波动：2006 年开始，该轮波动还没有结束，处于下降通道。

总体而言，北京市蔬菜产量的波动性高于种植面积的波动性，且种植面积的波动先于蔬菜产量的波动。从这个意义上来讲，蔬菜种植面积的变化对蔬菜产量的变化有先导性作用。但20世纪90年代以来，蔬菜种植面积相对平稳，蔬菜种植面积的变化已经不是蔬菜产量波动的主要诱因，市场因素和气候因素成为蔬菜产量波动的主要动因。

本章小结

本章分别测定了北京市果蔬产量波动和果蔬种植面积波动周期的周期性。研究发现：随着果蔬产业政策的推动，果蔬种植面积和产量都呈现持续增长态势，存在明显的波动性；果蔬产量的波动性高于果蔬种植面积的波动性；果蔬种植面积的波动先于果蔬产量的波动，果蔬种植面积的变化对果蔬产量的变化有先导性作用。20世纪90年代以来，果蔬种植面积相对平稳，果蔬面积的变化已经不是果蔬产量波动的主要诱因。

第三章　北京与相关主产地果蔬市场价格波动特征和规律分析

鲜活果蔬是一类流通难度和风险很大的商品，且其具有鲜嫩易腐易衰老的生物特性导致储存难度加大，需要快速分销。同时，随着国家开放程度和相互依赖程度的加深，经济周期的波动、消费结构和价格起伏变化莫测，鲜活果蔬市场价格波动也正在经历着波动加剧期。北京市作为我国最重要的内陆城市，不仅鲜活果蔬产品消费者群体众多，且鲜活果蔬市场价格的稳定也对我国总体农产品经济乃至宏观经济起到了重要的影响和示范效应。所以，研究北京鲜活果蔬市场价格波动特征才能掌握其波动规律，这将有助于进一步防止其价格波动过快和波幅加剧，有利于市场平稳运行，也为构建北京鲜活果蔬市场价格调控政策体系提供了理论支撑和数据依靠。

一、研究方法

果蔬价格周期是指果蔬市场价格围绕其长期趋势扩张和收缩而体现出的周期性波动。X_{11}季节调整法是美国官方对公布的经济时间序列数据进行季节调整的标准方法，它完全可用于序列中各种周期性成分的识别与提取。

该方法的核心思想是：时间序列 Y_t 是由 4 种成分构成的，它们分别是：趋势成分 T_t（Trend）、季节成分 S_t（Seasonal Fluctuation）、周期成分 P_t（Periodicity）和不规则成分 I_t（Irregular Variations）。这些成分通过不同组合方式影响时间序列的发展变化。时间序列的季节调整法从这个角度出发理解时间序列的构成因素，并将其转化成可以量化的季节模型。通过季节模型能够反映出时间序列在一个周期内所呈现的典型状态，而这种状态在不同周期以基本的形态出现。

时间序列分解旨在将经济时间序列中的趋势、季节和不规则成分分离出来，然后分析剩余的周期成分的统计特征。对称移动平均和高阶移动平均，通过多次迭代，最终分离出原序列 Y_t 的趋势成分（T_t）、季节成分（S_t）和不规则成分（I_t），得到剔除季节成分的调整后的序列 Y_t^* 。

由于趋势成分和周期成分在季节调整中被视为一体，因此，需要将趋势成分和周期成分分开。去除趋势成分较常用的方法是 H-P（Hodrick-Prescott）滤波法。H-P 滤波法本质上是一种线性滤波方式，采用线性滤波方式的优点在于分解过程当中不会引入伪非对称性（刘金全、范剑青，2001）。设 P_t 只是包含趋势成分和周期成分的经济时间序列，P_t^T 是趋势成分，P_t^C 是周期成分，即：$P_t = P_t^T + P_t^C$。

首先通过 X_{11} 季节调整方法对水果和蔬菜的月度价格数据资料进行季节调整，在此基础上使用 H-P 滤波法获得周期成分，然后分析周期成分的统计特征，从而对果蔬价格的波动周期做出判断，并在此基础上分析其波动规律。

二、数据说明

本章有关果蔬市场价格数据资料采用的是中国价格信息网提供的 1998 年 1 月至 2013 年 1 月的数据，果蔬产品主产区和主销区的 4 类水果及 14 种蔬菜来自超市和集市观测点的价格。观测点是各主产区和主销售区省会城市 2 个集市和 1 个超市；每种产品价格为每月的 5 日、15 日、25 日当日报价。本章采用每日的集市超市平均价，并再以 3 天的平均价格作为当月的果蔬价格。其中，个别省份的个别月份价格值缺失，采用了 SPSS 18.0 软件选取了线性插值法来替换缺失值，整体数据指标中缺失值所占比例小于 1%，所以对所有数据以及后续的研究结果影响很小。所使用的果蔬价格种类具体如下：

1. 苹果　主产区（山东、陕西、河南）、主销区（北京）的红富士一级品的集市价格和超市价格的平均值。

2. 香蕉　主产区（广东、海南、广西）、主销区（北京），国家一级香蕉的集市价格和超市价格的平均值。

3. 柑橘　主产区（湖南、广东、广西）、主销区（北京）的一级品的集市价格和超市价格的平均值，这里需要着重说明的是由于数据可得程度的局限性，2011 年以后的月度柑橘价格数据由橙子价格数据代替。

4. 西瓜　主产区（山东、河南、新疆）、主销区（北京）的集市价格和超市价格的平均值。

5. 圆白菜　主产区（山东、河南、河北）、主销区（北京）的集市价格和超市价格的平均值。

6. 油菜　主产区（山东、河南、河北）、主销区（北京）的集市价格和超市价格的平均值。

7. 芹菜　主产区（山东、河南、河北）、主销区（北京）的集市价格和超市价格的平均值。

8. 番茄　主产区（山东、河南、河北）、主销区（北京）的集市价格和超市价格的平均值。

9. 马铃薯　主产区（山东、河南、河北）、主销区（北京）的集市价格和超市价格的平均值。

10. 尖椒 主产区（山东、河南、河北）、主销区（北京）的集市价格和超市价格的平均值。

11. 蒜薹 主产区（山东、河南、河北）、主销区（北京）的集市价格和超市价格的平均值。

12. 茄子 主产区（山东、河南、河北）、主销区（北京）的集市价格和超市价格的平均值。

13. 萝卜 主产区（山东、河南、河北）、主销区（北京）的集市价格和超市价格的平均值。

14. 韭菜 主产区（山东、河南、河北）、主销区（北京）的集市价格和超市价格的平均值。

15. 黄瓜 主产区（山东、河南、河北）、主销区（北京）的集市价格和超市价格的平均值。

16. 青椒 主产区（山东、河南、河北）、主销区（北京）的集市价格和超市价格的平均值。

17. 胡萝卜 主产区（山东、河南、河北）、主销区（北京）的集市价格和超市价格的平均值。

18. 大白菜 主产区（山东、河南、河北）、主销区（北京）的集市价格和超市价格的平均值。

为了数据的一致性和可比性，采用各省份的城市居民消费者综合价格指数对水果和蔬菜价格进行调整。由于价格指数是上年同月＝100 的当月价格指数，所以在进行价格调整前，先将这些指数计算为 1998 年 1 月定基的价格指数，其中由于 2013 年各省份价格指数数据未能在研究阶段收集完全，所以各省份均以该月全国 CPI 同比上涨 2%来代替。

上述 18 类果蔬主产地、主销地的选择主要考虑了以下方面：①北京市作为多种农产品的主销地，其鲜活果蔬的价格主要体现的是主销地的价格，可以说是果蔬类价格传导的终端阶段，体现了价格波动的最后效果；②山东、河南作为各类果蔬产品主产地，其果蔬价格是价格传导的初始阶段；③通过对比主产地与北京果蔬价格的波动特征可以总结各类果蔬产品在不同流通阶段的价格波动规律，且与主产地相比，北京作为流通终端阶段其价格波动的特征和规律；④为第四章研究做基础数据处理。

三、水果市场价格波动的特征

由于不同的水果种类主产区不同，水果价格波动的特征也不同，本章将分别对苹果、香蕉、柑橘和西瓜进行分类分析，通过 H-P 滤波分解各类水果价格波动的周期和趋势成分。

（一）水果价格总量波动分析

1. 苹果

由图 3-1 可见，苹果价格波动变化较大，总体而言价格呈上升趋势。其中，主产区的价格波动趋势十分相似，山东、河南和陕西的苹果价格差别不大，而北京的价格与前三者比较则有明显差异。北京苹果价格波动十分剧烈，且波动幅度在每年年底会有明显加强，其波动幅度要明显大于主产区，说明苹果在产区和销区见价格传导过程中中间商有较大利润空间，所以消减这些空间可以在一定程度上熨平北京苹果价格的波动情况。

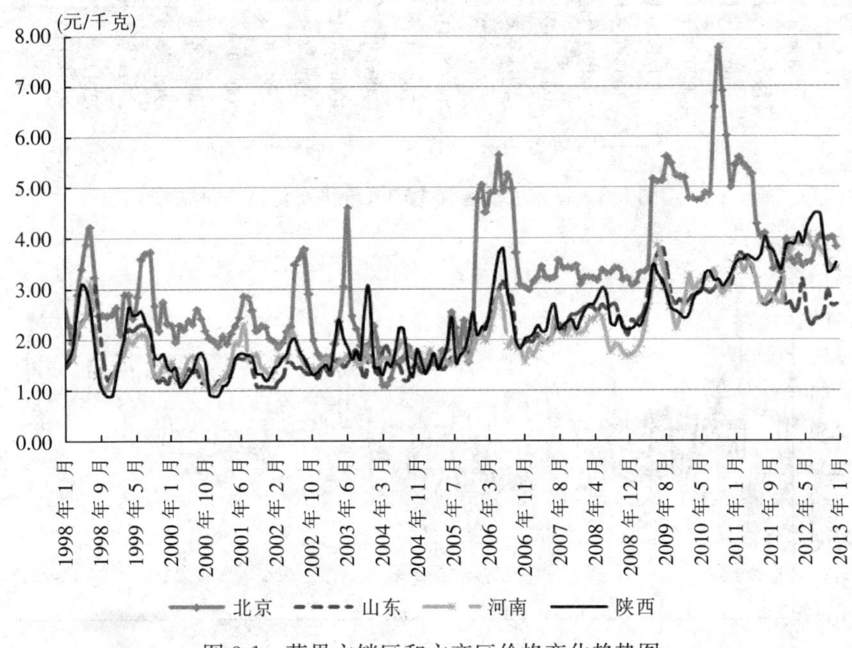

图 3-1　苹果主销区和主产区价格变化趋势图

2. 香蕉

从图 3-2 中可以发现，香蕉的市场价格波动起伏较大，在 2004 年、2006 年以及 2011 年年中都有比较剧烈的波动。相比而言，广西、海南两地的香蕉价格波幅较小，而北京、广东两地波幅较大。其中，北京香蕉价格整体呈 U 形变化，近几年有波幅逐渐加大的趋势。

3. 柑橘

整体而言，柑橘市场价格有波动周期延长、波幅逐渐增大的趋势。其中，北京柑橘的价格波动幅度较其他三省更加剧烈。尤其在 2011 年 1 月达到了历

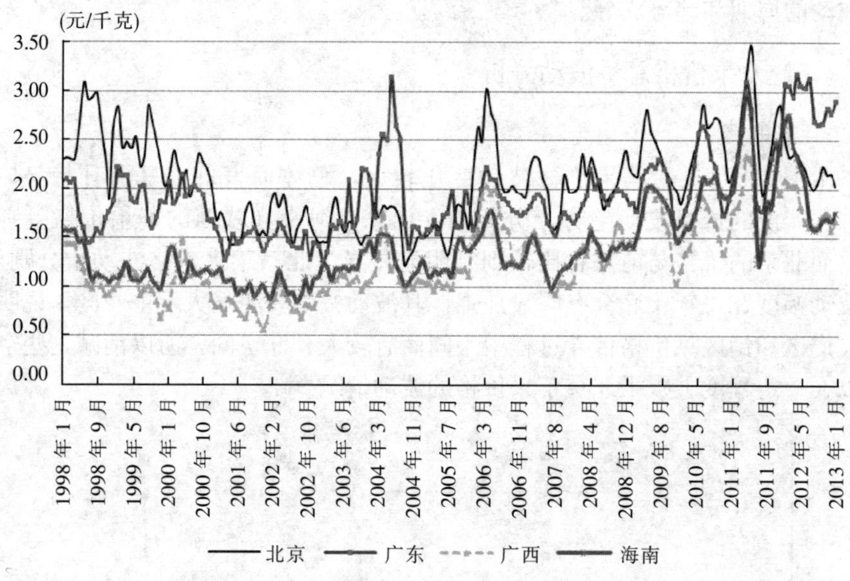

图 3-2　香蕉主销区和主产区价格变化趋势图

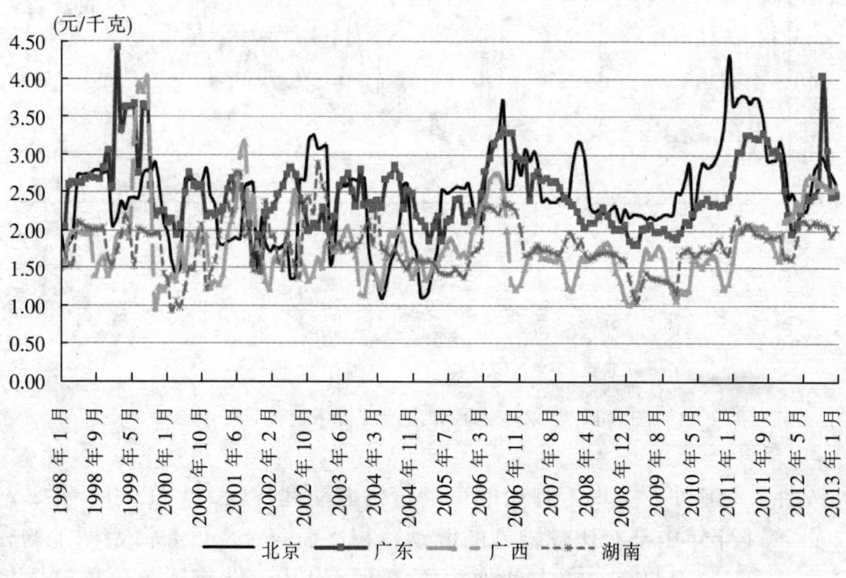

图 3-3　柑橘主销区和主产区价格变化趋势图

史最高值。广东柑橘价格波动也比较明显，在 1998 年初和 2012 年末都有非常显著的波动。除 1999 年末广西柑橘价格有明显上扬外，广西和湖南的柑橘市场价格总体相对前两地而言波动较缓。

4. 西瓜

从西瓜主产区和北京的价格变化趋势中可以发现，西瓜的价格波动在销区和产区几乎没有明显差别，北京价格波动幅度旨在2005年底后略大于主产区3个省，这就说明西瓜价格从产到销的传导较为顺畅，中间环节加价空间有限。并且，从图3-4中可以发现，西瓜价格体现出了非常显著的季节性、周期性波动的特征。

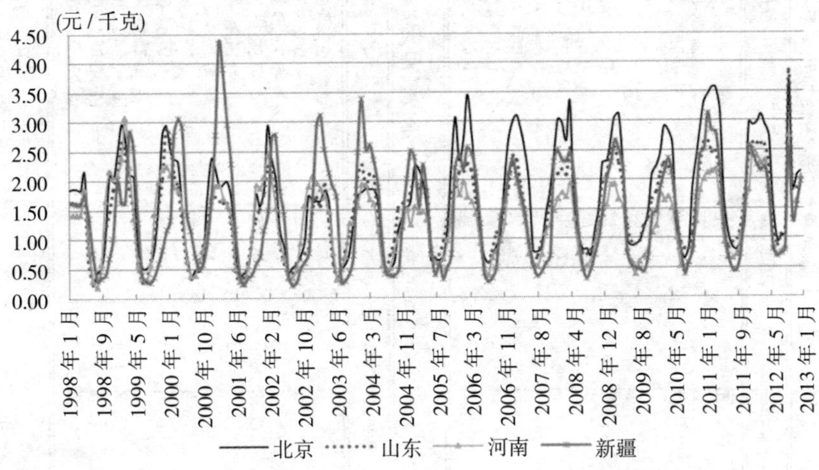

图3-4　西瓜主销区和主产区价格变化趋势图

综上所述，水果市场价格波动频繁，北京（主销区）价格较主产区价格而言相对较高，以苹果最为明显。并且，北京与其他三省的水果价格波动趋势类似，说明产区的价格变动将对北京水果价格的变动有显著的影响。同时，可以发现水果价格都呈现了明显季节性和周期性波动的趋势，以西瓜价格最为显著，下面将着重分析水果价格的季节性和周期性特征。

（二）水果价格波动的季节性特征分析

季节因子反映序列随时间变化过程中，受季节因素影响的程度（易丹辉，2009）。通过上述水果价格的变动趋势图以及相关分析，发现北京及相关水果主产区的水果价格均具有很强的季节性波动特征。

1. 水果价格序列均存在与季节因素导致的很强的自相关　为了进一步验证苹果价格、香蕉价格、柑橘价格和西瓜价格序列的季节因子的影响，首先对四项指标进行自相关、偏相关分析。通过自相关图可以观察到苹果价格、香蕉价格、柑橘价格和西瓜价格序列均存在与季节因素导致的很强的12阶自（偏）相关（图3-5）。左半部分是序列的自相关和偏相关分析图，右半部分相应的统计数据，包括滞后阶数、相关系数、独立性检验的统计量和相伴概率。

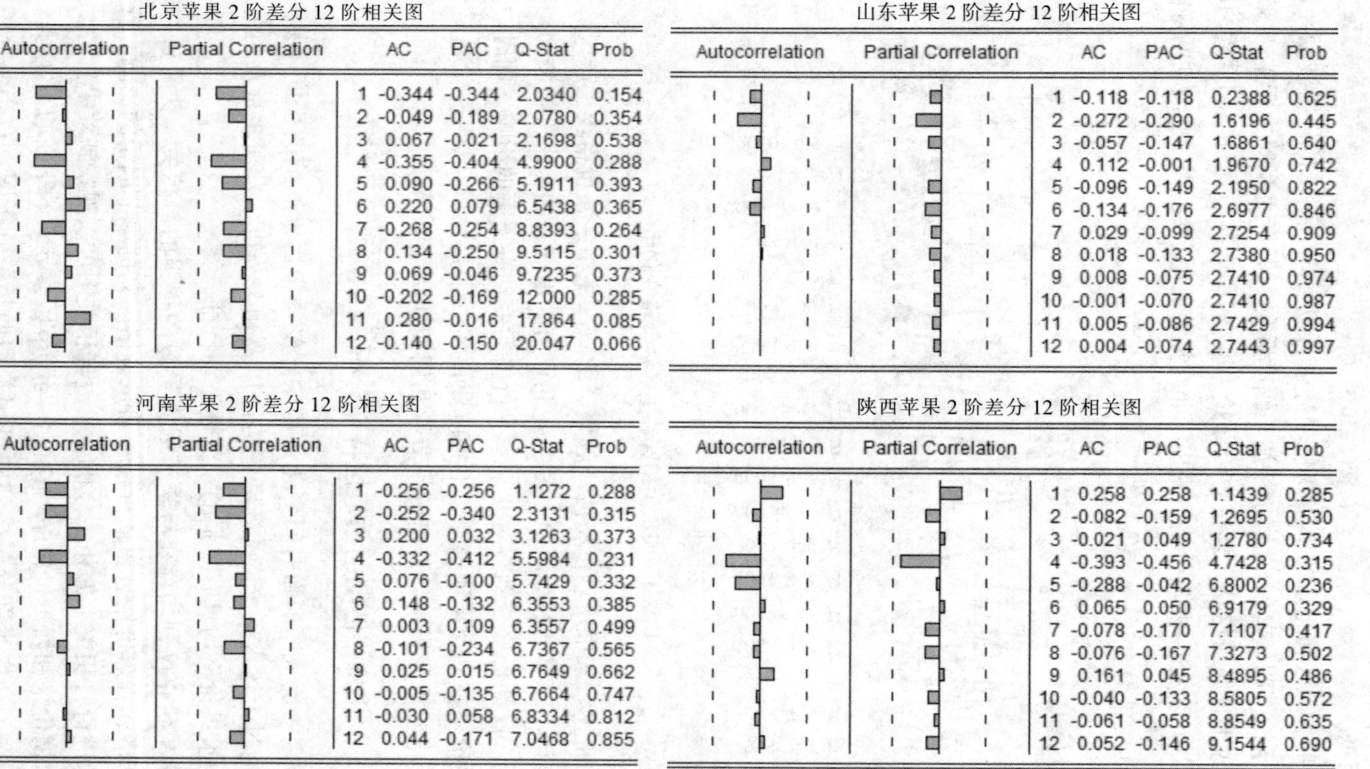

北京苹果 2 阶差分 12 阶相关图

	AC	PAC	Q-Stat	Prob
1	-0.344	-0.344	2.0340	0.154
2	-0.049	-0.189	2.0780	0.354
3	0.067	-0.021	2.1698	0.538
4	-0.355	-0.404	4.9900	0.288
5	0.090	-0.266	5.1911	0.393
6	0.220	0.079	6.5438	0.365
7	-0.268	-0.254	8.8393	0.264
8	0.134	-0.250	9.5115	0.301
9	0.069	-0.046	9.7235	0.373
10	-0.202	-0.169	12.000	0.285
11	0.280	-0.016	17.864	0.085
12	-0.140	-0.150	20.047	0.066

山东苹果 2 阶差分 12 阶相关图

	AC	PAC	Q-Stat	Prob
1	-0.118	-0.118	0.2388	0.625
2	-0.272	-0.290	1.6196	0.445
3	-0.057	-0.147	1.6861	0.640
4	0.112	-0.001	1.9670	0.742
5	-0.096	-0.149	2.1950	0.822
6	-0.134	-0.176	2.6977	0.846
7	0.029	-0.099	2.7254	0.909
8	0.018	-0.133	2.7380	0.950
9	0.008	-0.075	2.7410	0.974
10	-0.001	-0.070	2.7410	0.987
11	0.005	-0.086	2.7429	0.994
12	0.004	-0.074	2.7443	0.997

河南苹果 2 阶差分 12 阶相关图

	AC	PAC	Q-Stat	Prob
1	-0.256	-0.256	1.1272	0.288
2	-0.252	-0.340	2.3131	0.315
3	0.200	0.032	3.1263	0.373
4	-0.332	-0.412	5.5984	0.231
5	0.076	-0.100	5.7429	0.332
6	0.148	-0.132	6.3553	0.385
7	0.003	0.109	6.3557	0.499
8	-0.101	-0.234	6.7367	0.565
9	0.025	0.015	6.7649	0.662
10	-0.005	-0.135	6.7664	0.747
11	-0.030	0.058	6.8334	0.812
12	0.044	-0.171	7.0468	0.855

陕西苹果 2 阶差分 12 阶相关图

	AC	PAC	Q-Stat	Prob
1	0.258	0.258	1.1439	0.285
2	-0.082	-0.159	1.2695	0.530
3	-0.021	0.049	1.2780	0.734
4	-0.393	-0.456	4.7428	0.315
5	-0.288	-0.042	6.8002	0.236
6	0.065	0.050	6.9179	0.329
7	-0.078	-0.170	7.1107	0.417
8	-0.076	-0.167	7.3273	0.502
9	0.161	0.045	8.4895	0.486
10	-0.040	-0.133	8.5805	0.572
11	-0.061	-0.058	8.8549	0.635
12	0.052	-0.146	9.1544	0.690

A.苹果价格自相关图

北京香蕉 2 阶差分 12 阶自相关图

Autocorrelation	Partial Correlation		AC	PAC	Q-Stat	Prob
		1	-0.301	-0.301	16.439	0.000
		2	-0.132	-0.244	19.611	0.000
		3	-0.112	-0.274	21.909	0.000
		4	-0.007	-0.233	21.919	0.000
		5	-0.012	-0.245	21.947	0.001
		6	0.002	-0.260	21.948	0.001
		7	0.058	-0.209	22.577	0.002
		8	0.134	-0.017	25.986	0.001
		9	-0.146	-0.164	30.026	0.000
		10	-0.049	-0.195	30.496	0.001
		11	-0.035	-0.269	30.726	0.001
		12	0.165	-0.101	36.035	0.000

广东香蕉 2 阶差分 12 阶自相关图

Autocorrelation	Partial Correlation		AC	PAC	Q-Stat	Prob
		1	-0.450	-0.450	36.906	0.000
		2	-0.034	-0.297	37.118	0.000
		3	0.021	-0.183	37.197	0.000
		4	-0.068	-0.215	38.060	0.000
		5	0.118	-0.039	40.634	0.000
		6	-0.200	-0.258	48.153	0.000
		7	0.071	-0.236	49.107	0.000
		8	0.089	-0.111	50.607	0.000
		9	-0.108	-0.204	52.823	0.000
		10	0.125	-0.080	55.836	0.000
		11	-0.207	-0.332	64.097	0.000
		12	0.317	0.035	83.561	0.000

广西香蕉 2 阶差分 12 阶自相关图

Autocorrelation	Partial Correlation		AC	PAC	Q-Stat	Prob
		1	-0.340	-0.340	21.062	0.000
		2	-0.070	-0.210	21.951	0.000
		3	-0.067	-0.197	22.765	0.000
		4	0.006	-0.137	22.772	0.000
		5	-0.082	-0.208	24.020	0.000
		6	-0.006	-0.203	24.027	0.001
		7	0.027	-0.165	24.165	0.001
		8	-0.018	-0.199	24.226	0.002
		9	0.061	-0.126	24.930	0.003
		10	-0.084	-0.251	26.280	0.003
		11	0.020	-0.277	26.359	0.006
		12	0.230	0.049	36.655	0.000

海南香蕉 2 阶差分 12 阶自相关图

Autocorrelation	Partial Correlation		AC	PAC	Q-Stat	Prob
		1	-0.195	-0.195	6.9374	0.008
		2	-0.202	-0.250	14.439	0.001
		3	-0.084	-0.202	15.732	0.001
		4	-0.067	-0.221	16.559	0.002
		5	0.074	-0.093	17.577	0.004
		6	-0.123	-0.266	20.402	0.002
		7	0.002	-0.207	20.403	0.005
		8	0.042	-0.203	20.744	0.008
		9	0.060	-0.151	21.432	0.011
		10	0.041	-0.134	21.755	0.016
		11	-0.057	-0.177	22.387	0.022
		12	0.063	-0.077	23.146	0.027

B.香蕉价格自相关图

北京柑橘 2 阶差分 12 阶自相关图

Autocorrelation	Partial Correlation		AC	PAC	Q-Stat	Prob
		1	-0.469	-0.469	40.064	0.000
		2	-0.053	-0.350	40.578	0.000
		3	0.089	-0.159	42.044	0.000
		4	-0.048	-0.127	42.462	0.000
		5	-0.071	-0.200	43.394	0.000
		6	0.115	-0.065	45.858	0.000
		7	-0.108	-0.155	48.064	0.000
		8	-0.130	-0.393	51.269	0.000
		9	0.307	-0.079	69.187	0.000
		10	-0.170	-0.157	74.734	0.000
		11	0.019	-0.134	74.805	0.000
		12	0.042	-0.154	75.152	0.000

广东柑橘 2 阶差分 12 阶自相关图

Autocorrelation	Partial Correlation		AC	PAC	Q-Stat	Prob
		1	-0.606	-0.606	66.835	0.000
		2	0.104	-0.416	68.813	0.000
		3	-0.022	-0.354	68.905	0.000
		4	0.131	-0.067	72.099	0.000
		5	-0.219	-0.216	81.062	0.000
		6	0.177	-0.122	86.922	0.000
		7	-0.018	0.033	86.986	0.000
		8	-0.129	-0.148	90.140	0.000
		9	0.085	-0.161	91.526	0.000
		10	-0.051	-0.331	92.020	0.000
		11	0.132	-0.121	95.379	0.000
		12	-0.153	-0.130	99.912	0.000

广西柑橘 2 阶差分 12 阶自相关图

Autocorrelation	Partial Correlation		AC	PAC	Q-Stat	Prob
		1	-0.365	-0.365	24.300	0.000
		2	-0.110	-0.281	26.500	0.000
		3	0.118	-0.045	29.065	0.000
		4	-0.234	-0.285	39.209	0.000
		5	0.109	-0.116	41.415	0.000
		6	-0.038	-0.180	41.691	0.000
		7	-0.034	-0.153	41.915	0.000
		8	0.110	-0.075	44.202	0.000
		9	-0.181	-0.265	50.436	0.000
		10	0.088	-0.194	51.927	0.000
		11	0.025	-0.217	52.052	0.000
		12	-0.038	-0.216	52.325	0.000

湖南柑橘 2 阶差分 12 阶自相关图

Autocorrelation	Partial Correlation		AC	PAC	Q-Stat	Prob
		1	-0.513	-0.513	47.977	0.000
		2	0.003	-0.354	47.979	0.000
		3	-0.004	-0.285	47.983	0.000
		4	0.040	-0.183	48.279	0.000
		5	-0.012	-0.128	48.304	0.000
		6	-0.060	-0.194	48.987	0.000
		7	0.100	-0.071	50.887	0.000
		8	-0.207	-0.351	59.037	0.000
		9	0.262	-0.119	72.097	0.000
		10	-0.091	-0.064	73.673	0.000
		11	-0.088	-0.204	75.175	0.000
		12	0.189	0.081	82.132	0.000

C.柑橘价格自相关图

北京西瓜 2 阶差分 12 阶自相关图

Autocorrelation	Partial Correlation		AC	PAC	Q-Stat	Prob
		1	-0.401	-0.401	29.213	0.000
		2	-0.018	-0.213	29.275	0.000
		3	0.039	-0.069	29.554	0.000
		4	-0.029	-0.052	29.708	0.000
		5	-0.017	-0.055	29.758	0.000
		6	-0.132	-0.211	33.036	0.000
		7	-0.056	-0.284	33.629	0.000
		8	0.011	-0.264	33.651	0.000
		9	-0.104	-0.401	35.701	0.000
		10	0.183	-0.231	42.106	0.000
		11	-0.090	-0.384	43.675	0.000
		12	0.179	-0.285	49.892	0.000

山东西瓜 2 阶差分 12 阶自相关图

Autocorrelation	Partial Correlation		AC	PAC	Q-Stat	Prob
		1	-0.417	-0.417	31.608	0.000
		2	0.048	-0.152	32.036	0.000
		3	0.004	-0.044	32.039	0.000
		4	-0.096	-0.130	33.757	0.000
		5	0.000	-0.120	33.757	0.000
		6	-0.075	-0.173	34.806	0.000
		7	-0.045	-0.212	35.186	0.000
		8	-0.050	-0.268	35.650	0.000
		9	-0.034	-0.334	35.876	0.000
		10	0.043	-0.357	36.228	0.000
		11	0.095	-0.320	37.973	0.000
		12	0.092	-0.259	39.613	0.000

河南西瓜 2 阶差分 12 阶自相关图

Autocorrelation	Partial Correlation		AC	PAC	Q-Stat	Prob
		1	-0.370	-0.370	24.961	0.000
		2	0.036	-0.118	25.194	0.000
		3	-0.012	-0.048	25.221	0.000
		4	-0.118	-0.160	27.806	0.000
		5	0.029	-0.096	27.959	0.000
		6	-0.074	-0.135	28.979	0.000
		7	-0.076	-0.210	30.062	0.000
		8	-0.148	-0.387	34.215	0.000
		9	0.115	-0.258	36.721	0.000
		10	-0.013	-0.287	36.752	0.000
		11	0.067	-0.316	37.606	0.000
		12	0.133	-0.245	41.061	0.000

新疆西瓜 2 阶差分 12 阶自相关图

Autocorrelation	Partial Correlation		AC	PAC	Q-Stat	Prob
		1	-0.276	-0.276	13.880	0.000
		2	-0.120	-0.212	16.496	0.000
		3	0.038	-0.069	16.756	0.001
		4	-0.028	-0.070	16.898	0.002
		5	-0.033	-0.073	17.095	0.004
		6	-0.163	-0.240	22.046	0.001
		7	-0.059	-0.260	22.701	0.002
		8	0.013	-0.236	22.733	0.004
		9	-0.116	-0.387	25.276	0.003
		10	0.065	-0.392	26.083	0.004
		11	0.232	-0.206	36.454	0.000
		12	0.001	-0.259	36.454	0.000

D.西瓜价格自相关图

图 3-5　4 种水果价格的 2 阶差分 12 阶自相关图

水果价格是随时间推移波动幅度逐渐增大的序列，适用于季节调整的乘法模型。观察图 3-5，可以发现除个别省份价格外，水果价格的相关系数都没有显著，与 0 无差别，也就是说水果价格有明显的季节性特征。

2. 季节因素分析 首先对四列水果价格进行时间序列的分解以得到季节成分，采取了 Eviews 6.0 中 X_{11} 的分解方法。经过分解，得到了如图 3-6 所示的 4 个地区的水果价格的季节成分（附表 2）。

由图 3-6 可见，水果价格波动的季节性非常明显，但不同的水果周期开始和结束的时间不同，同一水果品种主产区与北京的价格季节波动趋势十分相近。随着年份的变化，季节周期波动幅度在不同水果间也有着不尽相同的趋势。主产区的价格波动较主销区价格波动提前 1～3 个月，主产区价格的季节周期波动较主销区季节波动幅度要大。四类水果具体季节周期如下：

①苹果：主产区（以山东为代表）每年的 5～6 月苹果价格较高，之后下降，7～10 月价格相对稳定，之后下降到当年的 11～12 月达到全年价格最低点；之后回升，翌年 3～4 月小幅震荡，继而大幅度回升到 5～6 月，达到全年的新的最高点，完成一个周期为 12 个月的波动周期。2005 年以前，波动周期为每年的 5 月（峰）—11 月（谷）—翌年 5 月（峰）；自 2006 年以来，波动周期推后 1 个月，6 月（峰）—12 月（谷）—翌年 6 月（峰）（见图 3-6A 山东苹果季节因子成分图）。2013 年 1 月，已经进入季节性又一次回升通道。

主销区（以北京为代表）2005 年以前，每年 6 月苹果价格最高，之后下降到翌年 3 月达到全年最低点后回升，直到 6 月达到全年价格最高点；2005—2006 年，从每年的 7 月价格的最高点下降到当年 11 月的全年最低点，而后在 12 月到翌年 5 月小幅回升震荡，继而大幅度回升到翌年的 7 月，达到全年的新的最高点；2007 年以来，每年的 8 月价格最高点下降到当年的 12 月，之后在翌年 1～5 月小幅回升震荡，继而大幅度回升到翌年的 8 月，达到全年的新的最高点；但波动周期都为 12 个月。2005 年以前，波动周期为当年的 6 月（峰）—翌年 3 月（谷）—6 月（峰）；2005—2006 年，波动周期为 7 月（峰）—11 月（谷）—翌年 7 月（峰）；2007—2010 年，波动周期为 8 月（峰）—12 月（谷）—翌年 8 月（峰）；2013 年 1 月，处在季节性价格下行接近谷底阶段（图 3-6A 北京苹果季节因子成分图）。

通过图 3-6A 各省份苹果价格季节成分波动趋势可是明显看出，随着时间的变化，季节波动的波幅的逐渐降低，表明苹果价格受季节成分的影响效果在逐渐减少。

②香蕉：和其他三类水果相比，香蕉的季节性波动有随时间变动越来越剧烈的趋势，尤其以广东香蕉价格季节成分波动最为突出。以南方主产区广东省为代表，每年 2 月开始价格上涨，直到 5 月达到价格峰值，之后下降，7～8 月

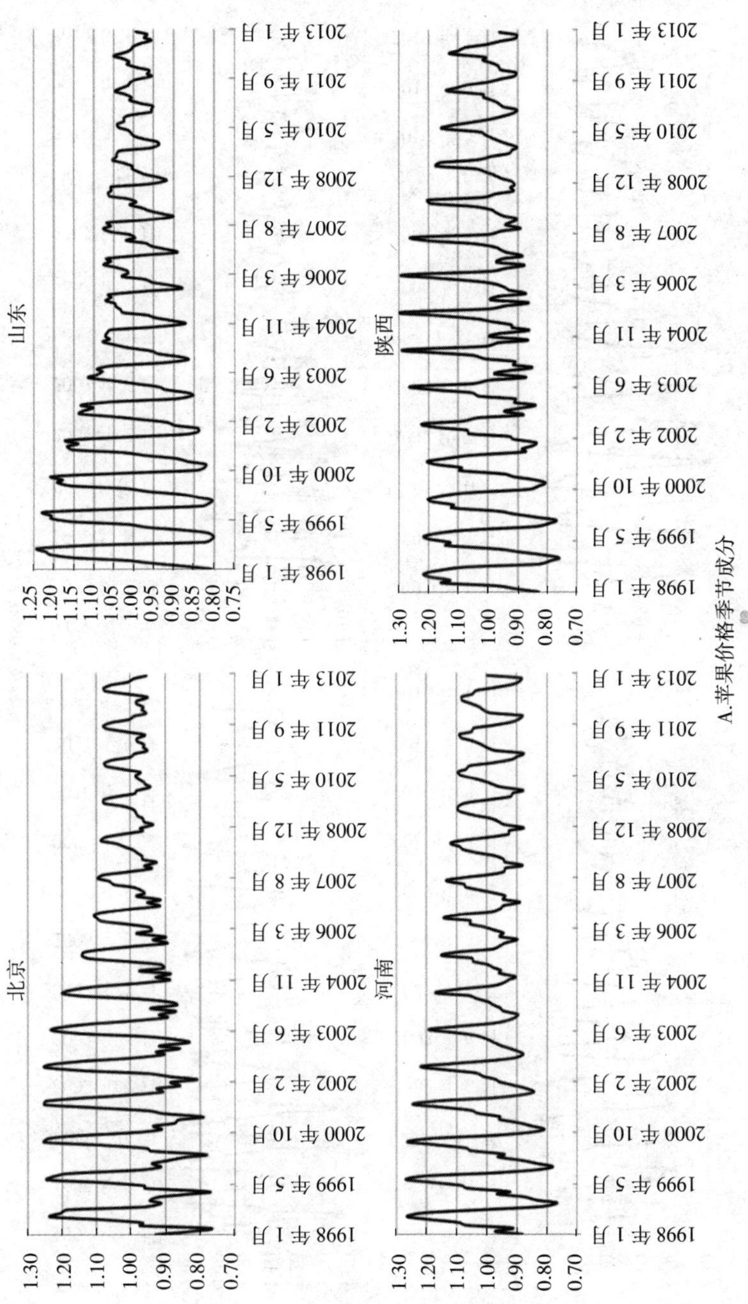

A.苹果价格季节成分

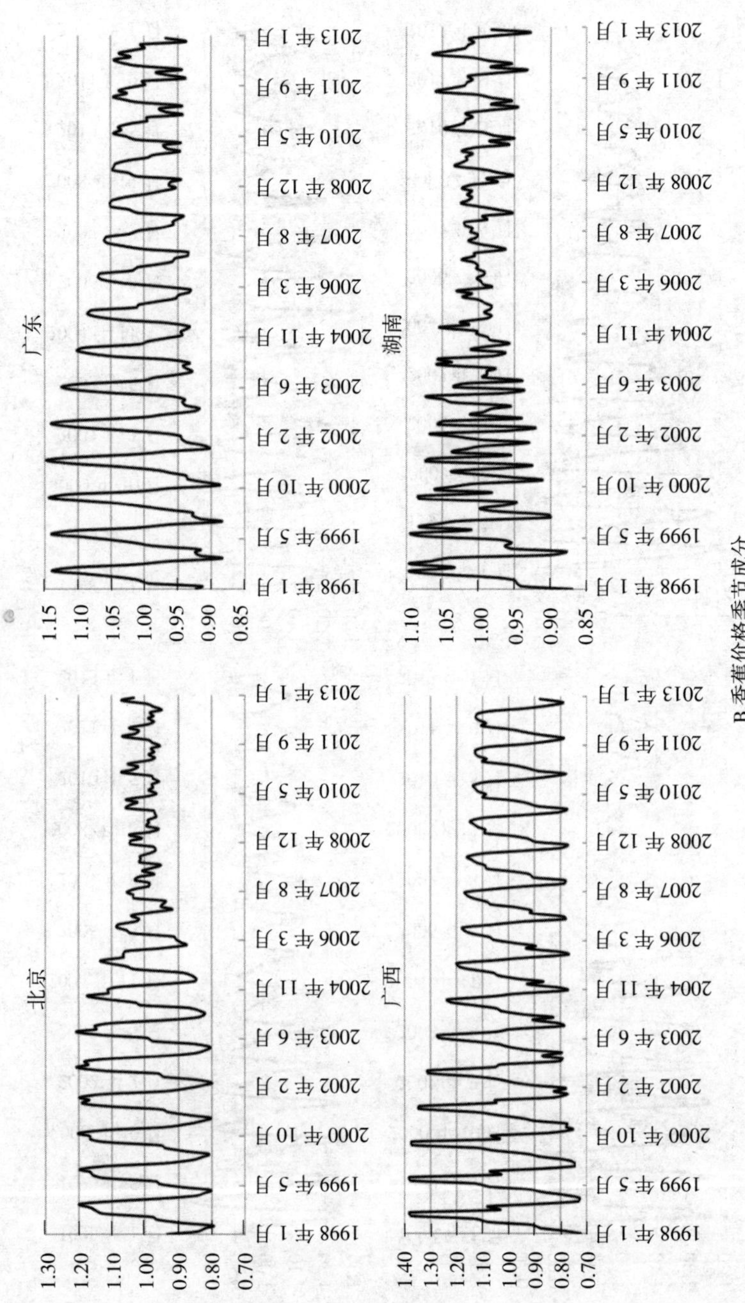

B.香蕉价格季节成分

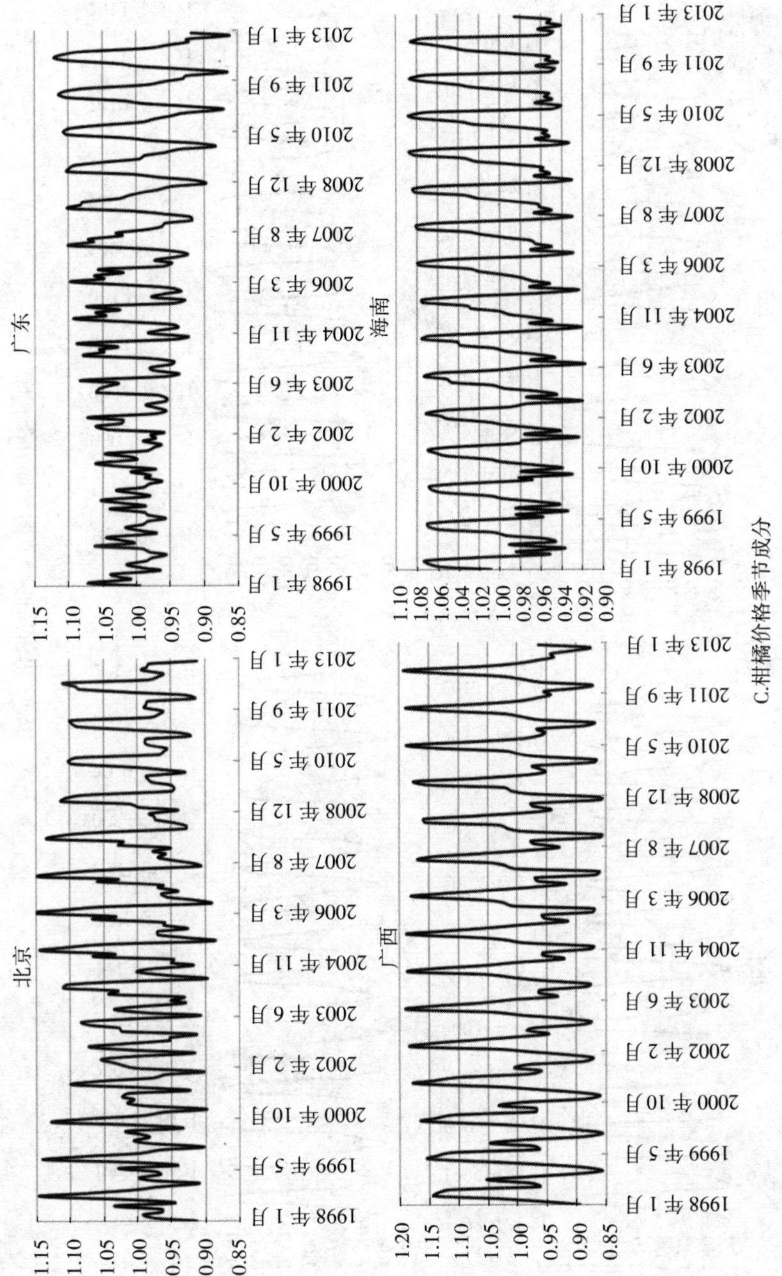

C.柑橘价格季节成分

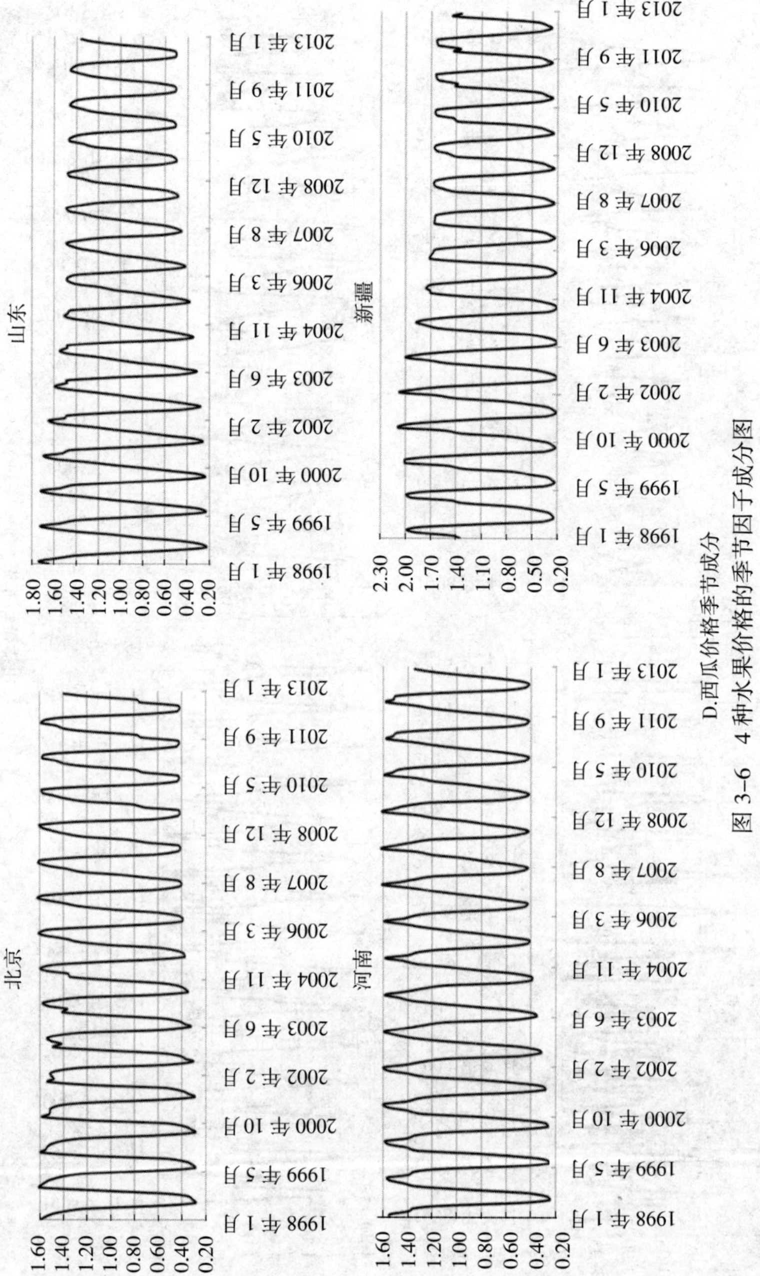

D.西瓜价格季节成分

图 3-6　4 种水果价格的季节因子成分图

价格经历一个小高峰滞后进入相对低位运行阶段，到11月或12月达到全年最低价格；之后在翌年1～4月小幅震荡回升，继而大幅度回升到5月，达到全年的新的最高点，完成一个周期为12个月的波动周期。2004年以前，波动周期大致为每年的5月（峰）—12月（谷）—翌年的5月（峰）；自2004年以来，波动周期提前1个月，4月（峰）—11月（谷）—翌年的4月（峰）（图3-6B广东香蕉季节因子成分图）。2013年1月，进入季节性低位反弹通道。

北京（主销区）和主产区香蕉价格的季节性波动基本同步，但价格略高于主产区。2004年以后，北京香蕉价格季节性波动幅度有增大的趋势。2002年以前，每年的9月香蕉价格最高，之后下降到翌年的1月达到全年最低点后小幅回升，在2～6月价格相对稳定，之后下降到7月达到一年的第二个最低点，之后大幅度回升到9月达到全年价格最高点，从而经历了从9月（峰）—翌年1月（谷）—3月（峰）—7月（谷）—9月（峰）的为期12个月的波动周期；2003—2010年，香蕉主销区价格的波动周期有所变化，大体经历了4～5月价格的最高点下降到的8月的全年最低点，而后在当年9月到翌年3月间小幅震荡，继而大幅度回升到翌年的4～5月，达到全年的新的最高点；2011年以来，香蕉主销区价格的波动周期又有所变化，大体经历了6月价格的最高点，之后下降9月，后小幅波动翌年1月达到全年最低点，2～5月小幅震荡上扬到6月再次达到全年新的最高点，完成为期12个月的波动周期。2002年以前，波动周期为当年的9月（峰）—翌年1月（谷）—3月（小峰）—7月（谷）—9月（峰）；2003—2011年，波动周期为4～5月（峰）—8月（谷）—翌年4～5月（峰）。2013年1月，处在季节性价格下降阶段，且马上进入谷底。（图3-6B北京香蕉季节因子成分图）。

③柑橘：柑橘主产区和主销区价格波动周期轨迹较相似，有非常明显的随时间变化季节性波动幅度越来越小的趋势，说明季节因子对于价格的影响作用在逐渐减小，季节波动周期长度仍为12个月。

2005年以前，主产区（以湖南为代表）每年的7～9月柑橘价格最高，之后缓慢下降到12月达到低谷，继而大幅度回升到翌年1～3月，达到全年的第二个最高点，4～6月小幅震荡下跌，后回升到7～9月的高危期，完成一个为期12个月的波动周期。大体经历了7～9月（峰位）—12月（谷位）—翌年7～9月（峰位）的季节波动周期。2005年以后，季节波动幅度减小，波动周期延长。湖南每年的5～11月柑橘价格持续飙高，之后12月到翌年4月缓慢下降并保持低位，5月开始到11月继而回升到最高点，完成一个为期为12个月的波动周期。每年大体经历了5～11月（峰位）—12月至翌年4月（谷位）—5～11月（峰位）的季节波动周期(图3-6C湖南柑橘季节因子成分图)。

2013年1月已经进入季节性波动由低位反弹上升通道。

北京在2003年以前，每年的8～12月柑橘价格最高，之后大幅度下降到4月，继而大幅度回升到8～12月，达到全年的新的最高点，完成一个为期12个月的波动周期，每年大体经历了8～12月（峰位）—翌年4月（谷位）—8～12月（峰位）的季节波动周期。2004—2007年，季节波动幅度逐年减小，波动周期较2002年前延长2个月，每年大体经历了6～12月（峰位）—翌年4月（谷位）—6～12月（峰位）的季节波动周期。2008年以来，主产区每年的12月到翌年3月柑橘价格最高，之后缓慢震荡下降到9月，继而小幅度回升到12月，达到全年的新的最高点，完成一个为期12个月的波动周期。每年大体经历了12月—翌年3月（峰位）—9月（谷位）—12月—翌年3月（峰位）的季节波动周期（图3-6C北京柑橘季节因子成分图）。2013年1月北京柑橘价格已经基本完成季节性上升通道，进入下降阶段。

④西瓜：西瓜价格季节性波动周期一致比较稳定，也具有随时间波幅逐渐减小的趋势，以山东、新疆尤为明显。以主产区新疆为例，西瓜价格季节因子在每年3～4月达到最高值，在9月左右达到全年最低值，后大幅回升到翌年4月再次达到峰值，大致为3～4月（峰位）—9月（谷位）—翌年3～4月（峰位）为期12个月的季节性波动（图3-6D新疆西瓜季节因子成分图）。2013年1月新疆西瓜价格季节波动处在小幅震荡持续上升的通道。

北京1998—2001年每年12月到翌年1月为价格高峰期，后迅速下降至8月达到最低值，继而反弹上升至12月到翌年1月再次达到峰值，大致经历从12月—翌年1月（峰位）—8月（谷位）—12月—翌年1月（峰位）为期12个月的季节性波动。2002年开始，周期滞后2月，每年3～4月达到价格最高值，后大幅下降至8～9月达到低谷，再回升至翌年3～4月再次达到峰值，大致为3～4月（峰位）—8～9月（谷位）—翌年3～4月（峰位）为期12个月的季节性波动（图3-6D北京西瓜季节因子成分图）。2013年1月北京西瓜价格季节波动还处在持续上升的通道。

（三）水果价格波动的周期特征分析

周期成分是剔除长期趋势后反应波动情况的波动值。为了量化地获得价格波动的周期特征，在季节调整的基础上即在得到季节调整后的水果价格基础上进行H-P滤波分析，分别得到苹果、香蕉、柑橘和西瓜价格的趋势成分和周期成分，所用方法与第二章水果蔬菜波动周期的测定方法相同。经过滤波得到了4种水果的周期成分和长期趋势的数值（附表3、附表4）。为更加简明直观，将水果价格周期成分的波动情况绘制如图3-7所示。

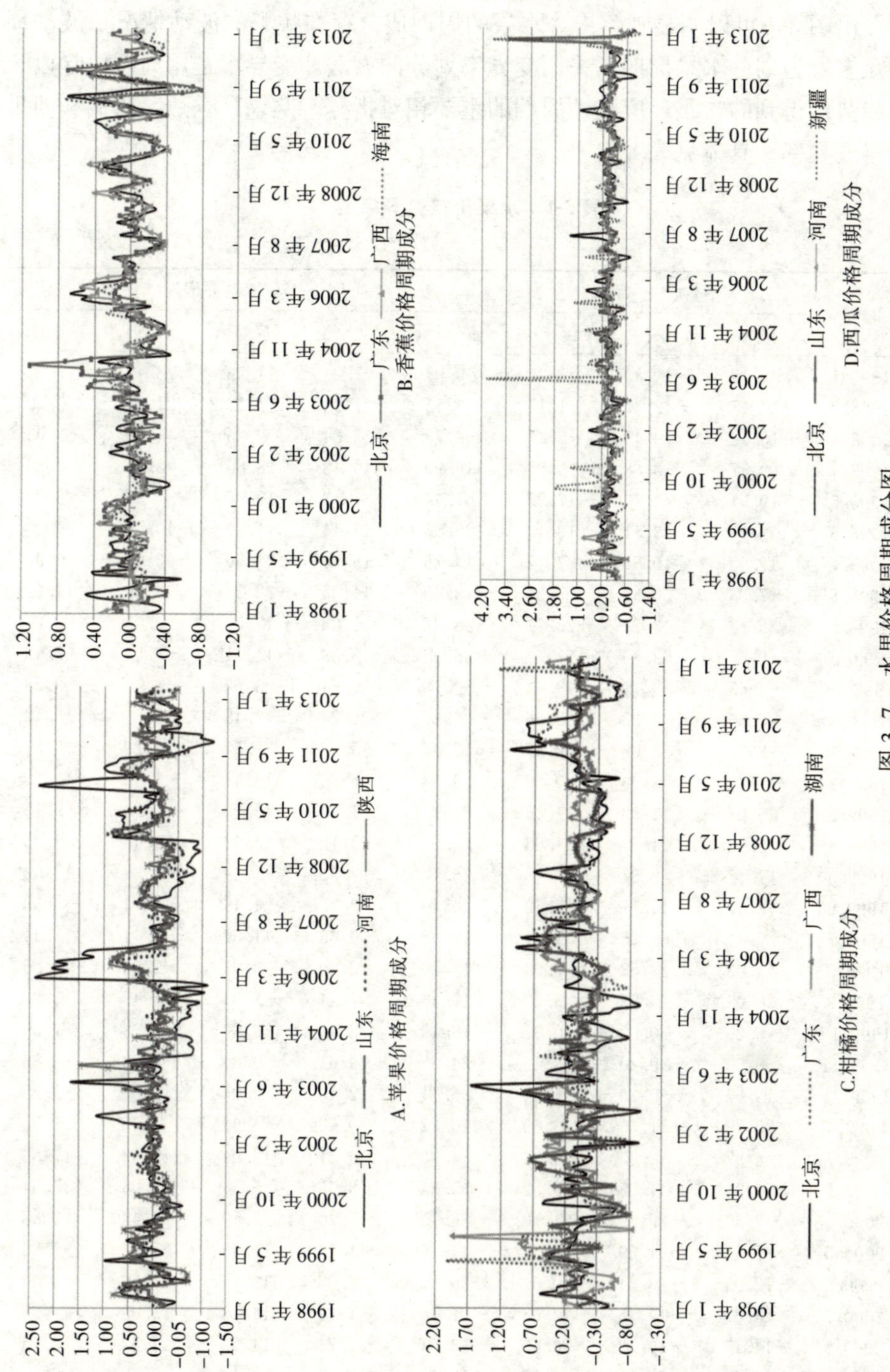

图 3-7　水果价格周期成分图

由图 3-7 可以明显观察出，水果的周期成分存在频繁的波动情况，波动周期众多，为划分水果周期，采用变异率划分的方法。变异率是用周期值除以长期趋势值得到的，是反应波动周期的重要相对指标。苹果、香蕉、柑橘和西瓜价格变异率，具体见表 3-1。

表 3-1　水果价格变异率表

单位：%

时间	苹果				香蕉			
	北京	山东	河南	陕西	北京	广东	广西	海南
1998.1	−5.15	−12.82	−5.35	−9.07	−7.21	11.08	28.15	13.87
1998.2	−9.47	−12.37	−1.13	−8.15	−11.98	4.62	21.28	10.78
1998.3	−15.54	−9.45	−3.67	−4.78	−13.24	9.25	11.78	9.63
1998.4	0.57	−0.88	10.38	16.99	−10.48	8.86	3.05	10.85
1998.5	19.94	3.73	17.26	41.49	1.43	−10.97	−7.31	6.99
1998.6	22.17	3.51	13.18	29.86	13.11	−11.32	−10.66	18.10
1998.7	17.90	10.55	37.47	13.76	18.56	−21.66	−10.09	−0.96
1998.8	−7.08	30.62	5.35	−13.49	11.35	−22.11	−13.66	−11.52
1998.9	−26.78	13.24	−23.73	−38.37	1.06	−13.02	−6.42	−9.22
1998.10	−8.62	2.45	−27.34	−36.98	−3.53	−14.41	−9.82	−7.08
1998.11	−4.68	−19.10	−18.83	−39.18	−9.94	−3.62	−8.19	−9.28
1998.12	−5.80	−8.35	−12.96	−35.16	−22.24	−2.48	−3.31	−15.15
1999.1	2.25	−3.08	−2.52	−12.38	15.28	2.61	−0.29	−10.51
1999.2	−9.66	2.98	0.20	6.08	16.82	13.41	−1.90	−14.78
1999.3	35.21	11.58	11.36	21.35	−1.80	15.78	0.77	−9.15
1999.4	9.64	24.64	14.03	30.62	5.12	13.02	−0.49	−2.23
1999.5	−7.45	9.87	7.43	26.10	2.52	−1.49	−1.37	−12.03
1999.6	−3.40	11.17	5.52	20.40	2.75	4.46	−1.74	−5.33
1999.7	7.41	14.28	1.31	22.80	−0.45	11.52	−8.11	−7.44
1999.8	14.03	12.55	7.94	18.70	−2.00	9.97	−2.62	4.26
1999.9	20.04	26.03	3.02	17.38	7.44	−7.31	−5.45	5.22
1999.10	5.29	−0.09	−0.37	18.49	8.40	−9.82	−2.08	−1.09
1999.11	−8.58	−9.20	4.42	24.55	9.61	−0.80	−3.70	−6.86
1999.12	13.07	−0.30	14.24	36.51	2.40	6.04	−18.50	−13.28
2000.1	0.73	−11.55	3.66	10.02	0.95	4.92	−4.75	1.74
2000.2	6.97	2.55	4.90	−4.33	−0.21	12.04	−16.53	17.86
2000.3	−0.96	−14.05	−10.52	−5.54	8.55	5.64	5.06	17.54
2000.4	−2.60	−22.69	−24.12	−38.73	5.70	7.19	6.47	3.88
2000.5	−7.31	−21.69	−13.89	−34.15	−1.11	16.45	37.45	−8.42
2000.6	−12.05	−16.24	−10.01	−29.86	2.08	12.24	23.39	5.00
2000.7	−24.87	−19.35	−12.63	−22.48	−1.40	16.18	23.03	17.29
2000.8	−14.15	−16.62	−10.60	−3.51	1.74	14.53	27.52	13.15
2000.9	−14.60	−23.11	−6.77	9.04	2.94	17.13	19.79	6.63

（续）

时间	苹果				香蕉			
	北京	山东	河南	陕西	北京	广东	广西	海南
2000.10	−7.73	2.05	−11.96	20.65	5.72	16.24	14.27	14.58
2000.11	−6.86	−7.86	−15.78	−25.11	11.59	3.87	32.10	13.83
2000.12	−11.12	−5.58	−20.71	−25.40	8.63	0.78	13.61	6.01
2001.1	−9.43	2.04	−16.43	−26.32	−2.39	−2.10	0.90	6.78
2001.2	1.68	0.61	−15.11	−19.51	−6.86	−11.84	−6.53	5.80
2001.3	3.40	−1.07	−8.10	−19.45	−12.28	−20.58	−19.73	−6.19
2001.4	0.00	−2.34	−0.17	−17.28	−20.49	−20.64	−14.67	−6.35
2001.5	2.44	4.77	21.11	2.30	−24.32	−10.45	−13.66	−2.46
2001.6	−5.77	6.56	9.46	−0.61	−21.51	−11.42	−17.11	−10.36
2001.7	−1.41	8.42	20.57	−2.71	−9.85	−9.97	−14.69	−5.42
2001.8	−1.11	10.51	−6.26	0.86	−2.11	−8.16	−16.11	−2.01
2001.9	−2.90	2.15	9.04	6.84	−4.34	−0.62	−7.06	0.30
2001.10	−4.55	−4.75	27.70	3.64	−9.18	3.04	−8.47	−8.78
2001.11	9.79	−2.26	12.44	0.34	−9.80	−2.62	−13.17	−5.06
2001.12	8.04	−3.93	4.23	−5.88	−4.66	−12.81	−24.29	−2.74
2002.1	4.44	−9.88	−6.82	1.31	−0.92	−7.59	−16.82	−13.33
2002.2	−0.82	−12.30	−5.51	5.04	8.87	−3.57	−3.51	−20.46
2002.3	2.17	−9.86	7.98	5.73	13.57	0.49	−0.94	−9.72
2002.4	−1.27	−7.18	4.21	0.80	4.81	−0.93	5.73	2.92
2002.5	1.34	2.69	0.89	4.42	10.27	−5.19	−5.72	−6.57
2002.6	−9.61	3.25	22.63	7.88	2.32	−9.88	−7.99	−11.29
2002.7	26.39	−2.36	6.45	6.31	−4.74	−13.28	−13.02	−9.86
2002.8	34.77	−4.20	−2.85	3.59	−2.81	−19.01	−9.39	−14.15
2002.9	53.55	−1.42	0.24	0.95	−2.65	−10.82	−22.43	−11.93
2002.10	34.02	8.48	2.34	0.78	9.22	1.25	−6.77	5.21
2002.11	2.90	16.26	1.16	−13.28	7.85	−19.21	−0.38	−11.57
2002.12	−12.87	5.11	0.49	−6.95	−0.40	−10.51	−2.14	−1.13
2003.1	−10.41	20.78	6.18	6.22	−1.40	−10.60	7.09	−2.49
2003.2	−15.33	7.59	7.27	1.25	−11.19	−20.30	3.04	4.93
2003.3	−5.57	−6.00	−5.83	−5.65	−11.03	−16.63	−6.52	0.44
2003.4	5.68	7.75	−10.02	12.31	2.76	−9.20	−4.91	−13.41
2003.5	17.10	2.15	−6.26	36.53	10.48	−11.00	−4.03	−2.77
2003.6	28.36	−5.95	−8.69	2.18	1.67	−6.86	7.68	1.89
2003.7	81.08	−0.55	−12.29	−14.11	8.03	−9.20	11.83	6.93
2003.8	−0.24	7.41	−7.04	−9.58	5.93	10.37	9.75	8.32
2003.9	−2.93	17.69	−3.84	4.47	−0.79	−4.70	7.12	4.72
2003.10	−7.32	5.14	−0.67	7.35	−6.07	1.71	10.60	5.26
2003.11	−7.41	−0.89	25.43	52.31	−4.03	26.25	4.38	16.98
2003.12	2.28	29.18	7.39	85.59	−0.16	24.19	12.17	14.39
2004.1	27.70	5.57	2.26	−2.39	2.21	21.88	3.52	19.98

（续）

时间	苹果				香蕉			
	北京	山东	河南	陕西	北京	广东	广西	海南
2004.2	−3.51	−7.56	−4.44	−9.85	9.86	−0.38	5.16	3.63
2004.3	−37.63	11.89	−0.50	−19.15	3.12	29.82	12.77	19.03
2004.4	−39.53	18.64	−2.68	−13.45	1.23	28.88	34.14	16.40
2004.5	−39.32	1.14	−6.75	−22.01	−0.08	29.19	17.48	15.73
2004.6	−34.48	−6.22	−3.58	−18.05	8.02	60.47	−0.28	18.90
2004.7	−38.00	−11.99	−4.77	−4.59	21.71	38.91	8.84	4.25
2004.8	−34.19	−28.97	6.54	20.21	4.84	23.65	0.39	−0.77
2004.9	−21.27	−28.93	3.27	−19.59	−26.18	−5.98	−11.21	−16.87
2004.10	−21.98	−6.25	5.95	−20.70	−21.09	−18.73	−5.58	−13.41
2004.11	−20.01	7.39	4.40	−2.62	−10.55	−11.20	−3.85	−8.26
2004.12	−23.25	−8.29	−1.69	−13.32	−6.64	−11.60	4.44	−7.06
2005.1	−24.91	−13.80	−5.91	−19.15	−7.59	−13.43	−10.07	0.41
2005.2	−32.77	−7.74	7.78	−13.13	−16.59	−9.61	−15.06	−10.70
2005.3	−28.82	−7.59	−5.49	−2.76	−13.03	−14.67	−20.57	−17.39
2005.4	−31.27	−16.73	−11.19	−27.23	−17.94	−17.82	−33.90	−15.54
2005.5	−28.19	−22.96	−12.07	−21.60	−17.66	−20.25	−23.94	−17.93
2005.6	−36.95	−19.25	−17.84	−23.11	−21.14	−12.45	−23.26	−11.96
2005.7	−14.63	−14.69	−26.85	−7.03	−17.02	−7.69	−17.54	−6.03
2005.8	−26.16	−17.97	−11.70	−24.13	−11.71	−0.18	−15.01	−7.35
2005.9	−38.25	−10.19	−5.34	−13.59	2.87	−7.60	−3.23	11.54
2005.10	−13.03	−1.26	−0.68	−0.76	1.83	−5.63	−5.08	20.75
2005.11	−39.00	4.33	−8.39	0.00	1.65	9.75	5.46	10.52
2005.12	−14.34	4.65	10.51	23.61	−11.34	5.03	−1.99	6.80
2006.1	80.02	10.51	16.57	11.46	17.27	−7.93	14.85	8.20
2006.2	70.40	12.31	18.44	11.77	28.40	−0.76	14.02	10.93
2006.3	56.47	11.56	6.72	6.37	24.45	7.21	34.82	14.75
2006.4	65.62	17.92	15.27	24.68	34.27	9.62	28.44	18.77
2006.5	55.33	28.62	26.31	39.65	26.39	9.30	28.15	24.90
2006.6	61.19	34.98	43.72	38.65	28.47	7.19	40.48	21.51
2006.7	37.82	39.21	18.79	29.98	21.75	2.75	31.79	11.62
2006.8	43.98	29.17	−11.86	30.07	7.73	−1.95	29.81	−1.64
2006.9	39.52	22.58	4.14	16.00	3.28	4.48	19.81	−3.30
2006.10	12.15	−10.66	−1.67	−2.76	4.66	3.06	−1.82	−1.49
2006.11	−0.51	−5.06	−3.26	−19.13	3.67	−1.08	3.93	−4.32
2006.12	−6.41	−4.73	−12.46	−9.40	−0.70	0.87	5.11	−5.86
2007.1	−5.21	−7.65	−4.21	−1.55	−2.13	4.44	5.04	−0.27
2007.2	−7.50	−10.28	−10.54	−3.21	1.42	4.49	4.73	8.95
2007.3	−2.94	−8.23	−6.70	0.50	9.77	3.33	8.93	11.64
2007.4	2.40	−14.18	−1.83	−7.21	−2.57	−3.24	−8.66	−3.92
2007.5	−7.30	−16.56	−11.77	−13.42	−8.34	−3.61	−16.66	−12.52

（续）

时间	苹果				香蕉			
	北京	山东	河南	陕西	北京	广东	广西	海南
2007.6	−13.65	−16.77	−9.74	−10.47	−9.34	−15.55	−24.82	−23.95
2007.7	−14.07	−13.04	4.69	−10.89	−16.09	−14.37	−27.29	−24.54
2007.8	−8.59	−8.00	−3.19	−8.41	−15.48	−19.68	−27.84	−15.20
2007.9	−11.81	−16.64	1.39	−1.19	−13.94	−5.42	−22.37	−12.51
2007.10	−6.09	−0.44	6.25	8.64	5.73	−1.43	−22.66	−7.54
2007.11	0.01	13.67	18.07	3.45	−2.01	−2.85	−15.45	−7.75
2007.12	−0.86	9.91	13.56	−3.23	−4.17	−2.45	−11.00	−2.22
2008.1	−8.88	7.75	5.06	7.59	0.31	1.27	−3.03	−3.21
2008.2	−9.25	8.57	7.55	9.86	7.56	3.63	−0.59	−5.08
2008.3	−10.32	4.28	11.59	10.93	−1.83	3.04	−8.45	−4.50
2008.4	−12.43	4.00	5.60	8.73	−4.62	7.00	−0.49	2.19
2008.5	−15.63	−1.75	4.56	7.40	−7.46	−1.13	−9.25	−4.80
2008.6	−12.92	−1.63	−0.12	0.44	−12.62	2.73	−10.35	−9.05
2008.7	−17.85	−5.98	−17.18	−5.56	−10.52	−0.82	−14.91	−8.55
2008.8	−21.56	−3.96	−28.71	−10.28	−6.73	−4.02	−7.22	−5.61
2008.9	−19.72	−3.70	−15.51	−8.88	−4.99	2.44	−0.42	−3.44
2008.10	−17.00	−4.15	−13.30	4.70	−4.93	6.89	14.91	−4.32
2008.11	−18.38	−8.39	−20.84	−7.37	3.27	8.64	27.83	−2.46
2008.12	−19.03	−17.40	−19.80	−7.51	9.44	11.89	10.41	−6.17
2009.1	−20.61	−9.78	−24.65	−8.66	5.08	4.00	−0.07	−8.26
2009.2	−22.47	−14.32	−23.25	−9.30	−4.36	−1.14	−7.78	−14.08
2009.3	−18.84	−12.81	−21.68	−13.08	−6.99	−10.53	−1.82	−8.29
2009.4	−20.65	−9.31	−15.43	−7.78	−1.75	−2.84	−0.63	−2.80
2009.5	−20.49	2.45	−3.88	−0.79	11.14	0.48	11.97	10.92
2009.6	18.31	12.57	9.63	7.86	4.82	3.44	22.33	13.27
2009.7	12.35	23.25	36.67	3.50	13.18	5.89	24.59	23.11
2009.8	5.76	27.35	24.82	9.50	7.79	14.59	30.24	20.55
2009.9	13.77	11.73	16.28	3.84	0.71	10.15	10.73	11.65
2009.10	13.20	1.70	5.99	−1.39	−6.95	6.89	2.57	6.30
2009.11	14.19	−1.23	−10.60	−3.11	−11.56	−8.15	−13.54	−2.81
2009.12	12.92	1.16	0.86	−4.89	−14.67	−11.42	−25.86	−15.07
2010.1	16.33	−6.37	1.75	−11.71	−15.89	−12.08	−24.24	−16.79
2010.2	5.40	−5.84	18.29	−12.50	−10.86	−12.69	−17.05	−14.81
2010.3	4.01	−4.35	4.71	−6.15	−8.58	−10.28	−16.00	−16.92
2010.4	0.78	−4.11	2.36	−4.53	−10.25	−3.99	−16.42	−14.96
2010.5	0.17	−3.72	−0.66	−6.06	−5.98	7.89	−0.22	−10.74
2010.6	4.20	−4.93	−1.03	−7.63	8.81	11.10	8.71	3.57
2010.7	−1.66	−5.00	2.66	−5.37	12.19	10.33	10.51	12.90
2010.8	26.41	−2.96	6.52	−5.11	14.25	6.11	6.34	14.23
2010.9	47.91	0.36	2.60	−0.33	16.87	3.14	2.68	12.53

（续）

时间	苹果				香蕉			
	北京	山东	河南	陕西	北京	广东	广西	海南
2010.10	35.01	0.95	2.95	−0.51	12.01	−9.16	−8.63	6.42
2010.11	24.10	5.79	7.29	4.72	0.12	−17.19	−11.12	0.31
2010.12	5.08	7.92	19.11	9.85	−14.15	−5.03	2.60	0.59
2011.1	18.86	18.72	13.90	9.98	−3.58	0.04	7.60	−0.26
2011.2	21.26	22.10	12.17	9.63	1.23	2.21	6.27	10.32
2011.3	19.72	20.70	2.29	6.85	13.13	7.88	10.51	22.99
2011.4	16.30	15.34	3.13	4.34	19.07	18.17	16.53	35.46
2011.5	14.64	9.07	−1.67	1.85	28.63	5.14	10.95	25.28
2011.6	−3.54	2.23	−11.76	−10.94	11.22	−23.40	−9.44	−3.05
2011.7	−12.44	−6.10	−20.59	−6.77	−1.05	−31.78	−24.01	−36.70
2011.8	−15.53	−10.04	−20.82	4.80	−17.94	−27.39	−23.54	−25.20
2011.9	−21.59	−6.80	−11.70	4.64	−7.07	−14.02	−2.24	−6.18
2011.10	−27.54	1.70	−9.18	7.45	0.89	−2.63	9.49	−7.31
2011.11	−21.52	5.94	−10.18	4.82	15.62	3.62	25.47	11.81
2011.12	−22.49	14.78	−10.46	0.33	20.39	4.80	23.84	26.86
2012.1	−2.92	−5.34	3.81	7.09	15.33	26.96	20.97	30.78
2012.2	−12.12	−6.07	4.06	6.68	4.29	15.05	13.83	29.14
2012.3	−13.01	−11.50	8.41	3.75	−2.35	6.25	8.78	14.05
2012.4	−10.12	−9.21	3.47	4.50	−8.55	5.07	−1.61	5.62
2012.5	−13.38	7.93	1.26	−0.21	−12.02	−1.43	−15.88	−0.77
2012.6	−7.66	−15.33	3.46	−4.35	−15.37	−1.85	−14.05	−5.51
2012.7	−10.66	−18.67	1.86	1.06	−10.72	2.18	−11.36	−14.12
2012.8	−8.87	−12.79	1.08	5.30	−10.94	−4.24	−8.80	−17.27
2012.9	−2.90	−10.26	4.11	10.95	−5.72	−4.01	−5.13	−17.17
2012.10	−0.51	−4.45	8.06	0.31	−2.25	−1.32	−0.47	−10.66
2012.11	5.26	12.44	4.87	−10.11	−4.53	3.33	4.97	−11.25
2012.12	10.01	2.98	1.14	−9.17	−3.64	7.19	−2.03	−11.75
2013.1	9.91	1.10	−11.16	−11.44	−1.02	4.49	−5.79	−10.52

时间	柑橘				西瓜			
	北京	广东	广西	湖南	北京	山东	河南	新疆
1998.1	−14.00	−21.44	3.64	−4.42	−21.78	−18.77	−30.60	6.30
1998.2	−19.32	−19.75	1.41	−2.59	−19.80	−23.23	−29.82	−0.78
1998.3	−12.05	−5.90	10.51	−12.45	−16.40	−15.03	−22.64	−26.02
1998.4	−3.42	−6.53	11.41	−11.34	−10.47	−4.83	−20.76	−31.02
1998.5	23.09	−9.48	−6.02	16.62	17.92	37.91	23.19	−20.15
1998.6	13.34	−13.96	−11.03	6.90	11.49	11.82	33.18	6.98
1998.7	12.55	−16.47	−27.41	2.20	−32.00	−17.27	−10.18	68.92
1998.8	−2.00	−13.18	−27.03	8.11	−5.91	−42.89	−48.82	2.74
1998.9	−2.08	−5.85	−30.84	1.10	−0.35	−9.45	−2.47	8.88

（续）

时间	柑橘				西瓜			
	北京	广东	广西	湖南	北京	山东	河南	新疆
1998.10	−3.04	−0.75	−27.15	4.49	21.20	10.24	43.33	5.17
1998.11	−6.61	14.01	−5.83	8.23	18.00	8.18	20.13	6.24
1998.12	1.22	19.31	−2.87	0.53	−19.34	5.62	5.63	5.62
1999.1	−10.23	−0.81	9.04	−2.65	−1.12	−0.43	−1.12	16.17
1999.2	4.18	72.06	25.33	1.29	23.62	19.79	10.65	−15.06
1999.3	18.24	20.76	13.84	12.19	16.72	23.69	59.78	−36.76
1999.4	16.68	28.74	8.45	29.20	−1.09	5.08	21.13	5.45
1999.5	12.70	25.90	−10.16	18.47	11.52	10.67	−12.51	4.59
1999.6	5.15	21.46	42.51	−19.78	8.40	0.05	−10.82	−12.05
1999.7	4.00	−12.35	45.59	4.16	15.92	−9.66	−0.63	−25.10
1999.8	1.69	20.54	41.52	12.58	4.75	−14.34	−17.80	−11.40
1999.9	1.26	31.45	99.05	2.91	13.15	2.49	−3.86	−25.74
1999.10	0.47	−0.22	14.79	5.32	4.04	2.69	24.89	−19.18
1999.11	2.17	−7.71	−43.21	9.32	−13.89	12.11	9.93	−19.51
1999.12	−1.69	−7.59	−13.05	24.41	15.05	18.80	14.37	−24.47
2000.1	−5.59	−7.80	−15.71	−9.31	24.84	41.02	6.77	−39.18
2000.2	−1.50	−13.96	−14.28	−21.01	7.83	20.17	−1.36	−41.32
2000.3	−16.76	−14.95	−16.94	−46.26	4.18	5.15	0.32	−7.89
2000.4	−24.18	−24.96	−24.98	−37.53	10.57	5.11	3.75	0.54
2000.5	−25.38	−22.73	−10.48	−40.95	−21.30	−9.06	4.49	9.50
2000.6	23.89	−10.35	−31.12	−35.82	−7.25	5.93	4.17	−11.57
2000.7	22.33	−4.39	−25.08	−21.88	−10.77	10.11	10.64	112.66
2000.8	4.39	−7.74	−27.19	−13.62	−1.01	−0.99	5.07	106.54
2000.9	−1.02	1.84	−11.88	2.84	−13.82	1.48	8.95	29.73
2000.10	−0.66	8.23	−5.21	12.66	−18.04	−8.84	−24.26	15.82
2000.11	4.62	−0.34	21.07	−30.77	−0.70	−7.57	−30.93	23.48
2000.12	−1.36	−0.34	−11.12	−12.14	5.02	5.89	−14.96	36.63
2001.1	9.26	−3.61	−8.95	−7.68	2.43	−10.05	−3.74	36.17
2001.2	−5.59	−1.49	−11.14	4.87	−11.58	−19.32	−5.32	78.62
2001.3	−2.95	−1.51	−14.53	17.36	−7.83	−11.70	−4.63	20.07
2001.4	4.27	8.60	8.31	34.11	−0.51	−6.65	−4.15	−4.39
2001.5	−1.45	8.98	8.88	29.51	−2.53	−1.31	−2.14	−9.53
2001.6	−7.19	−3.48	11.69	39.76	−12.09	−15.55	−17.11	−25.18
2001.7	−9.53	−4.79	20.89	39.21	−6.13	−15.95	−19.38	−25.72
2001.8	4.45	−6.93	27.97	8.41	−8.82	−14.79	−36.22	−24.88
2001.9	0.47	−11.96	13.81	2.16	−7.95	−7.22	−8.42	−5.70
2001.10	2.45	−30.68	28.00	−22.50	41.51	10.66	3.60	−13.63
2001.11	−43.09	−7.58	17.49	−21.42	14.72	12.20	25.55	−22.50
2001.12	−11.35	−31.28	23.09	−17.04	−24.19	1.15	7.64	−44.88
2002.1	−11.06	2.31	−10.41	26.53	−5.61	−0.47	7.51	−44.05

（续）

时间	柑橘				西瓜			
	北京	广东	广西	湖南	北京	山东	河南	新疆
2002.2	−8.84	3.63	−13.20	−2.00	47.28	16.99	25.32	−39.82
2002.3	−1.24	5.34	−0.30	−5.17	20.51	29.86	17.37	−11.45
2002.4	0.91	10.63	−9.13	−11.10	5.38	5.52	−3.83	−3.64
2002.5	−3.29	7.53	−11.76	−15.72	−26.81	−21.47	−27.63	−21.03
2002.6	−10.80	7.80	−4.96	−2.22	19.41	5.45	9.79	−1.01
2002.7	−34.84	7.33	−2.78	−11.77	11.50	20.43	−13.18	−25.58
2002.8	−43.44	6.24	8.89	−19.15	11.98	−6.22	−16.02	−33.47
2002.9	1.02	4.53	−12.92	−29.84	6.90	−14.36	−22.03	−21.35
2002.10	3.84	1.75	−16.39	23.70	−4.78	−31.00	−6.60	5.97
2002.11	23.80	−6.62	−4.31	29.42	−33.42	−38.50	7.25	−24.69
2002.12	33.08	−1.97	2.95	22.16	−8.13	−43.73	12.24	−48.32
2003.1	51.51	−6.00	8.93	45.02	−8.54	−13.99	11.83	−25.53
2003.2	67.47	3.80	11.30	29.05	−12.95	−10.65	0.61	14.54
2003.3	75.68	−7.39	16.27	20.08	−14.87	−13.76	7.80	1.27
2003.4	−11.09	−12.90	10.49	−3.90	−1.11	5.93	9.59	−11.87
2003.5	−5.23	−10.38	−2.27	−0.07	7.74	2.80	11.48	−5.85
2003.6	23.34	0.81	−8.81	−6.68	−6.96	−8.46	16.67	32.93
2003.7	21.18	0.86	−9.80	−10.18	−17.01	−14.44	−29.68	259.23
2003.8	7.96	6.13	−5.31	2.01	−1.14	3.31	8.40	−20.07
2003.9	3.48	6.72	4.19	−6.72	3.88	3.82	9.60	−21.20
2003.10	8.50	−0.17	−0.99	−2.21	1.05	4.82	29.53	−17.22
2003.11	7.56	25.02	−12.01	1.11	−6.41	11.86	−8.31	−17.58
2003.12	14.87	6.26	−15.22	11.49	−5.20	29.11	−5.63	42.34
2004.1	−12.05	6.47	−3.98	8.16	2.11	16.28	6.63	34.28
2004.2	−16.24	1.89	7.36	−4.42	−6.64	−9.57	0.42	−7.08
2004.3	−21.32	8.11	−13.92	21.87	−11.17	5.50	−1.65	−10.87
2004.4	−37.02	0.03	−28.45	−0.49	−6.40	3.05	2.18	−14.75
2004.5	−32.05	7.75	−7.33	−0.72	1.71	−12.92	−12.55	−12.91
2004.6	−26.43	4.61	1.47	−8.48	−9.19	6.01	−20.59	−26.72
2004.7	−20.53	7.54	−6.81	−0.87	−10.68	2.29	−2.05	−14.04
2004.8	−11.04	2.98	−4.54	−4.75	−6.14	17.66	5.14	18.82
2004.9	5.20	−4.94	3.55	−11.93	2.23	15.01	19.21	6.06
2004.10	11.21	5.92	−1.72	−14.78	34.82	29.35	6.95	−6.11
2004.11	−21.77	7.14	3.46	−9.22	−8.96	8.14	−9.41	50.23
2004.12	−25.57	−3.55	8.32	−8.97	−20.24	−10.71	−5.30	5.34
2005.1	−44.13	−8.10	1.88	−13.96	−18.18	−13.74	−28.83	−2.52
2005.2	−38.70	−9.59	−9.89	−10.68	−0.15	−5.70	−20.27	−6.38
2005.3	−34.68	−18.02	−17.40	−12.01	−7.39	−12.87	−15.18	−41.59
2005.4	−17.75	−13.05	−14.83	−10.05	−13.51	−9.89	−7.38	−10.84
2005.5	−10.03	−13.19	−16.02	−13.98	−18.62	19.25	−0.03	−10.64

（续）

时间	柑橘				西瓜			
	北京	广东	广西	湖南	北京	山东	河南	新疆
2005.6	9.66	−29.92	−16.61	−17.76	−33.23	−1.68	4.79	−32.96
2005.7	4.85	−21.29	−15.08	−17.85	11.35	17.71	16.01	−16.61
2005.8	−0.76	−20.18	−11.96	−17.52	4.89	5.52	12.70	77.89
2005.9	−1.56	−4.41	−6.97	−14.60	2.08	6.16	−6.13	−11.10
2005.10	3.99	−3.95	−2.13	−18.72	17.72	8.26	−1.36	−3.55
2005.11	2.50	−13.81	22.36	−24.26	28.17	16.35	9.76	−17.88
2005.12	4.18	−7.81	14.71	−15.63	44.92	5.98	32.98	13.13
2006.1	2.98	−5.49	18.49	−8.29	2.70	3.23	1.98	−1.03
2006.2	−1.57	−10.39	28.33	−0.96	5.02	−1.46	1.55	−10.31
2006.3	−3.43	4.27	30.91	0.78	26.77	4.06	−2.67	6.00
2006.4	18.95	11.08	25.73	28.15	10.08	3.59	0.66	4.84
2006.5	39.42	12.45	37.48	27.58	−7.88	0.96	3.86	10.08
2006.6	19.37	15.91	33.49	27.32	12.34	19.19	24.64	14.76
2006.7	25.47	18.54	31.32	23.98	1.53	−7.15	−2.70	−13.39
2006.8	34.63	22.27	22.79	29.78	−15.58	−15.47	−27.43	−17.69
2006.9	−6.69	25.78	4.69	28.52	−11.19	−13.45	−3.67	−15.32
2006.10	−1.99	27.23	−22.57	26.28	−22.63	−8.63	−20.06	−4.78
2006.11	15.03	18.70	−10.52	21.71	−40.19	−20.80	−20.52	53.74
2006.12	2.26	20.31	−7.21	11.06	−12.01	−14.99	−13.97	−16.61
2007.1	20.91	20.35	−5.94	−7.71	7.53	−5.64	28.04	−8.12
2007.2	23.66	0.91	5.92	−2.29	7.70	11.75	19.73	1.56
2007.3	24.54	15.37	5.12	−1.19	4.74	5.77	9.31	−8.84
2007.4	17.65	11.07	−3.34	1.10	−0.73	−8.94	−1.85	−23.07
2007.5	−1.14	3.96	−10.06	−3.25	16.66	−8.53	−7.96	−24.36
2007.6	−9.06	2.64	−13.79	−2.18	69.74	−10.02	−2.87	−11.56
2007.7	−10.87	1.25	−15.67	−3.12	1.31	−17.21	1.89	10.16
2007.8	−12.48	2.39	−16.79	−3.88	2.96	−2.06	2.70	12.92
2007.9	−8.34	3.20	−6.98	−4.45	5.41	5.63	7.21	5.61
2007.10	−5.01	−0.62	−2.31	2.41	17.30	1.64	19.51	7.26
2007.11	−3.85	1.80	−0.54	12.11	2.80	7.33	7.24	−24.15
2007.12	8.97	2.91	−1.21	13.80	−0.07	10.66	3.49	20.55
2008.1	22.46	−0.01	0.06	5.13	17.93	4.34	4.98	15.90
2008.2	27.74	−4.00	13.86	14.71	5.32	−1.72	−7.53	2.30
2008.3	13.73	−6.55	5.55	4.13	−11.42	−7.27	−4.11	1.04
2008.4	−6.31	−9.45	−0.44	−2.35	11.37	20.96	18.95	9.18
2008.5	−6.30	−10.08	−0.44	−2.56	−33.20	1.62	−4.54	5.16
2008.6	−10.68	−7.99	2.78	0.63	−11.37	0.84	−2.40	4.09
2008.7	−12.04	−3.86	4.05	2.77	0.83	0.24	−12.62	−8.52
2008.8	−11.62	−6.43	5.69	3.74	6.84	−3.98	6.96	−4.55
2008.9	−6.55	−8.44	5.77	3.38	−10.51	−9.36	−3.28	8.87

（续）

时间	柑橘				西瓜			
	北京	广东	广西	湖南	北京	山东	河南	新疆
2008.10	−4.85	−8.61	4.47	2.43	−6.85	−12.19	5.52	29.90
2008.11	−13.41	−6.43	12.47	0.24	−7.00	−2.83	15.25	5.31
2008.12	−12.96	−2.01	−2.09	3.59	−0.23	2.86	2.35	−21.79
2009.1	−16.96	−11.88	−22.15	−13.14	−11.27	−0.60	0.04	−5.09
2009.2	−13.02	−13.13	−21.19	−22.78	−5.37	10.14	2.28	−0.05
2009.3	−16.74	−11.98	−12.52	−31.98	2.22	10.07	9.01	14.13
2009.4	−12.24	−8.30	−4.46	−18.32	3.33	4.04	−0.17	9.91
2009.5	−12.23	−8.89	11.14	−11.41	−3.89	4.27	9.26	14.15
2009.6	−14.63	−9.62	1.94	−14.79	−21.65	8.83	6.31	−33.45
2009.7	−15.79	−13.01	3.09	−14.77	5.13	16.81	11.01	−7.17
2009.8	−15.76	−13.27	7.17	−15.57	11.36	10.83	−19.85	39.77
2009.9	−12.51	−11.74	5.34	−16.52	16.86	7.25	−2.39	5.23
2009.10	−13.34	−11.86	−2.85	−18.68	−14.78	3.95	−19.55	−27.42
2009.11	−14.73	−12.67	1.25	−20.12	−9.11	−13.76	−30.97	−40.59
2009.12	−11.72	−11.51	−5.74	−23.82	−11.04	−16.78	−22.27	−30.73
2010.1	−11.80	−9.53	−8.82	5.74	−17.14	−17.72	−24.82	−30.91
2010.2	−3.67	−4.40	−15.25	12.48	−14.80	−11.79	−8.43	−21.16
2010.3	−1.23	−3.94	−18.84	9.37	−5.90	−5.42	−11.68	−13.74
2010.4	−21.69	−4.94	−3.18	1.78	−9.88	−3.82	−5.29	−5.47
2010.5	−2.57	−3.29	−7.08	−3.21	−0.27	3.15	−0.09	2.83
2010.6	3.13	−3.93	−12.70	0.96	−5.70	22.06	25.68	15.09
2010.7	1.88	−2.40	−10.57	1.29	−8.89	6.70	−8.73	34.18
2010.8	1.45	−6.27	−9.26	0.24	−23.32	−4.16	−9.39	−3.01
2010.9	5.09	−5.21	−6.41	3.41	−2.76	−11.34	−9.64	13.59
2010.10	9.12	−4.51	−6.67	6.79	24.71	−8.99	−5.29	18.57
2010.11	18.70	−5.28	−10.33	1.63	47.00	7.60	3.51	31.43
2010.12	36.50	3.71	−2.91	2.52	15.79	4.80	13.76	6.14
2011.1	18.63	11.84	4.36	14.04	14.99	11.34	10.50	11.33
2011.2	22.89	22.44	20.24	27.99	12.33	2.73	−2.34	18.34
2011.3	20.19	25.73	13.73	12.69	7.31	−4.32	1.00	4.59
2011.4	26.86	25.18	1.89	13.33	7.99	−0.79	3.16	1.86
2011.5	26.51	22.12	1.54	7.62	12.01	−5.09	−9.65	−1.58
2011.6	26.52	17.79	−3.45	3.30	15.10	−10.89	0.80	−11.17
2011.7	27.65	18.92	−6.48	2.93	8.67	−12.38	0.47	−0.81
2011.8	17.11	19.00	−7.73	2.08	−6.34	−1.28	6.43	−3.72
2011.9	2.36	17.92	−6.91	0.28	−14.05	−1.24	−1.46	−21.10
2011.10	−0.03	14.32	−3.10	−0.20	−40.46	−9.09	−2.44	−5.53
2011.11	−0.49	13.80	−3.01	2.34	−25.68	−7.27	5.13	9.45
2011.12	0.22	17.88	−4.67	8.67	12.66	1.52	−3.82	−0.52
2012.1	−4.27	−3.36	11.48	−13.06	−4.82	−0.21	17.97	−1.83

（续）

时间	柑橘				西瓜			
	北京	广东	广西	湖南	北京	山东	河南	新疆
2012.2	−19.19	−17.01	3.58	−10.89	−8.89	−8.29	−6.07	−24.84
2012.3	−18.73	−23.82	−2.61	−15.36	−12.95	−8.99	−8.37	−29.50
2012.4	−19.46	−24.44	−6.67	−6.95	−15.40	−7.57	−7.16	−28.72
2012.5	−18.15	−21.12	−9.98	0.64	−10.62	−8.42	−8.39	−28.93
2012.6	−21.56	−15.68	−1.56	2.25	0.48	−8.76	−21.07	−46.46
2012.7	−14.04	−14.89	−1.33	0.94	−7.11	−18.06	−7.11	−14.56
2012.8	−0.57	−14.55	−3.22	2.63	6.71	0.14	5.56	37.19
2012.9	6.43	−7.58	−3.50	2.09	7.74	6.43	0.09	25.12
2012.10	7.39	44.62	7.57	0.23	108.75	157.79	121.44	190.40
2012.11	0.33	9.09	17.38	2.63	0.77	−13.11	−19.55	−23.54
2012.12	−8.45	−6.94	19.42	0.88	−26.81	−32.00	−27.03	−48.08
2013.1	−9.83	−10.10	7.38	−0.20	−35.88	−35.61	−19.02	−30.18

数据来源：由作者计算整理。

四类水果市场价格的波动呈现明显的周期性，且谷峰落差存在日趋增大的趋势。为了较全面反映中国水果价格波动情况，结合四类水果价格指标的实际波动情况，采用如下标准来识别周期：由于水果价格波动周期众多，为忽略过小周期而简化分析，选取每次波动变异率的“峰—谷”、“峰—谷”落差变异率落差大于20%，且波峰大于零、波谷小于零为划分标准。从第一个波峰值开始，向前找出波幅大于20%的波谷以避免过度缩短基数月，若没有波谷值则从峰值开始计算周期。当遇到峰（谷）值后出现的第一个谷（峰）值与其后面的正值均不存在20%以上的差距，则放弃该谷（峰）值，选取接下来的谷（峰）值并继续按第一个谷（峰）值的方法判断，直至找到合适的谷（峰）值为止。具体划分周期结果如表3-2所示。

从表3-2可见：北京苹果和新疆西瓜的价格波动幅度较大，分别为65.53%、86.7%，山东苹果和广东香蕉的价格波动幅度相对较小，分别为40.32%、41.21%；西瓜的波动周期较短，平均8.4～12.4个月，广东柑橘和海南香蕉波动周期较长，分别为22.5、23.6个月。总体而言，北京水果价格波动大于主产区的价格波动水平，波动周期较主产区较短。

总体而言，水果价格的周期波动性频繁于水果种植面积和产量的周期波动性。从这个意义上来讲，水果种植面积和产量的变化对水果价格的变化有先导性作用，而价格变化是生产变化的放大器。同时，可以说明市场的因素成为水果价格波动的主要诱因。

表 3-2　水果价格波动周期划分结果

周期序号	苹果											
	北京			山东			河南			陕西		
	起止时间	谷峰落差（%）	周期长度（月）	起止时间	谷峰落差（%）	周期长度（月）	起止时间	谷峰落差（%）	周期长度（月）	起止时间	谷峰落差（%）	周期长度（月）
1	1998.3—1998.9	48.95	7	1998.1—1998.11	49.72	11	1998.1—1998.10	64.81	10	1998.1—1998.11	80.67	11
2	1998.9—1999.5	61.99	8	1998.11—2000.9	49.14	22	1998.10—2000.4	41.58	18	1998.11—2000.4	75.69	17
3	1999.5—1999.11	28.62	6	2000.9—2002.2	33.62	17	2000.4—2001.8	45.23	16	2000.4—2001.1	59.4	9
4	1999.11—2000.7	37.94	8	2002.2—2003.3	33.08	13	2001.8—2002.1	34.52	5	2001.1—2002.11	34.2	22
5	2000.7—2003.2	78.42	31	2003.3—2004.2	36.74	11	2002.1—2003.7	34.92	18	2002.11—2003.7	50.64	8
6	2003.2—2003.11	96.41	9	2004.2—2004.8	47.61	6	2003.7—2005.7	52.28	24	2003.7—2004.5	107.6	10
7	2003.11—2004.4	67.23	5	2004.8—2005.5	30.35	9	2005.7—2006.12	70.57	17	2004.5—2005.4	47.35	11
8	2004.4—2009.2	119.55	58	2005.5—2007.6	62.17	25	2006.12—2008.8	46.78	20	2005.4—2006.11	66.88	19
9	2009.2—2010.7	40.78	17	2007.6—2008.12	31.07	18	2008.8—2009.11	65.38	15	2006.11—2009.3	30.06	28
10	2010.7—2011.10	75.45	15	2008.12—2010.1	44.75	13	2009.11—2011.8	39.93	21	2009.3—2010.2	22.58	11
11	2011.10—	—	—	2010.1—2011.8	32.14	19	2011.8—	—	—	2010.2—2011.6	22.48	16
12				2011.8—2012.7	33.45	11				2011.6—2013.1	22.35	19
13				2012.7—	—	—						

周期序号	香蕉											
	北京			广东			广西			海南		
	起止时间	谷峰落差（%）	周期长度（月）	起止时间	谷峰落差（%）	周期长度（月）	起止时间	谷峰落差（%）	周期长度（月）	起止时间	谷峰落差（%）	周期长度（月）
1	1998.3—1998.12	40.8	9	1998.1—1999.3	37.89	16	1998.1—2000.5	55.95	29	1998.6—2000.2	33.25	21
2	1998.12—2001.5	41.14	27	1999.3—2000.9	26.95	18	2000.5—2002.4	61.74	23	2000.2—2000.7	26.28	5
3	2001.5—2003.2	37.89	21	2000.9—2002.10	21.89	18	2002.4—2004.4	56.57	24	2000.7—2004.1	40.44	43
4	2003.2—2004.9	47.89	19	2002.10—2003.11	46.55	13	2004.4—2006.6	74.38	26	2004.1—2006.5	42.29	28
5	2004.9—2007.7	60.45	34	2003.11—2004.6	61.23	7	2006.6—2008.11	68.32	29	2006.5—2009.7	49.44	38
6	2007.7—2010.1	29.27	30	2004.6—2005.11	80.72	17	2008.11—2009.8	38.02	9	2009.7—2011.4	52.38	21
7	2010.1—2010.12	32.76	11	2005.11—2008.12	31.57	37	2009.6—2010.7	56.1	11	2011.4—2012.1	72.16	9

（续）

周期序号	香蕉											
	北京			广东			广西			海南		
	起止时间	谷峰落差（%）	周期长度（月）	起止时间	谷峰落差（%）	周期长度（月）	起止时间	谷峰落差（%）	周期长度（月）	起止时间	谷峰落差（%）	周期长度（月）
8	2010.12—2011.8	46.57	9	2008.12—2009.8	25.12	8	2010.7—2011.4	27.65	9	2012.1—	—	—
9	2011.8—2012.6	38.33	10	2009.8—2010.6	27.28	10	2011.4—2011.11	49.48	7			
10	2012.6—	—	—	2010.6—2011.4	35.36	10	2011.11—2012.11	41.35	12			
11				2011.4—2012.1	58.71	9	2012.11—	—	—			
12				2012.1—	—	—						

周期序号	柑橘											
	北京			广东			广西			湖南		
	起止时间	谷峰落差（%）	周期长度（月）	起止时间	谷峰落差（%）	周期长度（月）	起止时间	谷峰落差（%）	周期长度（月）	起止时间	谷峰落差（%）	周期长度（月）
1	1998.2—1999.1	42.41	12	1998.1—1999.7	93.5	19	1998.4—1999.2	56.17	11	1998.3—1999.6	48.98	15
2	1999.1—2000.5	49.27	16	1999.7—2000.4	56.41	9	1999.2—1999.9	109.21	7	199906—2000.3	70.67	9
3	2000.5—2001.11	66.98	18	2000.4—2001.12	40.26	20	1999.9—2000.11	142.26	14	2000.3—2000.11	48.92	8
4	2001.11—2002.8	44.35	9	2001.2—2003.4	41.91	16	2000.11—2001.10	42.53	11	2000.11—2001.10	79.53	11
5	2002.8—2003.4	119.12	8	2003.4—2005.6	54.94	26	2000.11—2002.8	41.2	10	2001.10—2002.9	56.37	11
6	2003.4—2004.4	60.36	12	2005.6—2009.2	57.15	44	2002.8—2003.3	32.66	7	2002.9—2003.7	59.26	10
7	2004.4—2005.1	55.34	9	2009.2—2012.4	50.17	37	2003.3—2004.2	31.49	11	2003.7—2005.11	46.13	28
8	2005.1—2006.9	83.55	20	2012.4—2013.1	68.96	9	2004.2—2004.12	36.77	10	2005.11—2007.1	54.04	14
9	2006.9—2007.8	37.02	11				2004.12—2006.6	50.89	18	2007.1—2009.12	38.53	35
10	2007.8—2009.1	44.7	17				2006.6—2007.2	56.06	8	2009.12—2012.3	51.81	27
11	2009.1—2012.6	58.06	41				2007.2—2008.2	30.65	12	2012.3—	—	—
12	2012.6—	—	—				2008.2—2009.5	36.01	15			
13							2009.5—2011.2	39.08	21			
14							2011.2—2012.12	27.97	22			
15							2012.12—	—	—			

（续）

周期序号	西瓜											
	北京			山东			河南			新疆		
	起止时间	谷峰落差（%）	周期长度（月）	起止时间	谷峰落差（%）	周期长度（月）	起止时间	谷峰落差（%）	周期长度（月）	起止时间	谷峰落差（%）	周期长度（月）
1	1998.1—1998.7	49.92	7	1998.2—1998.8	80.8	7	1998.1—1998.8	82	8	1998.4—1999.3	105.68	12
2	1998.7—1998.12	43.20	5	1998.8—1999.8	66.85	12	1998.8—1999.1	92.25	5	1999.3—2000.2	46.77	11
3	1998.12—1999.11	42.96	11	1999.08—2001.2	60.34	18	1999.1—1999.8	76.86	7	2000.2—2001.12	157.54	22
4	1999.1—2000.5	46.14	6	2001.2—2002.5	51.33	15	1999.8—2001.8	61.11	23	2001.12—2002.12	54.29	12
5	2000.5—2001.12	65.69	19	2002.5—2002.12	64.16	7	2001.8—2002.5	61.77	9	2002.12—2003.4	62.86	4
6	2001.12—2002.5	74.09	5	2002.12—2004.5	72.84	17	2002.5—2002.9	49.66	4	2003.4—2003.9	280.43	5
7	2002.5—2002.11	52.83	6	2002.4—2005.1	43.09	8	2002.9—2003.7	46.25	10	2003.9—2004.6	69.06	9
8	2002.11—2003.7	41.16	8	2002.1—2006.2	32.99	13	2003.7—2004.6	59.21	11	2004.6—2004.10	45.54	4
9	2003.7—2005.6	68.25	23	2006.2—2006.11	39.99	9	2004.6—2005.1	48.04	7	2004.10—2005.3	91.82	5
10	2005.6—2006.11	78.15	17	2006.11—2007.6	32.55	7	2005.1—2005.9	44.84	8	2005.3—2005.11	119.48	8
11	2006.11—2008.3	109.93	16	2007.6—2008.10	33.15	16	2005.9—2006.3	39.11	6	2005.11—2006.2	31.01	3
12	2008.3—2008.5	44.57	2	2008.10—2010.1	34.53	15	2006.3—2006.8	52.07	5	2006.2—2006.8	27.77	6
13	2008.5—2009.6	36.53	13	2010.1—2010.9	39.78	8	2006.8—2007.5	55.47	9	2006.8—2007.5	78.1	9
14	2009.6—2010.8	40.18	14	2010.9—2012.7	29.4	22	2007.5—2008.2	27.47	9	2007.5—2007.11	35.28	6
15	2010.8—2011.10	87.46	14	2012.7—	—	—	2008.2—2008.7	31.57	5	2007.11—2008.7	44.7	8
16	2011.10—2013.1	149.21	15				2008.7—2009.11	46.22	16	2008.7—2008.12	51.69	5
17							2009.11—2011.5	56.65	18	2008.12—2009.6	47.6	6
18							2011.5—2012.6	39.4	13	2009.6—2009.11	80.36	5
19							2012.6—2012.12	148.47	6	2009.11—2010.8	74.77	9
20							2012.12—	—	—	2010.8—2012.6	77.89	22
21										2012.6—2012.12	238.48	6
22										2012.12—	—	—

注：“—”表示周期不完整或没有达到一个周期划分的标准，没有计算相应指标。

四、蔬菜市场价格波动的特征

（一）蔬菜价格总量波动分析

由于蔬菜种类繁多，选取1998年1月至2013年1月主要蔬菜品种圆白菜、油菜等14个品种进行分类分析其价格波动的周期和趋势。同样为了提出通货膨胀因素导致的蔬菜价格上涨，用各地的居民消费价格指数对其各地蔬菜价格给予修正。由于时间和研究篇幅的限制，本部分将选取蔬菜消费城市北京和各蔬菜主产区山东、河北、河南三省进行典型案例分析。

10多年来，主产区和主销区（北京）蔬菜价格的波动一直较为频繁。主产区价格总体上低于主销区价格，主产区价格波动幅度高于主销区价格波动幅度，且主销区价格波动滞后与主产区的价格。总体而言，蔬菜价格波动幅度较大，近期呈上扬的趋势。从蔬菜具体情况看：白菜类、根菜类蔬菜价格相对比较平稳，长期处于缓慢上升的趋势，短期存在明显的季节波动（图3-8）。

由图3-8可以看出：①圆白菜、大白菜价格波动非常剧烈，北京价格波动幅度明显大于河北等主产省份，且整体有波动频率加快的趋势；②油菜、芹菜、马铃薯价格波动幅度相对较小，但是自2003年以来波动幅度之间呈加大的态势；③番茄、尖椒、蒜薹、茄子、韭菜、黄瓜、青椒价格波动周期性极强，规律较其他蔬菜较易把握，目前也有价格波动幅度增大的趋势；④萝卜和胡萝卜价格波动频繁且波动比较杂乱，其中有个别年份出现了价格的剧烈上扬和下跌。

（二）蔬菜价格波动的季节性特征分析

1. 蔬菜价格序列均存在与季节因素导致的很强的自相关　为了进一步验证14种蔬菜价格的季节因素的影响，首先对14项价格指标进行自相关分析。通过自相关图可以观察到主产区和北京的蔬菜价格序列均存在与季节因素导致的很强的12阶自相关，如图3-9所示，且属于随时间推移波动幅度逐渐增大的序列，适用于季节调整的乘法模型。

2. 季节因素分析　首先对北京、山东、河北、河南的14种蔬菜价格进行季节调整，得到季节成分。如图3-10所示（具体数值见附表5）。

从季节因子分析图（图3-10），可见蔬菜价格波动的季节性较强，但不同种类的蔬菜周期开始和结束的时间不同；由于蔬菜种类较多，从时间上看，随着年份的变化，季节周期波动幅度没有明显的统一规律；主产区的价格波动较主销区价格波动提前1～3个月，主产区价格的季节周期波动较主销区季节波

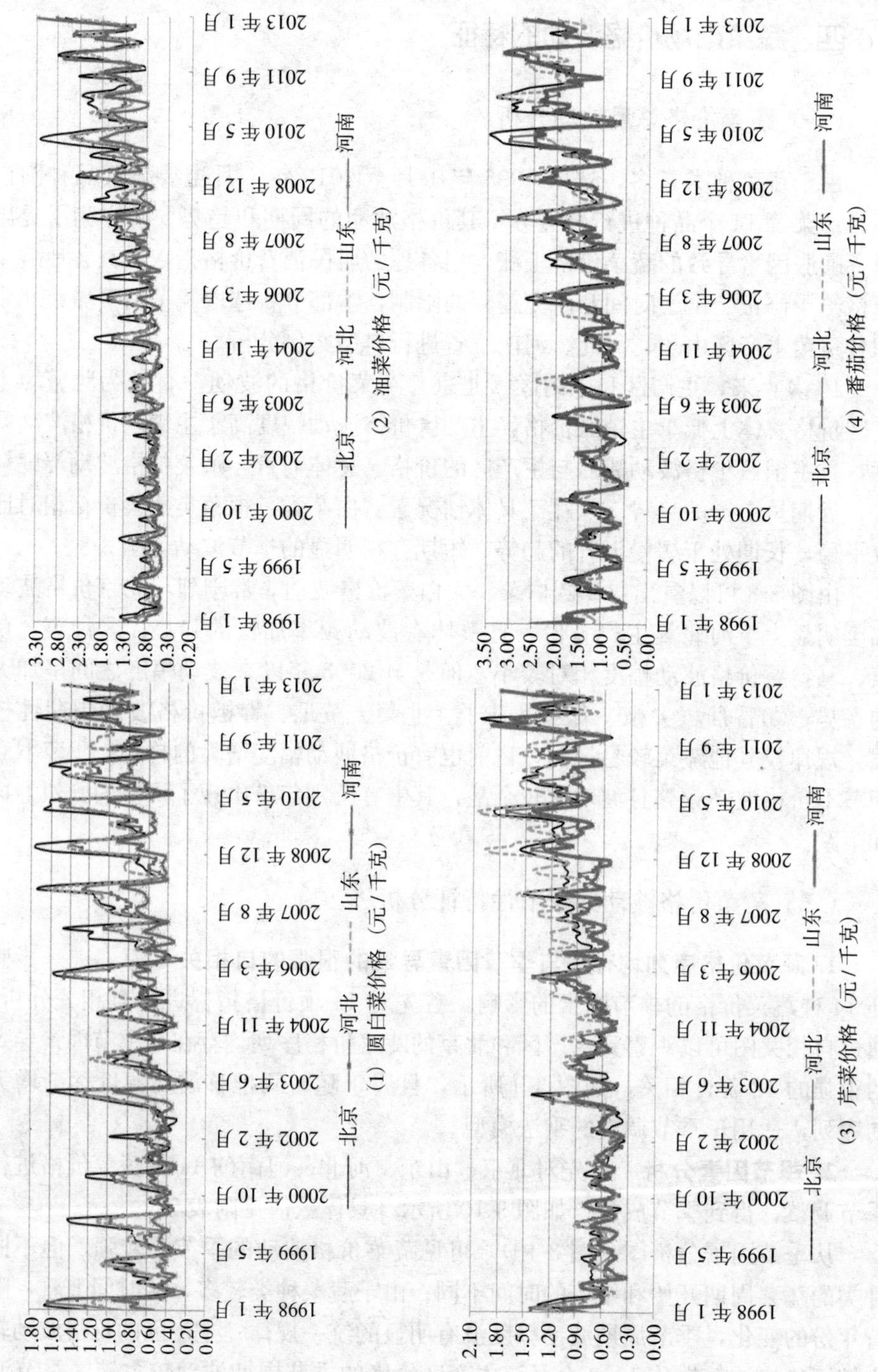

（1）圆白菜价格（元/千克）

（2）油菜价格（元/千克）

（3）芹菜价格（元/千克）

（4）番茄价格（元/千克）

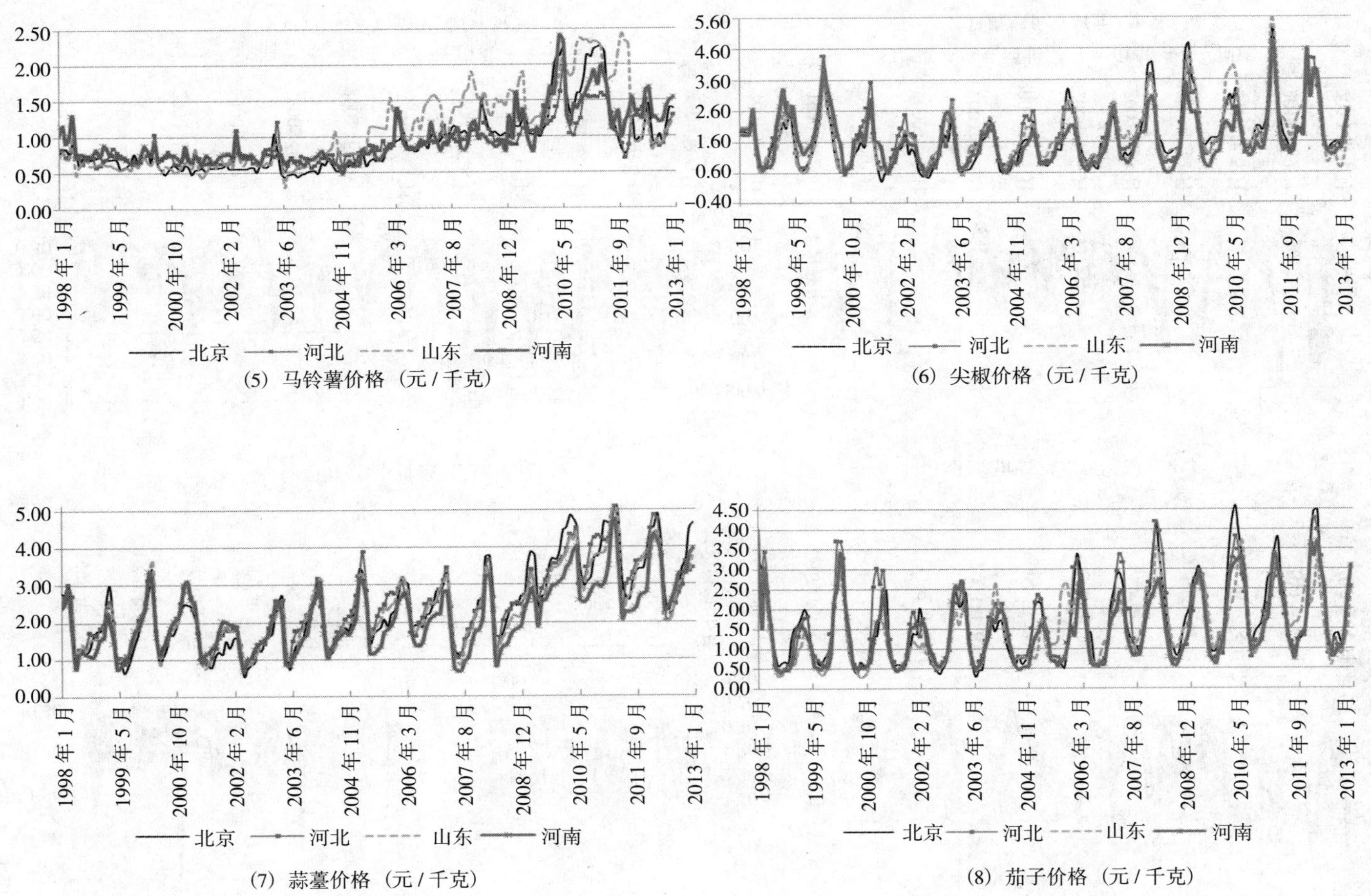

（5）马铃薯价格（元/千克）

（6）尖椒价格（元/千克）

（7）蒜薹价格（元/千克）

（8）茄子价格（元/千克）

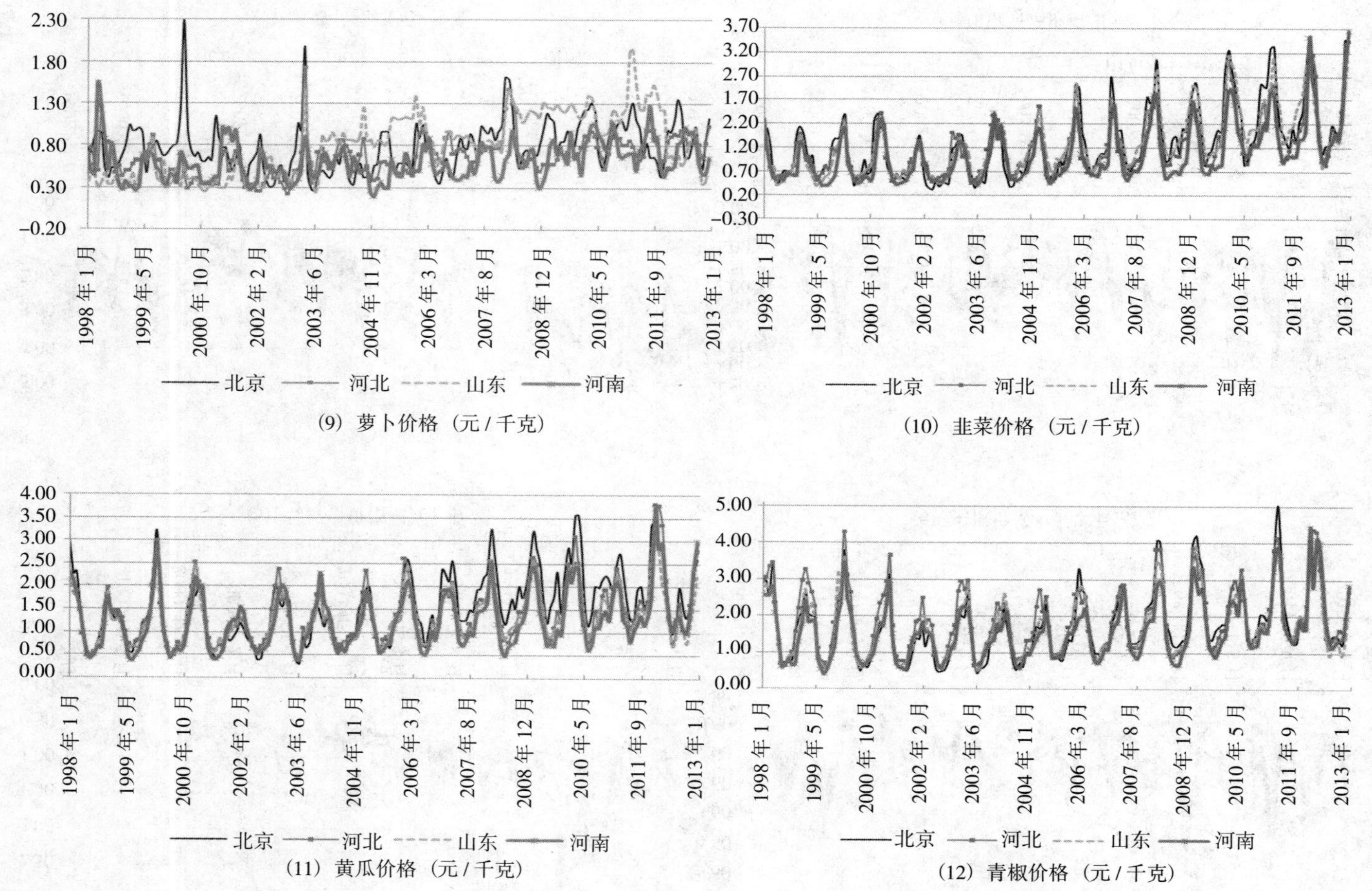

(9) 萝卜价格（元/千克）

(10) 韭菜价格（元/千克）

(11) 黄瓜价格（元/千克）

(12) 青椒价格（元/千克）

（13）胡萝卜价格（元 / 千克）

（14）大白菜价格（元 / 千克）

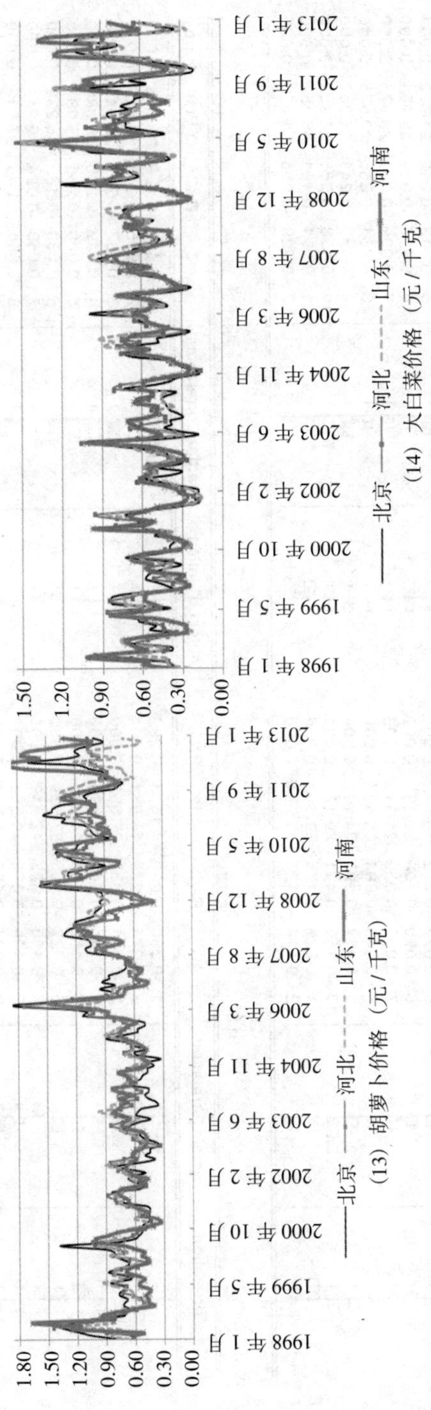

图 3–8　14 种蔬菜主销区（北京）和主产区价格变化趋势图

北京

	AC	PAC	Q-Stat	Prob
1	-0.233	-0.233	9.8410	0.002
2	-0.218	-0.288	18.547	0.000
3	-0.030	-0.187	18.708	0.000
4	-0.013	-0.169	18.740	0.001
5	-0.071	-0.222	19.672	0.001
6	0.070	-0.108	20.587	0.002
7	0.062	-0.050	21.317	0.003
8	-0.045	-0.081	21.697	0.006
9	-0.114	-0.193	24.191	0.004
10	-0.160	-0.411	29.123	0.001
11	0.229	-0.176	39.199	0.000
12	0.114	-0.123	41.734	0.000

河北

	AC	PAC	Q-Stat	Prob
1	-0.132	-0.132	3.1547	0.076
2	-0.287	-0.309	18.198	0.000
3	-0.075	-0.186	19.236	0.000
4	-0.116	-0.298	21.740	0.000
5	0.013	-0.212	21.772	0.001
6	0.196	-0.019	28.961	0.000
7	-0.009	-0.090	28.975	0.000
8	-0.061	-0.066	29.675	0.000
9	-0.155	-0.241	34.267	0.000
10	-0.138	-0.355	37.932	0.000
11	0.201	-0.181	45.757	0.000
12	0.229	-0.056	55.953	0.000

山东

	AC	PAC	Q-Stat	Prob
1	-0.080	-0.080	1.1574	0.282
2	-0.271	-0.279	14.551	0.001
3	-0.261	-0.339	27.052	0.000
4	-0.115	-0.343	29.510	0.000
5	0.165	-0.164	34.598	0.000
6	0.127	-0.160	37.639	0.000
7	0.168	0.073	42.949	0.000
8	-0.138	-0.070	46.551	0.000
9	-0.231	-0.165	56.764	0.000
10	-0.172	-0.336	62.451	0.000
11	0.232	-0.093	72.857	0.000
12	0.270	-0.019	87.004	0.000

河南

	AC	PAC	Q-Stat	Prob
1	-0.429	-0.429	33.573	0.000
2	-0.015	-0.245	33.615	0.000
3	-0.087	-0.261	35.011	0.000
4	-0.019	-0.265	35.081	0.000
5	-0.000	-0.265	35.081	0.000
6	0.080	-0.162	36.289	0.000
7	0.058	-0.024	36.914	0.000
8	-0.065	-0.040	37.713	0.000
9	-0.033	-0.060	37.923	0.000
10	-0.027	-0.084	38.059	0.000
11	-0.077	-0.242	39.201	0.000
12	0.256	0.060	51.891	0.000

(1) 圆白菜

北京

	AC	PAC	Q-Stat	Prob
1	-0.260	-0.260	12.309	0.000
2	-0.171	-0.256	17.649	0.000
3	-0.151	-0.314	21.851	0.000
4	-0.123	-0.417	24.673	0.000
5	0.129	-0.316	27.772	0.000
6	0.178	-0.165	33.738	0.000
7	0.050	-0.065	34.208	0.000
8	-0.064	-0.003	34.979	0.000
9	-0.182	-0.096	41.268	0.000
10	-0.130	-0.277	44.514	0.000
11	0.136	-0.276	48.069	0.000
12	0.200	-0.185	55.790	0.000

河北

	AC	PAC	Q-Stat	Prob
1	-0.125	-0.125	2.8435	0.092
2	-0.312	-0.332	20.611	0.000
3	-0.157	-0.286	25.158	0.000
4	-0.130	-0.405	28.294	0.000
5	0.097	-0.311	30.048	0.000
6	0.225	-0.165	39.559	0.000
7	0.144	0.024	43.457	0.000
8	-0.055	0.114	44.034	0.000
9	-0.345	-0.165	66.784	0.000
10	-0.126	-0.230	69.822	0.000
11	0.256	-0.042	82.484	0.000
12	0.143	-0.070	86.447	0.000

山东

	AC	PAC	Q-Stat	Prob
1	-0.240	-0.240	10.470	0.001
2	-0.049	-0.113	10.906	0.004
3	-0.404	-0.478	41.007	0.000
4	-0.041	-0.413	41.311	0.000
5	0.114	-0.290	43.732	0.000
6	0.264	-0.125	56.735	0.000
7	0.088	-0.003	58.202	0.000
8	-0.071	0.097	59.152	0.000
9	-0.285	-0.057	74.669	0.000
10	-0.138	-0.214	78.328	0.000
11	0.144	-0.139	82.322	0.000
12	0.258	-0.025	95.256	0.000

河南

	AC	PAC	Q-Stat	Prob
1	-0.294	-0.294	15.765	0.000
2	-0.060	-0.160	16.421	0.000
3	-0.375	-0.498	42.332	0.000
4	0.131	-0.289	45.492	0.000
5	0.019	-0.309	45.556	0.000
6	0.238	-0.126	56.127	0.000
7	-0.019	0.010	56.192	0.000
8	0.006	0.164	56.200	0.000
9	-0.223	0.088	65.650	0.000
10	-0.180	-0.273	71.862	0.000
11	0.241	-0.044	83.060	0.000
12	0.127	-0.089	86.184	0.000

（2）油菜

北京

Autocorrelation	Partial Correlation		AC	PAC	Q-Stat	Prob
		1	-0.360	-0.360	23.569	0.000
		2	-0.105	-0.269	25.584	0.000
		3	-0.030	-0.216	25.749	0.000
		4	0.015	-0.152	25.792	0.000
		5	-0.055	-0.193	26.359	0.000
		6	-0.031	-0.226	26.538	0.000
		7	0.090	-0.114	28.062	0.000
		8	-0.009	-0.108	28.076	0.000
		9	-0.117	-0.258	30.697	0.000
		10	0.097	-0.168	32.503	0.000
		11	0.096	-0.031	34.294	0.000
		12	-0.074	-0.072	35.346	0.000

河北

Autocorrelation	Partial Correlation		AC	PAC	Q-Stat	Prob
		1	-0.216	-0.216	8.5081	0.004
		2	-0.205	-0.264	16.182	0.000
		3	0.039	-0.084	16.459	0.001
		4	-0.119	-0.209	19.070	0.001
		5	-0.131	-0.272	22.244	0.000
		6	0.169	-0.045	27.586	0.000
		7	0.025	-0.064	27.701	0.000
		8	-0.017	-0.035	27.756	0.001
		9	-0.062	-0.147	28.493	0.001
		10	0.006	-0.082	28.499	0.002
		11	0.101	0.078	30.448	0.001
		12	0.034	0.087	30.672	0.002

山东

Autocorrelation	Partial Correlation		AC	PAC	Q-Stat	Prob
		1	-0.214	-0.214	8.3494	0.004
		2	-0.267	-0.327	21.351	0.000
		3	0.029	-0.137	21.503	0.000
		4	-0.182	-0.359	27.652	0.000
		5	0.048	-0.209	28.077	0.000
		6	0.162	-0.097	32.994	0.000
		7	0.061	0.029	33.696	0.000
		8	-0.083	-0.054	34.992	0.000
		9	-0.080	-0.072	36.223	0.000
		10	-0.126	-0.224	39.249	0.000
		11	0.175	0.035	45.157	0.000
		12	0.109	0.039	47.447	0.000

河南

Autocorrelation	Partial Correlation		AC	PAC	Q-Stat	Prob
		1	-0.314	-0.314	17.965	0.000
		2	-0.152	-0.278	22.192	0.000
		3	-0.127	-0.331	25.157	0.000
		4	0.152	-0.104	29.433	0.000
		5	-0.132	-0.273	32.664	0.000
		6	-0.005	-0.267	32.668	0.000
		7	0.186	0.000	39.197	0.000
		8	-0.004	-0.012	39.200	0.000
		9	-0.120	-0.058	41.958	0.000
		10	-0.138	-0.221	45.620	0.000
		11	0.166	-0.102	50.916	0.000
		12	0.123	0.108	53.853	0.000

(3) 芹菜

北京

Autocorrelation	Partial Correlation		AC	PAC	Q-Stat	Prob
		1	-0.248	-0.248	11.220	0.001
		2	-0.137	-0.211	14.636	0.001
		3	-0.039	-0.148	14.915	0.002
		4	0.084	-0.001	16.220	0.003
		5	-0.236	-0.272	26.621	0.000
		6	0.008	-0.165	26.633	0.000
		7	0.063	-0.098	27.381	0.000
		8	-0.060	-0.189	28.066	0.000
		9	-0.227	-0.422	37.901	0.000
		10	0.153	-0.329	42.412	0.000
		11	0.202	-0.171	50.283	0.000
		12	-0.050	-0.277	50.758	0.000

河北

Autocorrelation	Partial Correlation		AC	PAC	Q-Stat	Prob
		1	-0.311	-0.311	17.573	0.000
		2	-0.237	-0.369	27.847	0.000
		3	0.148	-0.087	31.863	0.000
		4	-0.070	-0.163	32.780	0.000
		5	-0.067	-0.159	33.628	0.000
		6	0.049	-0.123	34.079	0.000
		7	-0.055	-0.180	34.654	0.000
		8	0.017	-0.130	34.710	0.000
		9	-0.006	-0.174	34.716	0.000
		10	-0.148	-0.374	38.898	0.000
		11	0.196	-0.191	46.313	0.000
		12	0.082	-0.132	47.632	0.000

山东

Autocorrelation	Partial Correlation		AC	PAC	Q-Stat	Prob
		1	-0.281	-0.281	14.332	0.000
		2	-0.155	-0.254	18.721	0.000
		3	-0.111	-0.275	21.000	0.000
		4	0.023	-0.195	21.094	0.000
		5	0.042	-0.136	21.419	0.001
		6	0.023	-0.093	21.518	0.001
		7	-0.039	-0.113	21.805	0.003
		8	-0.123	-0.251	24.670	0.002
		9	0.095	-0.138	26.380	0.002
		10	-0.009	-0.201	26.396	0.003
		11	-0.046	-0.303	26.800	0.005
		12	0.107	-0.185	29.015	0.004

河南

Autocorrelation	Partial Correlation		AC	PAC	Q-Stat	Prob
		1	-0.338	-0.338	20.734	0.000
		2	-0.147	-0.294	24.690	0.000
		3	0.018	-0.180	24.749	0.000
		4	0.042	-0.082	25.081	0.000
		5	-0.085	-0.151	26.442	0.000
		6	0.093	-0.002	28.070	0.000
		7	-0.141	-0.182	31.798	0.000
		8	0.068	-0.068	32.682	0.000
		9	-0.013	-0.101	32.713	0.000
		10	-0.182	-0.337	39.087	0.000
		11	0.211	-0.053	47.682	0.000
		12	0.058	-0.027	48.337	0.000

(4) 番茄

北京

Autocorrelation	Partial Correlation		AC	PAC	Q-Stat	Prob
		1	-0.381	-0.381	26.459	0.000
		2	-0.185	-0.386	32.717	0.000
		3	0.133	-0.154	35.970	0.000
		4	-0.057	-0.174	36.561	0.000
		5	0.047	-0.042	36.973	0.000
		6	-0.086	-0.152	38.364	0.000
		7	-0.076	-0.247	39.454	0.000
		8	0.092	-0.203	41.069	0.000
		9	0.032	-0.137	41.265	0.000
		10	-0.045	-0.146	41.652	0.000
		11	-0.080	-0.294	42.873	0.000
		12	0.170	-0.133	48.462	0.000

河北

Autocorrelation	Partial Correlation		AC	PAC	Q-Stat	Prob
		1	-0.452	-0.452	37.137	0.000
		2	-0.072	-0.347	38.085	0.000
		3	-0.008	-0.298	38.097	0.000
		4	0.093	-0.133	39.693	0.000
		5	-0.113	-0.218	42.072	0.000
		6	0.042	-0.179	42.402	0.000
		7	0.003	-0.170	42.403	0.000
		8	-0.009	-0.189	42.419	0.000
		9	0.066	-0.062	43.245	0.000
		10	-0.115	-0.201	45.786	0.000
		11	0.001	-0.288	45.786	0.000
		12	0.134	-0.156	49.271	0.000

山东

Autocorrelation	Partial Correlation		AC	PAC	Q-Stat	Prob
		1	-0.460	-0.460	38.570	0.000
		2	-0.038	-0.318	38.840	0.000
		3	0.014	-0.219	38.877	0.000
		4	-0.065	-0.258	39.670	0.000
		5	0.040	-0.212	39.968	0.000
		6	0.008	-0.182	39.979	0.000
		7	-0.041	-0.232	40.289	0.000
		8	0.128	-0.052	43.413	0.000
		9	-0.089	-0.074	44.918	0.000
		10	-0.038	-0.135	45.192	0.000
		11	-0.016	-0.223	45.240	0.000
		12	0.099	-0.101	47.135	0.000

河南

Autocorrelation	Partial Correlation		AC	PAC	Q-Stat	Prob
		1	-0.535	-0.535	52.118	0.000
		2	0.054	-0.325	52.660	0.000
		3	-0.116	-0.394	55.156	0.000
		4	0.204	-0.133	62.848	0.000
		5	-0.127	-0.130	65.839	0.000
		6	0.011	-0.146	65.863	0.000
		7	-0.020	-0.149	65.936	0.000
		8	0.044	-0.147	66.304	0.000
		9	-0.038	-0.165	66.575	0.000
		10	0.038	-0.115	66.853	0.000
		11	-0.119	-0.311	69.586	0.000
		12	0.136	-0.287	73.148	0.000

(5) 马铃薯

北京

Autocorrelation	Partial Correlation		AC	PAC	Q-Stat	Prob
		1	-0.232	-0.232	9.7697	0.002
		2	-0.216	-0.285	18.313	0.000
		3	0.034	-0.111	18.527	0.000
		4	-0.037	-0.139	18.775	0.001
		5	-0.088	-0.183	20.210	0.001
		6	0.049	-0.093	20.668	0.002
		7	0.024	-0.078	20.772	0.004
		8	-0.150	-0.235	25.044	0.002
		9	-0.134	-0.386	28.483	0.001
		10	0.100	-0.354	30.410	0.001
		11	0.178	-0.231	36.508	0.000
		12	0.028	-0.231	36.664	0.000

河北

Autocorrelation	Partial Correlation		AC	PAC	Q-Stat	Prob
		1	-0.205	-0.205	7.6308	0.006
		2	-0.274	-0.330	21.358	0.000
		3	0.117	-0.029	23.890	0.000
		4	-0.047	-0.132	24.298	0.000
		5	-0.134	-0.176	27.633	0.000
		6	0.080	-0.061	28.845	0.000
		7	-0.047	-0.153	29.264	0.000
		8	-0.152	-0.250	33.641	0.000
		9	-0.020	-0.298	33.717	0.000
		10	-0.004	-0.383	33.720	0.000
		11	0.129	-0.270	36.910	0.000
		12	0.217	-0.060	46.040	0.000

山东

Autocorrelation	Partial Correlation		AC	PAC	Q-Stat	Prob
		1	-0.094	-0.094	1.6100	0.204
		2	-0.226	-0.237	10.986	0.004
		3	-0.130	-0.191	14.088	0.003
		4	-0.070	-0.186	14.996	0.005
		5	0.037	-0.097	15.246	0.009
		6	0.039	-0.075	15.527	0.017
		7	-0.009	-0.081	15.543	0.030
		8	-0.158	-0.236	20.281	0.009
		9	-0.073	-0.226	21.299	0.011
		10	-0.124	-0.422	24.223	0.007
		11	0.199	-0.224	31.836	0.001
		12	0.260	-0.085	44.922	0.000

河南

Autocorrelation	Partial Correlation		AC	PAC	Q-Stat	Prob
		1	-0.385	-0.385	26.986	0.000
		2	-0.079	-0.267	28.137	0.000
		3	0.022	-0.151	28.230	0.000
		4	0.010	-0.082	28.247	0.000
		5	-0.074	-0.140	29.267	0.000
		6	0.006	-0.123	29.273	0.000
		7	0.016	-0.091	29.322	0.000
		8	-0.175	-0.308	35.134	0.000
		9	0.087	-0.243	36.576	0.000
		10	-0.012	-0.300	36.603	0.000
		11	0.046	-0.281	37.018	0.000
		12	0.098	-0.160	38.877	0.000

(6) 尖椒

北京

Autocorrelation	Partial Correlation		AC	PAC	Q-Stat	Prob
		1	-0.199	-0.199	7.1809	0.007
		2	-0.220	-0.270	16.063	0.000
		3	-0.104	-0.239	18.052	0.000
		4	0.022	-0.156	18.144	0.001
		5	-0.040	-0.203	18.439	0.002
		6	0.081	-0.068	19.674	0.003
		7	-0.023	-0.116	19.772	0.006
		8	-0.030	-0.114	19.945	0.011
		9	-0.093	-0.213	21.581	0.010
		10	-0.162	-0.443	26.583	0.003
		11	0.015	-0.590	26.626	0.005
		12	0.520	-0.124	79.033	0.000

河北

Autocorrelation	Partial Correlation		AC	PAC	Q-Stat	Prob
		1	-0.200	-0.200	7.3162	0.007
		2	-0.247	-0.299	18.495	0.000
		3	-0.099	-0.256	20.309	0.000
		4	-0.016	-0.234	20.357	0.000
		5	0.029	-0.198	20.509	0.001
		6	0.047	-0.145	20.931	0.002
		7	0.076	-0.035	22.021	0.003
		8	-0.046	-0.068	22.418	0.004
		9	-0.166	-0.225	27.698	0.001
		10	-0.124	-0.392	30.650	0.001
		11	0.034	-0.548	30.878	0.001
		12	0.468	-0.119	73.452	0.000

山东

Autocorrelation	Partial Correlation		AC	PAC	Q-Stat	Prob
		1	-0.170	-0.170	5.2567	0.022
		2	-0.251	-0.288	16.810	0.000
		3	-0.111	-0.242	19.098	0.000
		4	-0.066	-0.268	19.898	0.001
		5	0.067	-0.167	20.746	0.001
		6	0.085	-0.098	22.106	0.001
		7	-0.003	-0.095	22.108	0.002
		8	0.004	-0.036	22.111	0.005
		9	-0.174	-0.235	27.903	0.001
		10	-0.180	-0.437	34.098	0.000
		11	0.069	-0.553	35.017	0.000
		12	0.506	-0.079	84.611	0.000

河南

Autocorrelation	Partial Correlation		AC	PAC	Q-Stat	Prob
		1	-0.158	-0.158	4.5402	0.033
		2	-0.285	-0.318	19.451	0.000
		3	-0.081	-0.218	20.666	0.000
		4	-0.064	-0.270	21.433	0.000
		5	0.076	-0.141	22.523	0.000
		6	0.038	-0.141	22.799	0.001
		7	0.042	-0.049	23.129	0.002
		8	-0.028	-0.074	23.275	0.003
		9	-0.186	-0.257	29.853	0.000
		10	-0.143	-0.434	33.746	0.000
		11	0.082	-0.544	35.058	0.000
		12	0.470	-0.139	77.945	0.000

（7）蒜薹

北京

Autocorrelation	Partial Correlation		AC	PAC	Q-Stat	Prob
		1	-0.119	-0.119	2.5578	0.110
		2	-0.098	-0.114	4.3248	0.115
		3	-0.015	-0.043	4.3668	0.224
		4	-0.094	-0.117	6.0149	0.198
		5	-0.144	-0.187	9.8646	0.079
		6	-0.097	-0.186	11.640	0.071
		7	-0.041	-0.157	11.950	0.102
		8	-0.092	-0.230	13.555	0.094
		9	-0.153	-0.382	18.002	0.035
		10	0.060	-0.332	18.701	0.044
		11	0.231	-0.167	29.008	0.002
		12	0.125	-0.156	32.034	0.001

河北

Autocorrelation	Partial Correlation		AC	PAC	Q-Stat	Prob
		1	-0.215	-0.215	8.4236	0.004
		2	-0.015	-0.064	8.4661	0.015
		3	-0.059	-0.081	9.1109	0.028
		4	-0.084	-0.123	10.402	0.034
		5	-0.116	-0.183	12.905	0.024
		6	-0.072	-0.180	13.876	0.031
		7	0.000	-0.119	13.876	0.053
		8	-0.139	-0.270	17.513	0.025
		9	-0.114	-0.392	19.985	0.018
		10	0.115	-0.284	22.538	0.013
		11	0.102	-0.261	24.550	0.011
		12	0.283	0.029	40.134	0.000

山东

Autocorrelation	Partial Correlation		AC	PAC	Q-Stat	Prob
		1	-0.209	-0.209	7.9875	0.005
		2	-0.220	-0.275	16.807	0.000
		3	0.153	0.041	21.098	0.000
		4	-0.158	-0.191	25.748	0.000
		5	-0.093	-0.148	27.349	0.000
		6	0.042	-0.128	27.681	0.000
		7	-0.007	-0.077	27.691	0.000
		8	-0.059	-0.140	28.343	0.000
		9	-0.173	-0.350	34.065	0.000
		10	0.079	-0.218	35.262	0.000
		11	0.178	-0.051	41.398	0.000
		12	-0.032	-0.077	41.600	0.000

河南

Autocorrelation	Partial Correlation		AC	PAC	Q-Stat	Prob
		1	-0.326	-0.326	19.286	0.000
		2	0.046	-0.067	19.667	0.000
		3	-0.100	-0.120	21.524	0.000
		4	0.069	-0.001	22.407	0.000
		5	-0.088	-0.079	23.864	0.000
		6	-0.089	-0.171	25.335	0.000
		7	-0.094	-0.215	27.016	0.000
		8	0.026	-0.136	27.149	0.001
		9	-0.015	-0.116	27.194	0.001
		10	-0.038	-0.160	27.465	0.002
		11	0.083	-0.050	28.794	0.002
		12	0.128	0.086	31.989	0.001

（8）茄子

北京

Autocorrelation	Partial Correlation		AC	PAC	Q-Stat	Prob
		1	-0.503	-0.503	45.995	0.000
		2	0.032	-0.295	46.186	0.000
		3	-0.101	-0.334	48.048	0.000
		4	0.087	-0.230	49.453	0.000
		5	-0.014	-0.182	49.489	0.000
		6	-0.035	-0.226	49.713	0.000
		7	0.093	-0.076	51.333	0.000
		8	-0.111	-0.163	53.665	0.000
		9	0.090	-0.080	55.195	0.000
		10	-0.084	-0.135	56.552	0.000
		11	-0.030	-0.303	56.725	0.000
		12	0.103	-0.235	58.800	0.000

河北

Autocorrelation	Partial Correlation		AC	PAC	Q-Stat	Prob
		1	-0.441	-0.441	35.322	0.000
		2	-0.133	-0.406	38.554	0.000
		3	0.103	-0.234	40.514	0.000
		4	-0.080	-0.287	41.698	0.000
		5	0.071	-0.177	42.640	0.000
		6	-0.008	-0.155	42.652	0.000
		7	-0.023	-0.135	42.756	0.000
		8	0.054	-0.046	43.308	0.000
		9	-0.064	-0.081	44.085	0.000
		10	0.036	-0.026	44.336	0.000
		11	-0.053	-0.118	44.878	0.000
		12	0.066	-0.030	45.725	0.000

山东

Autocorrelation	Partial Correlation		AC	PAC	Q-Stat	Prob
		1	-0.498	-0.498	45.126	0.000
		2	0.010	-0.317	45.142	0.000
		3	0.011	-0.207	45.167	0.000
		4	-0.133	-0.345	48.447	0.000
		5	0.138	-0.225	51.981	0.000
		6	-0.013	-0.163	52.012	0.000
		7	0.019	-0.085	52.080	0.000
		8	-0.059	-0.148	52.729	0.000
		9	0.046	-0.063	53.131	0.000
		10	-0.063	-0.129	53.901	0.000
		11	0.060	-0.079	54.586	0.000
		12	0.032	0.003	54.790	0.000

河南

Autocorrelation	Partial Correlation		AC	PAC	Q-Stat	Prob
		1	-0.480	-0.480	41.907	0.000
		2	0.019	-0.275	41.971	0.000
		3	-0.107	-0.319	44.068	0.000
		4	0.075	-0.226	45.107	0.000
		5	0.019	-0.139	45.172	0.000
		6	-0.052	-0.184	45.682	0.000
		7	0.030	-0.142	45.850	0.000
		8	0.004	-0.104	45.853	0.000
		9	-0.008	-0.111	45.867	0.000
		10	-0.100	-0.278	47.776	0.000
		11	0.114	-0.220	50.271	0.000
		12	0.029	-0.146	50.434	0.000

(9) 萝卜

北京

Autocorrelation	Partial Correlation		AC	PAC	Q-Stat	Prob
		1	-0.317	-0.317	18.288	0.000
		2	-0.176	-0.307	23.956	0.000
		3	0.087	-0.102	25.360	0.000
		4	-0.066	-0.150	26.159	0.000
		5	-0.053	-0.159	26.683	0.000
		6	0.047	-0.099	27.105	0.000
		7	-0.039	-0.132	27.388	0.000
		8	0.036	-0.058	27.635	0.000
		9	-0.291	-0.459	43.771	0.000
		10	0.087	-0.435	45.206	0.000
		11	0.262	-0.262	58.489	0.000
		12	-0.065	-0.311	59.304	0.000

河北

Autocorrelation	Partial Correlation		AC	PAC	Q-Stat	Prob
		1	-0.297	-0.297	16.086	0.000
		2	-0.180	-0.294	22.002	0.000
		3	0.103	-0.064	23.958	0.000
		4	-0.139	-0.210	27.539	0.000
		5	0.007	-0.127	27.547	0.000
		6	0.050	-0.087	28.016	0.000
		7	-0.053	-0.106	28.540	0.000
		8	-0.013	-0.121	28.574	0.000
		9	-0.186	-0.371	35.138	0.000
		10	-0.057	-0.498	35.767	0.000
		11	0.368	-0.157	61.933	0.000
		12	-0.041	-0.176	62.253	0.000

山东

Autocorrelation	Partial Correlation		AC	PAC	Q-Stat	Prob
		1	-0.307	-0.307	17.195	0.000
		2	-0.128	-0.245	20.174	0.000
		3	0.083	-0.049	21.429	0.000
		4	-0.135	-0.178	24.790	0.000
		5	-0.017	-0.140	24.842	0.000
		6	0.047	-0.079	25.255	0.000
		7	-0.075	-0.136	26.319	0.000
		8	0.039	-0.076	26.613	0.001
		9	-0.191	-0.331	33.545	0.000
		10	-0.100	-0.464	35.443	0.000
		11	0.409	0.002	67.683	0.000
		12	-0.054	-0.005	68.256	0.000

河南

Autocorrelation	Partial Correlation		AC	PAC	Q-Stat	Prob
		1	-0.313	-0.313	17.876	0.000
		2	-0.062	-0.177	18.573	0.000
		3	-0.071	-0.171	19.506	0.000
		4	-0.088	-0.218	20.931	0.000
		5	-0.015	-0.197	20.975	0.001
		6	0.131	-0.012	24.204	0.000
		7	-0.021	-0.038	24.288	0.001
		8	-0.044	-0.090	24.661	0.002
		9	-0.122	-0.221	27.516	0.001
		10	-0.198	-0.467	35.020	0.000
		11	0.264	-0.204	48.424	0.000
		12	0.182	0.049	54.824	0.000

（10）韭菜

北京

Autocorrelation	Partial Correlation		AC	PAC	Q-Stat	Prob
		1	-0.259	-0.259	12.205	0.000
		2	-0.259	-0.349	24.470	0.000
		3	0.015	-0.202	24.513	0.000
		4	0.094	-0.078	26.135	0.000
		5	-0.084	-0.150	27.440	0.000
		6	-0.065	-0.168	28.233	0.000
		7	0.091	-0.064	29.802	0.000
		8	-0.045	-0.144	30.186	0.000
		9	-0.096	-0.216	31.954	0.000
		10	-0.050	-0.321	32.431	0.000
		11	0.125	-0.260	35.421	0.000
		12	0.084	-0.197	36.792	0.000

河北

Autocorrelation	Partial Correlation		AC	PAC	Q-Stat	Prob
		1	-0.313	-0.313	17.873	0.000
		2	-0.108	-0.229	20.007	0.000
		3	0.028	-0.100	20.151	0.000
		4	-0.067	-0.137	20.991	0.000
		5	-0.071	-0.182	21.935	0.001
		6	0.041	-0.109	22.246	0.001
		7	-0.012	-0.109	22.276	0.002
		8	-0.050	-0.155	22.757	0.004
		9	-0.095	-0.285	24.469	0.004
		10	-0.086	-0.442	25.890	0.004
		11	0.311	-0.102	44.488	0.000
		12	-0.025	-0.127	44.610	0.000

山东

Autocorrelation	Partial Correlation		AC	PAC	Q-Stat	Prob
		1	-0.218	-0.218	8.6395	0.003
		2	-0.185	-0.244	14.915	0.001
		3	-0.037	-0.156	15.162	0.002
		4	0.039	-0.068	15.440	0.004
		5	-0.117	-0.188	18.005	0.003
		6	-0.039	-0.165	18.296	0.006
		7	0.113	-0.026	20.698	0.004
		8	-0.105	-0.185	22.801	0.004
		9	-0.153	-0.307	27.266	0.001
		10	-0.049	-0.404	27.729	0.002
		11	0.326	-0.068	48.215	0.000
		12	0.010	-0.102	48.236	0.000

河南

Autocorrelation	Partial Correlation		AC	PAC	Q-Stat	Prob
		1	-0.348	-0.348	22.106	0.000
		2	0.034	-0.099	22.319	0.000
		3	-0.119	-0.161	24.915	0.000
		4	-0.017	-0.136	24.972	0.000
		5	-0.088	-0.189	26.417	0.000
		6	0.107	-0.031	28.550	0.000
		7	-0.105	-0.139	30.615	0.000
		8	0.006	-0.149	30.623	0.000
		9	-0.216	-0.389	39.528	0.000
		10	0.035	-0.422	39.765	0.000
		11	0.222	-0.151	49.288	0.000
		12	0.068	-0.093	50.188	0.000

(11) 黄瓜

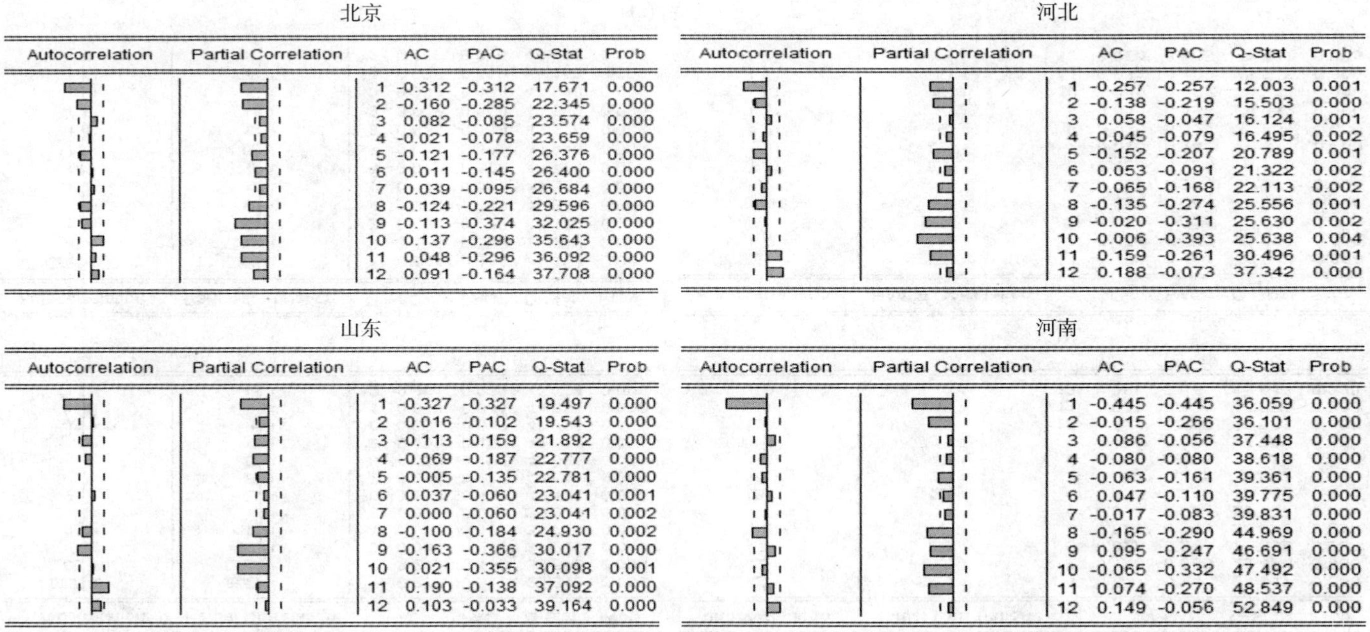

北京

Autocorrelation	Partial Correlation		AC	PAC	Q-Stat	Prob
		1	-0.312	-0.312	17.671	0.000
		2	-0.160	-0.285	22.345	0.000
		3	0.082	-0.085	23.574	0.000
		4	-0.021	-0.078	23.659	0.000
		5	-0.121	-0.177	26.376	0.000
		6	0.011	-0.145	26.400	0.000
		7	0.039	-0.095	26.684	0.000
		8	-0.124	-0.221	29.596	0.000
		9	-0.113	-0.374	32.025	0.000
		10	0.137	-0.296	35.643	0.000
		11	0.048	-0.296	36.092	0.000
		12	0.091	-0.164	37.708	0.000

河北

Autocorrelation	Partial Correlation		AC	PAC	Q-Stat	Prob
		1	-0.257	-0.257	12.003	0.001
		2	-0.138	-0.219	15.503	0.000
		3	0.058	-0.047	16.124	0.001
		4	-0.045	-0.079	16.495	0.002
		5	-0.152	-0.207	20.789	0.001
		6	0.053	-0.091	21.322	0.002
		7	-0.065	-0.168	22.113	0.002
		8	-0.135	-0.274	25.556	0.001
		9	-0.020	-0.311	25.630	0.002
		10	-0.006	-0.393	25.638	0.004
		11	0.159	-0.261	30.496	0.001
		12	0.188	-0.073	37.342	0.000

山东

Autocorrelation	Partial Correlation		AC	PAC	Q-Stat	Prob
		1	-0.327	-0.327	19.497	0.000
		2	0.016	-0.102	19.543	0.000
		3	-0.113	-0.159	21.892	0.000
		4	-0.069	-0.187	22.777	0.000
		5	-0.005	-0.135	22.781	0.000
		6	0.037	-0.060	23.041	0.001
		7	0.000	-0.060	23.041	0.002
		8	-0.100	-0.184	24.930	0.002
		9	-0.163	-0.366	30.017	0.000
		10	0.021	-0.355	30.098	0.001
		11	0.190	-0.138	37.092	0.000
		12	0.103	-0.033	39.164	0.000

河南

Autocorrelation	Partial Correlation		AC	PAC	Q-Stat	Prob
		1	-0.445	-0.445	36.059	0.000
		2	-0.015	-0.266	36.101	0.000
		3	0.086	-0.056	37.448	0.000
		4	-0.080	-0.080	38.618	0.000
		5	-0.063	-0.161	39.361	0.000
		6	0.047	-0.110	39.775	0.000
		7	-0.017	-0.083	39.831	0.000
		8	-0.165	-0.290	44.969	0.000
		9	0.095	-0.247	46.691	0.000
		10	-0.065	-0.332	47.492	0.000
		11	0.074	-0.270	48.537	0.000
		12	0.149	-0.056	52.849	0.000

（12）青椒

北京

Autocorrelation	Partial Correlation		AC	PAC	Q-Stat	Prob
		1	-0.373	-0.373	25.313	0.000
		2	-0.212	-0.408	33.555	0.000
		3	0.095	-0.235	35.220	0.000
		4	0.052	-0.132	35.720	0.000
		5	0.035	0.014	35.945	0.000
		6	-0.186	-0.186	42.425	0.000
		7	0.036	-0.177	42.665	0.000
		8	0.073	-0.162	43.686	0.000
		9	-0.003	-0.106	43.687	0.000
		10	-0.036	-0.097	43.929	0.000
		11	0.071	0.041	44.897	0.000
		12	-0.041	-0.033	45.224	0.000

河北

Autocorrelation	Partial Correlation		AC	PAC	Q-Stat	Prob
		1	-0.347	-0.347	21.917	0.000
		2	-0.140	-0.296	25.484	0.000
		3	-0.028	-0.241	25.632	0.000
		4	0.069	-0.113	26.525	0.000
		5	0.033	-0.031	26.727	0.000
		6	-0.176	-0.219	32.504	0.000
		7	-0.044	-0.286	32.873	0.000
		8	0.137	-0.163	36.427	0.000
		9	0.085	-0.035	37.799	0.000
		10	-0.174	-0.208	43.592	0.000
		11	0.060	-0.126	44.276	0.000
		12	0.096	-0.041	46.049	0.000

Autocorrelation	Partial Correlation		AC	PAC	Q-Stat	Prob
		1	-0.441	-0.441	35.463	0.000
		2	-0.124	-0.396	38.272	0.000
		3	0.100	-0.222	40.120	0.000
		4	-0.026	-0.185	40.244	0.000
		5	0.042	-0.062	40.580	0.000
		6	-0.077	-0.127	41.701	0.000
		7	-0.036	-0.199	41.946	0.000
		8	0.079	-0.148	43.126	0.000
		9	0.027	-0.059	43.262	0.000
		10	-0.093	-0.133	44.918	0.000
		11	0.035	-0.119	45.153	0.000
		12	0.082	-0.006	46.465	0.000

河南

Autocorrelation	Partial Correlation		AC	PAC	Q-Stat	Prob
		1	-0.491	-0.491	43.844	0.000
		2	0.156	-0.112	48.282	0.000
		3	-0.273	-0.325	62.045	0.000
		4	0.224	-0.074	71.353	0.000
		5	-0.062	0.015	72.073	0.000
		6	-0.120	-0.256	74.749	0.000
		7	-0.020	-0.245	74.827	0.000
		8	0.075	-0.122	75.901	0.000
		9	0.015	-0.156	75.942	0.000
		10	-0.046	-0.181	76.347	0.000
		11	0.031	-0.102	76.536	0.000
		12	0.054	-0.065	77.094	0.000

(13) 胡萝卜

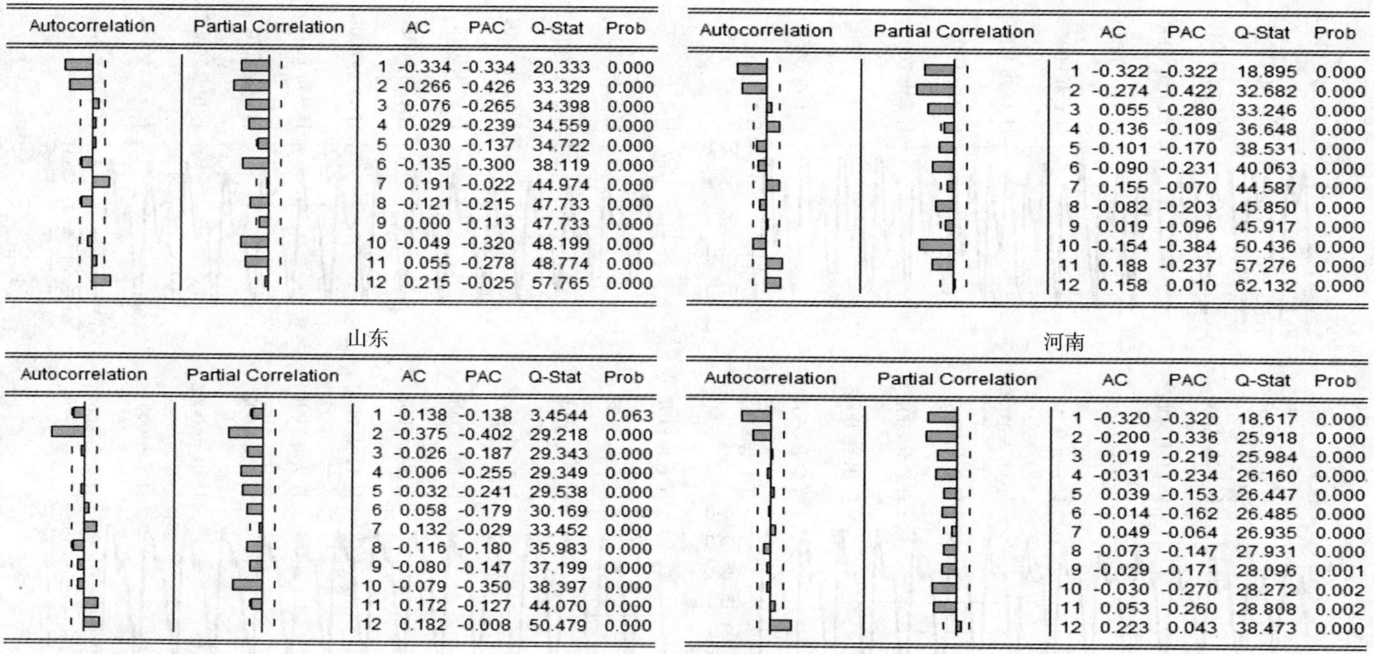

北京

Lag	AC	PAC	Q-Stat	Prob
1	-0.334	-0.334	20.333	0.000
2	-0.266	-0.426	33.329	0.000
3	0.076	-0.265	34.398	0.000
4	0.029	-0.239	34.559	0.000
5	0.030	-0.137	34.722	0.000
6	-0.135	-0.300	38.119	0.000
7	0.191	-0.022	44.974	0.000
8	-0.121	-0.215	47.733	0.000
9	0.000	-0.113	47.733	0.000
10	-0.049	-0.320	48.199	0.000
11	0.055	-0.278	48.774	0.000
12	0.215	-0.025	57.765	0.000

河北

Lag	AC	PAC	Q-Stat	Prob
1	-0.322	-0.322	18.895	0.000
2	-0.274	-0.422	32.682	0.000
3	0.055	-0.280	33.246	0.000
4	0.136	-0.109	36.648	0.000
5	-0.101	-0.170	38.531	0.000
6	-0.090	-0.231	40.063	0.000
7	0.155	-0.070	44.587	0.000
8	-0.082	-0.203	45.850	0.000
9	0.019	-0.096	45.917	0.000
10	-0.154	-0.384	50.436	0.000
11	0.188	-0.237	57.276	0.000
12	0.158	0.010	62.132	0.000

山东

Lag	AC	PAC	Q-Stat	Prob
1	-0.138	-0.138	3.4544	0.063
2	-0.375	-0.402	29.218	0.000
3	-0.026	-0.187	29.343	0.000
4	-0.006	-0.255	29.349	0.000
5	-0.032	-0.241	29.538	0.000
6	0.058	-0.179	30.169	0.000
7	0.132	-0.029	33.452	0.000
8	-0.116	-0.180	35.983	0.000
9	-0.080	-0.147	37.199	0.000
10	-0.079	-0.350	38.397	0.000
11	0.172	-0.127	44.070	0.000
12	0.182	-0.008	50.479	0.000

河南

Lag	AC	PAC	Q-Stat	Prob
1	-0.320	-0.320	18.617	0.000
2	-0.200	-0.336	25.918	0.000
3	0.019	-0.219	25.984	0.000
4	-0.031	-0.234	26.160	0.000
5	0.039	-0.153	26.447	0.000
6	-0.014	-0.162	26.485	0.000
7	0.049	-0.064	26.935	0.000
8	-0.073	-0.147	27.931	0.000
9	-0.029	-0.171	28.096	0.001
10	-0.030	-0.270	28.272	0.002
11	0.053	-0.260	28.808	0.002
12	0.223	0.043	38.473	0.000

（14）大白菜

图 3-9　14 种蔬菜价格的 2 阶差分 12 阶自相关图

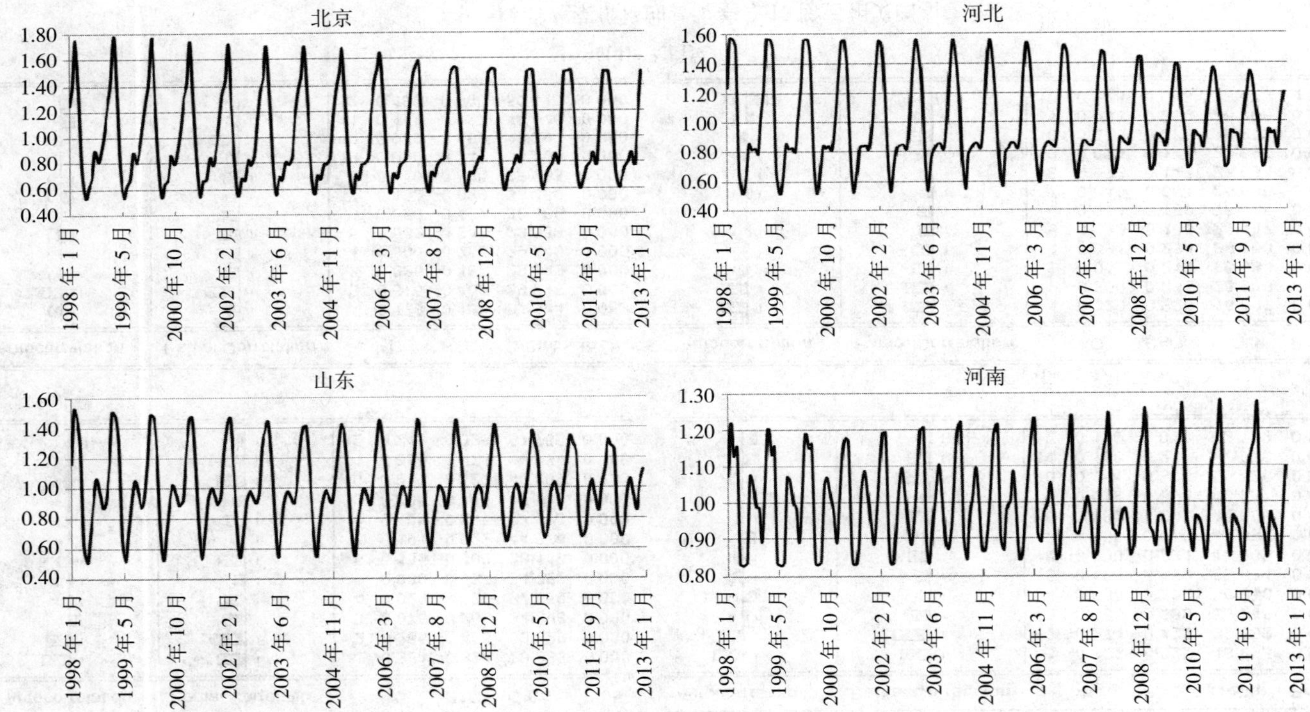
北京
1.80
1.60
1.40
1.20
1.00
0.80
0.60
0.40
1998 年 1 月
1999 年 5 月
2000 年 10 月
2002 年 2 月
2003 年 6 月
2004 年 11 月
2006 年 3 月
2007 年 8 月
2008 年 12 月
2010 年 5 月
2011 年 9 月
2013 年 1 月
河北
1.60
1.40
1.20
1.00
0.80
0.60
0.40
1998 年 1 月
1999 年 5 月
2000 年 10 月
2002 年 2 月
2003 年 6 月
2004 年 11 月
2006 年 3 月
2007 年 8 月
2008 年 12 月
2010 年 5 月
2011 年 9 月
2013 年 1 月
山东
1.60
1.40
1.20
1.00
0.80
0.60
0.40
1998 年 1 月
1999 年 5 月
2000 年 10 月
2002 年 2 月
2003 年 6 月
2004 年 11 月
2006 年 3 月
2007 年 8 月
2008 年 12 月
2010 年 5 月
2011 年 9 月
2013 年 1 月
河南
1.30
1.20
1.10
1.00
0.90
0.80
1998 年 1 月
1999 年 5 月
2000 年 10 月
2002 年 2 月
2003 年 6 月
2004 年 11 月
2006 年 3 月
2007 年 8 月
2008 年 12 月
2010 年 5 月
2011 年 9 月
2013 年 1 月

（1）圆白菜

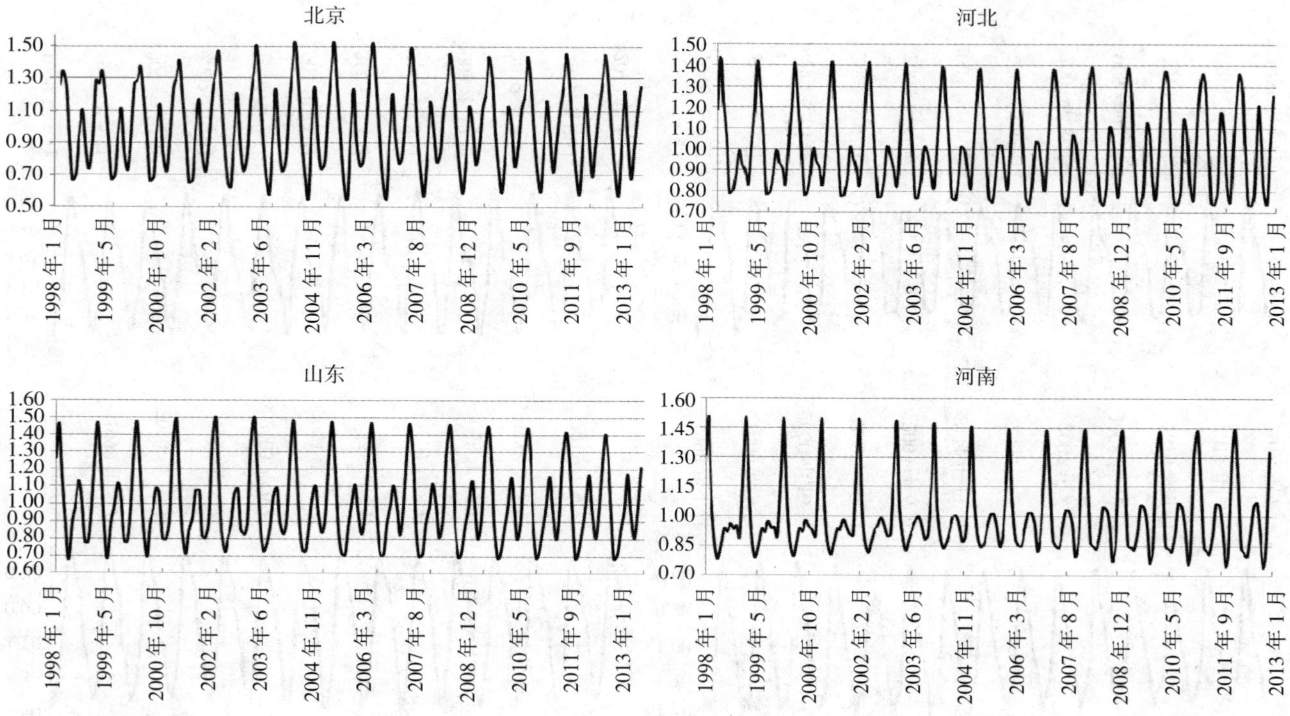
北京
1.50
1.30
1.10
0.90
0.70
0.50
河北
1.50
1.40
1.30
1.20
1.10
1.00
0.90
0.80
0.70
山东
1.60
1.50
1.40
1.30
1.20
1.10
1.00
0.90
0.80
0.70
0.60
河南
1.60
1.45
1.30
1.15
1.00
0.85
0.70
1998 年 1 月
1999 年 5 月
2000 年 10 月
2002 年 2 月
2003 年 6 月
2004 年 11 月
2006 年 3 月
2007 年 8 月
2008 年 12 月
2010 年 5 月
2011 年 9 月
2013 年 1 月

（2）油菜

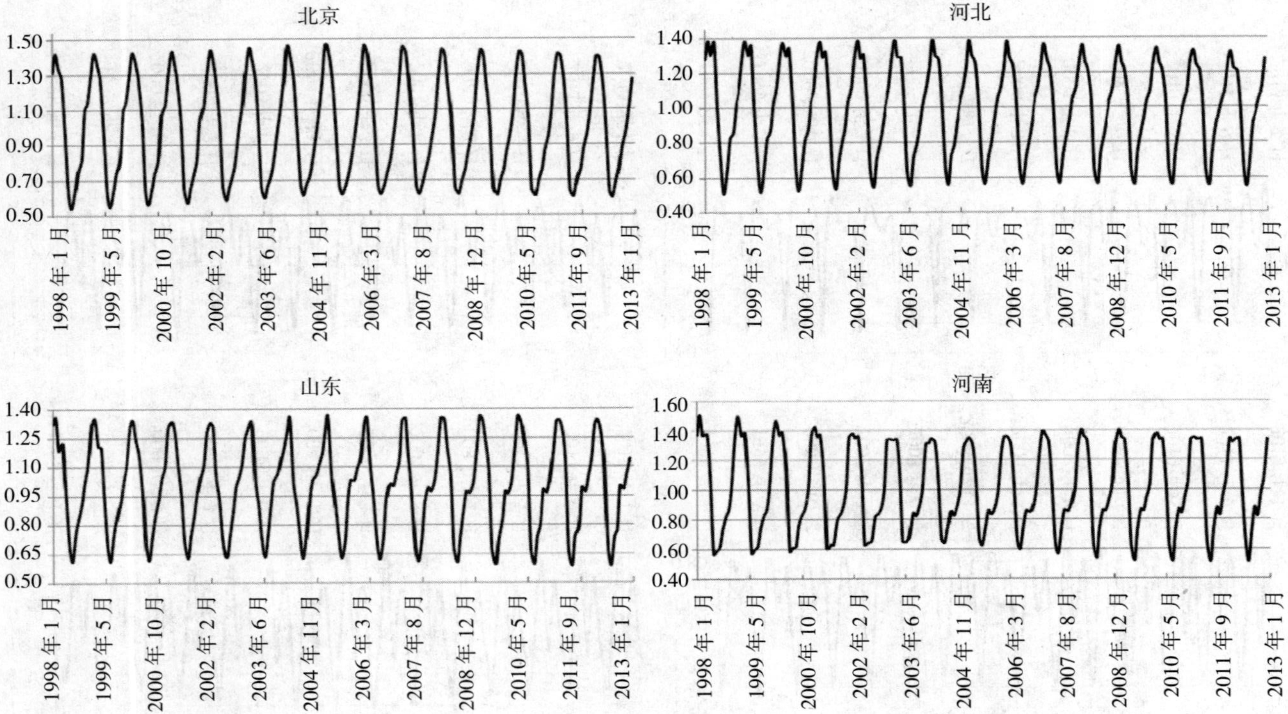
北京
1.50
1.30
1.10
0.90
0.70
0.50
河北
1.40
1.20
1.00
0.80
0.60
0.40
山东
1.40
1.25
1.10
0.95
0.80
0.65
0.50
河南
1.60
1.40
1.20
1.00
0.80
0.60
0.40
1998 年 1 月
1999 年 5 月
2000 年 10 月
2002 年 2 月
2003 年 6 月
2004 年 11 月
2006 年 3 月
2007 年 8 月
2008 年 12 月
2010 年 5 月
2011 年 9 月
2013 年 1 月

(3) 芹菜

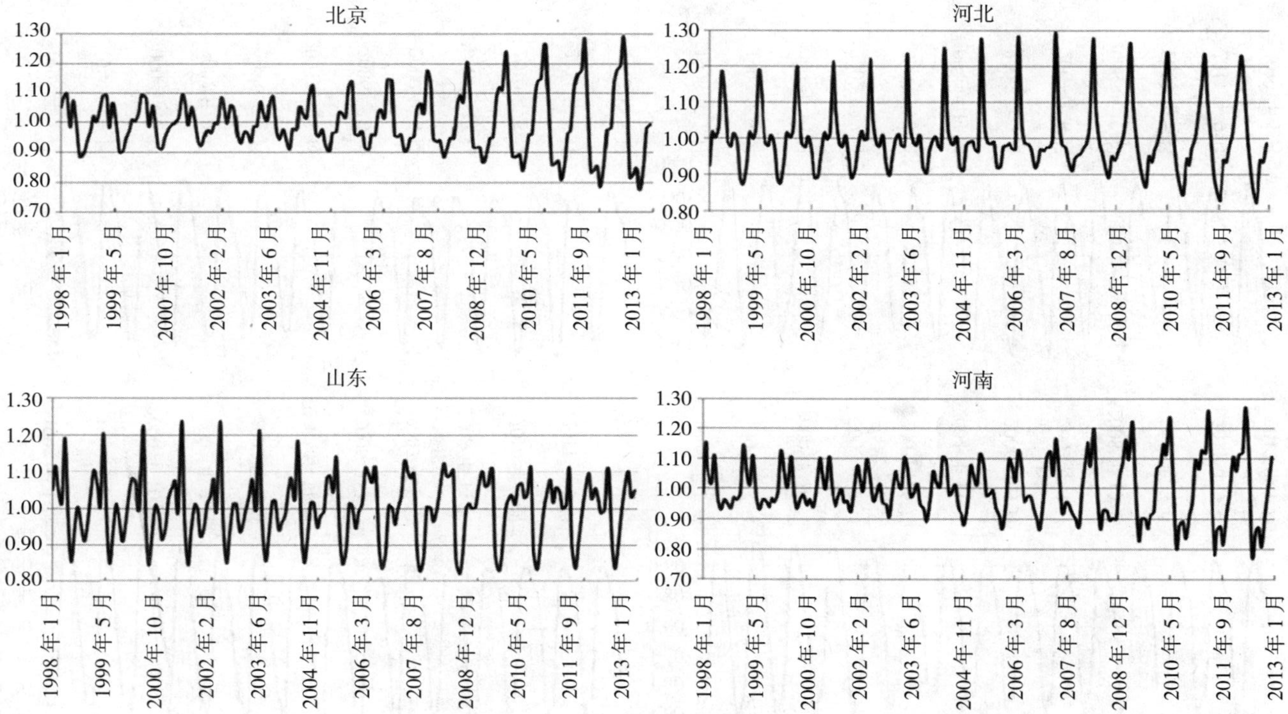
北京
1.30
1.20
1.10
1.00
0.90
0.80
0.70
1998年1月
1999年5月
2000年10月
2002年2月
2003年6月
2004年11月
2006年3月
2007年8月
2008年12月
2010年5月
2011年9月
2013年1月
河北
1.30
1.20
1.10
1.00
0.90
0.80
1998年1月
1999年5月
2000年10月
2002年2月
2003年6月
2004年11月
2006年3月
2007年8月
2008年12月
2010年5月
2011年9月
2013年1月
山东
1.30
1.20
1.10
1.00
0.90
0.80
1998年1月
1999年5月
2000年10月
2002年2月
2003年6月
2004年11月
2006年3月
2007年8月
2008年12月
2010年5月
2011年9月
2013年1月
河南
1.30
1.20
1.10
1.00
0.90
0.80
0.70
1998年1月
1999年5月
2000年10月
2002年2月
2003年6月
2004年11月
2006年3月
2007年8月
2008年12月
2010年5月
2011年9月
2013年1月

(4) 番茄

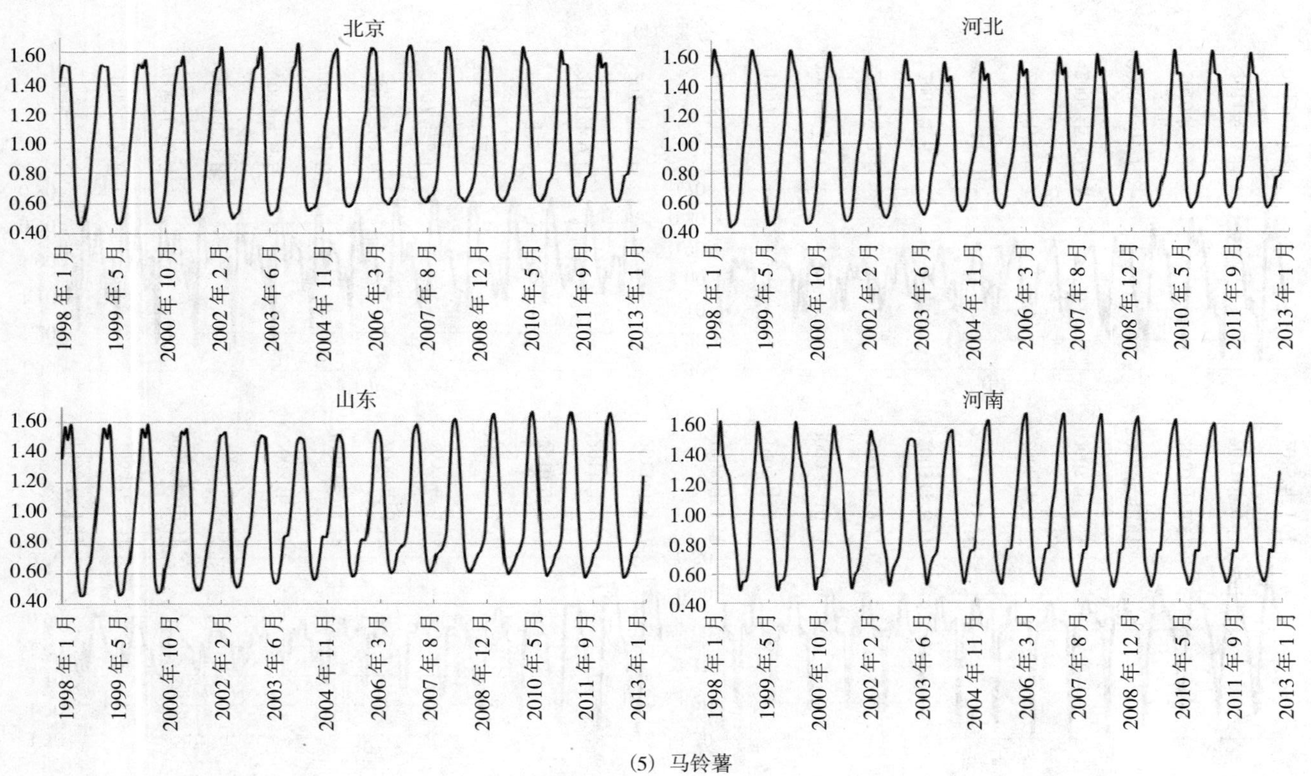

（5）马铃薯

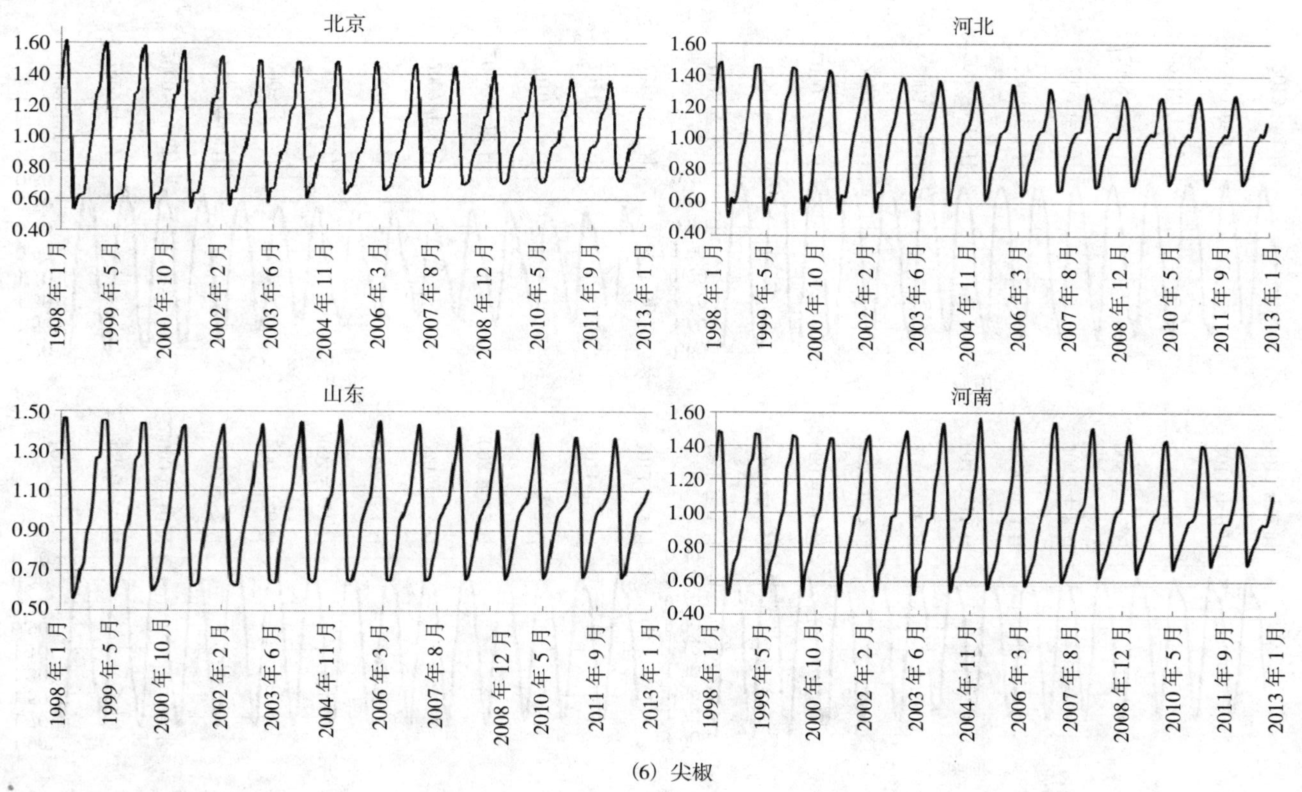

(6) 尖椒

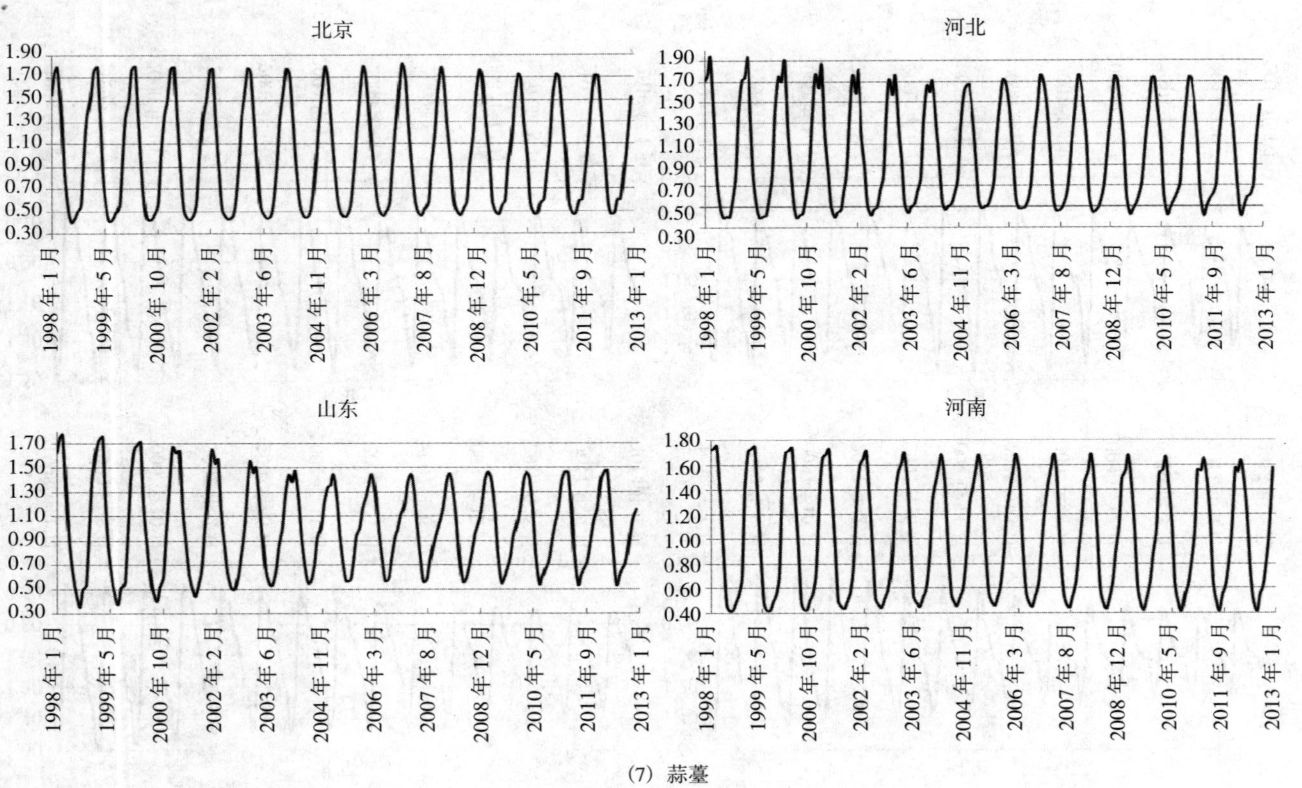

(7) 蒜薹

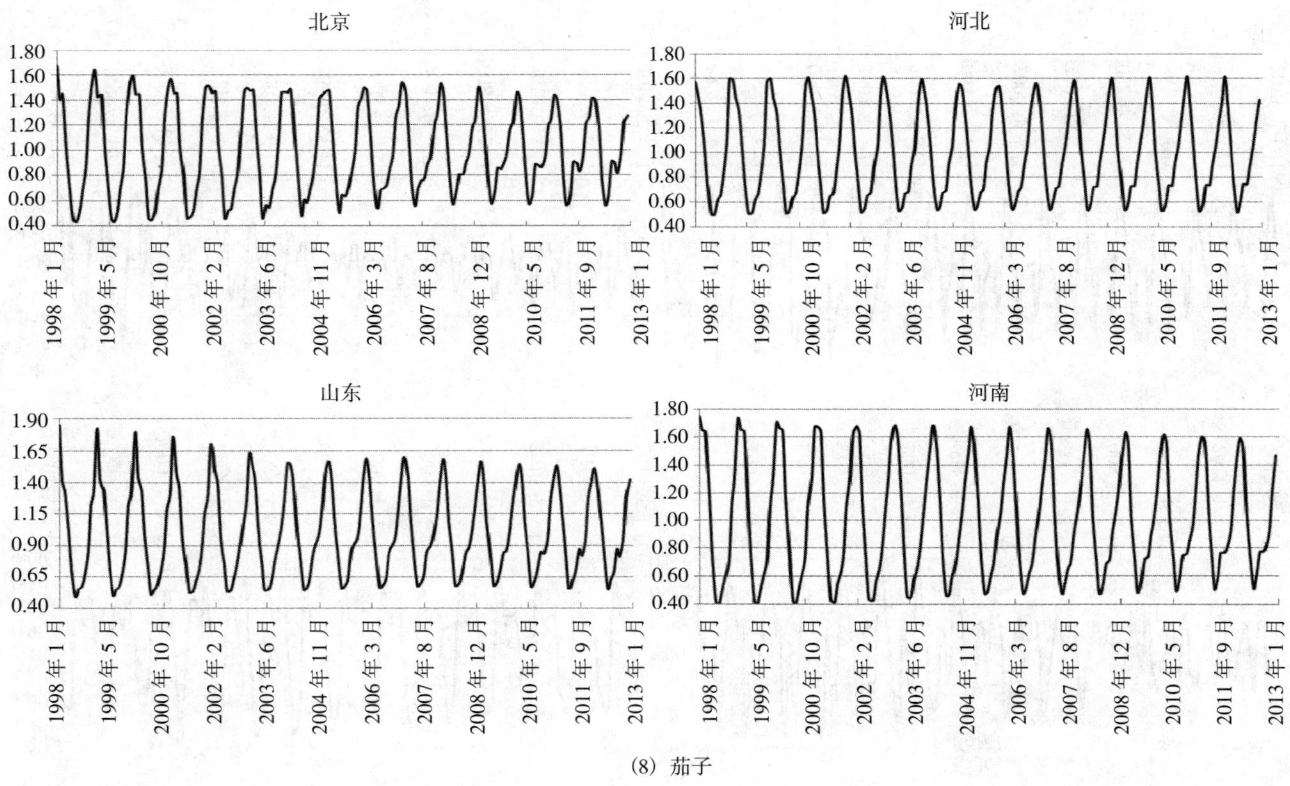

(8) 茄子

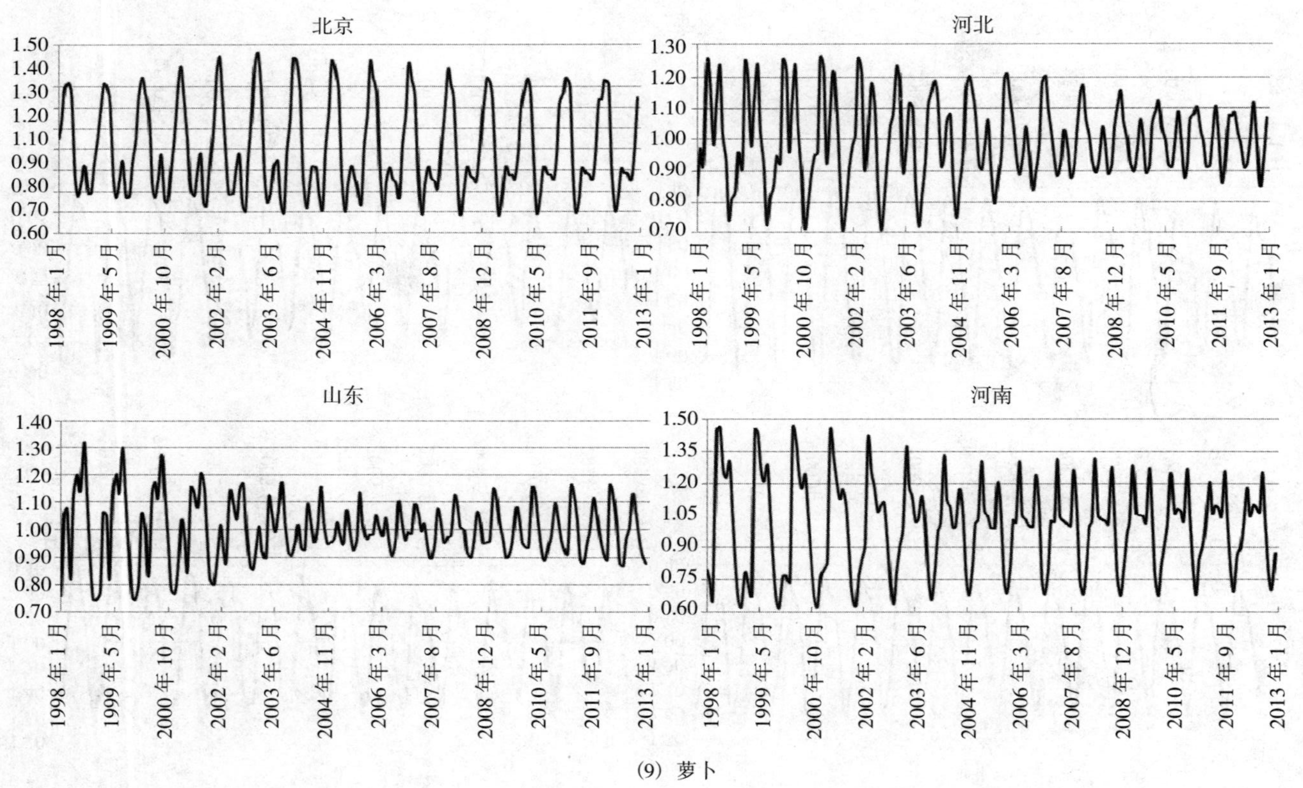

(9) 萝卜

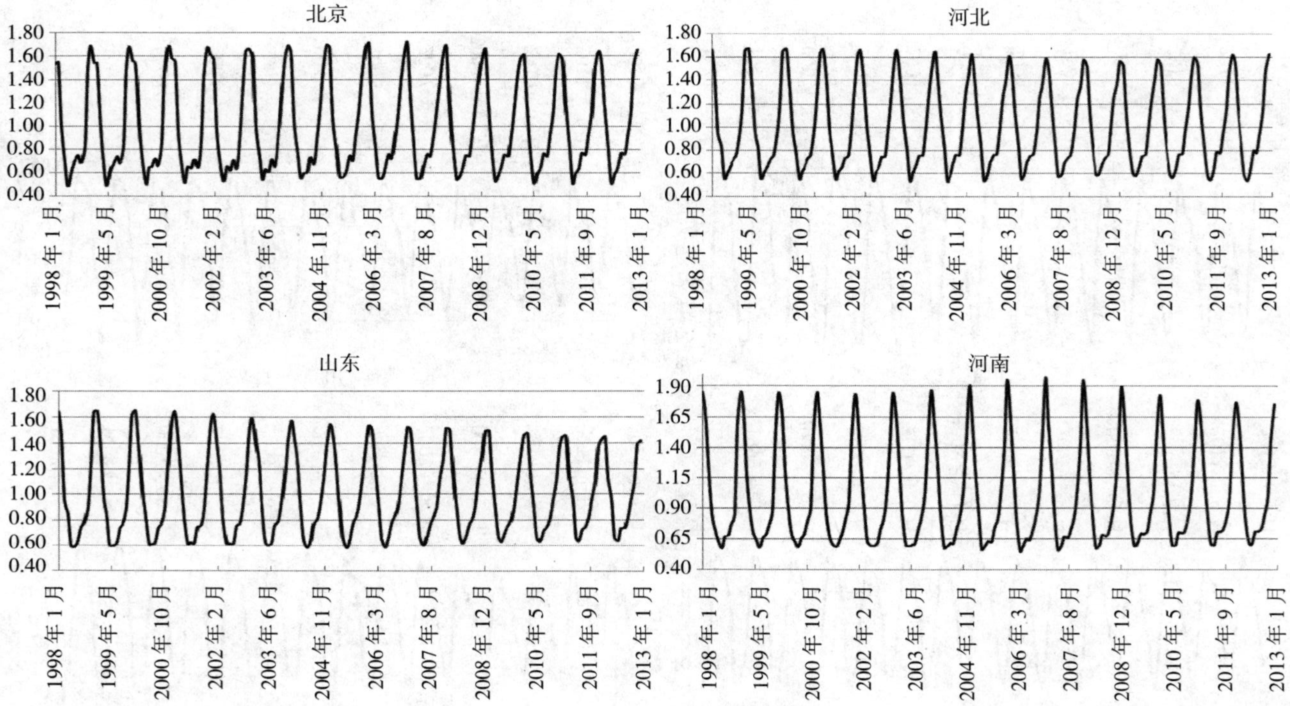
北京
1.80
1.60
1.40
1.20
1.00
0.80
0.60
0.40
1998 年 1 月
1999 年 5 月
2000 年 10 月
2002 年 2 月
2003 年 6 月
2004 年 11 月
2006 年 3 月
2007 年 8 月
2008 年 12 月
2010 年 5 月
2011 年 9 月
2013 年 1 月
河北
1.80
1.60
1.40
1.20
1.00
0.80
0.60
0.40
1998 年 1 月
1999 年 5 月
2000 年 10 月
2002 年 2 月
2003 年 6 月
2004 年 11 月
2006 年 3 月
2007 年 8 月
2008 年 12 月
2010 年 5 月
2011 年 9 月
2013 年 1 月
山东
1.80
1.60
1.40
1.20
1.00
0.80
0.60
0.40
1998 年 1 月
1999 年 5 月
2000 年 10 月
2002 年 2 月
2003 年 6 月
2004 年 11 月
2006 年 3 月
2007 年 8 月
2008 年 12 月
2010 年 5 月
2011 年 9 月
2013 年 1 月
河南
1.90
1.65
1.40
1.15
0.90
0.65
0.40
1998 年 1 月
1999 年 5 月
2000 年 10 月
2002 年 2 月
2003 年 6 月
2004 年 11 月
2006 年 3 月
2007 年 8 月
2008 年 12 月
2010 年 5 月
2011 年 9 月
2013 年 1 月

（10）韭菜

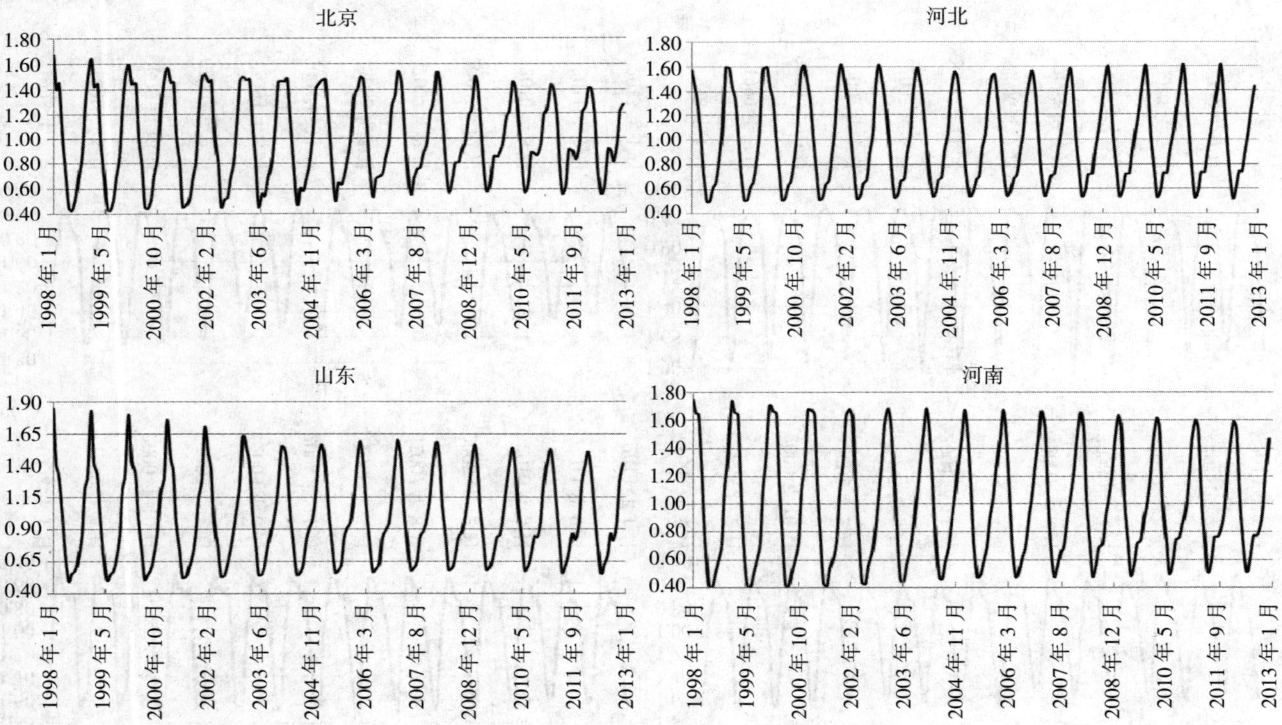
北京
1.80
1.60
1.40
1.20
1.00
0.80
0.60
0.40
河北
1.80
1.60
1.40
1.20
1.00
0.80
0.60
0.40
山东
1.90
1.65
1.40
1.15
0.90
0.65
0.40
河南
1.80
1.60
1.40
1.20
1.00
0.80
0.60
0.40
1998 年 1 月
1999 年 5 月
2000 年 10 月
2002 年 2 月
2003 年 6 月
2004 年 11 月
2006 年 3 月
2007 年 8 月
2008 年 12 月
2010 年 5 月
2011 年 9 月
2013 年 1 月

（11）黄瓜

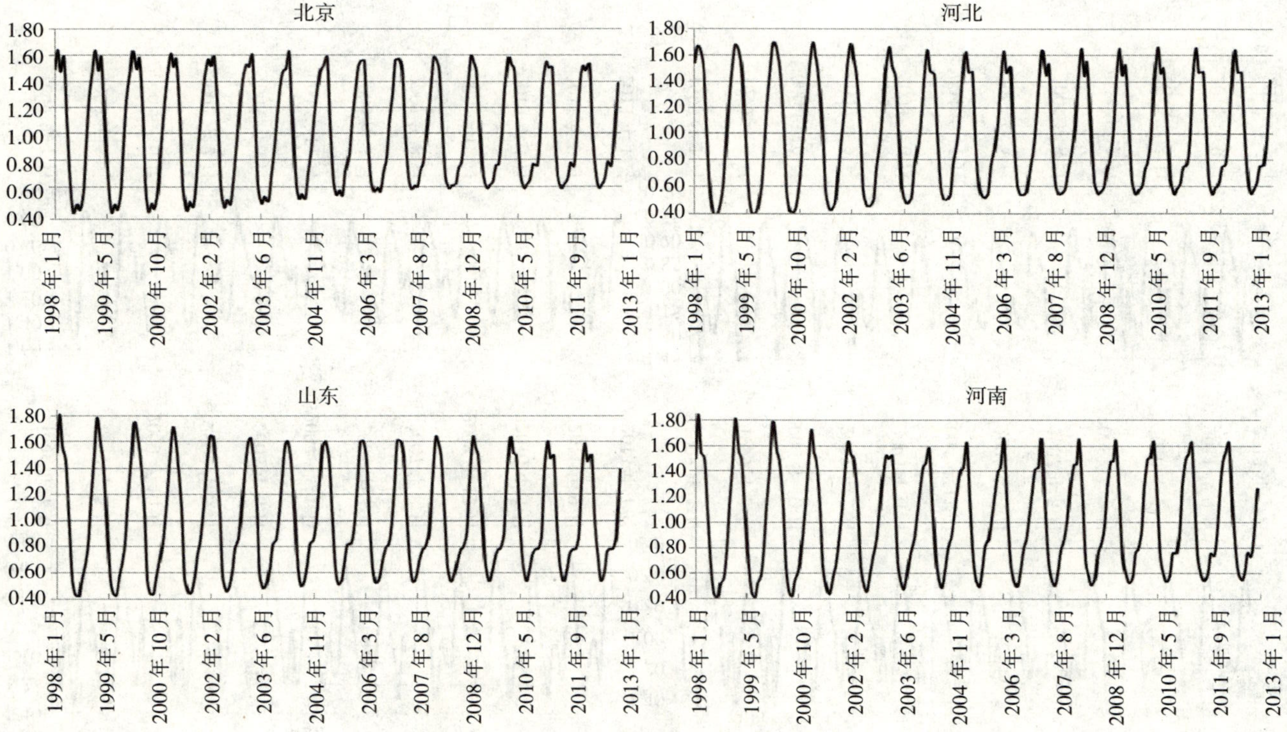
北京
河北
山东
河南
1.80
1.60
1.40
1.20
1.00
0.80
0.60
0.40
1998年1月
1999年5月
2000年10月
2002年2月
2003年6月
2004年11月
2006年3月
2007年8月
2008年12月
2010年5月
2011年9月
2013年1月

（12）青椒

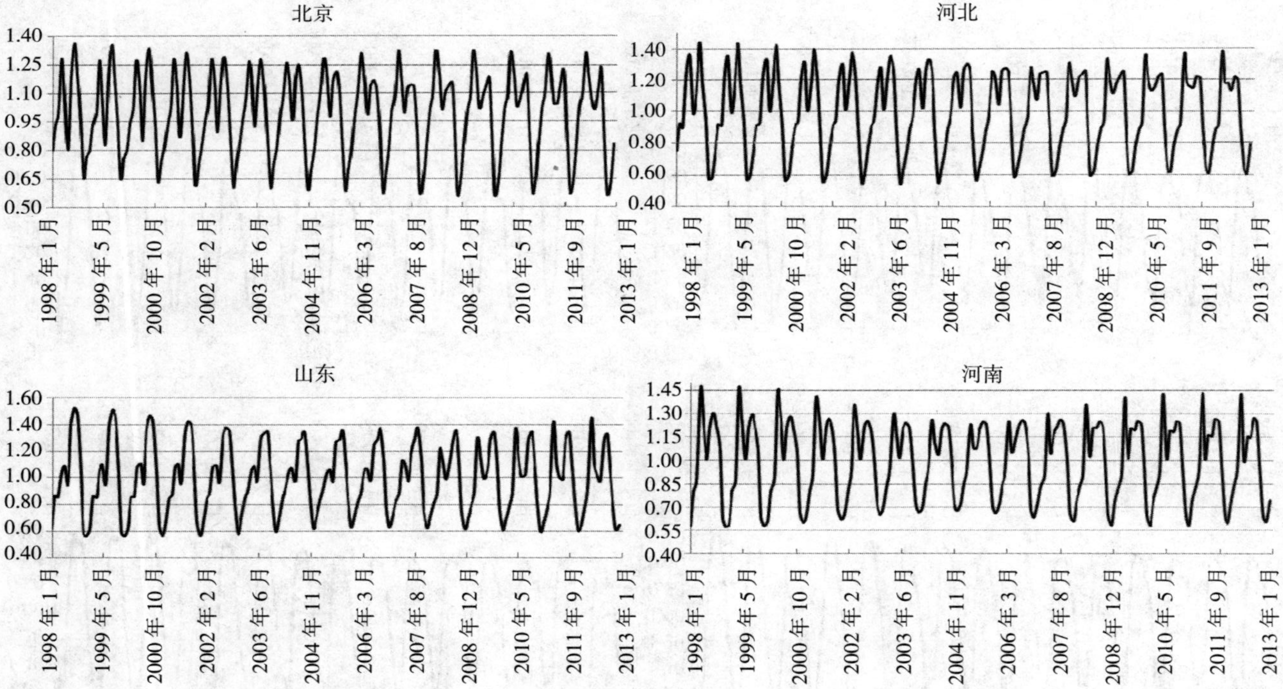
北京
1.40
1.25
1.10
0.95
0.80
0.65
0.50
河北
1.40
1.20
1.00
0.80
0.60
0.40
山东
1.60
1.40
1.20
1.00
0.80
0.60
0.40
河南
1.45
1.30
1.15
1.00
0.85
0.70
0.55
0.40
1998 年 1 月
1999 年 5 月
2000 年 10 月
2002 年 2 月
2003 年 6 月
2004 年 11 月
2006 年 3 月
2007 年 8 月
2008 年 12 月
2010 年 5 月
2011 年 9 月
2013 年 1 月

(13) 胡萝卜

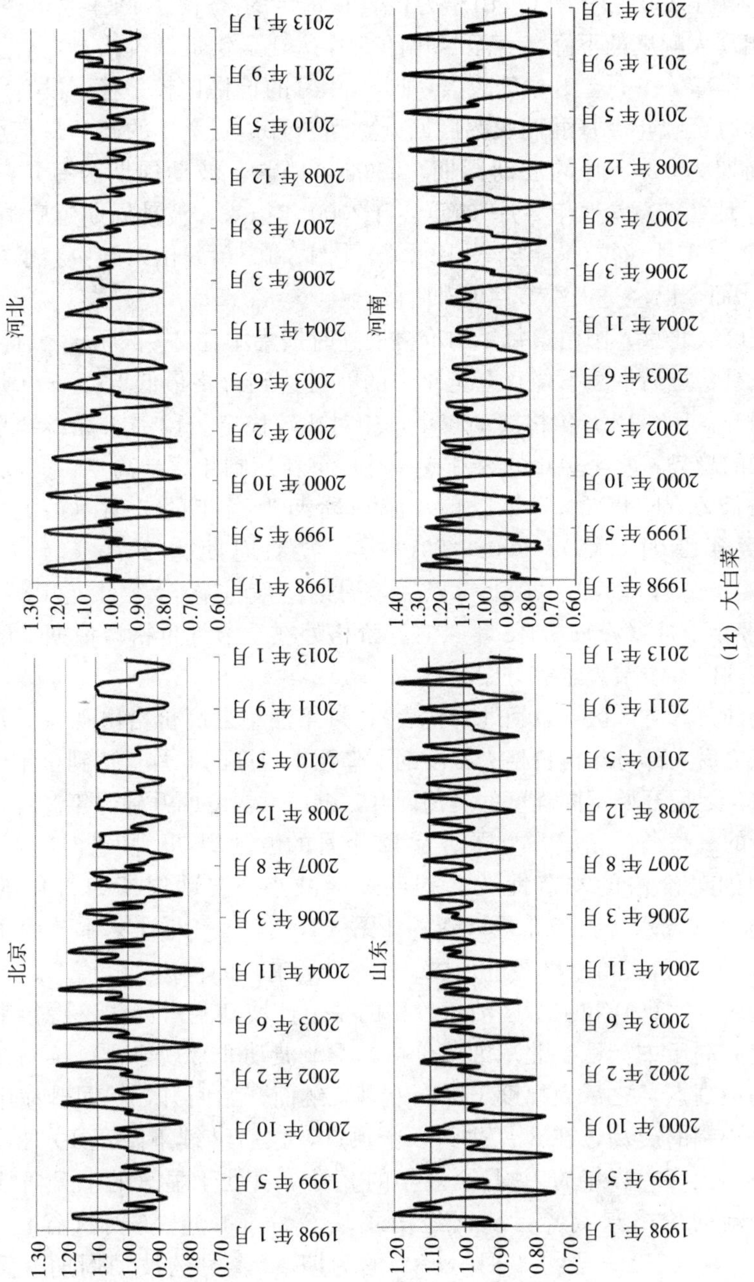

（14）大白菜

图 3-10　14 种蔬菜价格的季节因子成分图

动幅度要大。14 类蔬菜具体季节周期如下：

（1）圆白菜。主产区（以山东为代表）每年的 2～3 月圆白菜价格较高，4～6 月出现大幅度的下降，直至当年的 6 月达到全年最低价格；之后呈现波动性地回升，7～9 月上升幅度较大，10～11 月的价格比较平稳，没有剧烈的波动。12 月至翌年 2 月继而大幅度回升，到 3 月达到全年的新的最高点，完成一个周期为 12 个月的波动周期。2004 年以前，波动周期为每年的 2 月（峰）—6 月（谷）—翌年 2 月（峰）；自 2000 年以来，波动周期延后 1 个月，3 月（峰）—6 月（谷）—翌年 3 月（峰）[图 3-10（1）山东圆白菜季节因子成分图]。而今已经进入季节性上升阶段。

主销区（北京）圆白菜每年的价格最高时期集中在 2～3 月，之后大幅度下降至 5 月，之后继续下降直至全年中的 6 月达到价格最低点。7～9 月出现小幅度回升，10～12 月价格波动较小，相对比较稳定。12 月开始继续呈现出猛烈上涨的趋势，直至翌年的 2 月或 3 月，重新达到年度最高点，完成 12 个月的价格波动周期。2007 年以前，波动周期为当年的 3 月（峰）—6 月（谷）—翌年 3 月（峰）；2008—2010 年，波动周期为 2 月（峰）—6 月（谷）—翌年 2 月（峰）；2011 年以后，周期继续前移至 1 月（峰）—6 月（谷）—翌年 1 月（峰）；2013 年 1 月，价格处在季节性价格峰值期 [图 3-10（1）北京圆白菜季节因子成分图]。

（2）油菜。主产区（以河北为代表），每年油菜最高价格出现在 2 月，达到最高点之后大部分年份价格大幅度的下降至本年度的 6 月，达到全年价格中的最低点。之后开始不同程度的震荡回升，继而大幅度回升到翌年 2 月，达到全年的新的最高点，完成一个周期为 12 个月的波动周期。随着时间的推移，主产区的油菜价格的季节性波动程度逐渐减小。波动周期为每年的 2 月（峰）—6 月（谷）—翌年 2 月（峰）[图 3-10（2）河北油菜季节因子成分图]。2013 年 1 月，价格已经进入季节性回升通道，即将达到峰值点。

主销区（北京）和主产区油菜价格的季节性波动基本同步，近年来价格逐渐稳定并高于主产区。北京油菜价格的季节波动非常规律，每年的 2 月达到价格的最高点，之后大幅度下降至 6 月，继而开始回升，在回升途中，出现了一个小幅的震荡，在 8 月达到一个顶点，之后继续下降至 10 月，形成了一个小的尖峰。当年的 10 月至翌年的 2 月一直处于显著的上升阶段，达到有一个新的价格最高点，从而经历了从 2 月（峰）—6 月（谷）—8 月（峰）—10 月（谷）—翌年 2 月（峰）的为期 12 个月的波动周期；而今处在季节性价格的上升通道，即将达到 2 月的峰值 [图 3-10（2）北京油菜季节成分指数图]。

（3）芹菜。主产区（以河南为代表）芹菜价格的季节性波动趋势各不相同，河南省波动幅度有逐渐加强的趋势，而山东和河北都有逐渐减小的走势。河南省每年的2月芹菜价格较高，之后大幅度下降到5月，在6～8月有小幅回升，9月的价格达到全年的峰值，继而小幅下降后大幅度回升到翌年2月，完成一个为期12个月的波动周期。2005年之前，每年大体经历了2月（峰）—5月（谷）—9月（峰）—12月（谷）—翌年2月（峰）的季节波动周期[图3-10（3）山东芹菜季节成分指数图]。而今已经进入季节性上升通道，马上要达到2月的高峰阶段。

主销区（北京）芹菜价格季节性波动幅度有明显放大的趋势。1998—2001年每年的3～5月芹菜价格最高，之后震荡下降到10～11月，继而大幅度回升到翌年的3～5月，达到全年的新的最高点，完成一个为期12个月的波动周期，每年大体经历了3～5月（峰）—10～11月（谷）—翌年3～5月（峰）的季节波动周期。2001年以后，季节波动幅度逐年增大，价格也较之前有了一定水平的上升，波动周期较2000年前提前了2个月，每年大体经历了2～3月（峰）—10月（谷）—翌年2～3月（峰）的季节波动周期[图3-10（3）北京芹菜季节因子成分图]。而今主销区芹菜价格正处于完成季节性回升通道。

（4）番茄。番茄价格季节性波动周期比较稳定，且主销区（北京）和主产区（以河北为代表）的一致性较强。每年的2月达到价格的最高点，之后大幅度的下降至7月，跌至最低点，继而反弹回升至翌年的2月，达到最高点，完成为期12个月的波动周期。基本上每年经历从2月（峰）—7月（谷）—翌年的2月（峰）为期12个月的季节性波动[图3-10（4）北京、河北番茄季节因子成分图]。而今主产区和主销区的番茄价格均处于季节性大幅度上升阶段。

（5）马铃薯。主产区（以河北为代表）除山东外都有波幅明显加剧的趋势，河北每年的5月马铃薯价格较高，之后下降至8月的价格最低点，继而开始小幅回升，翌年的1～4月开始大幅度的震荡回升，直至5月达到了新的价格最高点。波动周期为每年的5月（峰）—7月（谷）—翌年5月（峰）[图3-10（5）山东马铃薯季节因子成分图]。2013年1月已经进入季节性大幅回升阶段。

主销区（北京）马铃薯价格的季节波动程度明显加大，周期变动也与主产区不尽一致。2003年以前，每年的2月马铃薯价格最高，之后波动性下降到7～8月，达到全年最低点，后回升直到翌年的2月达到全年价格新的最高点；2003年以后，从每年的5月价格的最高点下降到当年的11月的全年最低点，而后逐渐回升震荡至翌年的5月，达到全年的新的最高点；2007年以来，由每年的5月价格最高点下降到当年的11月，继而大幅度回升到翌年的5月，达到全年的新的最高点，虽然最高点、最低点时间存在些许差异，但波动周期都为12个月。2003年以前，波动周期为当年的2月（峰）—7～8月（谷）—翌年2月（峰）；2003年以后，波动周期为5月（峰）—11月（谷）—翌年5月（峰）。2013年1月处在季节性价格上升通道［图3-10（5）北京马铃薯季节因子成分图］。

（6）尖椒。主产区（河南为代表）1998—2002年每年的2月价格较高，之后大幅度下降至8月的价格最低点，继而开始回升至翌年2月再次达到顶点。2003年开始峰值开始后移至3月，2004年以后峰值稳定在4月，峰值过后价格迅速下降到8月最低点，再反弹上升，直至翌年3月达到一个新的高点，完成一个为期12个月的波动周期。2003年以前的波动周期具体为2～3月（峰）—8月（谷）—翌年2～3月（峰）；2004年以后的波动周期具体为4月（峰）—8月（谷）—翌年4月（峰）。2013年1月已经进入季节性大幅回升阶段［图3-10（6）河南尖椒季节因子成分图］。

主销区（北京）尖椒价格的季节波动周期变动相比较主产区滞后了1个月。2000年以前，每年的2～3月尖椒价格最高，之后大幅下降至7月或8月达到全年最低点，后回升直到翌年的2～3月达到全年价格新的最高点；2000—2005年，从每年的4月价格的最高点下降到当年的8月的全年最低点，而后逐渐回升震荡至翌年的4月，达到全年的新的最高点，完成了历时12个月的周期；2005年后，周期又移回2～3月为峰值，后下降到7～8月最低点，再反弹回翌年2～3月的峰值点。2000年以前及2005年以后，波动周期为当年的2～3月（峰）—7～8月（谷）—翌年2～3月（峰）；2000—2005年，波动周期为4月（峰）—7～8月（谷）—翌年4月（峰）。2013年1月处在季节性价格的快速回升阶段［图3-10（6）北京尖椒季节因子成分图］。

（7）蒜薹。蒜薹价格季节性波动幅度有明显随时间变动缩小的趋势，且主销区和主产区的一致性较强。而今主产区和主销区的蒜薹价格均处于季节性上升阶段。

主产区（以山东为代表），每年的2～3月达到价格的最高点，之后大幅度的下降至5月，跌至最低点，继而反弹回升至翌年的2～3月，达到最高点，完成为期12个月的波动周期。基本上每年经历从2～3月（峰）—5月（谷）—翌年的2～3月（峰）为期12个月的季节性波动［图3-10（7）山东蒜薹季节因子成分图］。

主销区（北京）蒜薹的价格季节性波动：每年的3月为价格的最高点，之后2个月内大幅度下降，至5月达到最低点；紧接着用大约10个月的时间反弹回升至翌年的3月，重新达到最高点。基本上每年经历从3月（峰）—5月

(谷）—翌年3月（峰）为期12个月的季节性波动［图3-10（7）北京蒜薹季节因子成分图］。

(8）茄子。茄子价格季节性波动周期比较稳定，且主销区（北京）和主产区（以河北为代表）的一致性较强，价格波动也有振幅减小的趋势。每年的2～3月达到价格的最高点，之后大幅度的下降至7～8月，跌至最低点，继而反弹回升至翌年的2～3月，达到最高点，完成为期12个月的波动周期。基本上每年经历从2～3月（峰）—7～8月（谷）—翌年2～3月（峰）为期12个月的季节性波动。2013年1月主产区和北京的茄子价格均处于季节性的上升即将达到峰值阶段［图3-10（8）北京、河北茄子季节因子成分图］。

(9）萝卜。萝卜主产区和主销区价格波动周期轨迹有较大差异，北京萝卜价格季节波动幅度较为稳定，主产区季节性波动幅度越来越小，周期长度都仍为12个月。

主产区（以山东为代表）随着时间的推移，萝卜价格的季节性变动程度逐渐缩小，趋于稳定。2001年以前，每年的8月萝卜价格最高，之后大幅度下降到12月的价格最低点，经过最低点后价格开始回升，在翌年的2月达到一个峰值后开始转而下降，到3月降到底后继续回升，直至8月达到新的最高点，整个过程形态类似于字母“W”，完成了一个历时12个月的波动周期。大体经历了8月（峰）—12月（谷）—翌年2月（峰）—3月（谷）—8月（峰）的季节波动周期；2002—2005年，变动情形更为复杂，总体来看经历了9月（峰）—12月（谷）—翌年2月（峰）—4月（谷）—9月（峰）的季节波动周期；经过2006年的调整时期，萝卜价格的季节性波动较为规律，波动周期大致为：2月（峰）—7月（谷）—9月（峰）—11月（谷）—翌年2月（峰）［图3-10（9）山东萝卜季节因子成分图］。而今已经进入季节性反弹上升通道。

主销区（北京）2004年以前，每年的3～4月萝卜价格最高，之后大幅度下降到7月，经过一次幅度较小的升降之后达到了11月全年中的最低点。2004年以后，变动趋势基本不变，最高点维持在2～3月，较之前提前了1个月，最低点变动较大，由11月提前至该年度的6月，提前了5个月，同样也完成了为期12个月的波动周期。2004年以前，每年大体经历了3～4月（峰）—11月（谷）—翌年3～4月（峰）的季节波动周期。2004年以后，每年大致经历了2～3月（峰）—6月（谷）—翌年2～3月（峰）的季节波动周期。而今主销区萝卜价格达到上升阶段［图3-10（9）北京萝卜季节因子成分图］。

(10）韭菜。韭菜价格季节性波动周期比较稳定，且主销区（北京）和主产区（以山东为代表）的一致性较强。

主产区（以山东为代表）2003年以前，每年的12月到翌年1月达到价格的最高点，之后大幅度的下降至翌年的5月，跌至最低点，继而反弹经过大幅度回升至12月，达到最高点，完成为期12个月的波动周期。2003年以后的波动情况类似，只是周期滞后了一个月，价格最高点发生在1～2月。因此2003年以前，每年经历从12月—翌年1月（峰）—5月（谷）—12月至翌年1月（峰）为期12个月的季节性波动；2003年以后，每年经历从1～2月（峰）—6月（谷）—翌年1～2月（峰）为期12个月的季节性波动。而今产区韭菜价格处于季节性峰值点［图3-10（10）山东韭菜季节因子成分图］。

主销区（北京）1998—2000年，每年的12月至翌年1月达到价格的最高点，之后大幅度的下降至翌年的5月，跌至最低点，继而反弹经过一些小曲折后大幅度回升至12月到翌年1月，达到最高点，完成为期12个月的波动周期。2001年以后的波动情况类似，只是周期滞后了一个月，每年经历从1～2月（峰）—5月（谷）—翌年1～2月（峰）为期12个月的季节性波动。而今销区韭菜价格处于季节性大幅度至峰值阶段［图3-10（10）北京韭菜季节因子成分图］。

（11）黄瓜。黄瓜价格季节性波动周期比较稳定，且主销区（北京）和主产区（以河北为代表）的一致性较强，近年来其价格波动趋势都为逐渐减弱。2003年以前，主产区的周期与北京的都为1月价格达到峰值，后快速下降至6～7月达到最低值，再回升到翌年1月再次达到峰值。2004年以后，主产区和主销区的黄瓜价格，均于每年的2月达到价格的最高点，之后大幅度的下降至6月，跌至最低点，继而大幅度反弹回升至翌年的2月，达到最高点，完成为期12个月的波动周期。基本上每年经历从2月（峰）—6月（谷）—翌年2月（峰）为期12个月的季节性波动［图3-10（11）北京、河北黄瓜季节因子成分图］。而今主产区和主销区的黄瓜价格均处于季节性大幅度上升阶段。

（12）青椒。青椒价格季节性波动周期比较稳定，北京和主产区（以山东为代表）的一致性较强，近年来其价格波动趋势都为逐渐减弱。山东青椒价格，每年的2月达到价格的最高点，之后大幅度的下降至7月，继而反弹经过大幅度回升至翌年的2月，达到最高点，完成为期12个月的波动周期。每年经历从2月（峰）—7月（谷）—翌年2月（峰）为期12个月的季节性波动［图3-10（12）山东青椒季节因子成分图］。2013年1月，山东青椒价格处于季节性回升阶段。

主销区（北京）1998—2001年，每年的2月达到价格的最高点，之后大幅度的下降至7月，跌至最低点，继而反弹大幅度回升至翌年的1月，达到最高点，完成为期12个月的波动周期。每年经历从2月（峰）—7月（谷）—翌年1月（峰）为期12个月的季节性波动。2002—2006年的波动周期为：4月（峰）—7月（谷）—翌年4月（峰）；2007年以后的波动周期为：2～3月（峰）—7月（谷）—翌年2～3月（峰）为期12个月的季节性波动；主销区（北京）青椒价格季节性波动整体情况较为复杂［图3-10（12）北京青椒季节因子成分图］。2013年1月，北京青椒价格处于季节性快速上升时期。

（13）胡萝卜。主产区（以山东为代表）的胡萝卜价格季节性周期波动较大。2003年以前，价格差距较大，每年的5月达到价格的最高点，之后震荡下降至12月，跌至最低点，继而反弹经过大幅度回升至翌年的5月，达到最高点，完成为期12个月的波动周期。2004—2007年，最高价格和最低价格的差距缩小，并且周期滞后了4个月，价格最高点发生在9月。2008年以后，又回到每年的5月达到价格的最高点，之后下降至7月的一个低点，继而回升至9月或10月的一个顶点，再次跌至12月的最低点，继而反弹经过大幅度回升至翌年的5月，达到最高点，完成为期12个月的波动周期。因此2003年以前，每年经历从5月（峰）—12月（谷）—翌年5月（峰）为期12个月的季节性波动；2004—2007年，每年经历从9月（峰）—12月（谷）—翌年9月（峰）为期12个月的季节性波动；2008年以后，每年经历从5月（峰）—7月（谷）—9月或10月（峰）—12月（谷）—翌年5月（峰）为期12个月的季节性波动［图3-10（13）山东胡萝卜季节因子成分图］。2013年1月，主产区胡萝卜价格处于季节性回升阶段。

主销区（北京）1998—2007年，每年的5～6月达到价格的最高点，之后大幅度的下降至11月，跌至最低点，继而反弹经过一些小曲折后大幅度回升至翌年5～6月，达到最高点，完成为期12个月的波动周期。2008—2009年的波动情况类似，只是周期提前了3个月，每年2月达到峰值，2010年以后峰值滞后2个月，为每年4月。因此1998—2007年，每年经历从5～6月（峰）—11月（谷）—翌年5～6月（峰）为期12个月的季节性波动；2008—2009年，每年经历从2月（峰）—11月（谷）—翌年2月（峰）为期12个月的季节性波动；2010年以后，每年经历从4月（峰）—11月（谷）—翌年4月（峰）为期12个月的季节性波动［图3-10（13）北京胡萝卜季节因子成分图］。2013年1月，北京胡萝卜价格处于季节性大幅度上升阶段。

（14）大白菜。大白菜价格季节性波动周期比较稳定，且主销区（北京）

和主产区（以河北为代表）的一致性较强。

主产区（以河北为代表）每年的8月达到价格的最高点，之后大幅度的下降至11月，跌至最低点，继而反弹经过回升至翌年的4～5月，达到一个顶点，之后略下降至7月的一个低点，继而进一步大幅度回升，2个月内重新达到8月的最高点，完成为期12个月的波动周期，整个周期过程近似于“W”形，经历从8月（峰）—11月（谷）—翌年4～5月（峰）—7月（谷）—8月（峰）为期12个月的季节性波动［图3-10（14）河北大白菜季节因子成分图］。2013年1月，河北大白菜价格处于反弹上升阶段。

主销区（北京）2004年以前，每年的8月达到价格的最高点，之后大幅度的下降至11月，跌至最低点，继而反弹经过回升至翌年的4月，达到一个顶点，之后下降至6月的一个低点，继而进一步大幅度回升，2个月内重新达到8月的最高值点，完成为期12个月的波动周期，整个周期过程近似于“W”形。2004年以后的波动情况类似，只是最高值点改变为4月，周期仍然是12个月。因此2004年以前，每年经历从8月（峰）—11月（谷）—翌年4月（峰）—6月（谷）—8月（峰）为期12个月的季节性波动；2004年以后，每年经历从4月（峰）—6月（谷）—8月（峰）—11月（谷）—翌年4月（峰）为期12个月的季节性波动［图3-10（14）北京大白菜季节因子成分图］。2013年1月，北京大白菜价格处于上升通道。

（三）蔬菜价格波动的周期特征分析

由于蔬菜种类繁多，选取主要蔬菜品种圆白菜、油菜、番茄、马铃薯、蒜薹、青椒、芹菜、茄子、萝卜、韭菜、黄瓜、尖椒、胡萝卜、大白菜14个品种分析其价格波动的周期和趋势。由于时间和研究篇幅的限制，本部分将选取主要的蔬菜消费城市北京和主产区山东进行典型案例分析。

10多年来，主产区和主销区蔬菜价格的波动一直较为频繁。主产区价格总体上低于主销区价格，主产区价格波动幅度高于主销区价格波动幅度，且主销区价格波动滞后与主产区的价格。总体而言，蔬菜价格波动幅度较大，近期呈上扬的趋势。从蔬菜具体情况看：白菜类、根菜类蔬菜价格相对比较平稳，长期处于缓慢上升的趋势，短期存在明显的季节波动。经过滤波得到了14种蔬菜的周期成分和长期趋势的数值（附表6）。为更加简明直观，将蔬菜价格周期成分的波动情况绘制如图3-11所示。

从图3-11可以观察出，蔬菜周期成分存在频繁的波动情况，波动周期众多。与水果价格研究相同，同样采取计算蔬菜价格变异率的方法来划分周期，北京市和山东省的14种蔬菜价格的变异率，具体见表3-3。

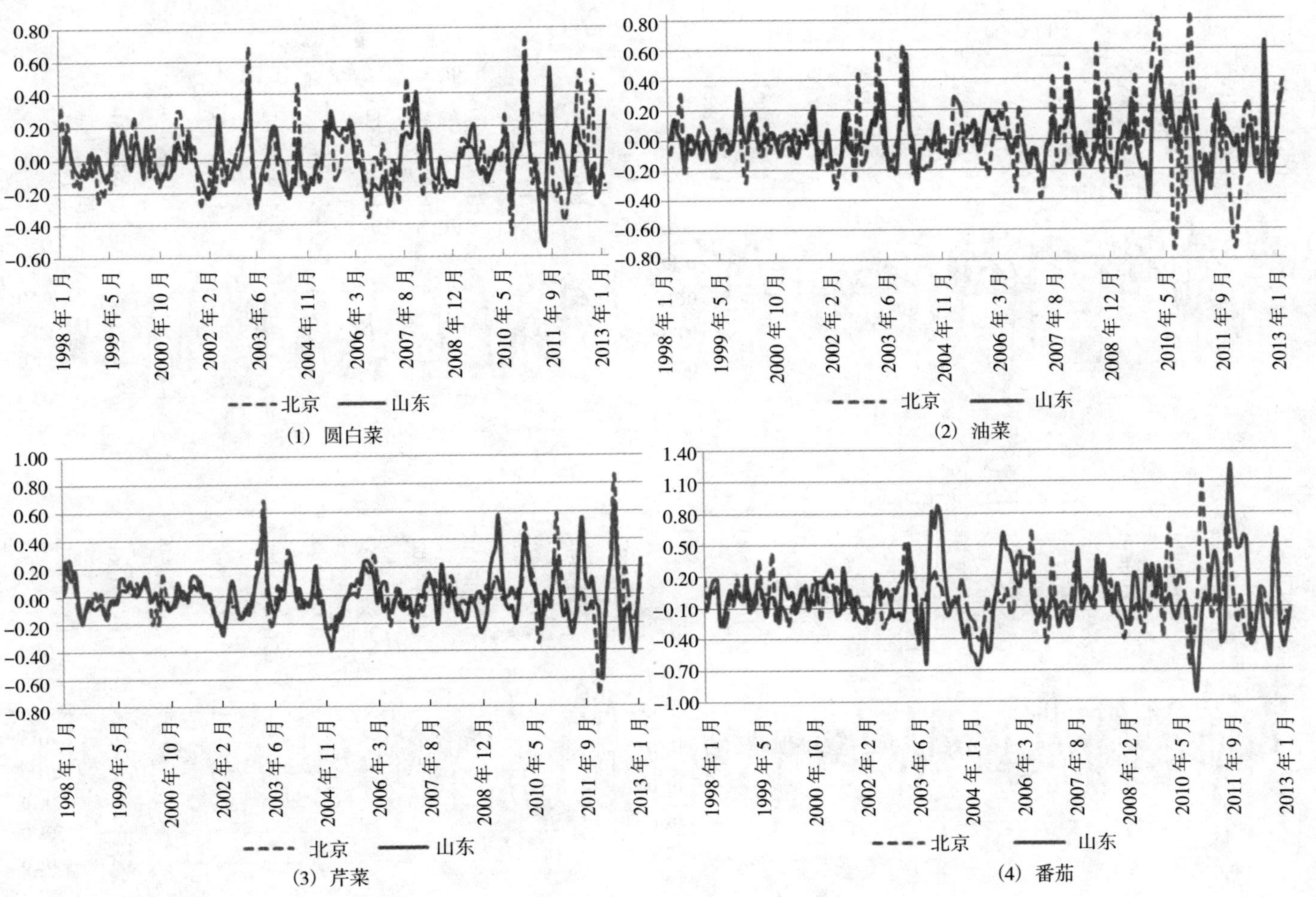

(1) 圆白菜

(2) 油菜

(3) 芹菜

(4) 番茄

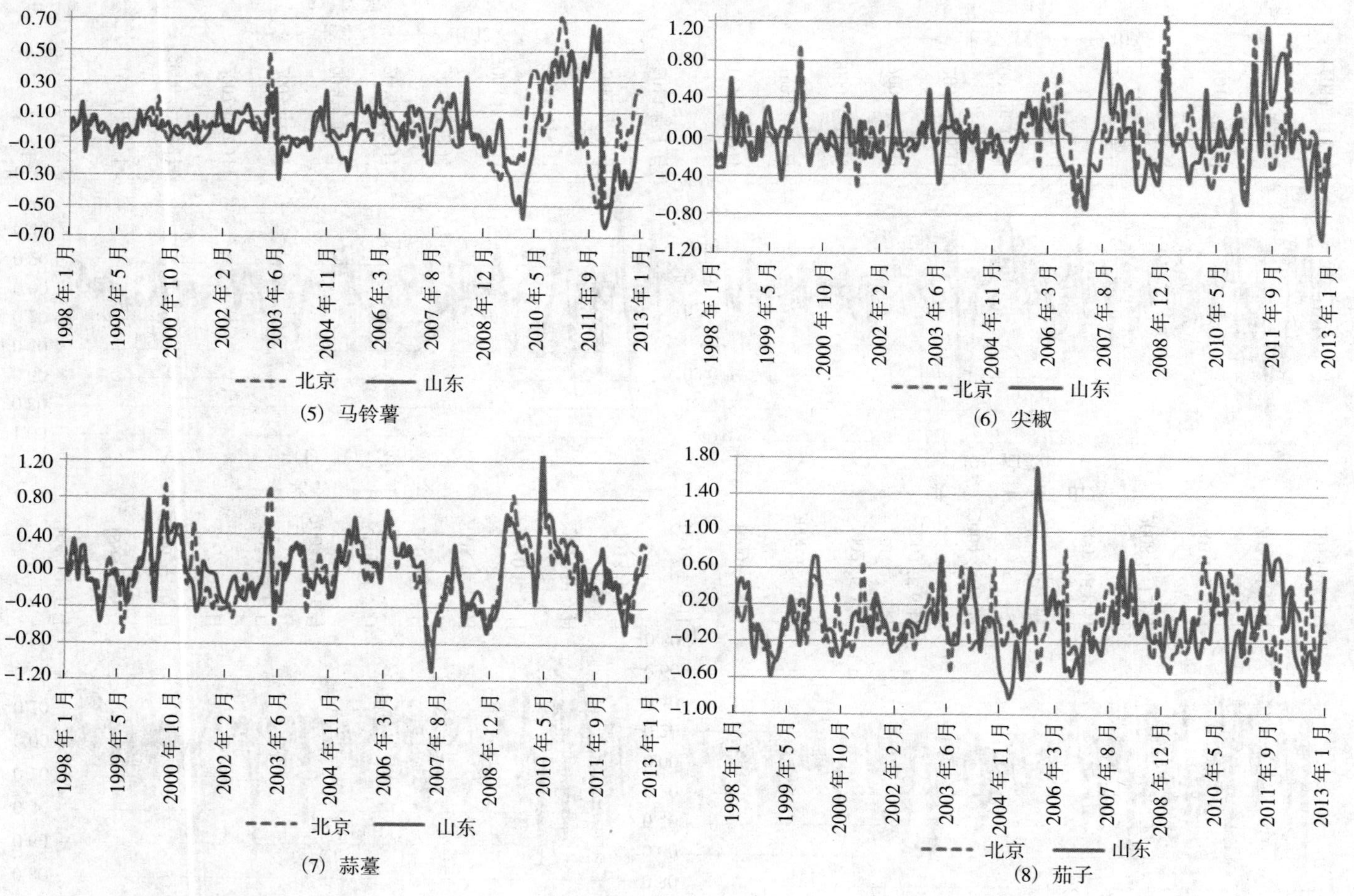

(5) 马铃薯

(6) 尖椒

(7) 蒜薹

(8) 茄子

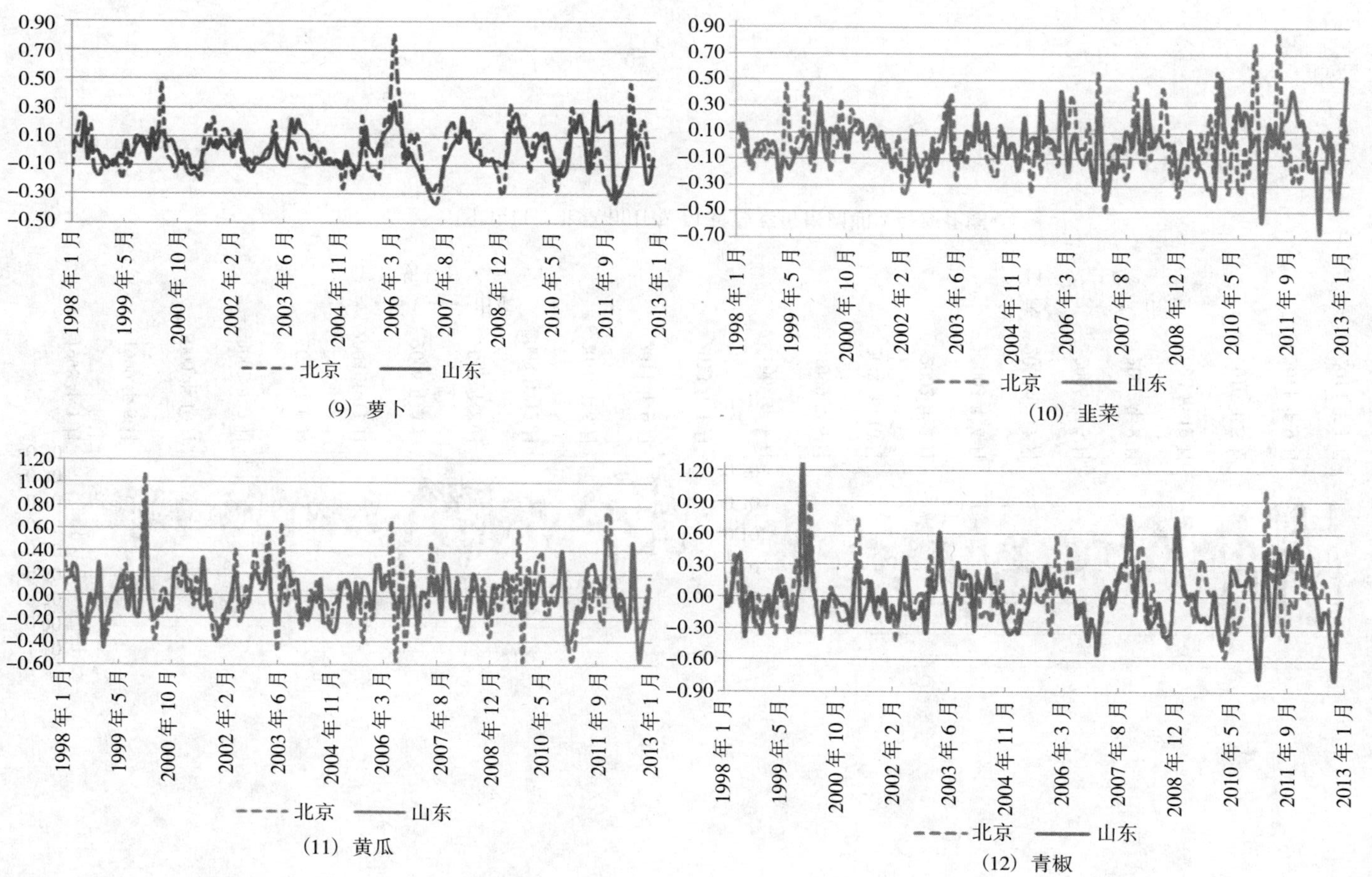

(9) 萝卜

(10) 韭菜

(11) 黄瓜

(12) 青椒

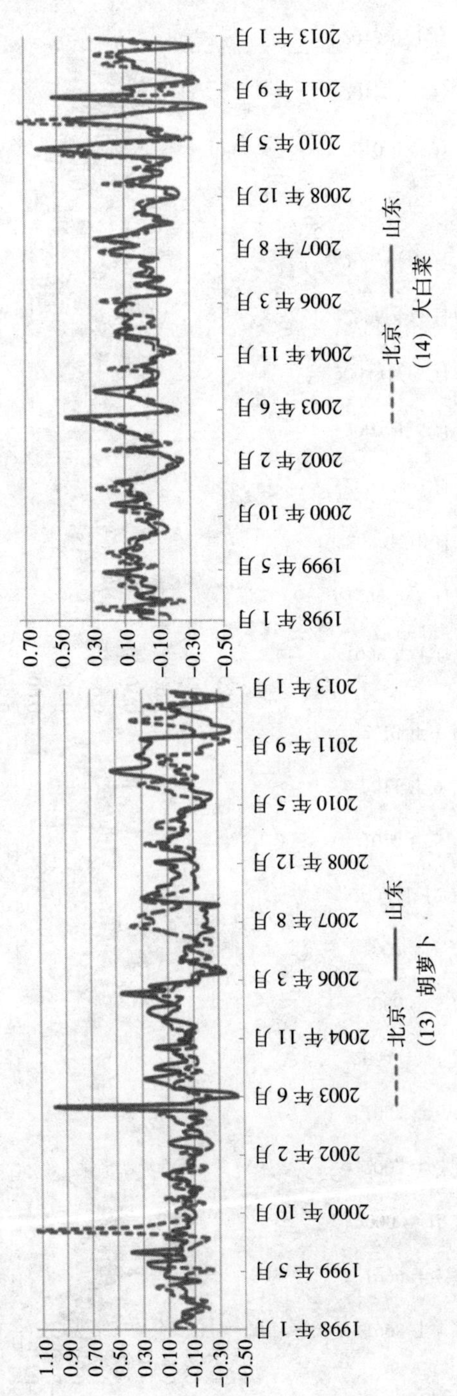

图 3-11 北京和山东 14 种蔬菜价格周期成分变化图

表 3-3　蔬菜价格变异率表

单位：%

时间	圆白菜		油菜		芹菜		番茄		马铃薯		尖椒		蒜薹	
	北京	山东	北京	山东	北京	山东	北京	山东	北京	山东	北京	山东	北京	山东
1998.1	12	17	−6	−1	1	−14	−3	−14	−3	−5	−14	−3	13	7
1998.2	37	−5	−9	4	6	−19	−15	−19	−15	8	−19	−15	−2	−4
1998.3	7	9	13	23	31	−19	−11	−19	−11	0	−19	−11	0	11
1998.4	28	21	9	9	24	−19	−16	−19	−16	5	−19	−16	15	18
1998.5	3	6	32	−1	7	14	6	14	6	24	14	6	5	−6
1998.6	−18	−5	−22	−27	−14	22	38	22	38	−24	22	38	4	13
1998.7	−15	−11	4	0	−22	13	−5	13	−5	5	13	−5	9	14
1998.8	−21	−14	−10	6	−15	6	−2	6	−2	5	6	−2	2	−7
1998.9	−2	−12	−4	−6	−8	−6	15	−6	15	9	−6	15	−7	−6
1998.10	−12	−15	3	0	−7	13	−2	13	−2	−1	13	−2	−7	−7
1998.11	6	−8	13	−19	4	6	−5	6	−5	4	6	−5	−7	−18
1998.12	−12	7	7	0	−4	−5	−15	−5	−15	2	−5	−15	−20	−32
1999.1	−4	−4	0	−7	3	−15	−12	−15	−12	−4	−15	−12	−15	−19
1999.2	−33	5	−15	−15	−15	−5	6	−5	6	−10	−5	6	2	−4
1999.3	−24	−7	−13	−10	−23	−13	−9	−13	−9	−8	−13	−9	8	−3
1999.4	−29	−17	8	6	−5	9	15	9	15	−2	9	15	−3	0
1999.5	−11	−19	−7	2	−3	3	20	3	20	−22	3	20	0	−4
1999.6	−23	−6	4	6	−5	0	6	0	6	−4	0	6	−12	−10
1999.7	6	30	−10	−3	18	−3	3	−3	3	3	−3	3	−40	−5
1999.8	13	4	−5	−10	19	2	−16	2	−16	−4	2	−16	−23	−20
1999.9	11	16	4	8	8	7	−28	7	−28	−6	7	−28	−20	−6
1999.10	25	23	35	53	17	5	0	5	0	−8	5	0	−11	−7
1999.11	18	18	−11	15	2	−1	7	−1	7	17	−1	7	−6	1
1999.12	−1	−2	−34	−2	16	13	15	13	15	0	13	15	7	1
2000.1	17	−9	9	1	7	27	19	27	19	8	27	19	8	3
2000.2	37	15	21	22	16	63	52	63	52	10	63	52	15	19
2000.3	14	18	22	8	13	30	12	30	12	2	30	12	29	43
2000.4	3	−1	−12	−7	2	−1	−2	−1	−2	3	−1	−2	−9	1
2000.5	−16	−9	−12	−2	−32	−17	−19	−17	−19	−2	−17	−19	4	−19
2000.6	19	22	14	−1	−15	−8	−5	−8	−5	7	−8	−5	7	16
2000.7	−14	−4	−10	7	−33	−2	−4	−2	−4	0	−2	−4	25	30
2000.8	22	−10	4	7	23	−1	2	−1	2	5	−1	2	57	35
2000.9	−15	−8	−3	−3	10	−3	−3	−3	−3	−4	−3	−3	24	18
2000.10	−24	−18	4	−16	−14	−3	−9	−3	−9	−5	−3	−9	26	16
2000.11	−17	−20	3	−4	−13	−5	3	−5	3	−9	−5	3	32	20
2000.12	−9	−12	6	−1	−12	−8	1	−8	1	−7	−8	1	24	28
2001.1	−17	4	−13	4	−4	−11	−6	−11	−6	−2	−11	−6	23	28
2001.2	−11	2	9	−11	7	−26	−18	−26	−18	1	−26	−18	3	7
2001.3	8	−10	−3	−18	5	12	14	12	14	5	12	14	−10	−2

（续）

时间	圆白菜		油菜		芹菜		番茄		马铃薯		尖椒		蒜薹	
	北京	山东	北京	山东	北京	山东	北京	山东	北京	山东	北京	山东	北京	山东
2001.4	46	18	8	−2	−7	27	14	27	14	−4	27	14	5	−5
2001.5	46	10	6	−4	19	4	−5	4	−5	13	4	−5	33	−11
2001.6	31	6	−6	5	27	5	−4	5	−4	−17	5	−4	12	−27
2001.7	6	−2	23	5	23	−41	−3	−41	−3	−16	−41	−3	−14	−18
2001.8	28	25	1	33	10	−6	11	−6	11	−12	−6	11	−25	5
2001.9	11	1	−6	−26	3	13	−14	13	−14	−6	13	−14	−13	1
2001.10	13	2	−10	−13	4	−10	−10	−10	−10	5	−10	−10	−14	−1
2001.11	−26	−9	−9	−12	3	8	−14	8	−14	1	8	−14	−28	−2
2001.12	−45	−17	−25	10	−18	2	−3	2	−3	26	2	−3	−18	−4
2002.1	−29	−27	−17	−20	−28	−9	−10	−9	−10	6	−9	−10	−29	−16
2002.2	−38	−38	−41	−19	−41	13	−8	13	−8	−4	13	−8	−29	−21
2002.3	−6	−31	−31	−24	−50	−30	−13	−30	−13	3	−30	−13	−28	−22
2002.4	−32	−22	−14	−18	−26	−26	−20	−26	−20	−6	−26	−20	−25	−14
2002.5	−22	8	0	24	1	−11	−2	−11	−2	14	−11	−2	−35	−6
2002.6	19	43	22	−5	−13	0	29	0	29	16	0	29	−24	−4
2002.7	−20	4	−4	−11	−12	−10	7	−10	7	13	−10	7	−13	−16
2002.8	−25	−8	−34	−14	−27	−12	−5	−12	−5	16	−12	−5	−17	−18
2002.9	0	−17	54	−5	−26	−25	−5	−25	−5	23	−25	−5	−3	−19
2002.10	−2	−11	−20	−1	−14	−12	−1	−12	−1	16	−12	−1	−13	−9
2002.11	0	−3	−14	−2	−23	−8	−2	−8	−2	1	−8	−2	−8	−13
2002.12	11	−8	3	0	−4	−11	−8	−11	−8	−2	−11	−8	−15	−19
2003.1	17	1	14	17	16	7	−2	7	−2	−5	7	−2	−12	−9
2003.2	31	15	19	12	53	8	10	8	10	−4	8	10	−7	−8
2003.3	34	37	68	25	59	−5	3	−5	3	−13	−5	3	1	4
2003.4	110	69	10	46	108	20	33	20	33	34	20	33	51	32
2003.5	−11	9	−10	4	−12	2	8	2	8	14	2	8	54	13
2003.6	−47	−33	−15	−25	−35	−7	−11	−7	−11	37	−7	−11	−33	−25
2003.7	−30	−34	−16	−22	−25	4	−32	4	−32	−47	4	−32	−5	−15
2003.8	−12	−13	−4	−27	11	11	−8	11	−8	−19	11	−8	5	−20
2003.9	−20	−1	7	14	−4	9	33	9	33	−27	9	33	−6	4
2003.10	−6	4	68	14	0	9	19	9	19	−25	9	19	1	−2
2003.11	20	25	42	68	49	12	6	12	6	−11	12	6	14	10
2003.12	29	29	6	8	44	14	4	14	4	−15	14	4	15	13
2004.1	2	25	−24	−1	24	3	8	3	8	−17	3	8	14	16
2004.2	−17	1	−19	−34	6	−1	−15	−1	−15	−13	−1	−15	15	9
2004.3	−23	−1	−20	−7	−13	23	5	23	5	−13	23	5	6	14
2004.4	−32	−21	−22	−7	−4	3	−1	3	−1	−11	3	−1	−24	−1
2004.5	−28	−31	−18	1	−9	5	−3	5	−3	−17	5	−3	−5	−8
2004.6	−24	−16	−19	−6	−10	−9	8	−9	8	10	−9	8	−11	−8
2004.7	28	−19	0	−1	2	−15	−23	−15	−23	14	−15	−23	−3	−4

（续）

时间	圆白菜		油菜		芹菜		番茄		马铃薯		尖椒		蒜薹	
	北京	山东	北京	山东	北京	山东	北京	山东	北京	山东	北京	山东	北京	山东
2004.8	66	17	-7	13	-1	-3	-8	-3	-8	10	-3	-8	9	-2
2004.9	-11	-7	-4	-8	7	-11	-3	-11	-3	6	-11	-3	2	-6
2004.10	-28	-10	2	-10	-11	7	-3	7	-3	29	7	-3	3	-3
2004.11	-28	-23	-18	-9	-29	-14	-1	-14	-1	-4	-14	-1	-14	-10
2004.12	-15	-17	-7	-12	-33	-6	2	-6	2	-10	-6	2	-6	-13
2005.1	-21	-15	28	-11	-29	-5	-8	-5	-8	-11	-5	-8	2	-6
2005.2	0	-5	25	5	-35	-17	-12	-17	-12	-20	-17	-12	14	10
2005.3	-18	-3	20	5	-19	-25	-16	-25	-16	-22	-25	-16	7	4
2005.4	-1	3	-7	4	-14	0	-9	0	-9	-21	0	-9	3	11
2005.5	30	24	9	4	-6	0	-6	0	-6	-29	0	-6	7	20
2005.6	18	20	-1	8	0	3	3	3	3	-15	3	3	17	16
2005.7	29	36	0	13	1	5	15	5	15	-3	5	15	18	26
2005.8	-16	23	6	-8	2	-2	13	-2	13	27	-2	13	8	15
2005.9	-13	20	-15	-3	-1	10	23	10	23	12	10	23	8	14
2005.10	-5	17	-15	13	19	10	12	10	12	9	10	12	-4	5
2005.11	16	23	-21	19	25	18	18	18	18	14	18	18	-1	5
2005.12	13	21	-2	12	21	-19	1	-19	1	6	-19	1	-5	4
2006.1	29	24	5	15	20	22	20	22	20	1	22	20	3	4
2006.2	23	12	16	4	34	39	11	39	11	27	39	11	0	4
2006.3	-5	-5	11	3	16	17	8	17	8	11	17	8	-6	-5
2006.4	13	0	20	3	6	4	4	4	4	12	4	4	15	11
2006.5	7	-7	5	-4	11	16	10	16	10	6	16	10	27	29
2006.6	-12	-22	-4	-9	9	41	-8	41	-8	-2	41	-8	26	18
2006.7	-40	-26	-28	0	-25	5	-13	5	-13	-6	5	-13	19	15
2006.8	-27	-22	15	1	-9	3	-19	3	-19	-9	3	-19	2	8
2006.9	1	-18	5	0	6	2	-16	2	-16	-5	2	-16	9	8
2006.10	1	-20	-9	-10	-7	-27	-17	-27	-17	1	-27	-17	7	14
2006.11	-7	-21	-8	-18	-11	-42	-32	-42	-32	-8	-42	-32	9	8
2006.12	10	-12	-5	-6	-10	-16	-27	-16	-27	10	-16	-27	12	9
2007.1	-11	-24	-6	-12	-8	-40	-32	-40	-32	11	-40	-32	6	5
2007.2	-19	-32	-29	-18	-23	-42	-38	-42	-38	6	-42	-38	-8	2
2007.3	-1	-18	-22	-25	-27	-15	-8	-15	-8	10	-15	-8	-2	3
2007.4	-5	-5	-4	-5	-7	-15	0	-15	0	7	-15	0	-11	5
2007.5	-28	-9	-1	1	-12	-18	7	-18	7	-2	-18	7	-19	-26
2007.6	11	6	29	13	-4	-16	23	-16	23	-16	-16	23	-29	-40
2007.7	27	17	-13	-2	16	7	38	7	38	-17	7	38	-35	-49
2007.8	48	18	-13	7	8	-1	48	-1	48	-1	-1	48	-24	-26
2007.9	22	14	-8	6	10	2	13	2	13	-1	2	13	-24	-20
2007.10	33	23	34	10	0	13	14	13	14	-1	13	14	-12	-19
2007.11	34	44	15	29	4	13	26	13	26	3	13	26	-13	-7

（续）

时间	圆白菜		油菜		芹菜		番茄		马铃薯		尖椒		蒜薹	
	北京	山东	北京	山东	北京	山东	北京	山东	北京	山东	北京	山东	北京	山东
2007.12	−2	13	−3	6	5	−1	24	−1	24	12	−1	24	−7	−2
2008.1	−21	−3	−18	−10	−7	10	3	10	3	9	10	3	−9	−5
2008.2	13	19	−3	3	12	21	5	21	5	15	21	5	8	12
2008.3	9	15	0	−8	5	23	5	23	5	6	23	5	1	−1
2008.4	−6	−6	−10	−12	−11	4	−7	4	−7	−6	4	−7	−4	−7
2008.5	−20	−12	−11	−15	−5	−14	−24	−14	−24	−7	−14	−24	−12	−24
2008.6	−11	−12	1	−9	−4	9	−26	9	−26	22	9	−26	−14	−14
2008.7	−20	1	39	−2	−6	−8	−22	−8	−22	5	−8	−22	−13	−16
2008.8	−12	−9	−12	21	−4	−10	−9	−10	−9	−4	−10	−9	−10	−14
2008.9	−17	−14	4	−7	−4	−12	−14	−12	−14	−3	−12	−14	−8	−18
2008.10	−15	−13	22	−9	1	−12	−19	−12	−19	−7	−12	−19	−9	−16
2008.11	−16	−14	−19	−15	2	−15	−21	−15	−21	−6	−15	−21	−15	−21
2008.12	−15	−17	−20	−17	−5	19	−2	19	−2	−11	19	−2	−19	−25
2009.1	2	3	−23	−2	6	60	35	60	35	−3	60	35	−20	−17
2009.2	11	1	−5	0	−2	27	20	27	20	−9	27	20	−12	−19
2009.3	11	7	−2	6	3	0	0	0	0	−9	0	0	−13	−17
2009.4	8	7	−6	−1	10	−5	−2	−5	−2	1	−5	−2	−2	−10
2009.5	7	17	0	19	7	2	−2	2	−2	3	2	−2	4	9
2009.6	5	20	23	1	−3	−1	−2	−1	−2	−12	−1	−2	16	21
2009.7	−3	−2	−3	−9	−2	1	−10	1	−10	−16	1	−10	15	19
2009.8	2	−9	0	−15	0	14	−19	14	−19	−18	14	−19	25	17
2009.9	9	−5	7	−12	4	9	−11	9	−11	−26	9	−11	17	14
2009.10	−12	−14	4	−27	−2	0	−10	0	−10	−28	0	−10	11	8
2009.11	0	−11	27	12	3	−4	−10	−4	−10	−25	−4	−10	11	7
2009.12	−1	−5	38	28	5	−2	0	−2	0	−33	−2	0	12	8
2010.1	5	−1	43	33	40	−10	20	−10	20	−20	−10	20	10	2
2010.2	−1	5	13	19	22	−20	−5	−20	−5	−13	−20	−5	4	1
2010.3	−1	6	4	11	14	−21	−4	−21	−4	−8	−21	−4	−6	−10
2010.4	25	13	10	21	5	−9	−1	−9	−1	2	−9	−1	3	13
2010.5	−5	14	−39	8	−27	0	7	0	7	6	0	7	28	40
2010.6	−43	−29	−26	−2	−15	−13	1	−13	1	19	−13	1	13	17
2010.7	−7	−6	6	9	−10	−9	−3	−9	−3	20	−9	−3	14	18
2010.8	1	5	−25	7	−4	−1	−3	−1	−3	16	−1	−3	2	16
2010.9	9	4	5	17	−7	4	0	4	0	24	4	0	6	9
2010.10	33	16	45	9	21	14	7	14	7	24	14	7	4	8
2010.11	67	57	24	1	46	9	−10	9	−10	18	9	−10	10	5
2010.12	24	12	5	−21	21	−16	−24	−16	−24	26	−16	−24	9	3
2011.1	−14	−1	−11	−28	4	−24	−26	−24	−26	19	−24	−26	5	8
2011.2	0	−5	−15	−8	−7	3	8	3	8	23	3	8	−3	10
2011.3	−10	−20	−11	−12	−16	44	29	44	29	28	44	29	0	8

（续）

时间	圆白菜		油菜		芹菜		番茄		马铃薯		尖椒		蒜薹	
	北京	山东	北京	山东	北京	山东	北京	山东	北京	山东	北京	山东	北京	山东
2011.4	−18	−44	−9	−21	−16	9	12	9	12	24	9	12	6	8
2011.5	−23	−50	9	1	−12	−3	−6	−3	−6	−7	−3	−6	5	−15
2011.6	−5	−5	14	14	0	15	24	15	24	13	15	24	−1	2
2011.7	25	51	−7	3	0	9	45	9	45	25	9	45	−7	−4
2011.8	−15	15	9	5	−9	−12	15	−12	15	20	−12	15	−3	−7
2011.9	−22	0	−10	3	−8	−12	20	−12	20	29	−12	20	−5	0
2011.10	−15	9	−30	0	−4	−2	31	−2	31	40	−2	31	−4	2
2011.11	−33	6	−42	−3	−28	6	36	6	36	31	6	36	−7	4
2011.12	−33	−4	−29	1	−58	−6	36	−6	36	40	−6	36	−9	8
2012.1	−20	−19	−13	−14	−38	46	13	46	13	−37	46	13	2	−4
2012.2	−15	−8	10	−12	−14	−5	−5	−5	−5	−42	−5	−5	−4	1
2012.3	−5	15	14	4	10	4	1	4	1	−38	4	1	−3	−5
2012.4	31	19	6	5	27	3	2	3	2	−32	3	2	−5	−3
2012.5	48	9	7	−11	71	7	−1	7	−1	−16	7	−1	−4	−11
2012.6	22	7	−9	−10	27	−3	−12	−3	−12	−16	−3	−12	−13	−15
2012.7	−6	0	−7	−16	−22	−3	−25	−3	−25	−29	−3	−25	−6	−20
2012.8	19	−15	13	39	15	4	−12	4	−12	−20	4	−12	−8	−9
2012.9	41	−5	−12	−17	3	1	−3	1	−3	−30	1	−3	−15	−8
2012.10	−15	−23	−2	−15	−14	−9	−43	−9	−43	−28	−9	−43	0	−4
2012.11	−13	−20	−8	−1	−14	−24	−52	−24	−52	−18	−24	−52	3	−1
2012.12	−8	−7	14	11	−7	−6	−28	−6	−28	−4	−6	−28	8	0
2013.1	−15	27	23	19	12	−17	−4	−17	−4	8	−17	−4	8	6

时间	茄子		萝卜		韭菜		黄瓜		青椒		胡萝卜		大白菜	
	北京	山东	北京	山东	北京	山东	北京	山东	北京	山东	北京	山东	北京	山东
1998.1	28	4	3	−6	0	10	28	3	11	0	−19	−4	−28	−14
1998.2	8	34	−13	14	−1	19	15	12	−1	−6	5	8	−29	−1
1998.3	0	42	−4	11	16	5	16	13	−3	1	16	4	−25	3
1998.4	5	32	0	−7	−9	14	12	24	22	14	27	3	20	−13
1998.5	21	38	0	−21	−9	−17	5	20	6	23	25	29	45	22
1998.6	8	−9	−15	0	−18	−10	−5	−10	−5	25	12	−8	−17	4
1998.7	−6	−35	−28	−25	1	−6	−20	−38	5	−23	19	8	−44	−31
1998.8	−2	−11	−16	−36	−8	1	−27	−19	−10	−4	−13	−1	−14	0
1998.9	−10	−9	−25	−8	0	4	−14	0	−3	2	−19	0	6	8
1998.10	−20	−21	−5	−10	−10	4	−10	−8	−18	−16	−19	−5	4	−13
1998.11	−14	−30	11	−6	−4	−1	−2	3	1	−17	−5	−15	7	−16
1998.12	−23	−57	10	−7	−7	3	1	25	−13	−22	−8	−17	23	−1
1999.1	−28	−42	25	0	−7	−5	−30	−39	−10	−4	−11	−13	9	1
1999.2	−28	−40	4	8	−26	−31	−29	−23	0	−2	−8	−15	16	−6
1999.3	−21	−21	−7	−33	−13	−13	−21	−14	−14	−12	−9	−10	11	7

（续）

时间	茄子		萝卜		韭菜		黄瓜		青椒		胡萝卜		大白菜	
	北京	山东	北京	山东	北京	山东	北京	山东	北京	山东	北京	山东	北京	山东
1999.4	−4	4	−3	31	45	−15	−1	−2	−21	5	−18	−3	15	47
1999.5	−6	3	−4	33	8	−20	0	1	10	11	−24	−8	8	8
1999.6	19	28	−30	24	−7	−13	4	10	12	−1	−7	9	−16	3
1999.7	13	1	13	58	1	−6	5	16	−3	6	−15	−4	23	9
1999.8	1	−4	12	65	10	−8	23	3	−22	−10	−5	−3	10	2
1999.9	17	−26	10	−5	7	−3	3	−12	−3	−21	13	3	24	7
1999.10	17	9	18	0	46	7	16	12	22	−5	13	9	37	26
1999.11	−18	0	6	97	−9	9	−14	−14	5	8	8	13	4	23
1999.12	26	50	−8	0	−19	−12	−17	−15	25	85	1	6	0	9
2000.1	38	73	−13	3	5	6	33	10	20	8	11	−9	13	7
2000.2	35	73	−22	−9	21	36	92	73	60	40	13	22	14	5
2000.3	34	33	−25	31	14	2	8	5	13	6	16	0	3	−9
2000.4	−16	8	24	−8	7	−12	−16	−13	−10	−7	22	13	−23	−11
2000.5	−11	−9	145	19	−19	14	−35	−19	−18	−28	68	19	−30	−19
2000.6	−22	−8	45	−14	0	10	−14	−10	−6	−3	5	12	−29	−14
2000.7	−29	−11	23	−10	−1	16	2	−15	−14	−9	−6	9	−22	−9
2000.8	24	−30	−4	−17	34	4	5	−3	6	1	−12	10	6	−6
2000.9	−1	−39	−7	−26	2	11	−7	−7	−2	1	−23	3	−21	−9
2000.10	−16	−28	5	−24	−13	−1	−14	−11	−11	−2	−13	−8	−12	−27
2000.11	−22	−10	6	−20	29	13	21	21	−16	−5	−1	−14	26	−18
2000.12	−19	−13	−8	−4	21	17	13	21	−17	−5	−15	−9	2	−1
2001.1	−26	6	−23	−7	9	21	7	26	−16	−9	−24	−4	−10	39
2001.2	−12	12	17	−4	19	15	25	20	−12	−19	−28	−18	12	9
2001.3	6	5	−13	−23	−3	8	14	3	17	10	−25	−15	−3	−6
2001.4	54	1	−16	−14	4	11	12	6	57	24	−30	−21	−2	18
2001.5	6	7	2	−37	3	18	−9	−4	12	−16	−34	−13	13	15
2001.6	−1	0	9	−9	16	15	15	−4	10	−11	7	0	58	15
2001.7	17	−13	−7	−14	2	0	−7	−2	12	−3	31	1	23	13
2001.8	22	32	−1	22	−6	12	−13	31	1	10	25	12	23	35
2001.9	−10	19	21	22	−10	−3	−4	−4	−12	−10	40	3	9	−2
2001.10	2	7	−20	16	1	−3	5	−12	−17	0	3	11	−11	−13
2001.11	−11	0	−30	−19	−19	−13	−35	−21	−6	−4	10	6	−32	−26
2001.12	−11	−11	−7	−19	−13	−9	−41	−22	−4	5	26	10	−36	−37
2002.1	−21	−32	−9	−21	8	−17	−31	−34	−19	−17	27	4	−36	−48
2002.2	−1	−31	−17	−19	−42	−21	−17	−20	−7	−9	15	2	−55	−46
2002.3	−16	−26	1	−32	−45	−20	−26	−12	−35	−14	−8	8	−59	−39
2002.4	−11	−22	−29	−30	−36	−26	−16	−7	−19	−17	21	4	−38	−31
2002.5	−18	−2	−39	12	−22	13	1	8	6	5	20	21	−7	−20
2002.6	−3	3	−37	19	−7	−7	42	19	−9	28	−13	3	54	21
2002.7	−7	0	−31	−3	−21	−17	−23	−5	−7	0	−20	−11	−20	−20

（续）

时间	茄子		萝卜		韭菜		黄瓜		青椒		胡萝卜		大白菜	
	北京	山东	北京	山东	北京	山东	北京	山东	北京	山东	北京	山东	北京	山东
2002.8	−25	−2	−9	−29	−19	−30	−18	−9	−16	−15	−11	−19	−43	−23
2002.9	−4	−9	−2	−26	−7	−25	9	−10	−2	−12	−18	−22	0	−9
2002.10	3	−9	−15	−11	−38	−18	−6	−4	2	−11	−10	−15	−15	−2
2002.11	15	−8	−2	−13	7	−1	25	14	2	−3	−12	−13	17	9
2002.12	19	9	8	−28	−8	−16	40	21	−3	−25	−10	−11	30	25
2003.1	36	14	11	−10	6	−3	15	13	33	12	0	−9	23	34
2003.2	0	0	30	−30	13	−5	5	11	13	3	4	−7	43	49
2003.3	5	18	16	−20	36	11	19	9	13	6	9	1	72	55
2003.4	62	65	173	151	42	37	56	33	40	44	40	17	84	88
2003.5	37	−3	−7	−4	47	−11	−4	−3	12	14	6	−8	−1	13
2003.6	−12	−9	−35	−17	−30	−9	−21	−14	−5	−7	−3	−13	−52	−35
2003.7	−44	−20	−41	−64	−5	−10	−46	−21	−23	−20	−9	−15	−38	−36
2003.8	−9	−21	−11	−53	−9	−9	61	6	−6	−13	6	5	−18	−14
2003.9	−12	−18	−5	6	−15	11	−8	21	3	22	13	33	−18	0
2003.10	52	14	10	12	11	8	−3	24	−6	13	9	18	7	10
2003.11	14	19	6	26	4	0	14	8	21	12	−7	32	18	35
2003.12	3	25	−14	37	32	25	2	12	6	14	−11	23	11	53
2004.1	−23	49	4	16	11	4	−10	13	−7	12	−8	21	14	26
2004.2	−20	25	−28	1	13	3	−28	−23	−6	−22	−12	15	2	−18
2004.3	−17	8	−6	25	−8	18	−17	−10	20	12	−14	1	−6	−8
2004.4	−19	−24	−20	14	−16	−4	−15	−20	−15	7	−16	6	−14	−18
2004.5	−11	2	−22	−5	−24	−6	4	−12	−11	1	−4	−1	−16	−20
2004.6	3	5	−19	0	−24	−8	−1	1	−12	19	−4	−5	−13	−19
2004.7	−3	5	8	4	16	0	11	−5	−17	5	4	−14	45	−10
2004.8	49	2	11	5	4	9	−10	13	3	7	−16	−10	−5	0
2004.9	7	−11	−19	23	−1	−8	−3	−22	−7	−4	−17	−8	−17	−17
2004.10	−1	−39	−6	−6	−1	2	−7	−21	12	−4	−15	−13	−13	−13
2004.11	−19	−45	−13	2	−2	2	−24	−25	−14	−16	−11	−9	−33	−19
2004.12	−14	−51	−5	−9	−10	−16	−7	−28	−10	−23	−13	−16	−34	−37
2005.1	1	−59	−18	−3	−4	−10	−4	−23	−6	−22	−43	−17	−18	−33
2005.2	−7	−49	11	−9	−11	19	10	0	−18	−19	−17	0	−18	−19
2005.3	−5	−15	13	−12	1	2	10	10	−13	−22	−9	−11	−15	−19
2005.4	−12	−26	21	0	−32	5	10	12	5	−9	−29	−14	12	−19
2005.5	−3	−41	23	13	−7	6	−11	7	−4	−10	−22	−19	33	4
2005.6	−9	12	15	23	6	−6	−16	−13	1	−2	−19	−13	19	27
2005.7	−2	31	11	27	−18	29	−2	10	12	17	35	2	19	23
2005.8	0	39	1	22	13	1	−1	−7	2	15	0	23	−17	10
2005.9	−10	110	7	6	6	5	−31	9	−3	7	−18	4	−8	18
2005.10	−36	83	2	16	−1	4	−5	9	−3	8	−19	0	−17	13
2005.11	−13	67	−1	22	−3	0	−6	1	5	18	−18	−5	−15	10

（续）

时间	茄子		萝卜		韭菜		黄瓜		青椒		胡萝卜		大白菜	
	北京	山东	北京	山东	北京	山东	北京	山东	北京	山东	北京	山东	北京	山东
2005.12	−5	7	56	49	−12	−2	−14	−10	−22	4	−26	5	28	25
2006.1	15	9	11	13	26	34	19	17	2	12	1	10	30	24
2006.2	25	23	7	25	16	10	19	20	36	6	27	17	25	21
2006.3	12	10	−19	6	11	−15	4	4	8	7	25	20	9	16
2006.4	0	15	−13	−15	30	1	5	14	1	0	50	24	48	17
2006.5	0	10	−13	−15	23	8	11	14	8	5	96	44	8	8
2006.6	50	−32	−18	−37	−2	−5	42	2	27	2	60	25	−20	−26
2006.7	−20	−29	−43	−29	−1	−10	−35	−4	1	3	27	22	−24	−31
2006.8	−18	−35	−29	−17	−1	−10	−10	−9	−4	−12	−9	6	−16	−20
2006.9	−15	−27	1	−9	13	−3	19	4	−8	−4	−2	−7	6	−3
2006.10	−23	−23	−30	0	−13	−14	−27	−15	−3	−8	13	−1	−18	−11
2006.11	−18	−38	−23	−5	−15	−21	−8	−7	−20	−24	6	−9	−26	−20
2006.12	−2	−5	−14	−3	41	25	13	11	−14	−11	13	−13	−10	5
2007.1	−10	−3	−3	−4	−12	−5	−3	−5	−16	−19	−2	−19	−14	−5
2007.2	−12	−18	−30	−16	−35	−29	−20	−19	−21	−31	−18	−27	−13	−6
2007.3	−3	−11	−29	−10	−4	−21	1	3	−10	−3	−26	−27	1	0
2007.4	12	−15	−9	−14	−2	−9	2	2	−2	3	−32	−31	−8	−1
2007.5	−1	−20	11	−17	1	−14	−5	2	0	5	−37	−33	−19	−11
2007.6	15	−6	19	−26	−10	1	26	12	−1	−6	−37	−28	24	14
2007.7	23	−1	45	−18	−9	−3	3	1	8	−2	−27	−27	42	29
2007.8	22	11	25	−21	−17	8	7	12	6	10	−15	−13	23	22
2007.9	−5	3	25	−21	−9	4	2	−11	12	17	13	−6	1	4
2007.10	25	0	37	−19	11	−1	15	19	8	18	17	0	24	12
2007.11	30	43	20	−20	30	16	8	15	38	40	19	6	46	40
2007.12	5	21	5	−16	−1	4	−3	−2	5	22	10	9	20	25
2008.1	7	4	−1	−29	−10	−2	−7	−6	−8	−4	10	6	−7	6
2008.2	16	37	29	8	14	23	9	10	22	13	13	25	−1	0
2008.3	1	22	33	25	−6	9	−4	−14	22	15	13	11	−8	−16
2008.4	−3	−5	11	22	2	0	−11	−16	−8	3	9	15	−21	−31
2008.5	0	−3	−1	15	5	2	−2	−21	−13	−15	−1	0	−13	−20
2008.6	2	5	−14	16	7	5	3	−6	5	−13	3	−3	−20	−17
2008.7	4	0	−12	7	27	0	2	13	−6	−10	8	−4	5	−7
2008.8	−16	−9	−12	6	14	1	6	7	−12	−3	−8	−6	−5	−2
2008.9	−17	−11	−12	1	−14	0	−8	−9	−11	−19	−6	−5	−1	−4
2008.10	18	−9	−9	2	1	0	8	1	−18	−19	−6	−6	2	−9
2008.11	−8	−12	−14	7	−22	−15	−12	−12	−19	−17	−5	−6	−7	−21
2008.12	−19	−16	−14	2	−18	−9	−17	−10	5	−2	−9	−7	−34	−34
2009.1	−21	5	−10	16	−11	−1	−3	6	33	36	−15	−7	−36	−23
2009.2	−25	−2	−7	−8	−11	−4	2	4	17	23	−26	−8	−34	−24
2009.3	−16	−9	−11	−6	5	7	−6	6	4	8	−25	−8	−28	−20

（续）

时间	茄子		萝卜		韭菜		黄瓜		青椒		胡萝卜		大白菜	
	北京	山东	北京	山东	北京	山东	北京	山东	北京	山东	北京	山东	北京	山东
2009.4	−14	3	−11	0	−6	−3	1	6	−3	0	8	−2	33	6
2009.5	−8	3	−11	12	−12	−5	8	14	1	0	28	15	−4	12
2009.6	−13	9	28	13	5	−9	−2	5	−10	1	11	21	−11	−3
2009.7	−14	−10	10	8	−5	−10	9	−8	0	−6	14	23	−12	−18
2009.8	−8	−10	10	5	3	−18	−2	−9	15	−11	15	12	−9	−19
2009.9	3	2	3	−1	13	−17	26	−6	14	−9	13	6	5	−5
2009.10	−1	−14	−6	−2	−13	−22	−27	−11	3	−12	1	1	−20	−13
2009.11	5	−18	19	−1	29	5	6	2	0	−10	−12	−2	−6	−19
2009.12	32	−9	18	−3	20	28	12	10	2	2	9	−3	1	−25
2010.1	21	−8	5	1	−3	9	−5	−4	−10	−12	11	3	64	30
2010.2	15	−10	−2	−3	−19	1	12	−3	−19	−23	7	7	42	52
2010.3	2	6	1	−2	−5	0	16	7	−24	−18	10	10	51	82
2010.4	12	27	−3	−8	13	5	17	11	−13	−7	−6	11	44	43
2010.5	5	27	−16	−16	−15	17	−7	1	8	14	−6	2	0	25
2010.6	6	16	−18	−15	−18	9	−7	−5	−14	11	−10	−4	−42	−30
2010.7	4	2	−17	−19	−1	14	2	−1	−10	5	−24	−14	−27	−12
2010.8	25	−30	5	−20	−12	11	5	−5	−6	6	−12	−11	−15	−7
2010.9	15	−19	6	−10	10	0	5	2	4	6	−9	−15	−19	−13
2010.10	17	−6	21	−6	39	4	15	24	14	9	2	−11	12	12
2010.11	2	−3	33	−8	10	2	9	8	13	2	10	−1	103	42
2010.12	3	−17	19	6	−16	−29	−16	−25	−18	−19	26	15	84	57
2011.1	−18	0	−14	15	2	−11	−27	−23	−30	−36	15	12	18	22
2011.2	−13	9	2	38	6	9	−21	−12	−1	3	22	22	2	4
2011.3	−4	−1	4	45	0	3	−9	−5	43	21	15	16	−16	−24
2011.4	−7	−4	−8	25	2	7	−7	−11	16	−3	14	6	−31	−53
2011.5	−2	5	17	20	42	0	2	−5	7	−16	8	−13	−33	−41
2011.6	18	2	7	21	11	9	11	14	21	4	−10	1	−1	17
2011.7	−3	43	18	31	−7	10	−6	16	8	20	−2	33	33	71
2011.8	−13	35	−19	25	2	14	2	18	−12	10	2	14	−29	8
2011.9	−14	25	−17	25	−13	22	8	9	−17	13	−8	14	−20	4
2011.10	−6	35	−23	23	−7	17	−8	7	−1	24	−20	16	−17	13
2011.11	−32	37	−43	21	−13	9	−12	1	−3	16	−24	18	−42	−18
2011.12	−11	33	−34	29	−9	11	35	33	−4	23	−30	20	−52	−38
2012.1	13	−3	−11	−25	6	2	34	30	37	17	−20	−35	−44	−47
2012.2	17	−1	−13	−40	−3	−9	3	15	1	7	−28	−30	−31	−33
2012.3	19	18	−6	−41	−8	−10	−3	−5	10	14	−25	−26	−23	−8
2012.4	9	−15	16	−27	−2	−6	−6	2	4	20	−14	−22	0	−1
2012.5	6	−24	44	−27	5	−35	0	−1	7	5	−4	−10	32	6
2012.6	−1	−28	7	−18	2	−8	−10	−19	1	−1	42	26	18	4
2012.7	−22	−38	−1	−2	−1	−8	−12	−12	0	−14	20	−8	13	18

（续）

时间	茄子		萝卜		韭菜		黄瓜		青椒		胡萝卜		大白菜	
	北京	山东	北京	山东	北京	山东	北京	山东	北京	山东	北京	山东	北京	山东
2012.8	28	−19	0	8	6	4	11	31	8	−6	8	3	41	21
2012.9	8	−17	32	10	−1	−8	−11	−13	1	−8	13	8	17	13
2012.10	−9	−30	−1	−11	−25	−26	−15	−38	−17	−25	19	−2	−7	−24
2012.11	−29	−27	−28	−50	−6	−14	−13	−22	−23	−40	6	−26	−10	−49
2012.12	−3	−10	3	−40	13	−1	−2	−14	−8	−13	−9	−25	9	−7
2013.1	−4	32	4	10	2	29	8	6	−16	−2	−9	−5	3	41

数据来源：由作者计算所得。

14种蔬菜市场价格的波动呈现明显的周期性，且谷峰落差存在日趋增大的趋势。为了较全面反映北京市和山东省的价格波动情况，结合14种蔬菜价格指标的实际波动情况，采用如下标准来识别周期：由于蔬菜价格波动周期众多，为忽略过小周期而简化分析，选取每次波动变异率的“峰—谷”、“峰—谷”落差变异率落差大于20%，且波峰大于零，波谷小于零为划分标准。从第一个波峰值开始，向前找出波幅大于20%的波谷以避免过度缩短基数月，若没有波谷值则从峰值开始计算周期。当遇到峰（谷）值后出现的第一个谷（峰）值与其后面的正值均不存在20%以上的差距，则放弃该谷（峰）值，选取接下来的谷（峰）值并继续按第一个谷（峰）值的方法判断，直至找到合适的谷（峰）值为止。具体划分周期结果如表3-4所示。

由表3-4可见，由于蔬菜品种繁多，蔬菜价格的周期波动具有很大的差异。在14种蔬菜中，大白菜和萝卜的价格波动幅度较大；圆白菜、油菜、芹菜、番茄、马铃薯、尖椒、茄子和黄瓜价格次之；萝卜、青椒、韭菜和蒜薹波动幅度相对较小。其中，山东茄子的峰谷落差平均值最大，达到了84%。而山东的韭菜峰谷落差平均值最小，仅为48%，可见不同种蔬菜的价格波动差异性强。

从价格波动周期的角度看，北京油菜价格的波动周期较短，平均7.33个月；山东马铃薯波动周期较长，为15.7个月；此外，山东蒜薹、北京蒜薹、山东茄子、山东胡萝卜和北京胡萝卜价格的波动周期都达到了12个月以上。其余地区的蔬菜品种的价格波动周期平均值在7.8～12个月。总体而言，北京蔬菜价格波动大于山东等主产区的价格波动，波动周期较主产区较短。

总体而言，蔬菜价格的波动性频繁于蔬菜种植面积和产量的波动性。从这个意义上来讲，蔬菜种植面积和产量的变化对蔬菜价格的变化有先导性作用，但市场的因素成为蔬菜价格波动的主要诱因。

表 3-4　14 种蔬菜价格波动周期划分结果

周期序号	圆白菜						周期序号	油菜					
	北京			山东				北京			山东		
	起止时间	谷峰落差（%）	周期长度（月）	起止时间	谷峰落差（%）	周期长度（月）		起止时间	谷峰落差（%）	周期长度（月）	起止时间	谷峰落差（%）	周期长度（月）
1	1998.2—1998.11	58	10	1998.1—1998.4	26	4	1	1998.2—1998.6	54	5	1998.1—1998.6	50	6
2	1998.11—1999.10	58	11	1998.4—1998.12	36	8	2	1998.6—1999.2	35	8	1998.6—1998.11	33	5
3	1999.10—2000.2	38	4	1998.12—1999.7	49	7	3	1999.2—1999.12	69	10	1998.11—1999.12	72	13
4	2000.2—2000.6	53	4	1999.7—2000.3	39	8	4	1999.12—2000.4	56	4	1999.12—2000.10	38	10
5	2000.6—2000.8	36	2	2000.3—2000.6	31	3	5	2000.4—2001.1	27	9	2000.10—2001.3	22	5
6	2000.8—2001.4	70	8	2000.6—2001.8	45	14	6	2001.1—2002.2	64	13	2001.3—2001.9	59	6
7	2001.4—2002.6	91	14	2001.8—2002.6	81	10	7	2002.2—2002.8	63	6	2001.9—2002.8	50	11
8	2002.6—2003.4	135	10	2002.6—2003.4	86	10	8	2002.8—2002.10	74	2	2002.8—2003.8	73	12
9	2003.4—2003.12	157	8	2003.4—2003.12	103	8	9	2002.10—2003.7	88	9	2003.8—2004.2	102	6
10	2003.12—2004.8	98	8	2003.12—2005.7	67	19	10	2003.7—2004.1	92	6	2004.2—2004.12	47	10
11	2004.8—2005.5	94	9	2005.7—2007.11	76	28	11	2004.1—2005.11	52	22	2004.12—2005.8	25	11
12	2005.5—2006.1	46	8	2007.11—2008.2	47	4	12	2005.11—2006.7	48	8	2002.8—2007.3	44	19
13	2006.1—2006.12	69	11	2008.2—2009.6	36	16	13	2006.7—2007.2	44	7	2007.3—2008.5	54	14
14	2006.12—2007.8	76	8	2009.6—2010.5	34	11	14	2007.2—2007.7	58	5	2008.5—2008.12	38	7
15	2007.8—2008.2	69	6	2010.5—2010.11	96	6	15	2007.7—2008.1	52	6	2008.12—2009.10	46	10
16	2008.2—2009.2	33	12	2010.11—2011.7	107	8	16	2008.1—2008.8	57	7	2009.10—2011.1	61	15
17	2009.2—2010.4	37	14	2011.7—2012.4	70	9	17	2008.8—2009.1	45	5	2011.1—2012.7	42	18
18	2010.4—2010.11	110	7	2012.4—2013.1	50	9	18	2009.1—2009.7	46	6	2012.7—2012.9	56	2
19	2010.11—2011.7	90	8				19	2009.7—2010.5	82	10	2012.9—	—	—
20	2011.7—2012.5	81	10				20	2010.5—2010.8	45	3			
21	2012.5—2012.9	54	4				21	2010.8—2011.2	70	6			
22	2012.9—	—	—				22	2011.2—2011.11	56	9			
23							23	2011.11—2012.6	56	7			
24							24	2012.6—2012.9	25	3			
25							25	2012.9—	—	—			

（续）

周期序号	芹菜						周期序号	番茄					
	北京			山东				北京			山东		
	起止时间	谷峰落差（%）	周期长度（月）	起止时间	谷峰落差（%）	周期长度（月）		起止时间	谷峰落差（%）	周期长度（月）	起止时间	谷峰落差（%）	周期长度（月）
1	1998.3—1998.11	53	8	1998.2—1999.1	41	11	1	1998.4—1998.7	54	3	1998.2—1999.1	41	11
2	1998.11—1999.8	42	9	1999.1—2001.2	89	25	2	1998.7—1998.12	20	5	1999.1—2001.2	89	25
3	1999.8—2000.8	56	12	2001.2—2001.7	68	5	3	1998.12—1999.9	48	9	2001.2—2001.7	68	5
4	2000.8—2001.6	41	10	2001.7—2001.10	54	4	4	1999.9—2000.5	80	8	2001.7—2001.10	54	3
5	2001.6—2002.5	77	11	2001.10—2002.3	43	5	5	2000.5—2001.2	21	9	2001.10—2002.3	43	5
6	2002.5—2003.4	135	11	2002.3—2002.9	30	6	6	2001.2—2002.4	34	14	2002.3—2002.9	30	6
7	2003.4—2003.11	143	7	2002.9—2003.6	45	9	7	2002.4—2002.12	49	8	2002.9—2003.6	45	9
8	2003.11—2006.2	84	27	2003.6—2004.7	38	13	8	2002.12—2003.7	65	6	2003.6—2005.3	48	21
9	2006.2—2006.9	59	7	2004.7—2005.3	34	8	9	2003.7—2004.2	65	7	2005.3—2005.12	43	9
10	2006.9—2007.7	43	10	2005.3—2005.12	43	10	10	2004.2—2004.7	31	5	2005.12—2006.11	83	11
11	2007.7—2010.1	51	30	2005.12—2006.11	83	11	11	2004.7—2007.2	61	31	2006.11—2008.5	65	18
12	2010.1—2010.11	73	10	2006.11—2008.5	65	18	12	2007.2—2008.6	86	16	2008.5—2008.11	24	6
13	2010.11—2011.6	62	7	2008.5—2008.11	24	6	13	2008.6—2009.8	61	14	2008.11—2010.3	81	16
14	2011.6—2012.5	129	11	2008.11—2010.3	81	16	14	2009.8—2011.1	46	17	2010.3—2011.1	38	10
15	2012.5—2012.8	93	3	2010.3—2011.1	38	10	15	2011.1—2011.5	55	4	2011.1—2011.8	68	7
16	2012.8—2013.1	29	5	2011.1—2011.8	68	7	16	2011.5—2012.11	88	19	2011.8—2012.11	70	15
17				2011.8—2012.11	70	15	17	2012.11—	—	—	2012.11—	—	—
18				2012.11—	—	—	18						

（续）

周期序号	马铃薯						周期序号	尖椒					
	北京			山东				北京			山东		
	起止时间	谷峰落差（%）	周期长度（月）	起止时间	谷峰落差（%）	周期长度（月）		起止时间	谷峰落差（%）	周期长度（月）	起止时间	谷峰落差（%）	周期长度（月）
1	1998.4—1998.7	54	4	1998.1—1998.6	48	6	1	1998.2—1999.1	41	12	1998.4—1998.7	54	4
2	1998.7—1998.12	30	5	1998.6—1999.5	33	14	2	1999.1—2001.2	89	25	1998.7—1998.12	30	6
3	1998.12—1999.9	48	9	1999.5—2001.6	39	25	3	2001.2—2001.7	58	5	1998.12—1999.9	48	9
4	1999.9—2000.5	80	8	2001.6—2002.4	43	10	4	2001.7—2002.3	44	8	1999.9—2000.5	80	8
5	2000.5—2001.2	21	9	2002.4—2003.3	36	11	5	2002.3—2002.9	30	6	2000.5—2002.4	34	23
6	2001.2—2002.4	34	14	2003.3—2003.7	84	4	6	2002.9—2003.6	45	9	2002.4—2002.12	49	8
7	2002.4—2002.12	49	8	2003.7—2005.5	76	22	7	2003.6—2005.3	48	21	2002.12—2003.7	65	7
8	2002.12—2003.7	65	7	2005.5—2007.7	56	26	8	2005.3—2005.12	43	9	2002.7—2004.2	65	7
9	2003.7—2004.2	65	7	2007.7—2009.12	55	29	9	2005.12—2006.11	83	11	2004.2—2004.7	31	5
10	2004.2—2004.7	31	5	2009.12—2011.5	61	17	10	2006.11—2008.5	65	18	2004.7—2007.2	61	31
11	2004.7—2007.2	60	31	2011.5—2012.2	82	9	11	2008.5—2008.11	24	6	2007.2—2008.6	86	16
12	2007.2—2008.6	86	16	2012.2—	—	—	12	2008.11—2010.3	81	16	2008.6—2009.8	61	14
13	2008.6—2009.8	61	14				13	2010.3—2011.1	38	10	2009.8—2011.1	46	17
14	2009.8—2011.1	46	17				14	2011.1—2011.8	68	7	2011.1—2011.5	55	4
15	2011.1—2011.5	55	4				15	2011.8—2012.11	70	15	2011.5—2012.11	97	18
16	2011.5—2012.11	97	16				16	2012.11—	—	—	2012.11—	—	—
17	2012.11—	—	—				17						

（续）

周期序号	蒜薹						周期序号	茄子					
	北京			山东				北京			山东		
	起止时间	谷峰落差（%）	周期长度（月）	起止时间	谷峰落差（%）	周期长度（月）		起止时间	谷峰落差（%）	周期长度（月）	起止时间	谷峰落差（%）	周期长度（月）
1	1998.4—1999.3	35	9	1998.2—1998.5	24	4	1	1998.1—1999.6	56	18	1998.3—1999.6	99	16
2	1999.3—2000.3	69	12	1998.5—1998.12	38	7	2	1999.6—2000.1	56	7	1999.6—2000.1	54	7
3	2000.3—2000.11	41	8	1998.12—1999.8	32	8	3	2000.1—2000.8	67	7	2000.1—2001.2	112	13
4	2000.11—2001.5	43	6	1999.8—2000.5	63	9	4	2000.8—2001.4	80	8	2001.2—2001.8	45	6
5	2001.5—2003.5	89	24	2000.5—2001.6	62	13	5	2001.4—2001.8	55	4	2001.8—2003.4	97	20
6	2003.5—2003.12	87	7	2001.6—2002.3	32	9	6	2001.8—2003.4	87	20	2003.4—2004.1	86	9
7	2003.12—2004.8	39	8	2002.3—2003.6	57	15	7	2003.4—2003.10	106	6	2004.1—2004.6	73	5
8	2004.8—2005.7	32	11	2003.6—2004.12	41	18	8	2003.10—2004.8	71	10	2004.6—2005.9	169	15
9	2005.7—2006.5	32	10	2004.12—2006.3	39	16	9	2004.8—2005.1	68	5	2005.9—2007.11	148	26
10	2006.5—2008.2	62	21	2006.3—2007.7	78	16	10	2005.1—2006.6	86	17	2007.11—2009.6	59	19
11	2008.2—2009.8	45	18	2007.7—2008.12	61	17	11	2006.6—2007.7	70	13	2009.6—2010.4	45	10
12	2009.8—2010.5	34	9	2008.12—2010.3	46	15	12	2007.7—2007.11	35	4	2010.4—2011.7	73	15
13	2010.5—2012.12	43	31	2010.3—2012.7	60	28	13	2007.11—2008.10	47	11	2011.7—2012.3	46	8
14	2012.12—	—	—	2012.7—	—	—	14	2008.10—2009.12	57	14	2012.3—2013.1	70	10
15							15	2009.12—2011.6	50	18			
16							16	2011.6—2012.3	50	9			
17							17	2012.3—2012.8	50	5			
18							18	2012.8—	—	—			

（续）

周期序号	萝卜						周期序号	韭菜					
	北京			山东				北京			山东		
	起止时间	谷峰落差（%）	周期长度（月）	起止时间	谷峰落差（%）	周期长度（月）		起止时间	谷峰落差（%）	周期长度（月）	起止时间	谷峰落差（%）	周期长度（月）
1	1998.1—1999.1	53	13	1998.1—1998.5	35	5	1	1998.3—1998.7	34	5	1998.2—1998.9	36	8
2	1999.1—1999.10	55	9	1998.5—1998.8	36	3	2	1998.7—1999.4	71	9	1998.9—1999.11	40	14
3	1999.10—2000.5	170	7	1998.8—1999.3	44	7	3	1999.4—1999.10	53	6	1999.11—2000.2	48	3
4	2000.5—2001.2	168	9	1999.3—1999.9	98	6	4	1999.10—2000.2	65	4	2000.2—2001.1	48	11
5	2001.2—2001.9	37	7	1999.9—2000.2	102	5	5	2000.2—2000.8	53	6	2001.1—2002.5	47	16
6	2001.9—2002.3	31	6	2000.2—2000.4	40	2	6	2000.8—2000.11	47	3	2002.5—2003.4	67	11
7	2002.3—2003.4	212	13	2000.4—2001.5	56	13	7	2000.11—2002.1	48	14	2003.4—2003.12	48	8
8	2003.4—2003.10	214	6	2001.5—2002.3	59	10	8	2002.1—2003.5	92	16	2003.12—2005.2	41	14
9	2003.10—2004.8	39	10	2002.3—2002.8	51	5	9	2003.5—2003.12	77	7	2005.2—2005.7	35	5
10	2004.8—2005.5	41	9	2002.8—2003.7	215	11	10	2003.12—2004.7	56	7	2005.7—2006.1	36	6
11	2005.5—2005.12	57	7	2003.7—2004.5	101	10	11	2004.7—2005.6	48	11	2006.1—2006.5	49	4
12	2005.12—2006.9	99	9	2004.5—2005.3	35	10	12	2005.6—2005.8	31	2	2006.5—2006.12	46	7
13	2006.9—2007.7	75	10	2005.3—2006.6	86	15	13	2005.8—2006.4	42	8	2006.12—2008.2	54	14
14	2007.7—2008.3	46	8	2006.6—2008.1	37	19	14	2006.4—2006.12	56	8	2008.2—2009.12	50	22
15	2008.3—2009.6	47	15	2008.1—2009.2	54	13	15	2006.12—2007.11	76	11	2009.12—2011.9	57	21
16	2009.6—2009.11	34	5	2009.2—2010.8	33	18	16	2007.11—2008.2	40	4	2011.9—2012.8	57	11
17	2009.11—2010.11	51	7	2010.8—2012.3	86	19	17	2008.2—2008.7	33	5	2012.8—2013.1	55	5
18	2010.11—2011.5	47	6	2012.3—2012.11	60	8	18	2008.7—2009.9	49	14			
19	2011.5—2012.5	87	12	2012.11—	—	—	19	2009.9—2009.11	42	2			
20	2012.5—2012.9	45	4				20	2009.11—2010.10	58	11			
21	2012.9—2013.1	60	4				21	2010.10—2011.5	58	7			
22							22	2011.5—2012.1	55	8			
23							23	2012.1—2012.12	38	11			
24							24	2012.12—	—	—			

（续）

周期序号	黄瓜						周期序号	青椒					
	北京			山东				北京			山东		
	起止时间	谷峰落差（%）	周期长度（月）	起止时间	谷峰落差（%）	周期长度（月）		起止时间	谷峰落差（%）	周期长度（月）	起止时间	谷峰落差（%）	周期长度（月）
1	1998.1—1998.11	55	11	1998.4—1998.12	63	8	1	1998.3—1999.4	43	13	1998.2—1998.7	48	5
2	1998.12—1999.8	53	8	1998.12—1999.7	64	7	2	1999.4—1999.8	34	4	1998.7—1998.12	25	5
3	1999.8—2000.2	109	6	1999.8—1999.10	28	3	3	1999.8—2000.5	82	9	1998.12—1999.9	33	9
4	2000.2—2001.2	127	12	1999.10—2000.2	88	4	4	2000.5—2000.12	24	7	1999.9—2000.5	113	8
5	2001.2—2001.6	34	4	2000.2—2001.1	92	11	5	2000.12—2002.3	92	15	2000.5—2001.2	29	9
6	2001.6—2002.6	83	12	2001.1—2001.8	35	7	6	2002.3—2002.8	41	5	2001.2—2001.5	43	3
7	2002.6—2003.4	79	10	2001.8—2002.6	65	10	7	2002.8—2003.7	63	11	2001.5—2002.1	27	9
8	2003.4—2003.8	107	4	2002.6—2003.4	43	10	8	2003.7—2004.1	44	6	2002.1—2002.12	53	11
9	2003.8—2003.11	69	3	2003.4—2003.10	54	6	9	2004.1—2004.7	37	6	2002.12—2003.7	69	7
10	2003.11—2004.7	42	8	2003.10—2004.8	47	10	10	2004.7—2005.2	30	7	2003.7—2004.2	44	7
11	2004.7—2005.2	35	7	2004.8—2005.4	41	8	11	2005.2—2005.12	34	10	2004.2—2004.12	42	10
12	2005.2—2006.6	73	16	2005.4—2005.7	25	3	12	2005.12—2007.2	58	14	2004.12—2007.2	49	26
13	2006.6—2006.12	77	6	2005.7—2006.2	30	7	13	2007.2—2008.1	59	11	2007.2—2008.9	71	19
14	2006.12—2007.6	46	6	2006.2—2006.12	35	10	14	2008.1—2008.11	41	10	2008.9—2010.2	59	17
15	2007.6—2009.9	43	27	2006.12—2007.6	31	6	15	2008.11—2009.6	52	7	2010.2—2011.1	50	11
16	2009.9—2010.4	53	7	2007.6—2007.10	30	4	16	2009.6—2010.3	39	9	2011.1—2011.5	57	4
17	2010.4—2010.10	24	6	2007.10—2009.5	40	19	17	2010.3—2010.6	32	3	2011.5—2012.11	64	18
18	2010.10—2011.6	42	8	2009.5—2010.10	35	17	18	2010.6—2011.1	44	7	2012.11—	—	—
19	2011.6—2011.12	47	6	2010.10—2011.12	58	14	19	2011.1—2011.9	73	8			
20	2011.12—2012.8	47	8	2011.12—2012.8	69	9	20	2011.9—2012.11	60	13			
21	2012.8—2013.1	26	5	2012.8—2013.1	69	5	21	2012.11—	—	—			

（续）

周期序号	胡萝卜						周期序号	大白菜					
	北京			山东				北京			山东		
	起止时间	谷峰落差（%）	周期长度（月）	起止时间	谷峰落差（%）	周期长度（月）		起止时间	谷峰落差（%）	周期长度（月）	起止时间	谷峰落差（%）	周期长度（月）
1	1998.1—1999.5	51	17	1998.1—1998.12	46	12	1	1998.2—1998.7	99	6	1998.1—1998.7	53	7
2	1999.5—2001.5	102	24	1998.12—2000.1	30	13	2	1998.7—1999.6	67	11	1998.7—1998.11	39	4
3	2001.5—2002.3	74	10	2000.1—2001.4	43	15	3	1999.6—2000.5	67	11	1998.11—2000.10	74	23
4	2002.3—2002.7	41	4	2001.4—2002.9	43	17	4	2000.5—2000.9	36	4	2000.10—2001.3	66	5
5	2002.7—2003.7	60	12	2002.9—2003.7	39	10	5	2000.9—2001.1	47	4	2001.3—2002.1	83	10
6	2003.7—2004.4	29	9	2003.7—2005.5	52	22	6	2001.1—2002.3	117	14	2002.1—2002.8	69	7
7	2004.4—2005.1	47	9	2005.5—2005.11	42	6	7	2002.3—2002.8	113	5	2002.8—2003.7	124	11
8	2005.1—2005.12	78	11	2005.11—2007.5	77	18	8	2002.8—2003.6	136	10	2003.7—2004.5	89	10
9	2005.12—2006.8	122	8	2007.5—2009.2	58	20	9	2003.6—2004.5	70	11	2004.5—2004.12	37	7
10	2006.8—2007.5	50	9	2009.2—2010.9	38	19	10	2004.5—2004.12	79	7	2004.12—2006.7	64	19
11	2007.5—2009.2	56	21	2010.9—2011.5	37	8	11	2004.12—2005.8	67	8	2006.7—2008.12	74	29
12	2009.2—2009.11	54	9	2011.5—2012.1	68	8	12	2005.8—2006.11	74	15	2008.12—2009.12	46	12
13	2009.11—2010.7	35	8	2012.1—2012.11	61	10	13	2006.11—2007.5	27	6	2009.12—2010.6	112	6
14	2010.7—2011.12	56	17	2012.11—	—	—	14	2007.5—2008.4	67	11	2010.6—2011.4	110	10
15	2011.12—2012.12	72	12				15	2008.4—2009.1	41	9	2011.4—2012.1	124	9
16	2012.12—	—	—				16	2009.1—2009.10	69	9	2012.1—2012.11	70	10
17							17	2009.10—2010.6	106	8	2012.11—	—	—
18							18	2010.6—2011.5	145	11			
19							19	2011.5—2011.12	85	7			
20							20	2011.12—2012.11	93	11			
21							21	2012.11—	—	—			

注：“—”表示周期不完整或没有达到一个周期划分的标准，没有计算相应指标。

本 章 小 结

本章利用水果和蔬菜价格月度数据，研究了价格总量波动及季节性和周期性的波动情况。其中，还分别测定水果价格波动和蔬菜价格波动周期性。研究发现：果蔬价格呈现持续增长态势；果蔬价格波动具有明显的季节性和周期性；主产区价格总体上低于主销区价格，主产区价格波动幅度小于主销区（北京）价格波动幅度，主销区（北京）果蔬价格波动的周期相对主产区价格波动周期较短。

第四章　北京市与相关主产省果蔬价格联动机制研究

在前面系统分析鲜活果蔬产品生产和价格波动特征描述的基础上，本章主要采用动态滞后模型量化分析北京市与果蔬相关主产省之间果蔬价格联动机制。价格联动机制主要是指当经济关系中的一个节点的价格发生变化时，其相关节点的价格也会连锁的发生或发散或收敛的应激性的变化，类似于混沌学中的发散。最为耳熟能详的例子就是“蝴蝶效应”，“一只南美洲亚马孙河流域热带雨林中的蝴蝶，偶尔扇动几下翅膀，可以在两周以后引起美国得克萨斯州的一场龙卷风”。

研究北京市与果蔬供给主产区之间价格的联动关系，就要对两个方面的反应做出分析：一是当主产区果蔬价格变化后引起北京市价格的反应，反应是如何发生的，反应的效果如何，何时开始反应，反应将持续多久？二是如若北京市的价格发生了变化，相关主产区的价格又会发生何变化，同样变化的程度、时间等都是需要深入分析和探讨的内容。然而，有一个关键的技术难题需要解决，关于研究价格传导的文献中，价格的传导是基于从上游到下游的各节点间的关系，而各个节点都是单一的。但是，在本章中果蔬价格的主产省之间是平行的关系，共同作用于北京市的果蔬价格。当然，可以选择分别探讨每一个主产省价格变化对北京市价格变化的传导机制，但是可以想象的是，由于北京市销售的果蔬产品来源地往往是多个，那么这些产地之间的价格变化会有一定的相互抵消或加成的效果，所以分裂的去研究每一个主产省并不能体现出这种效果。基于以上的原因，这里作者采取迂回的方法，先采用多元回归的方法，找出各个主产省价格与北京价格之等式关系，再利用回归方程中各主产省价格的系数即权数，将每一种果蔬的主产省的价格加权计算，最终得到了综合的主产省价格，这是一个单一的价格，就可以与北京市的价格进行价格传导机制的研究。价格传导机制的研究主要是在向量误差修正模型分析的基础上，采用脉冲响应函数和方差分解方法，进行冲击反应和贡献度的分析。而对于不同的果蔬品种，作者认为还是应该独立的进行研究，所以本章将采用上述的研究方法分别对 18 种果蔬产品的价格（剔除 CPI 影响后的价格）进行北京市与主产省之间的价格联动机制研究。

一、指标选择说明

有关果蔬市场价格数据资料采用了中国价格信息网提供的 1998 年 1 月至 2013 年 1 月的数据，果蔬产品主产区和主销区的 4 种水果及 14 种蔬菜来自超市和集市观测点的价格（剔除 CPI 影响）。具体同第二章第二部分“数据说明”，此处不再赘余。

二、果蔬价格的回归分析

（一）水果价格的回归分析

针对所涉及的 4 种水果分别进行北京市与相关主产省之间价格的回归分析，采用 Eview 6.0 软件进行广义最小二乘法的拟合。进过计算拟合结果如表 4-1 所示。

表 4-1　北京市与相关主产省水果价格的回归拟合结果

类别	变量	系数值	t 统计量	概率
苹果	常数	0.075 939	9.989 635	0.000 0***
	河南	0.298 585	44.648 87	0.000 0***
	山东	1.342 62	245.716	0.000 0***
	陕西	−0.136 35	−28.345 8	0.000 0***
	调整后的 R^2	0.984 63	F 统计量	389 446.7
香蕉	常数	1.264 452	69.640 73	0.000 0***
	广东	−0.131 76	−7.992 59	0.000 0***
	广西	0.577 392	37.255 92	0.000 0***
	海南	0.238 575	18.302 4	0.000 0***
	调整后的 R^2	0.984 63	F 统计量	3 844.831
柑橘	常数	0.977 717	36.891 92	0.000 0***
	广东	0.338 807	31.959 09	0.000 0***
	广西	−0.056 03	−14.627	0.000 0***
	湖南	0.414 355	16.278 57	0.000 0***
	调整后的 R^2	0.990 127	F 统计量	6 017.956
西瓜	常数	−0.101 82	−28.746	0.000 0***
	河南	0.171 351	22.899 09	0.000 0***
	山东	0.950 847	115.013 1	0.000 0***
	新疆	0.110 318	21.280 57	0.000 0***
	调整后的 R^2	0.999 375	F 统计量	95 965.87

注：“***”表示在 1% 水平上显著。

根据表 4-1 得到了水果主产省价格的权数，经过计算加权得到了水果主产省综合价格，如表 4-2 所示。4 种水果的主产省综合价格就是每个水果品种对于北京市价格而言的上游价格。

表 4-2 水果主产省综合价格

单位：元/千克

时间	苹果	香蕉	柑橘	西瓜	时间	苹果	香蕉	柑橘	西瓜
1998.1	2.20	0.94	1.23	1.96	2000.11	1.57	0.67	1.14	1.43
1998.2	2.39	0.94	1.30	1.97	2000.12	1.59	0.56	1.28	2.07
1998.3	2.58	0.93	1.41	1.96	2001.1	1.80	0.52	1.32	2.27
1998.4	2.98	0.93	1.42	1.96	2001.2	1.84	0.55	1.48	2.37
1998.5	3.41	0.85	1.64	2.13	2001.3	1.95	0.51	1.61	2.26
1998.6	3.60	0.83	1.64	0.89	2001.4	2.07	0.58	1.73	2.13
1998.7	4.05	0.70	1.64	0.36	2001.5	2.49	0.55	1.71	1.61
1998.8	4.56	0.63	1.64	0.26	2001.6	2.53	0.48	1.87	0.65
1998.9	3.35	0.72	1.66	0.67	2001.7	2.62	0.45	1.84	0.33
1998.10	2.29	0.64	1.65	1.39	2001.8	2.53	0.42	1.44	0.40
1998.11	1.81	0.56	1.70	1.86	2001.9	2.15	0.50	1.40	0.70
1998.12	2.04	0.55	1.64	2.23	2001.10	1.78	0.45	1.00	1.21
1999.1	2.17	0.58	1.42	2.56	2001.11	1.69	0.41	1.16	1.68
1999.2	2.40	0.55	2.10	3.11	2001.12	1.67	0.39	1.00	1.84
1999.3	2.75	0.65	1.82	3.05	2002.1	1.63	0.40	1.66	2.19
1999.4	3.19	0.72	2.03	2.48	2002.2	1.64	0.48	1.49	2.72
1999.5	3.14	0.69	1.97	1.88	2002.3	1.84	0.55	1.48	2.81
1999.6	3.31	0.67	1.70	0.79	2002.4	1.97	0.69	1.42	2.30
1999.7	3.35	0.52	1.54	0.36	2002.5	2.32	0.58	1.40	1.25
1999.8	3.34	0.56	1.85	0.39	2002.6	2.45	0.53	1.64	0.82
1999.9	3.15	0.64	1.81	0.76	2002.7	2.25	0.48	1.56	0.47
1999.10	1.93	0.60	1.55	1.29	2002.8	2.22	0.46	1.38	0.48
1999.11	1.72	0.51	1.50	1.86	2002.9	2.11	0.43	1.29	0.67
1999.12	1.88	0.38	1.50	2.43	2002.10	2.01	0.53	1.66	0.84
2000.1	1.74	0.51	1.29	3.27	2002.11	2.05	0.52	1.61	1.05
2000.2	2.11	0.51	1.20	3.01	2002.12	1.90	0.53	1.55	1.21
2000.3	1.84	0.69	1.04	2.60	2003.1	2.32	0.61	1.79	2.03
2000.4	1.78	0.72	1.02	2.44	2003.2	2.15	0.68	1.75	2.29
2000.5	2.02	0.82	1.00	1.69	2003.3	1.99	0.65	1.60	2.14
2000.6	2.23	0.75	1.27	0.84	2003.4	2.28	0.67	1.29	2.41
2000.7	2.11	0.68	1.44	0.51	2003.5	2.28	0.69	1.38	1.72
2000.8	2.14	0.66	1.39	0.51	2003.6	2.16	0.71	1.53	0.87
2000.9	1.70	0.66	1.57	0.79	2003.7	2.31	0.72	1.51	0.56
2000.10	1.71	0.61	1.62	1.05	2003.8	2.54	0.60	1.56	0.63

（续）

时间	苹果	香蕉	柑橘	西瓜
2003.9	2.61	0.68	1.46	0.92
2003.10	2.14	0.70	1.44	1.33
2003.11	1.89	0.59	1.65	1.73
2003.12	2.31	0.64	1.56	2.49
2004.1	2.25	0.69	1.59	2.86
2004.2	2.02	0.75	1.44	2.38
2004.3	2.60	0.80	1.70	2.57
2004.4	2.80	1.04	1.44	2.49
2004.5	2.52	0.89	1.53	1.58
2004.6	2.34	0.62	1.50	0.92
2004.7	2.23	0.66	1.58	0.59
2004.8	1.89	0.55	1.47	0.82
2004.9	1.93	0.59	1.31	1.12
2004.10	2.26	0.67	1.38	1.68
2004.11	2.29	0.62	1.43	1.87
2004.12	2.06	0.69	1.32	1.93
2005.1	2.11	0.72	1.28	2.17
2005.2	2.34	0.67	1.28	2.47
2005.3	2.42	0.65	1.21	2.18
2005.4	2.27	0.61	1.25	2.30
2005.5	2.16	0.68	1.27	2.16
2005.6	2.23	0.63	1.12	0.97
2005.7	2.33	0.64	1.20	0.77
2005.8	2.43	0.57	1.21	0.84
2005.9	2.65	0.80	1.33	1.07
2005.10	2.69	0.82	1.32	1.48
2005.11	2.54	0.76	1.19	2.01
2005.12	2.67	0.73	1.28	2.37
2006.1	3.10	1.01	1.35	2.59
2006.2	3.23	1.02	1.32	2.62
2006.3	3.38	1.21	1.45	2.73
2006.4	3.55	1.28	1.76	2.60
2006.5	3.93	1.28	1.81	2.01
2006.6	4.31	1.28	1.86	1.27
2006.7	4.49	1.10	1.87	0.68
2006.8	4.05	0.97	1.96	0.66
2006.9	4.03	0.96	1.97	0.89
2006.10	2.81	0.81	2.00	1.23
2006.11	2.78	0.77	1.87	1.46
2006.12	2.79	0.78	1.76	1.83
2007.1	2.89	0.91	1.60	2.39
2007.2	2.84	0.96	1.42	2.95
2007.3	3.08	1.02	1.54	2.77
2007.4	2.93	0.92	1.59	2.24
2007.5	2.89	0.81	1.53	1.82
2007.6	2.99	0.67	1.54	1.02
2007.7	3.31	0.58	1.51	0.69
2007.8	3.44	0.59	1.51	0.80
2007.9	3.16	0.65	1.47	1.06
2007.10	3.43	0.66	1.48	1.38
2007.11	3.72	0.65	1.55	1.82
2007.12	3.68	0.71	1.52	2.40
2008.1	3.74	0.87	1.42	2.56
2008.2	3.85	0.90	1.39	2.63
2008.3	3.89	0.85	1.30	2.53
2008.4	3.86	1.03	1.29	3.00
2008.5	3.78	0.96	1.30	2.14
2008.6	3.92	0.86	1.34	1.20
2008.7	3.72	0.75	1.37	0.83
2008.8	3.77	0.80	1.35	0.82
2008.9	3.87	0.90	1.31	0.92
2008.10	3.51	1.02	1.30	1.20
2008.11	3.24	1.02	1.28	1.73
2008.12	2.99	0.89	1.30	2.26
2009.1	3.40	0.95	1.13	2.46
2009.2	3.33	0.90	1.04	2.97
2009.3	3.51	1.01	0.98	3.05
2009.4	3.72	1.14	1.13	2.71
2009.5	4.37	1.36	1.18	2.35
2009.6	4.94	1.36	1.18	1.32
2009.7	5.61	1.28	1.14	1.04
2009.8	5.72	1.28	1.13	0.96
2009.9	4.99	1.13	1.13	1.06
2009.10	4.22	1.06	1.13	1.31
2009.11	3.93	0.86	1.11	1.49
2009.12	4.12	0.73	1.06	1.92
2010.1	4.09	0.82	1.29	2.08
2010.2	4.36	0.92	1.36	2.51
2010.3	4.35	0.93	1.36	2.67
2010.4	4.41	1.02	1.35	2.64
2010.5	4.54	1.23	1.39	2.43
2010.6	4.48	1.27	1.44	1.64

时间	苹果	香蕉	柑橘	西瓜	时间	苹果	香蕉	柑橘	西瓜
2010.7	4.43	1.21	1.44	1.05	2011.11	4.33	1.38	1.73	2.06
2010.8	4.58	1.18	1.41	0.90	2011.12	4.63	1.41	1.72	2.90
2010.9	4.58	1.17	1.44	0.93	2012.1	4.16	1.44	1.42	3.18
2010.10	4.35	1.09	1.48	1.28	2012.2	4.24	1.44	1.31	3.14
2010.11	4.55	1.00	1.44	2.11	2012.3	4.06	1.38	1.21	3.10
2010.12	4.68	1.09	1.45	2.73	2012.4	4.15	1.32	1.33	3.09
2011.1	5.28	1.22	1.65	3.11	2012.5	4.92	1.18	1.50	2.63
2011.2	5.55	1.29	1.81	3.21	2012.6	3.88	1.05	1.55	1.45
2011.3	5.40	1.42	1.73	3.01	2012.7	3.62	0.92	1.51	1.03
2011.4	5.29	1.65	1.84	3.03	2012.8	3.76	0.96	1.55	1.21
2011.5	5.12	1.63	1.85	2.47	2012.9	3.76	0.98	1.60	1.34
2011.6	4.66	1.22	1.79	1.34	2012.10	3.91	1.05	2.07	4.40
2011.7	4.11	0.83	1.77	0.98	2012.11	4.58	1.05	1.75	2.10
2011.8	3.87	0.87	1.79	1.04	2012.12	4.15	0.95	1.49	2.20
2011.9	4.00	1.12	1.75	1.09	2013.1	4.14	1.01	1.53	2.39
2011.10	4.14	1.21	1.72	1.40					

数据来源：作者计算所得。

（二）蔬菜价格的回归分析

针对所涉及的 14 种蔬菜分别进行北京市与相关主产省之间价格的回归分析，采用 Eview 6.0 软件进行广义最小二乘法的拟合。进过计算拟合结果如表 4-3 所示。

表 4-3　北京市与相关主产省蔬菜价格的回归拟合结果

类别	变量	系数值	t 统计量	概率
圆白菜	常数	−0.086 19	−14.331 8	0.000 0***
	河北	0.845 482	81.969 72	0.000 0***
	山东	0.388 25	23.277 81	0.000 0***
	调整后的 R^2	0.999 05	F 统计量	94 606.27
油菜	常数	0.046 109	19.987 63	0.000 0***
	河北	0.809 29	144.609 5	0.000 0***
	山东	0.550 192	73.964 7	0.000 0***
	河南	−0.282 86	−67.095 4	0.000 0***
	调整后的 R^2	0.999 621	F 统计量	158 437.8

（续）

类别	变量	系数值	t 统计量	概率
芹菜	常数	−0.012 5	−4.997 37	0.000 0***
	河北	0.470 163	74.717 9	0.000 0***
	山东	0.433 031	76.075 8	0.000 0***
	河南	0.136 045	14.300 37	0.000 0***
	调整后的 R^2	0.999 479	F 统计量	115 102.9
番茄	常数	−0.189 95	−57.032	0.000 0***
	河北	0.745 513	91.152 59	0.000 0***
	山东	0.221 602	61.114 19	0.000 0***
	河南	0.254 836	32.033 5	0.000 0***
	调整后的 R^2	0.999 801	F 统计量	301 504
马铃薯	常数	−0.238 15	−258.13	0.000 0***
	河北	0.542 438	312.321 4	0.000 0***
	山东	0.173 558	480.260 4	0.000 0***
	河南	0.478 693	224.689 7	0.000 0***
	调整后的 R^2	0.999 922	F 统计量	769 455.9
尖椒	常数	−0.144 59	−56.529 9	0.000 0***
	河北	0.436 994	31.394 2	0.000 0***
	山东	0.516 807	48.500 35	0.000 0***
	河南	0.069 078	14.837 07	0.000 0***
	调整后的 R^2	0.999 857	F 统计量	418 868.7
蒜薹	常数	−0.239 45	−32.262	0.000 0***
	河北	0.364 626	24.531 29	0.000 0***
	山东	0.582 288	31.513 78	0.000 0***
	河南	0.177 554	12.988 28	0.000 0***
	调整后的 R^2	0.999 41	F 统计量	101 695.3
茄子	常数	−0.012 1	−4.922 75	0.000 0***
	河北	0.480 139	49.484 06	0.000 0***
	山东	0.063 177	8.708 516	0.000 0***
	河南	0.530 509	88.399 05	0.000 0***
	调整后的 R^2	0.999 731	F 统计量	222 596
萝卜	常数	0.371 056	34.158 64	0.000 0***
	河北	0.566 916	42.425 29	0.000 0***
	山东	0.033 17	4.152 015	0.000 0***
	调整后的 R^2	0.910 867	F 统计量	920.729 9

（续）

类别	变量	系数值	t 统计量	概率
韭菜	常数	－0.113 1	－32.068 2	0.000 0***
	河北	0.630 198	139.379 6	0.000 0***
	山东	0.510 032	213.926 2	0.000 0***
	调整后的 R^2	0.999 223	F 统计量	115 810.1
黄瓜	常数	－0.105 75	－20.302 5	0.000 0***
	河北	0.441 954	33.624 55	0.000 0***
	山东	1.007 593	191.062 5	0.000 0***
	河南	－0.253 17	－16.220 1	0.000 0***
	调整后的 R^2	0.999 573	F 统计量	140 342.4
青椒	常数	－0.107 26	－24.106 1	0.000 0***
	河北	0.206 348	15.302 34	0.000 0***
	山东	0.518 084	52.020 51	0.000 0***
	河南	0.369 529	38.238	0.000 0***
	调整后的 R^2	0.999 145	F 统计量	70 131.5
胡萝卜	常数	－0.110 61	－20.014 5	0.000 0***
	河北	0.763 82	47.946 41	0.000 0***
	山东	0.287 681	18.676 24	0.000 0***
	河南	0.123 086	17.078 78	0.000 0***
	调整后的 R^2	0.994139	F 统计量	10 178.78
大白菜	常数	0.031 975	25.757 19	0.000 0***
	河北	0.735 719	151.065 7	0.000 0***
	山东	0.107 617	22.088 62	0.000 0***
	河南	0.049 251	15.450 76	0.000 0***
	调整后的 R^2	0.999 984	F 统计量	3 685 398

注：“***”表示在1%水平上显著。

由表4-3可知，圆白菜、萝卜和韭菜3种蔬菜的价格只有河北和山东通过了显著性检验，其余11种蔬菜则是河北、山东和河南3省都进入了回归方程。根据主产省蔬菜价格的权数，经过计算加权得到了蔬菜主产省综合价格，如表4-4所示。14种蔬菜的主产省综合价格就是每个蔬菜品种对于北京市价格而言的上游价格。

三、变量的平稳性检验

为了正确判定各变量间的因果关系，首先必须检验变量的平稳性。

第一步，分析变量的水平序列的平稳性。从 ADF 检验结果（表 4-5 和表 4-6）可以看出：在 1%的显著性水平下，拒绝存在单位根的非平稳变量的原假设，认为水果和蔬菜的各个变量的水平序列都是平稳序列。

表 4-4 蔬菜主产省综合价格

单位：元/千克

时间	圆白菜	油菜	芹菜	番茄	马铃薯	尖椒	蒜薹	时间	圆白菜	油菜	芹菜	番茄	马铃薯	尖椒	蒜薹
1998.1	1.08	0.86	0.80	2.01	1.04	3.23	2.75	2000.2	1.24	1.21	0.90	1.66	0.93	6.55	3.51
1998.2	1.44	1.33	1.36	1.66	1.15	3.26	2.90	2000.3	1.24	0.98	0.88	1.56	0.90	5.00	3.87
1998.3	1.81	1.07	1.11	1.92	0.95	3.24	3.29	2000.4	1.01	0.77	0.64	1.64	0.86	4.45	2.03
1998.4	1.53	0.85	0.89	2.00	1.01	3.26	2.64	2000.5	0.50	0.56	0.54	1.32	1.11	3.23	1.10
1998.5	0.57	0.55	0.78	1.41	1.23	3.99	1.05	2000.6	0.44	0.64	0.52	0.84	0.79	2.13	1.46
1998.6	0.32	0.49	0.64	0.78	0.85	2.33	1.38	2000.7	0.46	0.70	0.53	0.76	0.79	1.69	1.67
1998.7	0.44	0.57	0.56	0.56	0.84	1.33	1.50	2000.8	0.56	0.77	0.65	0.98	0.84	1.10	2.00
1998.8	0.62	0.78	0.63	0.74	0.81	1.23	1.41	2000.9	0.57	0.70	0.62	1.15	0.88	1.34	2.16
1998.9	0.63	0.70	0.71	0.97	0.85	1.65	1.68	2000.10	0.53	0.52	0.52	1.22	0.85	1.48	2.30
1998.10	0.53	0.65	0.59	0.95	0.84	1.73	1.72	2000.11	0.48	0.56	0.44	1.42	0.77	2.48	2.67
1998.11	0.62	0.60	0.49	1.18	0.85	2.17	1.73	2000.12	0.60	0.78	0.51	1.35	0.76	2.79	3.21
1998.12	0.88	0.91	0.55	1.47	0.81	3.05	1.84	2001.1	0.85	1.04	0.66	1.65	0.78	3.17	3.32
1999.1	1.00	0.99	0.58	1.71	0.78	3.96	2.05	2001.2	1.12	1.08	0.71	2.12	0.92	3.03	2.95
1999.2	1.29	0.98	0.70	1.97	0.89	5.06	2.73	2001.3	1.11	0.80	0.70	1.82	0.81	4.04	2.70
1999.3	1.20	0.93	0.68	1.64	0.88	4.19	2.74	2001.4	1.15	0.71	0.62	1.79	0.76	4.94	1.90
1999.4	1.03	0.77	0.64	1.48	0.87	4.38	2.08	2001.5	0.63	0.57	0.62	1.30	0.90	2.83	1.09
1999.5	0.47	0.58	0.60	1.29	0.91	4.14	1.05	2001.6	0.40	0.59	0.63	0.70	0.79	1.96	1.01
1999.6	0.31	0.74	0.57	0.98	0.86	2.34	1.10	2001.7	0.51	0.86	0.63	0.58	0.70	1.70	1.05
1999.7	0.59	0.77	0.61	0.80	0.83	1.80	1.17	2001.8	0.77	0.92	0.74	0.87	0.77	1.39	1.40
1999.8	0.79	0.86	0.73	0.86	0.82	1.52	1.16	2001.9	0.71	0.62	0.64	0.95	0.77	1.15	1.59
1999.9	0.82	0.81	0.69	0.97	0.79	1.66	1.62	2001.10	0.63	0.54	0.62	1.03	0.75	1.59	1.82
1999.10	0.82	0.77	0.66	1.30	0.75	2.12	1.86	2001.11	0.61	0.50	0.53	1.12	0.75	1.83	1.99
1999.11	0.73	0.64	0.58	1.14	0.77	2.72	2.21	2001.12	0.65	0.60	0.52	1.38	0.81	2.50	2.14
1999.12	0.59	0.61	0.58	1.02	0.74	3.48	2.49	2002.1	0.73	0.76	0.42	1.38	0.80	2.78	2.05
2000.1	1.00	0.87	0.65	1.67	0.83	4.68	2.74	2002.2	0.80	0.87	0.52	1.45	0.80	3.29	2.06

（续）

时间	圆白菜	油菜	芹菜	番茄	马铃薯	尖椒	蒜薹	时间	圆白菜	油菜	芹菜	番茄	马铃薯	尖椒	蒜薹
2002.3	0.84	0.76	0.48	1.36	0.82	2.87	2.06	2004.5	0.48	0.66	0.66	1.34	0.83	2.71	1.31
2002.4	0.75	0.64	0.46	1.34	0.80	2.77	1.55	2004.6	0.43	0.68	0.65	0.90	0.90	1.69	1.39
2002.5	0.55	0.64	0.59	1.17	1.24	2.67	0.97	2004.7	0.64	0.89	0.71	0.82	0.85	1.21	1.59
2002.6	0.58	0.60	0.69	1.12	0.90	1.71	1.11	2004.8	0.93	1.13	0.93	1.02	0.87	1.23	1.83
2002.7	0.54	0.64	0.62	0.87	0.83	1.31	1.02	2004.9	0.76	1.07	0.86	1.09	0.86	1.54	2.04
2002.8	0.58	0.68	0.60	0.92	0.85	1.02	1.20	2004.10	0.63	0.86	0.76	1.17	0.81	1.85	2.25
2002.9	0.59	0.84	0.60	1.14	0.87	1.32	1.46	2004.11	0.50	0.72	0.57	1.12	0.83	1.82	2.25
2002.10	0.65	0.75	0.58	1.20	0.80	1.66	1.67	2004.12	0.63	0.80	0.51	1.22	0.67	2.13	2.36
2002.11	0.67	0.64	0.53	1.44	0.76	1.63	1.71	2005.1	0.99	1.24	0.51	1.27	0.81	2.83	2.86
2002.12	0.77	0.83	0.60	1.39	0.74	2.07	1.90	2005.2	1.17	1.75	0.72	1.48	0.85	3.17	3.64
2003.1	1.04	1.43	0.82	1.82	0.88	3.27	2.33	2005.3	1.15	1.61	0.77	1.45	0.82	3.23	3.88
2003.2	1.26	1.29	1.13	1.85	0.92	3.57	2.61	2005.4	1.01	1.04	0.65	1.64	0.77	3.61	3.01
2003.3	1.57	1.22	1.22	2.11	0.90	3.79	2.87	2005.5	0.86	0.85	0.71	1.37	0.84	2.73	1.81
2003.4	1.55	1.06	1.12	2.08	0.93	4.37	2.70	2005.6	0.56	0.77	0.71	0.82	0.93	1.61	1.85
2003.5	0.54	0.59	0.74	1.74	1.17	2.96	1.34	2005.7	0.88	0.93	0.86	0.99	0.95	1.64	2.15
2003.6	0.22	0.39	0.52	0.95	0.89	1.29	1.01	2005.8	0.93	1.15	0.95	1.31	1.03	1.66	2.29
2003.7	0.32	0.57	0.52	0.51	0.63	1.06	1.30	2005.9	0.90	1.06	0.98	1.35	1.07	1.88	2.60
2003.8	0.55	0.99	0.73	0.84	0.72	1.30	1.52	2005.10	0.93	1.07	1.02	1.57	0.99	2.20	2.68
2003.9	0.68	1.00	0.90	0.98	0.80	1.90	1.93	2005.11	0.98	1.07	1.03	1.52	0.95	2.67	2.79
2003.10	0.74	1.03	0.90	1.55	0.75	2.16	2.07	2005.12	1.22	1.28	1.09	1.82	1.04	2.72	2.87
2003.11	0.75	1.12	0.91	1.86	0.72	2.20	2.38	2006.1	1.76	1.81	1.23	2.66	1.02	3.64	3.24
2003.12	0.93	0.96	1.00	2.00	0.79	2.36	2.56	2006.2	1.76	1.90	1.39	2.60	1.14	4.06	3.46
2004.1	1.15	1.17	0.98	2.32	0.77	3.19	3.03	2006.3	1.26	1.47	1.07	2.42	1.13	4.12	3.30
2004.2	1.24	1.04	0.95	2.14	0.80	3.15	3.31	2006.4	1.12	1.10	0.93	2.02	1.58	3.97	2.93
2004.3	1.07	0.94	0.95	1.90	0.75	3.53	3.29	2006.5	0.66	0.77	0.79	1.77	1.53	3.06	2.05
2004.4	0.76	0.77	0.74	1.51	0.78	3.48	2.18	2006.6	0.36	0.70	0.70	1.02	1.13	1.82	1.86

（续）

时间	圆白菜	油菜	芹菜	番茄	马铃薯	尖椒	蒜薹	时间	圆白菜	油菜	芹菜	番茄	马铃薯	尖椒	蒜薹
2006.7	0.56	0.93	0.69	0.74	1.01	1.47	2.06	2008.9	0.84	1.49	1.04	1.43	1.17	1.58	2.32
2006.8	0.60	1.14	0.85	0.96	1.01	1.30	2.18	2008.10	0.79	1.26	0.97	1.77	1.18	1.81	2.49
2006.9	0.73	1.19	1.06	1.50	1.04	1.61	2.58	2008.11	0.73	0.96	0.81	1.75	1.21	2.12	2.49
2006.10	0.74	1.00	0.93	1.21	1.08	1.77	2.78	2008.12	0.91	1.18	0.84	1.84	1.12	3.29	2.49
2006.11	0.69	0.80	0.75	1.50	1.11	1.61	2.75	2009.1	1.55	1.80	1.11	2.43	1.38	6.14	2.96
2006.12	0.79	1.03	0.84	1.88	1.15	2.03	2.85	2009.2	1.64	2.29	1.51	2.87	1.22	5.93	3.25
2007.1	1.01	1.34	0.95	1.97	1.19	2.43	3.11	2009.3	1.72	2.38	1.69	2.54	1.52	5.12	3.67
2007.2	1.08	1.29	0.96	1.98	1.34	3.06	3.42	2009.4	1.55	1.72	1.46	2.52	1.43	4.94	3.22
2007.3	1.26	1.45	0.94	2.37	1.26	4.27	3.67	2009.5	1.17	1.43	1.47	2.32	1.58	3.68	2.54
2007.4	1.04	1.18	0.91	2.28	1.19	4.52	2.70	2009.6	0.96	1.27	1.22	1.53	1.34	2.26	2.97
2007.5	0.62	0.90	0.81	1.46	1.19	3.20	1.26	2009.7	0.88	1.15	1.07	1.20	1.20	1.79	3.23
2007.6	0.68	1.00	0.90	1.17	1.23	2.22	1.02	2009.8	0.92	1.58	1.18	1.63	1.17	1.72	3.55
2007.7	0.95	1.13	1.00	1.43	1.09	2.16	1.04	2009.9	1.13	1.95	1.27	2.09	1.32	2.16	3.84
2007.8	1.12	1.27	1.14	1.97	1.23	2.23	1.53	2009.10	0.95	1.30	1.07	1.75	1.28	2.41	3.84
2007.9	1.10	1.38	1.09	1.79	1.25	2.27	1.85	2009.11	1.02	1.55	1.08	2.64	1.59	2.52	3.95
2007.10	1.08	1.53	0.93	2.04	1.28	2.66	2.02	2009.12	1.24	2.17	1.34	2.90	1.53	3.49	4.09
2007.11	1.15	1.56	1.09	2.06	1.16	3.21	2.41	2010.1	1.49	2.63	1.71	3.35	1.72	4.64	4.31
2007.12	1.18	1.63	0.99	2.06	1.18	3.46	2.58	2010.2	1.84	2.87	1.88	3.39	1.73	4.73	4.72
2008.1	1.26	1.65	0.96	2.35	1.27	3.77	2.85	2010.3	1.76	2.47	1.63	2.88	2.01	4.57	4.69
2008.2	1.69	1.87	1.37	3.65	1.48	5.39	3.84	2010.4	1.83	2.04	1.28	2.95	2.36	5.21	4.92
2008.3	1.60	1.66	1.25	3.05	1.46	5.62	3.85	2010.5	1.07	1.37	1.07	2.42	2.55	4.11	3.45
2008.4	1.13	1.18	0.92	2.65	1.31	4.73	2.81	2010.6	0.50	1.19	0.91	1.13	1.75	2.74	3.23
2008.5	0.74	0.93	0.89	2.13	1.59	2.64	1.33	2010.7	0.75	1.56	1.05	0.86	1.43	2.17	3.62
2008.6	0.59	0.90	0.82	1.40	1.38	1.73	1.63	2010.8	1.16	1.95	1.24	1.45	1.56	2.19	4.06
2008.7	0.71	1.45	0.88	1.16	1.25	1.40	1.92	2010.9	1.08	2.02	1.27	1.94	1.69	2.34	4.27
2008.8	0.82	1.58	1.08	1.30	1.20	1.52	2.15	2010.10	1.24	1.87	1.35	2.75	1.79	2.88	4.33

（续）

时间	圆白菜	油菜	芹菜	番茄	马铃薯	尖椒	蒜薹	时间	圆白菜	油菜	芹菜	番茄	马铃薯	尖椒	蒜薹
2010.11	1.60	1.55	1.43	2.77	2.00	2.71	4.31	2012.1	1.13	2.12	0.91	2.88	1.59	6.63	4.53
2010.12	1.39	1.44	1.24	2.54	2.05	2.52	4.31	2012.2	1.26	2.37	1.22	2.95	1.49	5.82	5.09
2011.1	1.41	1.47	1.16	2.86	2.09	3.52	4.68	2012.3	1.40	2.47	1.62	3.34	1.50	6.60	5.05
2011.2	1.52	1.97	1.25	2.97	2.16	6.28	5.43	2012.4	1.49	1.91	1.47	3.39	1.52	5.98	4.32
2011.3	1.34	1.96	1.18	2.72	2.06	8.21	5.79	2012.5	1.24	1.14	1.50	2.56	1.83	4.30	2.40
2011.4	0.95	1.29	0.89	2.52	2.20	6.32	4.77	2012.6	1.04	1.22	1.32	1.41	1.62	2.54	2.33
2011.5	0.67	1.07	0.88	2.32	2.04	3.42	2.38	2012.7	0.98	1.08	1.04	1.26	1.20	1.96	2.50
2011.6	0.78	1.37	1.30	1.87	1.92	2.83	2.97	2012.8	1.03	2.74	1.13	2.12	1.25	2.02	2.95
2011.7	1.28	1.72	1.48	2.02	1.56	2.73	3.10	2012.9	1.17	2.33	1.23	2.32	1.19	2.14	3.33
2011.8	1.18	2.08	1.33	1.91	1.48	2.35	3.29	2012.10	1.03	1.37	1.03	1.99	1.22	2.05	3.51
2011.9	1.13	1.86	1.36	2.22	1.56	2.66	3.75	2012.11	0.89	1.19	0.85	2.12	1.41	2.07	3.85
2011.10	1.09	1.40	1.22	2.40	1.37	3.45	3.90	2012.12	1.12	2.03	1.12	2.31	1.56	2.76	3.88
2011.11	0.84	1.17	0.98	2.34	1.35	3.50	4.02	2013.1	1.43	2.70	1.46	2.95	1.65	4.11	4.17
2011.12	1.01	1.61	1.00	2.79	1.48	3.75	4.14								

时间	茄子	萝卜	韭菜	黄瓜	青椒	胡萝卜	大白菜	时间	茄子	萝卜	韭菜	黄瓜	青椒	胡萝卜	大白菜
1998.1	3.36	0.24	1.74	2.58	2.86	0.73	0.30	1998.11	0.73	0.26	1.33	1.82	1.14	0.55	0.29
1998.2	2.30	0.45	1.45	2.21	3.06	0.80	0.37	1998.12	1.11	0.30	1.67	2.31	1.68	0.58	0.37
1998.3	3.45	0.34	0.92	2.13	3.00	0.96	0.38	1999.1	1.51	0.30	1.51	1.56	2.44	0.64	0.38
1998.4	2.38	0.30	0.87	1.75	3.16	1.17	0.61	1999.2	1.69	0.34	1.03	1.54	2.99	0.72	0.49
1998.5	1.66	0.73	0.53	1.17	2.36	1.59	0.82	1999.3	1.74	0.36	0.93	1.49	2.41	0.79	0.52
1998.6	0.64	0.48	0.57	0.61	1.29	1.28	0.41	1999.4	1.66	0.37	0.82	1.37	2.45	0.79	0.74
1998.7	0.50	0.48	0.64	0.51	0.66	1.16	0.39	1999.5	1.11	0.40	0.54	1.06	2.10	0.83	0.73
1998.8	0.44	0.44	0.71	0.66	0.73	0.99	0.59	1999.6	0.75	0.42	0.61	0.84	0.98	0.95	0.52
1998.9	0.53	0.29	0.77	0.92	0.94	0.88	0.53	1999.7	0.66	0.48	0.68	0.92	0.73	0.84	0.64
1998.10	0.58	0.33	0.92	1.17	0.91	0.73	0.38	1999.8	0.60	0.54	0.80	0.90	0.60	0.79	0.73

（续）

时间	茄子	萝卜	韭菜	黄瓜	青椒	胡萝卜	大白菜	时间	茄子	萝卜	韭菜	黄瓜	青椒	胡萝卜	大白菜
1999.9	0.59	0.37	0.82	0.87	0.70	0.95	0.61	2001.11	1.64	0.18	1.07	1.15	1.36	0.61	0.21
1999.10	0.72	0.36	1.17	1.39	1.05	0.89	0.54	2001.12	1.83	0.19	1.37	1.35	1.75	0.61	0.16
1999.11	1.21	0.25	1.31	1.46	1.51	0.70	0.29	2002.1	1.69	0.20	1.39	1.39	1.76	0.67	0.20
1999.12	2.25	0.19	1.37	1.56	2.87	0.59	0.23	2002.2	1.55	0.16	1.02	1.49	2.23	0.75	0.25
2000.1	3.31	0.30	1.80	2.63	2.71	0.73	0.33	2002.3	1.84	0.16	0.87	1.50	1.95	0.77	0.26
2000.2	3.77	0.30	1.99	3.43	4.04	0.95	0.45	2002.4	1.36	0.21	0.63	1.17	1.79	0.87	0.32
2000.3	3.06	0.27	1.08	1.79	2.86	0.81	0.37	2002.5	1.06	0.26	0.63	1.06	1.69	0.96	0.54
2000.4	1.77	0.41	0.84	1.14	2.38	0.88	0.46	2002.6	0.80	0.30	0.60	0.84	1.08	0.95	0.53
2000.5	1.10	0.30	0.66	0.77	1.48	1.15	0.48	2002.7	0.58	0.25	0.61	0.70	0.70	0.78	0.51
2000.6	0.61	0.18	0.65	0.62	0.93	1.18	0.40	2002.8	0.60	0.25	0.63	0.76	0.62	0.71	0.45
2000.7	0.52	0.21	0.71	0.58	0.73	0.90	0.37	2002.9	0.72	0.22	0.68	0.94	0.83	0.69	0.52
2000.8	0.58	0.25	0.78	0.82	0.70	0.83	0.56	2002.10	0.81	0.18	0.82	1.16	1.05	0.68	0.49
2000.9	0.55	0.25	0.87	0.87	0.83	0.76	0.53	2002.11	1.17	0.14	1.48	1.75	1.32	0.47	0.25
2000.10	0.59	0.22	0.94	1.09	0.99	0.64	0.38	2002.12	2.10	0.22	1.45	2.21	1.42	0.61	0.35
2000.11	1.02	0.20	1.42	1.91	1.25	0.50	0.22	2003.1	2.69	0.31	1.64	2.59	2.33	0.69	0.42
2000.12	1.92	0.20	1.98	2.27	1.69	0.51	0.26	2003.2	2.46	0.31	1.26	2.10	2.61	0.68	0.48
2001.1	2.46	0.20	2.11	3.03	2.10	0.56	0.36	2003.3	2.83	0.42	1.40	1.96	2.63	0.79	0.59
2001.2	2.32	0.25	1.79	2.39	2.16	0.64	0.41	2003.4	2.14	1.03	1.01	1.66	2.89	0.86	0.94
2001.3	2.86	0.20	1.16	1.81	2.76	0.59	0.39	2003.5	1.35	0.39	0.56	0.99	1.85	0.93	0.56
2001.4	1.80	0.40	0.87	1.33	3.09	0.63	0.70	2003.6	0.69	0.22	0.61	0.63	0.81	0.82	0.27
2001.5	1.13	0.42	0.65	0.99	1.55	0.79	0.69	2003.7	0.52	0.26	0.65	0.57	0.63	0.76	0.34
2001.6	0.66	0.29	0.71	0.72	0.81	0.91	0.50	2003.8	0.68	0.42	0.80	1.03	0.72	0.91	0.60
2001.7	0.49	0.37	0.65	0.74	0.69	0.90	0.69	2003.9	0.85	0.46	0.89	1.23	1.11	0.99	0.55
2001.8	0.53	0.43	0.80	1.07	0.72	1.00	0.83	2003.10	1.24	0.37	1.22	1.48	1.36	0.90	0.42
2001.9	0.63	0.36	0.74	0.90	0.72	0.90	0.53	2003.11	1.66	0.33	1.63	1.48	1.51	0.81	0.40
2001.10	0.87	0.24	0.96	1.01	1.09	0.77	0.37	2003.12	1.95	0.37	2.08	1.90	1.76	0.81	0.42

（续）

时间	茄子	萝卜	韭菜	黄瓜	青椒	胡萝卜	大白菜	时间	茄子	萝卜	韭菜	黄瓜	青椒	胡萝卜	大白菜
2004.1	2.08	0.42	1.95	2.20	2.27	0.74	0.47	2006.5	1.62	0.45	0.90	1.47	1.91	1.83	0.60
2004.2	2.11	0.51	1.64	1.46	1.96	0.76	0.44	2006.6	0.73	0.42	0.79	0.96	1.20	1.54	0.41
2004.3	2.18	0.52	1.60	1.63	2.52	0.71	0.54	2006.7	0.62	0.39	0.90	0.94	0.93	1.32	0.48
2004.4	1.80	0.48	1.04	1.08	2.37	0.75	0.48	2006.8	0.62	0.36	1.01	0.93	0.85	1.01	0.53
2004.5	1.40	0.44	0.67	0.98	1.68	0.78	0.46	2006.9	0.70	0.53	1.17	1.50	1.08	0.91	0.68
2004.6	0.91	0.31	0.69	0.78	1.10	0.71	0.46	2006.10	0.76	0.57	1.18	1.30	1.28	0.89	0.48
2004.7	0.72	0.34	0.79	0.76	0.81	0.75	0.69	2006.11	1.23	0.43	1.39	1.50	1.22	0.71	0.26
2004.8	0.69	0.42	1.00	1.00	0.81	0.78	0.66	2006.12	1.90	0.45	2.51	2.16	1.66	0.65	0.32
2004.9	0.70	0.54	0.94	0.94	0.96	0.84	0.53	2007.1	2.17	0.46	2.17	2.27	2.03	0.70	0.35
2004.10	0.73	0.34	1.13	1.03	1.23	0.77	0.36	2007.2	2.59	0.45	1.46	2.13	2.21	0.73	0.39
2004.11	0.77	0.29	1.43	1.03	1.19	0.62	0.21	2007.3	3.03	0.41	1.52	2.55	2.84	0.74	0.53
2004.12	1.32	0.24	1.47	1.30	1.35	0.54	0.15	2007.4	2.95	0.36	1.21	1.89	3.02	0.66	0.67
2005.1	1.76	0.26	1.91	1.84	1.77	0.60	0.24	2007.5	1.82	0.38	0.82	1.47	2.10	0.71	0.58
2005.2	1.95	0.37	2.32	2.41	2.15	0.76	0.34	2007.6	1.58	0.40	0.96	1.18	1.24	0.78	0.63
2005.3	2.04	0.37	1.52	2.17	2.02	0.78	0.36	2007.7	1.10	0.43	1.01	1.08	1.09	0.75	0.78
2005.4	1.72	0.36	0.97	1.62	2.35	0.71	0.46	2007.8	0.93	0.45	1.20	1.35	1.15	0.90	0.78
2005.5	1.37	0.37	0.75	1.22	1.71	0.72	0.66	2007.9	1.03	0.47	1.25	1.30	1.37	1.06	0.62
2005.6	0.84	0.33	0.69	0.71	1.01	0.76	0.56	2007.10	1.49	0.47	1.61	1.94	1.72	1.14	0.54
2005.7	0.83	0.31	1.01	1.00	1.01	0.85	0.71	2007.11	2.12	0.46	2.22	2.02	2.18	1.09	0.54
2005.8	0.76	0.31	1.02	0.95	1.05	1.03	0.58	2007.12	2.60	0.47	2.17	2.04	2.24	1.02	0.45
2005.9	0.85	0.33	1.02	1.27	1.13	0.90	0.68	2008.1	2.89	0.50	2.43	2.30	2.35	1.09	0.44
2005.10	0.93	0.31	1.20	1.50	1.45	0.84	0.43	2008.2	3.61	0.75	2.86	3.10	3.63	1.31	0.51
2005.11	1.33	0.29	1.56	1.50	1.74	0.78	0.29	2008.3	3.55	0.88	1.92	2.32	3.67	1.30	0.49
2005.12	1.88	0.42	1.75	1.67	1.76	0.80	0.37	2008.4	2.86	0.78	1.49	1.77	3.07	1.37	0.59
2006.1	2.31	0.57	2.85	2.89	2.38	0.92	0.49	2008.5	2.03	0.72	1.08	1.32	1.77	1.37	0.62
2006.2	2.83	0.61	2.22	2.97	2.69	1.16	0.57	2008.6	1.11	0.36	1.07	1.09	1.14	1.21	0.49
2006.3	2.80	0.57	1.29	2.27	2.70	1.15	0.52	2008.7	0.74	0.35	1.23	1.22	0.93	0.96	0.66
2006.4	2.36	0.51	1.21	1.84	2.61	1.31	0.73	2008.8	0.71	0.39	1.29	1.36	1.01	0.99	0.65

（续）

时间	茄子	萝卜	韭菜	黄瓜	青椒	胡萝卜	大白菜	时间	茄子	萝卜	韭菜	黄瓜	青椒	胡萝卜	大白菜
2008.9	0.87	0.40	1.33	1.45	1.03	1.05	0.62	2010.12	2.08	0.50	2.05	1.92	1.70	1.22	0.60
2008.10	1.15	0.41	1.63	1.73	1.27	0.93	0.49	2011.1	2.76	0.50	2.80	2.22	2.23	1.25	0.59
2008.11	1.25	0.35	1.68	1.66	1.39	0.81	0.28	2011.2	3.34	0.55	3.15	2.78	3.80	1.41	0.55
2008.12	1.68	0.32	2.14	2.07	1.94	0.68	0.23	2011.3	3.28	0.52	2.30	2.66	4.26	1.29	0.46
2009.1	2.44	0.38	2.60	2.73	3.84	0.79	0.27	2011.4	2.62	0.45	1.78	1.94	3.65	1.24	0.45
2009.2	2.88	0.36	2.49	3.12	3.88	0.90	0.33	2011.5	2.16	0.40	1.25	1.64	2.07	1.21	0.55
2009.3	3.10	0.37	2.16	2.95	3.31	1.04	0.43	2011.6	1.45	0.43	1.31	1.38	1.72	1.27	0.78
2009.4	2.85	0.37	1.57	2.34	3.22	1.31	0.83	2011.7	1.19	0.60	1.51	1.51	1.53	1.50	1.10
2009.5	2.15	0.41	1.14	1.88	2.29	1.77	0.87	2011.8	0.99	0.60	1.71	1.75	1.49	1.48	0.76
2009.6	1.02	0.49	1.05	1.22	1.41	1.76	0.65	2011.9	1.34	0.61	1.83	1.96	1.82	1.41	0.70
2009.7	0.81	0.43	1.10	1.09	1.12	1.48	0.67	2011.10	1.49	0.52	2.08	1.84	2.17	1.20	0.56
2009.8	0.77	0.45	1.22	1.34	1.12	1.38	0.69	2011.11	1.57	0.38	2.26	1.97	1.99	1.02	0.29
2009.9	1.26	0.50	1.53	1.68	1.36	1.40	0.83	2011.12	2.31	0.40	3.18	3.57	2.27	0.96	0.26
2009.10	1.12	0.43	1.46	1.55	1.55	1.27	0.53	2012.1	3.78	0.50	3.41	3.73	4.24	0.99	0.34
2009.11	1.85	0.44	2.63	2.11	1.62	1.17	0.47	2012.2	3.98	0.54	3.27	3.76	3.77	0.98	0.46
2009.12	2.99	0.48	3.52	2.70	2.27	1.11	0.40	2012.3	4.06	0.55	2.70	2.85	4.19	0.99	0.50
2010.1	3.33	0.56	3.17	2.68	2.72	1.30	0.73	2012.4	3.37	0.55	1.79	2.16	4.07	1.12	0.79
2010.2	3.69	0.54	2.88	3.22	2.81	1.52	0.96	2012.5	2.55	0.58	1.00	1.55	2.71	1.27	0.86
2010.3	3.60	0.60	2.12	3.00	2.62	1.54	1.13	2012.6	1.21	0.52	1.10	0.81	1.73	1.36	0.80
2010.4	3.38	0.56	1.88	2.43	3.27	1.39	1.39	2012.7	0.97	0.50	1.30	0.99	1.22	1.14	0.74
2010.5	2.80	0.48	1.45	1.62	2.64	1.40	0.91	2012.8	1.08	0.51	1.73	1.82	1.30	1.26	0.83
2010.6	1.57	0.41	1.22	1.11	1.74	1.25	0.57	2012.9	1.13	0.51	1.64	1.37	1.50	1.30	0.81
2010.7	0.97	0.33	1.48	1.26	1.31	0.98	0.71	2012.10	1.07	0.49	1.61	0.96	1.44	1.24	0.56
2010.8	1.17	0.44	1.62	1.50	1.41	1.06	0.88	2012.11	1.45	0.39	2.13	1.47	1.34	1.11	0.37
2010.9	1.22	0.55	1.57	1.67	1.57	1.10	0.71	2012.12	2.30	0.49	3.43	2.03	1.88	1.05	0.42
2010.10	1.32	0.55	2.19	2.20	1.90	1.14	0.72	2013.1	3.02	0.61	3.87	2.72	2.97	1.18	0.58
2010.11	1.93	0.54	2.46	2.21	1.84	1.23	0.63								

数据来源：作者计算所得。

表 4-5　水果价格的单位根检验结果

品种	地区	ADF 统计值	t 统计量	(c, t, k)	显著性	结论
苹果	北京	−4.274 676	−4.010 143	(c, t, 0)	0.004 3***	平稳
	主产区	−11.994 13	−4.010 143	(c, t, 1)	0.000 0***	平稳
香蕉	北京	−5.503 81	−4.010 143	(c, t, 0)	0.000 0***	平稳
	主产区	−10.042 6	−4.010 74	(c, t, 1)	0.000 0***	平稳
柑橘	北京	−15.656 21	−4.010 143	(c, t, 1)	0.000 0***	平稳
	主产区	−13.342 58	−4.010 143	(c, t, 1)	0.000 0***	平稳
西瓜	北京	−11.696 47	−4.012 944	(c, t, 1)	0.000 0***	平稳
	主产区	−10.258 31	−4.013 274	(c, t, 1)	0.000 0***	平稳

注：①表中，c 为常数项，t 为趋势项，k 为滞后阶数；②滞后期 k 的选择标准是以 AIC 值和 SC 值最小为准则；③“***”代表 1%的统计显著水平。

表 4-6　蔬菜价格的单位根检验结果

品种	地区	ADF 统计值	t 统计量	(c, t, k)	显著性	结论
圆白菜	北京	−9.945 95	−4.010 14	(c, t, 0)	0.000 0***	平稳
	主产区	−12.051 3	−4.012 94	(c, t, 1)	0.000 0***	平稳
油菜	北京	−10.989 6	−4.010 14	(c, t, 0)	0.000 0***	平稳
	主产区	−10.428 4	−4.012 94	(c, t, 1)	0.000 0***	平稳
芹菜	北京	−9.115 4	−4.010 14	(c, t, 0)	0.000 0***	平稳
	主产区	−8.488 5	−4.012 62	(c, t, 1)	0.000 0***	平稳
番茄	北京	−8.473 96	−4.010 74	(c, t, 0)	0.000 0***	平稳
	主产区	−12.623 3	−4.012 62	(c, t, 1)	0.000 0***	平稳
马铃薯	北京	−14.07	−4.010 14	(c, t, 1)	0.000 0***	平稳
	主产区	−11.873 1	−4.010 14	(c, t, 1)	0.000 0***	平稳
尖椒	北京	−12.381 1	−4.012 94	(c, t, 1)	0.000 0***	平稳
	主产区	−10.596 8	−4.012 94	(c, t, 1)	0.000 0***	平稳
蒜薹	北京	−4.111 46	−4.013 61	(c, t, 1)	0.007 4***	平稳
	主产区	−4.679 32	−4.013 61	(c, t, 1)	0.001 1***	平稳
茄子	北京	−12.511 4	−4.012 62	(c, t, 1)	0.000 0***	平稳
	主产区	−10.382 3	−4.012 94	(c, t, 1)	0.000 0***	平稳
萝卜	北京	−6.764 45	−4.010 14	(c, t, 0)	0.000 0***	平稳
	主产区	−6.676 43	−4.009 85	(c, t, 0)	0.000 0***	平稳
韭菜	北京	−14.344 1	−4.012 94	(c, t, 1)	0.000 0***	平稳
	主产区	−13.372 9	−4.012 94	(c, t, 1)	0.000 0***	平稳
黄瓜	北京	−12.023 8	−4.012 94	(c, t, 1)	0.000 0***	平稳
	主产区	−9.783 33	−4.013 27	(c, t, 1)	0.000 0***	平稳
青椒	北京	−13.053 4	−4.012 94	(c, t, 1)	0.000 0***	平稳
	主产区	−11.001 1	−4.012 94	(c, t, 1)	0.000 0***	平稳
胡萝卜	北京	−5.712 74	−4.010 14	(c, t, 0)	0.000 0***	平稳
	主产区	−10.970 7	−4.010 44	(c, t, 1)	0.000 0***	平稳
大白菜	北京	−7.721 41	−4.010 14	(c, t, 0)	0.000 0***	平稳
	主产区	−7.463 25	−4.010 14	(c, t, 0)	0.000 0***	平稳

注：①表中，c 为常数项，t 为趋势项，k 为滞后阶数；②滞后期 k 的选择标准是以 AIC 值和 SC 值最小为准则；③“***”代表 1%的统计显著水平。

第二步，格兰杰（Granger）因果检验。因果关系检验是用于检验经济时间变量之间的时间先后顺序，并不表示真正存在因果关系，是否存在因果关系需要根据理论、经验和模型进行判断。通过格兰杰因果检验（滞后阶数为 2）得到如表 4-7 和表 4-8 的结果。

表 4-7　水果变量的格兰杰因果检验

原假设	样本量	F 统计量	P 值	结论
主产区苹果价格不是北京苹果价格的格兰杰原因	179	2.773 06	0.065 2*	不接受原假设
北京苹果价格不是主产区苹果价格的格兰杰原因		8.090 54	0.000 4***	不接受原假设
主产区香蕉价格不是北京香蕉价格的格兰杰原因	179	0.639 89	0.528 6	接受原假设
北京香蕉价格不是主产区香蕉价格的格兰杰原因		13.534 8	0.000 0***	不接受原假设
主产区柑橘价格不是北京柑橘价格的格兰杰原因	179	2.123 87	0.122 7	接受原假设
北京柑橘价格不是主产区柑橘价格的格兰杰原因		2.500 04	0.085*	不接受原假设
主产区西瓜价格不是北京西瓜价格的格兰杰原因	179	2.253 67	0.108 1	接受原假设
北京西瓜价格不是主产区西瓜价格的格兰杰原因		4.273 77	0.015 4**	不接受原假设

注：“*”代表 10%的统计显著水平；“**”代表 5%的统计显著水平；“***”代表 1%的统计显著水平。

表 4-8　蔬菜变量的格兰杰因果检验

原假设	样本量	F 统计量	P 值	结论
主产区圆白菜价格不是北京圆白菜价格的格兰杰原因	179	5.684 77	0.004 1***	不接受原假设
北京圆白菜价格不是主产区圆白菜价格的格兰杰原因		3.703 1	0.026 6**	不接受原假设
主产区油菜价格不是北京油菜价格的格兰杰原因	179	18.574 2	0.000 0***	不接受原假设
北京油菜价格不是主产区油菜价格的格兰杰原因		3.081 57	0.048 4**	不接受原假设
主产区芹菜价格不是北京芹菜价格的格兰杰原因	179	3.117 3	0.046 8**	不接受原假设
北京芹菜价格不是主产区芹菜价格的格兰杰原因		10.425 1	0.000 1***	不接受原假设
主产区番茄价格不是北京番茄价格的格兰杰原因	179	9.063 42	0.000 2***	不接受原假设
北京番茄价格不是主产区番茄价格的格兰杰原因		5.813 79	0.003 6***	不接受原假设
主产区马铃薯价格不是北京马铃薯价格的格兰杰原因	179	7.300 55	0.000 9***	不接受原假设
北京马铃薯价格不是主产区马铃薯价格的格兰杰原因		4.560 14	0.011 7**	不接受原假设
主产区尖椒价格不是北京尖椒价格的格兰杰原因	179	2.585	0.078 3*	不接受原假设
北京尖椒价格不是主产区尖椒价格的格兰杰原因		3.270 77	0.040 3**	不接受原假设
主产区蒜薹价格不是北京蒜薹价格的格兰杰原因	179	3.840 01	0.023 3**	不接受原假设
北京蒜薹价格不是主产区蒜薹价格的格兰杰原因		9.391 57	0.000 1***	不接受原假设
主产区茄子价格不是北京茄子价格的格兰杰原因	179	19.492 4	0.000 0***	不接受原假设
北京茄子价格不是主产区茄子价格的格兰杰原因		12.346 7	0.000 0***	不接受原假设

（续）

原假设	样本量	F统计量	P值	结论
主产区萝卜价格不是北京萝卜价格的格兰杰原因	179	0.529 59	0.589 8	接受原假设
北京萝卜价格不是主产区萝卜价格的格兰杰原因		1.347 22	0.262 7	接受原假设
主产区韭菜价格不是北京韭菜价格的格兰杰原因	179	4.288 31	0.015 2**	不接受原假设
北京韭菜价格不是主产区韭菜价格的格兰杰原因		4.794 9	0.009 4***	不接受原假设
主产区黄瓜价格不是北京黄瓜价格的格兰杰原因	179	3.248 09	0.041 2**	不接受原假设
北京黄瓜价格不是主产区黄瓜价格的格兰杰原因		7.486 76	0.000 8***	不接受原假设
主产区青椒价格不是北京青椒价格的格兰杰原因	179	1.455 72	0.236 1	接受原假设
北京青椒价格不是主产区青椒价格的格兰杰原因		3.389 05	0.036**	不接受原假设
主产区胡萝卜价格不是北京胡萝卜价格的格兰杰原因	179	7.677 34	0.000 6***	不接受原假设
北京胡萝卜价格不是主产区胡萝卜价格的格兰杰原因		1.531 12	0.219 2	接受原假设
主产区大白菜价格不是北京大白菜价格的格兰杰原因	179	6.304 5	0.002 3***	不接受原假设
北京大白菜价格不是主产区大白菜价格的格兰杰原因		0.272 42	0.761 9	接受原假设

注：“*”代表10%的统计显著水平；“**”代表5%的统计显著水平；“***”代表1%的统计显著水平。

根据表4-7和表4-8，可以将果蔬的北京市价格与主产区价格之关系分为以下几种情况：

1. 水果的北京市价格与主产区价格之关系

（1）互为格兰杰原因：苹果。

（2）单向格兰杰原因：香蕉，北京市价格是主产区价格的格兰杰原因，而主产区价格不是北京市价格的格兰杰原因；柑橘，北京市价格是主产区价格的格兰杰原因，而主产区价格不是北京市价格的格兰杰原因；西瓜，北京市价格是主产区价格的格兰杰原因，而主产区价格不是北京市价格的格兰杰原因。

2. 蔬菜的北京市价格与主产区价格之关系

（1）互为格兰杰原因：圆白菜、油菜、芹菜、番茄、马铃薯、尖椒、蒜薹、茄子、韭菜和黄瓜。

（2）单向格兰杰原因：青椒，北京市价格是主产区价格的格兰杰原因，而主产区价格不是北京市价格的格兰杰原因；胡萝卜，北京市价格不是主产区价格的格兰杰原因，而主产区价格是北京市价格的格兰杰原因；大白菜，北京市价格不是主产区价格的格兰杰原因，而主产区价格是北京市价格的格兰杰原因。

（3）无格兰杰因果关系：萝卜。

综上所述，在北京市与主产区果蔬价格的联动关系的研究中，将提出萝卜这一蔬菜品种，而其余果蔬品种的传导研究方向为：①水果：苹果，北京↔主产区；香蕉，北京→主产区；柑橘，北京→主产区；西瓜，北京→主产区。②蔬菜：圆白菜，北京↔主产区；油菜，北京↔主产区；芹菜，北京↔主产区；番茄，北京↔主产区；马铃薯，北京↔主产区；尖椒，北京↔主产区；蒜薹，北京↔主产区；茄子，北京↔主产区；韭菜，北京↔主产区；黄瓜，北京↔主产区；青椒，北京→主产区；胡萝卜，北京←主产区；大白菜，北京←主产区。

四、果蔬价格联动机制研究

本研究采用脉冲响应函数（Impulse Response Function，IRF）和方差分解（Variance Decomposition）。其中，IRF 描述的是 VAR 模型中的一个内生变量的冲击给其他内生变量所带来的影响。即它描述的是系统对某一变量扰动的一个冲击（或新息）所做出的动态反应，并从动态反应中判断变量间的时滞关系。需要注意的是，脉冲响应函数是追踪系统对一个内生变量的冲击效果，即假定系统只受一个变量的冲击，不受其他变量的冲击。这一分析结果依赖于随机扰动项为白噪声序列的前提假设。

方差分解则提供了另一种描述系统动态变化的方法。它是通过分析每一个结构冲击对内生变量变化（通常用方差来度量）的贡献度，进一步评价不同结构冲击的相对重要性。比较这个相对重要性信息随时间而发生的变化，就可以估计该变量的作用时滞，同时还可以估计出各个变量效应的相对大小，即变量冲击的贡献占总贡献的比例。

（一）脉冲响应函数分析

本研究主要目的是估计北京市与相关主产区果蔬价格之间的冲击与相应的关系。根据上文的研究结论，由于果蔬冲击来源不同，有互为冲击和反应的联动机制，也有单向冲击和反应的联动机制，所以根据不同的情况分品种讨论。

脉冲响应函数是用于衡量随机扰动项的一个标准差冲击对内生变量当前和未来取值的影响。脉冲响应函数（Impulse Response Function，IRF）刻画了误差变化大小的反应，即每个内生变量的变动或冲击对它自己及所有其他内生变量的影响作用。给定 1%的价格冲击，考察北京及主产地果蔬价格对于价格冲击的反应路径（图 4-1 和图 4-2）。为防止由于变量次序对脉冲效果的影响，全部采用广义脉冲。

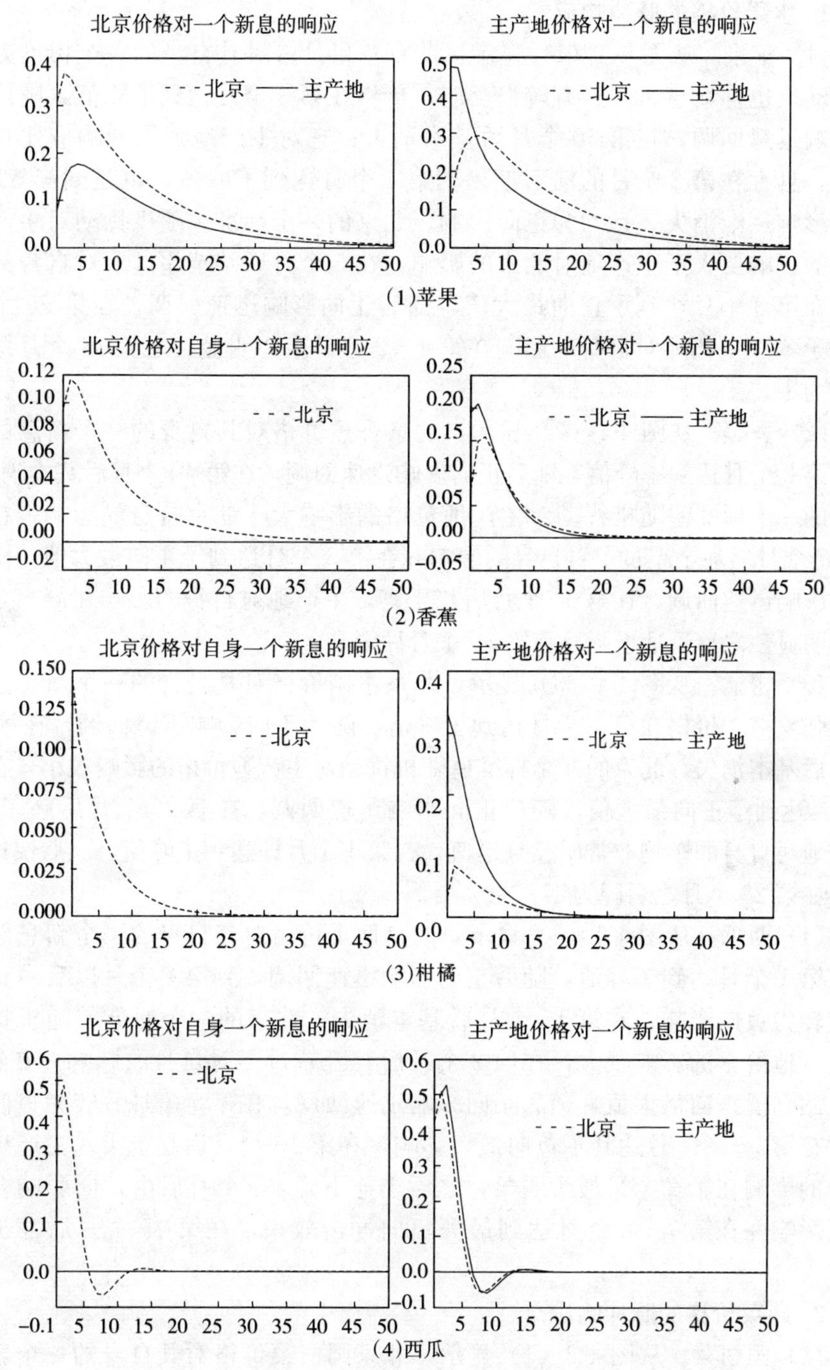

图 4-1　水果的脉冲响应函数

1. 水果价格的脉冲响应

（1）苹果。从图 4-1（1）显示，北京苹果价格对其自身的一个标准差随机扰动（也称新息）立刻有较强反应，价格在第 3 个月达到了峰值，随后正向影响迅速回调，在第 50 个月后基本消失；它对主产地苹果的响应比自身要弱，且存在第 2 个月的滞后期，到第 4 个月达到了峰值，也是到第 50 个月后影响逐渐消失，且均为正向影响。北京的一个标准差随机扰动对主产地价格的影响要大于主产地对北京的影响，在 5 个月后甚至超过了对自身的影响并在第 5 个月达到了正向最大值，随后正向影响迅速回调，在第 50 个月后趋于零；主产地对自身的影响在第 1～2 个月最为明显，之后 48 个月缓慢下降为零。

（2）香蕉。从图 4-1（2）显示，北京香蕉价格对其自身的一个新息的响应在第 2 个月达到了峰值，随后正向影响迅速回调，在第 40 个月后基本消失。北京的一个标准差随机扰动对主产地价格的影响大于北京自身的影响，在第 8～27 个月后甚至超过了对自身的影响并在第 3 个月达到了正向最大值，随后正向影响迅速回调，在第 30 个月后趋于零；主产地对自身的影响在第 2 个月最为明显，之后迅速下降，在第 30 个月后消失。

（3）柑橘。从图 4-1（3）显示，北京柑橘价格对其自身的一个新息立刻有较强反应，价格在第 1 个月达到了峰值，随后正向影响迅速回调，在第 25 个月后基本消失。北京的一个标准差随机扰动对主产地价格的影响较小，在第 2 个月达到了正向最大值，随后正向影响迅速回调，在第 20 个月后趋于零；主产地对自身的影响非常明显且迅速，在第 1 个月即达到了峰值，之后快速下降，在第 20 个月之后降为零。

（4）西瓜。从图 4-1（4）显示，北京西瓜价格对其自身的一个新息的响应在第 1 个月达到了峰值，随后正向影响迅速回调，到第 5 个月以后由正向影响转为负向影响，在第 15 个月后基本消失。北京的一个标准差随机扰动对主产地价格的影响很大，在前 2 个月后甚至超过了对自身的影响并在第 2 个月达到了正向最大值，随后正向影响迅速回调，在第 5 个月后转为负向影响并在第 7～8 个月达到了负向最大影响，在第 15 个月后趋于零；主产地对自身的影响在第 2 个月最为明显，之后迅速下降，5 个月后由正向影响转为负向影响并在第 7～8 个月达到最大负向冲击效果，在第 15 个月后冲击消失。

2. 蔬菜价格的脉冲响应

（1）圆白菜。从图 4-2（1）显示，北京圆白菜价格对其自身的一个新息立刻有较强反应，价格在第 2 个月达到了峰值，随后正向影响迅速下降，在

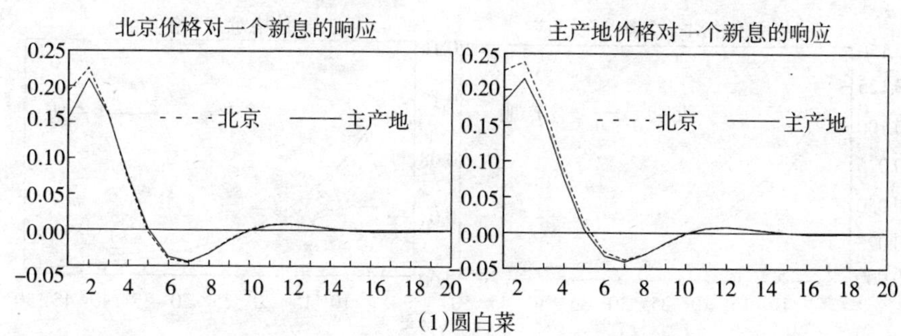

(1)圆白菜

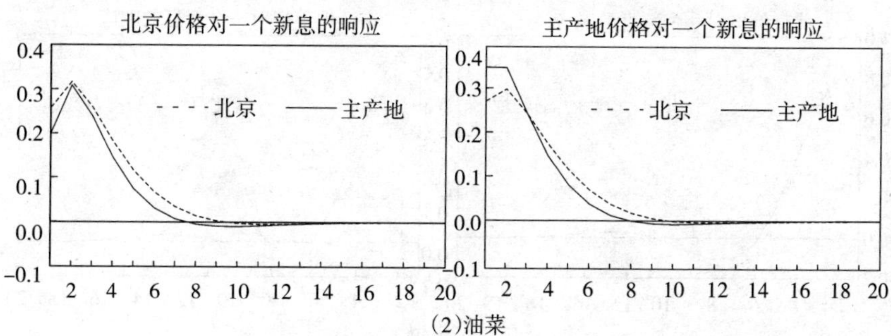

(2)油菜

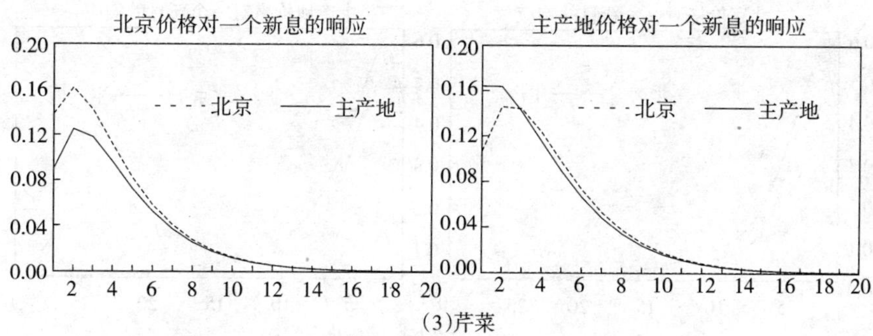

(3)芹菜

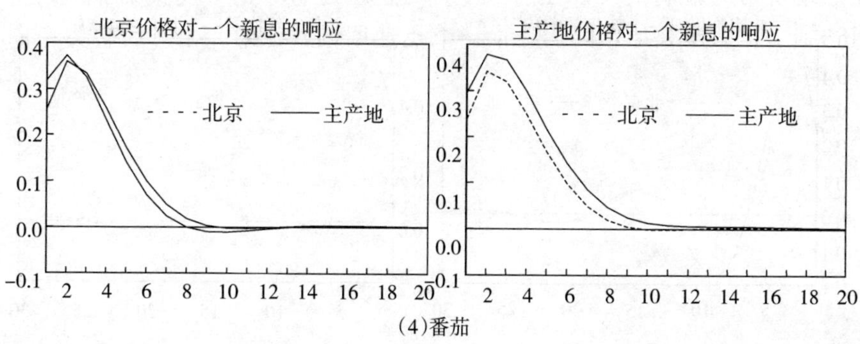

(4)番茄

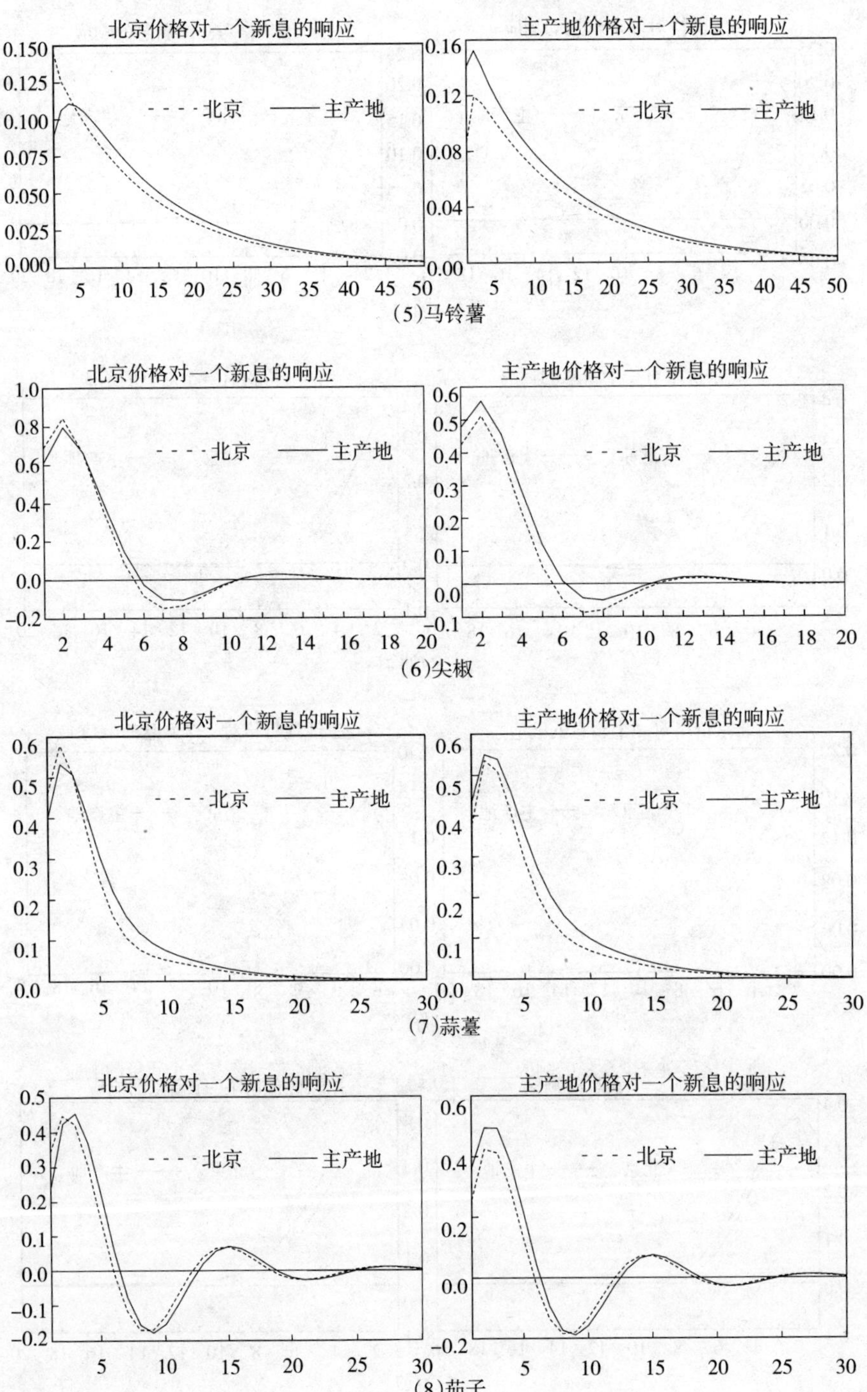

(5)马铃薯

(6)尖椒

(7)蒜薹

(8)茄子

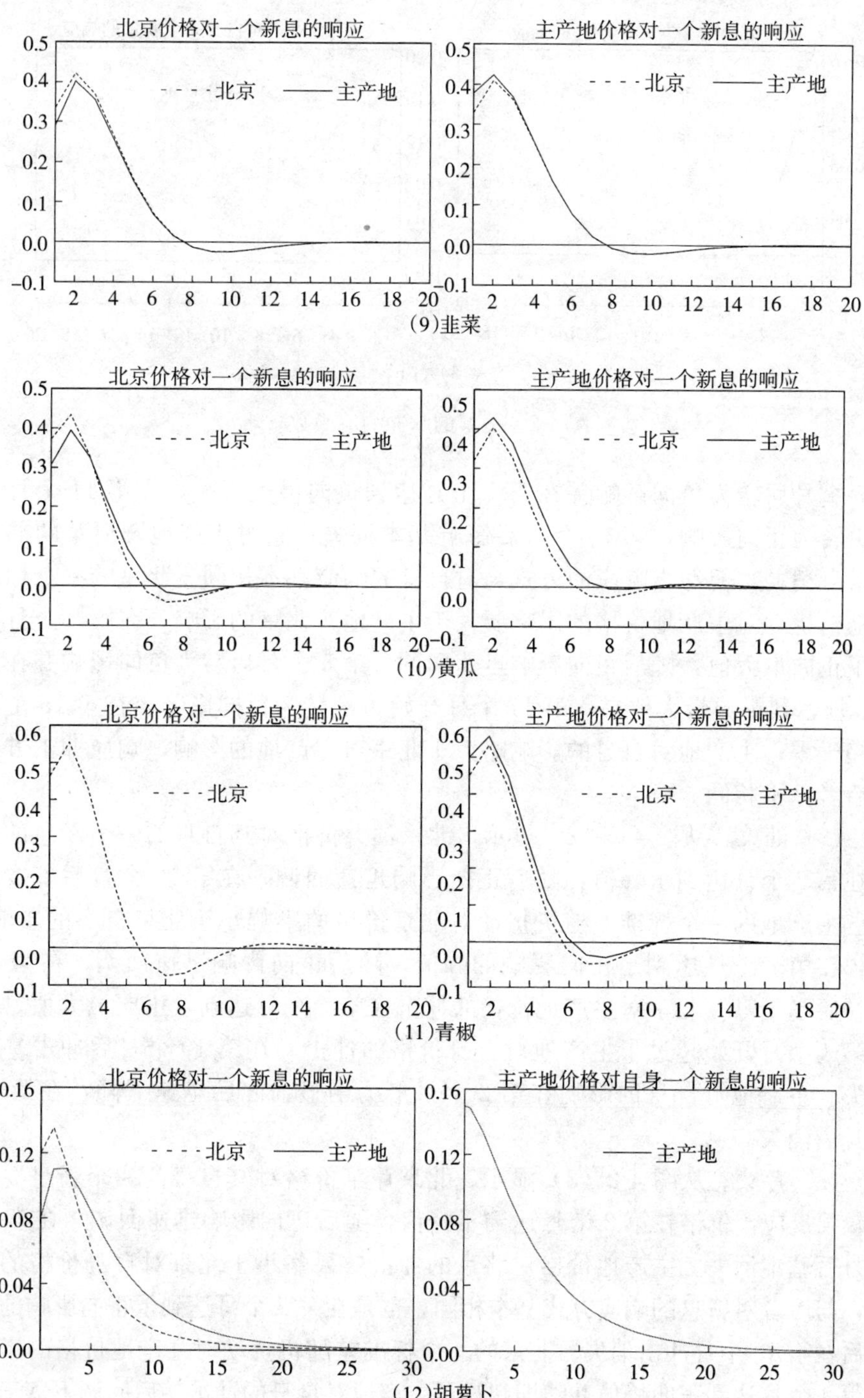
北京价格对一个新息的响应
主产地价格对一个新息的响应
北京
主产地
(9)韭菜
北京价格对一个新息的响应
主产地价格对一个新息的响应
北京
主产地
(10)黄瓜
北京价格对一个新息的响应
主产地价格对一个新息的响应
北京
主产地
(11)青椒
北京价格对一个新息的响应
主产地价格对自身一个新息的响应
北京
主产地
(12)胡萝卜

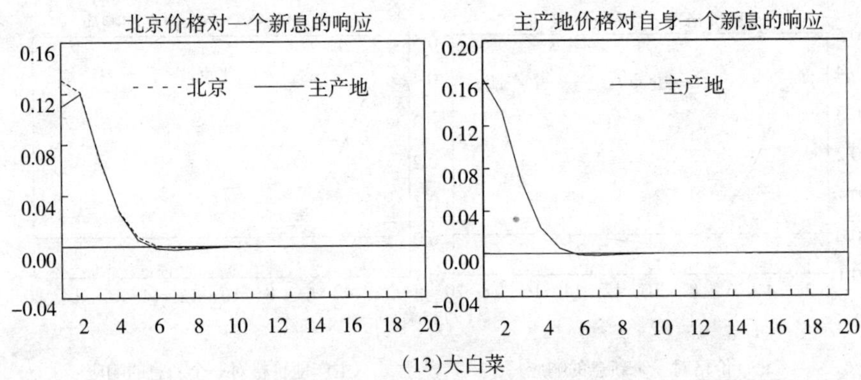

(13)大白菜

图 4-2 蔬菜的脉冲响应函数

第 5 个月后转为负向影响并在第 7 个月达到负向最大影响，在第 11 个月又再次转为正向影响，第 15 个月后影响基本消失；它对主产地圆白菜的响应比自身稍弱，但冲击响应的方式与对自身的响应基本相同。北京的一个标准差随机扰动对主产地价格的影响要大于主产地对北京的影响，在第 3 个月达到了正向最大值，随后正向影响迅速回调，第 5 个月后转为负向影响并在第 7 个月达到影响最大效果，第 11 个月开始再次转为负向影响，在第 15 个月后趋于零；主产地对自身的影响略大于北京对主产地的影响，响应冲击方式与后者基本相同。

(2) 油菜。从图 4-2（2）显示，北京油菜价格对其自身的一个新息的响应在第 2 个月达到了峰值，随后正向影响迅速回调，在第 10 个月后基本消失。主产地的一个标准差随机扰动对北京价格的影响小于北京自身的影响，同样在第 2 个月达到了正向影响的峰值，随后正向影响迅速回调，在第 10 个月后趋于零。北京对主产地价格的冲击在第 2 个月达到了正向最大值，并在第 4 个月开始超过了主产地对自身价格的冲击，在第 10 个月后冲击基本消失。主产地对自身的影响在第 2 个月最为明显，之后迅速下降，在第 10 个月后消失。

(3) 芹菜。从图 4-2（3）显示，北京芹菜价格对其自身的一个新息立刻有较强反应，价格在第 2 个月达到了峰值，随后正向影响迅速回调，在第 15 个月后基本消失。主产地价格对北京的冲击效果略小于北京对自身价格的冲击，与后者对新息的响应方式基本相同，也是在第 2 个月达到了正向影响的峰值后在第 15 个月冲击消失。北京的一个标准差随机扰动对主产地价格的影响在第 4 个月达到正向峰值并随即超过了主产地对自身的冲击，后回调下落于第

15 个月后消失。主产地对自身的影响非常明显且迅速，在第 1～2 个月即达到了峰值，之后快速下降，在第 15 个月之后降为零。

（4）番茄。从图 4-2（4）显示，北京番茄价格对其自身的一个新息的响应在第 2 个月达到了峰值，第 3 个月后冲击小于主产地对北京价格的影响，随后正向影响迅速回调，到第 10 个月后基本消失。主产地对北京价格的冲击在第 2 个月达到峰值并随即超过北京对自身价格的冲击且影响持续，后迅速回落并在第 10 个月后消失。北京的一个标准差随机扰动对主产地价格的影响在第 2～3 个月达到最大，后下调到第 10 个月后逐渐消失。主产地对自身的影响在第 2 个月最为明显，且始终超过了北京对其的冲击效果，在第 13 个月后冲击逐渐减小为零。

（5）马铃薯。从图 4-2（5）显示，北京马铃薯价格对其自身的一个标准差随机扰动立刻有较强反应，价格在第 1 个月达到了峰值，随后正向影响迅速回调，在第 50 个月后基本消失；主产地 1%变动对北京价格的影响在第 5 个月达到峰值后下落，在第 50 个月后影响基本消失。北京 1%价格的变动对主产地价格的影响在第 3 个月便达到了峰值，后减小至第 50 个月后为零。主产地对自身一个新息的响应非常迅速，在第 3 个月达到峰值后至第 50 个月才逐渐消失，且一直超过了北京价格变动带来的冲击。

（6）尖椒。从图 4-2（6）显示，北京尖椒价格对自身一个新息的响应在第 2 个月达到最大，并在第 5 个月由正向响应转为负向响应并在第 11 个月开始再转为正向，于第 17 个月后响应消失。主产地价格对北京的冲击与北京对自身价格的冲击效果相似，只是冲击略小于后者。北京 1%的价格变动对主产地价格的冲击在第 2 个月达到了峰值并在第 5 个月开始转为负向影响，在第 11 个月后再次转为正向影响并于第 17 个月后逐渐消失。主产地对自身价格的冲击也在第 2 个月达到了最大值，并在第 6 个月转为负值，也在第 11 个月后再次转为正向影响并在第 17 个月后影响消失。

（7）蒜薹。从图 4-2（7）显示，北京蒜薹价格 1%变动引起自身的响应在第 2 个月达到峰值，并快速回调在第 25 个月后基本响应基本消失。主产地价格 1%引起北京价格的响应在第 2 个月也达到了峰值并在第 4 个月开始超过了北京价格对自身的响应，后快速回落于第 25 个月后逐渐消失。北京价格一个新息引起主产地价格的影响在第 3 个月达到峰值并快速下降于第 25 个月后减小为零。主产地对自身价格一个新息的响应要大于对北京价格的响应，也在第 3 个月达到响应最大值，并于第 25 个月后逐渐消失。

（8）茄子。从图 4-2（8）显示，北京茄子价格 1%变动与主产地价格 1%变动引起北京价格的响应方式基本相同，北京价格对自身的响应只是略提前1个月左右，在第3个月前后达到正向响应的峰值并在第6个月后转为负向响应，在第9个月前达到了负向最大影响后于第13个月前后再次转为正向影响，并在第19个月前后又转为负向影响后于第30个月后逐渐减小为零。主产地价格对北京价格和自身价格的一个新息的响应也是基本相同的，只是对自身的响应更加剧烈一些，均在第3个月达到了正向响应最大值，在第6个月前后转为负向响应并在第9个月前后达到了最大负影响，第13个月开始再次转为正向响应后第19个月又转为负向影响，在第30个月后才逐渐减小为零。

（9）韭菜。从图4-2（9）显示，北京韭菜价格对北京价格一个新息的响应在第2个月达到峰值后迅速回调在第8个月转为负向影响后于第15个月逐渐消失。主产地对北京价格的冲击与北京对自身价格的冲击方式基本相同，只是效果略小于后者。主产地对于北京价格一个新息的响应与第2个月达到最大值后下降至第8个月转为负向影响，在第15个月后减小为零。主产地对自身价格的一个新息的响应与对北京价格响应基本一致，只是效果略大于后者。

（10）黄瓜。从图4-2（10）显示，北京价格对自身一个新息的响应在第3个月达到最大值，后下降至第6个月转为负向影响后于第12个月后逐渐消失。北京价格对主产地一个新息的响应也在第3个月达到最大值，后回落至第7个月转为负向影响于第12个月后逐渐消失。主产地价格对北京价格一个新息的响应于第3个月达到峰值后下降至第6个月转为负向影响，于第12个月后逐渐消失。主产地价格对自身一个新息的响应也在第3个月达到峰值后在第8个月转为负向并快速回归，在第12个月就减小至零。

（11）青椒。从图4-2（11）显示，北京价格对自身一个新息的响应在第3个月达到了峰值，在第5～6个月转为负向响应并在第7个月达到最大效果，后在第11个月前后再次转为正向响应，于第18个月后逐渐消失。主产地对北京价格一个新息和自身价格一个新息的响应基本相同，均在第3个月达到最大值，在第6个月前后转为负向响应并在第11个月再次转为正向响应，于第18个月后响应逐渐消失。

（12）胡萝卜。从图4-2（12）显示，北京胡萝卜价格对自身价格一个新息的响应于第2个月达到最大值并在第4个月前后小于对于主产地价格一个新息的响应，回落后在第25个月后消失。主产地一个新息对北京价格的冲击在第2个月达到最大，并在第4个月超过北京价格对自身价格的冲击，也于第25个月后冲击消失。主产地对自身胡萝卜价格一个新息的响应非常迅速，在第1个月便达到了峰值，后快速下降，在第25个月后逐渐消失。

（13）大白菜。从图 4-2（13）显示，北京大白菜价格对自身价格一个新息的响应快速，在第 1 个月即达到了最大值后快速下降，于第 6 个月后逐渐消失。而对主产地价格一个新息的响应与对自身的响应规模相当，只是在第 2 个月才达到了峰值，同样快速下降至第 6 个月为零。主产地大白菜价格对自身价格的一个新息的响应也同样迅速，也在第 1 个月达到了峰值，后快速回调至第 6 个月后减小到零。

（二）贡献度分析

方差分解能够给出随机新息的相对重要性信息。为考察影响生产价格指数和零售价格指数波动的因素，采用方差分解分析。在方差分解前，先要观察各个 VAR 模型的单位根情况，若单位根不都在单位圆中表明 VAR 系统不稳定，则无法进行方差分解；反之，就可以用进行方差分解。在观察各果蔬品种的 AR 根图后，发现所有单位根均落入单位圆内（图 4-3），符合方差分解的先决条件。

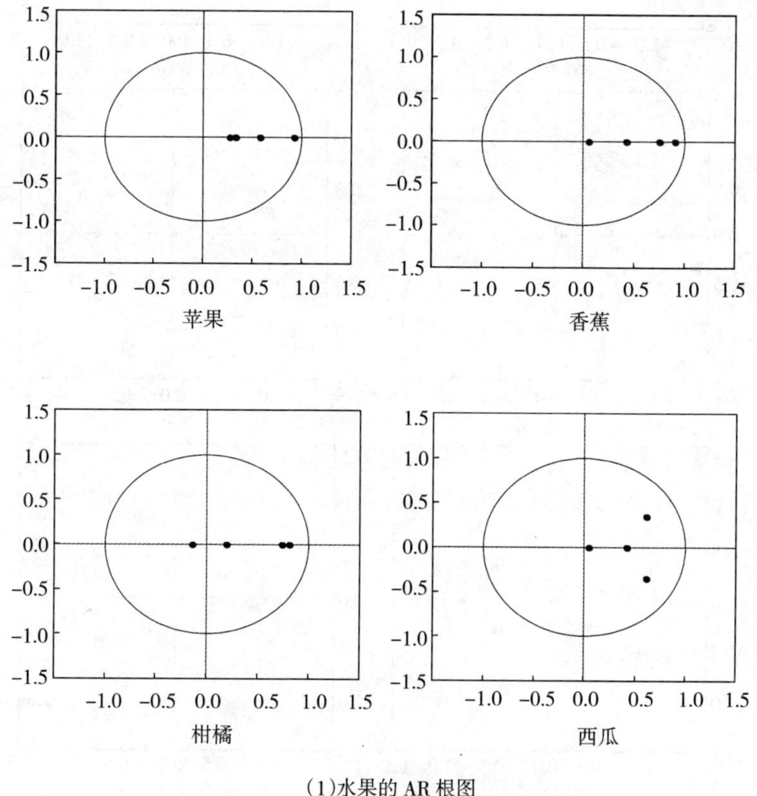

(1)水果的 AR 根图

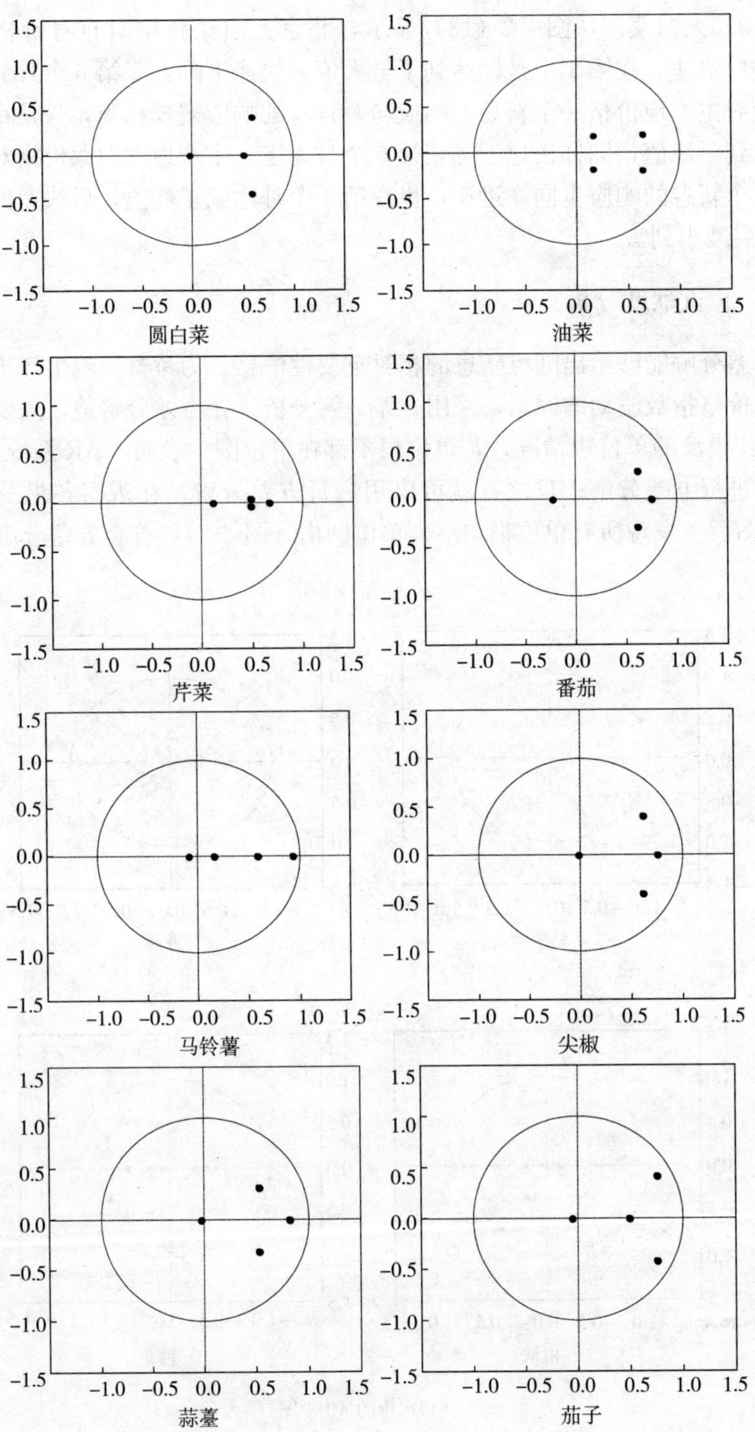
1.5
1.0
0.5
0.0
-0.5
-1.0
-1.5
-1.0 -0.5 0.0 0.5 1.0 1.5
圆白菜
油菜
芹菜
番茄
马铃薯
尖椒
蒜薹
茄子

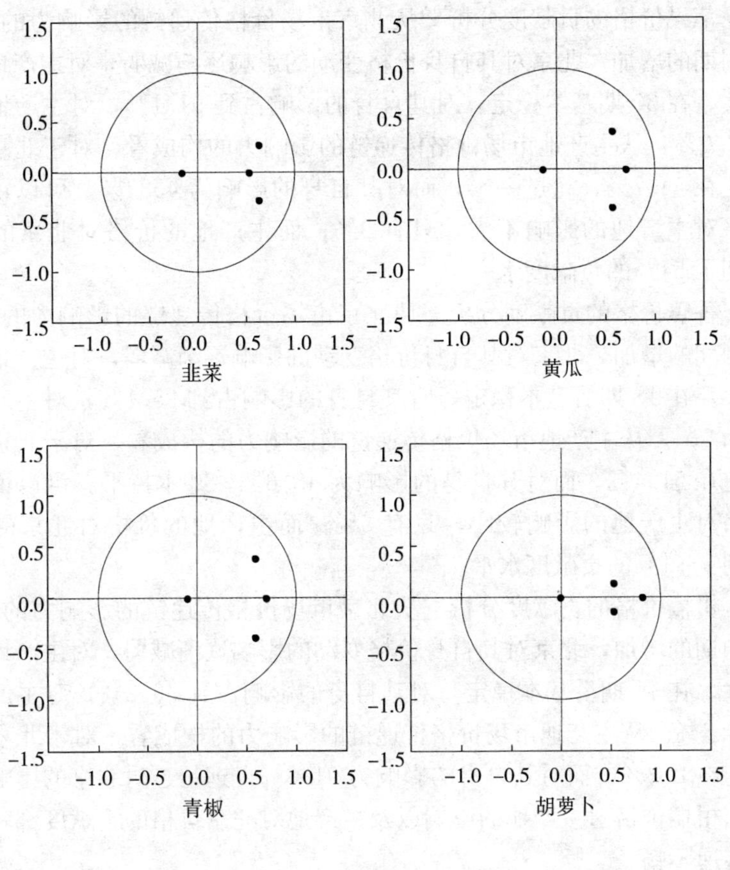

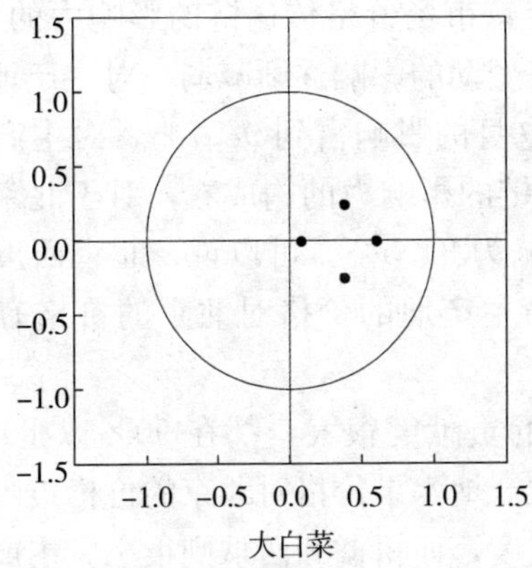

(2)蔬菜的 AR 根图

图 4-3　果蔬 VAR 的 AR 根图

1. 水果 VAR 的方差分解（表 4-9）

（1）苹果价格的贡献度分析。从北京市场价格传递链的影响力的构成看：随着预测期的增加，北京对其自身价格变动的影响逐渐减弱，对主产地的影响逐渐增大。在 30 期基本稳定，对其自身的影响占到 91.1%，对主产地的影响只占到 8.9%。从主产地市场价格传递链的影响力的构成看，对于北京价格的影响稳定在 54.7%，超过一半，而对其自身的影响为 45.3%。可以说，北京苹果价格对主产地的影响不大，只有 9%；而主产地的价格对北京的影响较大，达到了 54%的贡献度水平。

（2）香蕉价格的贡献度分析。从北京市场价格传递链的影响力的构成看：随着预测期的增加，北京对其自身价格变动的影响逐渐减弱，对主产地的影响逐渐增大。在 18 期后基本稳定，对其自身的影响占到 95.1%，对主产地的影响占到 4.9%。从主产地市场价格传递链的影响力的构成看，对于北京价格的影响稳定在 51.4%，而对其自身的影响为 48.6%，基本持平。可以说，北京香蕉价格对主产地的影响较小，只有 5%；而主产地的价格对北京的影响较大，达到了 51%的贡献度水平。

（3）柑橘价格的贡献度分析。从北京市场价格传递链的影响力的构成看：随着预测期的增加，北京对其自身价格变动的影响逐渐减弱，对主产地的影响逐渐增大。在 11 期后基本稳定，对其自身的影响占到 96.2%，对主产地的影响占到 3.8%。从主产地市场价格传递链的影响力的构成看，对于北京价格的影响稳定在 8.2%，而对其自身的影响为 91.8%，远超过对北京的影响。可以说，北京柑橘价格对主产地的影响以及主产地对北京价格的贡献度都较小，说明价格传递不畅。

（4）西瓜价格的贡献度分析。从北京市场价格传递链的影响力的构成看：随着预测期的增加，北京对其自身价格变动的影响逐渐减弱，对主产地的影响逐渐增大。在 9 期后基本稳定，对其自身的影响占到 98.7%，对主产地的影响仅为 1.3%。从主产地市场价格传递链的影响力的构成看，对于北京价格的影响稳定在 15.5%，而对其自身的影响为 84.5%。可以说，北京西瓜价格对主产地的贡献度很小，只有 1.3%；而主产地的价格对北京的价格有一定影响，贡献度达到 15.5%。

总体而言，北京水果价格对自身的贡献度很大，都在 90%以上的水平，而对主产地市场的贡献度则都较小。主产地水果价格对北京的价格贡献度差别较大，苹果和香蕉都有一半左右的贡献度，而柑橘和西瓜则很小。主产地水果价格对自身的贡献度都较大，均在一半或以上的水平。

表 4-9　水果 VAR 的方差分解结果

预测期	苹果				香蕉				柑橘				西瓜			
	北京		主产地		北京		主产地		北京		主产地		北京		主产地	
	北京	产地	北京	产地	北京	产地	北京	产地	北京	产地	北京	产地	北京	产地	北京	产地
1	100.0	0.0	6.7	93.3	100.0	0.0	14.6	85.4	100.0	0.0	0.9	99.1	100.0	0.0	71.2	28.8
2	99.0	1.0	13.4	86.6	100.0	0.0	32.1	67.9	98.5	1.5	4.0	96.0	99.2	0.8	79.7	20.3
3	97.6	2.4	20.7	79.3	99.8	0.2	40.8	59.2	97.8	2.2	5.3	94.7	99.2	0.8	83.2	16.8
4	96.3	3.7	27.4	72.6	99.6	0.4	45.3	54.7	97.3	2.7	6.2	93.8	99.3	0.7	84.4	15.6
5	95.3	4.7	33.0	67.0	99.2	0.8	47.7	52.3	97.0	3.0	6.7	93.3	99.1	0.9	84.6	15.4
6	94.4	5.6	37.5	62.5	98.8	1.2	49.1	50.9	96.7	3.3	7.2	92.8	98.9	1.1	84.5	15.5
7	93.7	6.3	40.9	59.1	98.3	1.7	50.0	50.0	96.6	3.4	7.5	92.5	98.8	1.2	84.5	15.5
8	93.2	6.8	43.7	56.3	97.9	2.1	50.5	49.5	96.5	3.5	7.7	92.3	98.7	1.3	84.5	15.5
9	92.8	7.2	45.8	54.2	97.5	2.5	50.8	49.2	96.4	3.6	7.9	92.1	98.7	1.3	84.5	15.5
10	92.4	7.6	47.5	52.5	97.1	2.9	51.0	49.0	96.3	3.7	8.0	92.0	98.7	1.3	84.5	15.5
11	92.2	7.8	48.8	51.2	96.8	3.2	51.1	48.9	96.3	3.7	8.1	91.9	98.7	1.3	84.5	15.5
12	92.0	8.0	49.9	50.1	96.5	3.5	51.2	48.8	96.2	3.8	8.1	91.9	98.7	1.3	84.5	15.5
13	91.8	8.2	50.7	49.3	96.2	3.8	51.3	48.7	96.2	3.8	8.2	91.8	98.7	1.3	84.5	15.5
14	91.7	8.3	51.4	48.6	96.0	4.0	51.3	48.7	96.2	3.8	8.2	91.8	98.7	1.3	84.5	15.5
15	91.6	8.4	52.0	48.0	95.8	4.2	51.3	48.7	96.2	3.8	8.2	91.8	98.7	1.3	84.5	15.5
16	91.5	8.5	52.5	47.5	95.7	4.3	51.3	48.7	96.2	3.8	8.2	91.8	98.7	1.3	84.5	15.5
17	91.4	8.6	52.9	47.1	95.6	4.4	51.3	48.7	96.2	3.8	8.2	91.8	98.7	1.3	84.5	15.5
18	91.3	8.7	53.2	46.8	95.5	4.5	51.4	48.6	96.2	3.8	8.2	91.8	98.7	1.3	84.5	15.5
19	91.3	8.7	53.5	46.5	95.4	4.6	51.4	48.6	96.2	3.8	8.2	91.8	98.7	1.3	84.5	15.5
20	91.2	8.8	53.7	46.3	95.3	4.7	51.4	48.6	96.2	3.8	8.2	91.8	98.7	1.3	84.5	15.5
21	91.2	8.8	53.9	46.1	95.3	4.7	51.4	48.6	96.2	3.8	8.2	91.8	98.7	1.3	84.5	15.5
22	91.2	8.8	54.0	46.0	95.2	4.8	51.4	48.6	96.2	3.8	8.2	91.8	98.7	1.3	84.5	15.5
23	91.1	8.9	54.2	45.8	95.2	4.8	51.4	48.6	96.2	3.8	8.2	91.8	98.7	1.3	84.5	15.5
24	91.1	8.9	54.3	45.7	95.2	4.8	51.4	48.6	96.2	3.8	8.2	91.8	98.7	1.3	84.5	15.5
25	91.1	8.9	54.4	45.6	95.1	4.9	51.4	48.6	96.2	3.8	8.2	91.8	98.7	1.3	84.5	15.5
26	91.1	8.9	54.4	45.6	95.1	4.9	51.4	48.6	96.2	3.8	8.2	91.8	98.7	1.3	84.5	15.5
27	91.1	8.9	54.5	45.5	95.1	4.9	51.4	48.6	96.2	3.8	8.2	91.8	98.7	1.3	84.5	15.5
28	91.1	8.9	54.6	45.4	95.1	4.9	51.4	48.6	96.2	3.8	8.2	91.8	98.7	1.3	84.5	15.5
29	91.1	8.9	54.6	45.4	95.1	4.9	51.4	48.6	96.2	3.8	8.2	91.8	98.7	1.3	84.5	15.5
30	91.1	8.9	54.7	45.3	95.1	4.9	51.4	48.6	96.2	3.8	8.2	91.8	98.7	1.3	84.5	15.5

2. 蔬菜 VAR 的方差分解（表 4-10）

（1）圆白菜价格的贡献度分析。从北京市场价格传递链的影响力的构成看：随着预测期的增加，北京对其自身价格变动的影响逐渐减弱，对主产地的影响逐渐增大。在 8 期后基本稳定，对其自身的影响占到 95.3%，对主产地的影响只占到 4.7%。从主产地市场价格传递链的影响力的构成看，对于北京价格的影响稳定在 25.5%，而对其自身的影响为 74.5%。可以说，北京圆白菜价格对主产地的影响不大，只有 5%；而主产地的价格对北京的影响较大，达到了 25.5%的贡献度水平。

（2）油菜价格的贡献度分析。从北京市场价格传递链的影响力的构成看：随着预测期的增加，北京对其自身价格变动的影响逐渐减弱，对主产地的影响逐渐增大。在 9 期后基本稳定，对其自身的影响占到 94.3%，对主产地的影响占到 5.7%。从主产地市场价格传递链的影响力的构成看，对于北京价格的影响稳定在 25.2%，而对其自身的影响为 74.8%。可以说，北京油菜价格对主产地的影响较小，只有 6%，而主产地的价格对北京的影响较大，达到了 25%的贡献度水平。

（3）芹菜价格的贡献度分析。从北京市场价格传递链的影响力的构成看：随着预测期的增加，北京对其自身价格变动的影响逐渐减弱，对主产地的影响逐渐增大。在 9 期后基本稳定，对其自身的影响占到 95.8%，对主产地的影响占到 4.2%。从主产地市场价格传递链的影响力的构成看，对于北京价格的影响稳定在 26.5%，而对其自身的影响为 73.5%。可以说，北京芹菜价格对主产地的影响较小，只有 4%；而主产地的价格对北京的影响较大，达到了 26.5%的贡献度水平。

（4）番茄价格的贡献度分析。从北京市场价格传递链的影响力的构成看：随着预测期的增加，北京对其自身价格变动的影响逐渐减弱，对主产地的影响逐渐增大。在 10 期后基本稳定，对其自身的影响占到 87.9%，对主产地的影响占到 12.1%。从主产地市场价格传递链的影响力的构成看，对于北京价格的影响稳定在 30.4%，而对其自身的影响为 69.6%。可以说，北京番茄价格对主产地有一定影响，贡献度为 12%；而主产地的价格对北京的影响较大，达到了 30%的贡献度水平。

（5）马铃薯价格的贡献度分析。从北京市场价格传递链的影响力的构成看：随着预测期的增加，北京对其自身价格变动的影响逐渐减弱，对主产地的影响逐渐增大。在 20 期后基本稳定，对其自身的影响占到 79.3%，对主产地的影响占到 20.7%。从主产地市场价格传递链的影响力的构成看，对于北京价格的影响稳定在 38%，而对其自身的影响为 62%左右。可以说，北京马铃薯

表 4-10　蔬菜 VAR 的方差分解结果

预测期	圆白菜				油菜				芹菜				番茄				马铃薯			
	北京		主产地		北京		主产地		北京		主产地		北京		主产地		北京		主产地	
	北京	产地	北京	产地	北京	产地	北京	产地	北京	产地	北京	产地	北京	产地	北京	产地	北京	产地	北京	产地
1	100.0	0.0	64.7	35.3	100.0	0.0	60.6	39.4	100.0	0.0	42.4	57.6	100.0	0.0	64.6	35.4	100.0	0.0	37.9	62.1
2	97.4	2.6	72.5	27.5	94.4	5.6	66.7	33.3	98.6	1.4	58.0	42.0	95.9	4.1	73.8	26.2	96.6	3.4	49.2	50.8
3	96.0	4.0	74.2	25.8	94.6	5.4	71.4	28.6	97.4	2.6	65.9	34.1	93.2	6.8	74.2	25.8	93.1	6.9	53.4	46.6
4	95.5	4.5	74.1	25.9	95.2	4.8	73.9	26.1	96.6	3.4	69.8	30.2	91.0	9.0	73.2	26.8	90.1	9.9	55.8	44.2
5	95.4	4.6	73.9	26.1	95.2	4.8	74.9	25.1	96.2	3.8	71.7	28.3	89.5	10.5	72.0	28.0	87.7	12.3	57.3	42.7
6	95.4	4.6	74.1	25.9	95.0	5.0	75.0	25.0	96.0	4.0	72.6	27.4	88.6	11.4	70.9	29.1	85.9	14.1	58.4	41.6
7	95.4	4.6	74.4	25.6	94.7	5.3	75.0	25.0	95.9	4.1	73.1	26.9	88.2	11.8	70.3	29.7	84.4	15.6	59.2	40.8
8	95.3	4.7	74.5	25.5	94.5	5.5	74.9	25.1	95.8	4.2	73.3	26.7	88.0	12.0	69.9	30.1	83.3	16.7	59.8	40.2
9	95.3	4.7	74.5	25.5	94.4	5.6	74.8	25.2	95.8	4.2	73.4	26.6	87.9	12.1	69.8	30.2	82.5	17.5	60.3	39.7
10	95.3	4.7	74.5	25.5	94.4	5.6	74.8	25.2	95.8	4.2	73.4	26.6	87.9	12.1	69.7	30.3	81.8	18.2	60.6	39.4
11	95.3	4.7	74.5	25.5	94.3	5.7	74.8	25.2	95.8	4.2	73.5	26.5	87.9	12.1	69.7	30.3	81.3	18.7	60.9	39.1
12	95.3	4.7	74.5	25.5	94.3	5.7	74.8	25.2	95.8	4.2	73.5	26.5	87.9	12.1	69.7	30.3	80.8	19.2	61.1	38.9
13	95.3	4.7	74.5	25.5	94.3	5.7	74.8	25.2	95.8	4.2	73.5	26.5	87.9	12.1	69.7	30.3	80.5	19.5	61.3	38.7
14	95.3	4.7	74.5	25.5	94.3	5.7	74.8	25.2	95.8	4.2	73.5	26.5	87.9	12.1	69.7	30.3	80.2	19.8	61.5	38.5
15	95.3	4.7	74.5	25.5	94.3	5.7	74.8	25.2	95.8	4.2	73.5	26.5	87.9	12.1	69.6	30.4	80.0	20.0	61.6	38.4
16	95.3	4.7	74.5	25.5	94.3	5.7	74.8	25.2	95.8	4.2	73.5	26.5	87.9	12.1	69.6	30.4	79.8	20.2	61.7	38.3
17	95.3	4.7	74.5	25.5	94.3	5.7	74.8	25.2	95.8	4.2	73.5	26.5	87.9	12.1	69.6	30.4	79.6	20.4	61.8	38.2
18	95.3	4.7	74.5	25.5	94.3	5.7	74.8	25.2	95.8	4.2	73.5	26.5	87.9	12.1	69.6	30.4	79.5	20.5	61.9	38.1
19	95.3	4.7	74.5	25.5	94.3	5.7	74.8	25.2	95.8	4.2	73.5	26.5	87.9	12.1	69.6	30.4	79.4	20.6	61.9	38.1
20	95.3	4.7	74.5	25.5	94.3	5.7	74.8	25.2	95.8	4.2	73.5	26.5	87.9	12.1	69.6	30.4	79.3	20.7	62.0	38.0

（续）

预测期	尖椒				蒜薹				茄子				韭菜				黄瓜			
	北京		主产地		北京		主产地		北京		主产地		北京		主产地		北京		主产地	
	北京	产地	北京	产地	北京	产地	北京	产地	北京	产地	北京	产地	北京	产地	北京	产地	北京	产地	北京	产地
1	100.0	0.0	78.8	21.2	100.0	0.0	37.9	62.1	100.0	0.0	37.9	62.1	100.0	0.0	75.3	24.7	100.0	0.0	68.2	31.8
2	99.1	0.9	81.8	18.2	96.6	3.4	49.2	50.8	96.6	3.4	49.2	50.8	98.2	1.8	83.5	16.5	98.7	1.3	77.7	22.3
3	97.7	2.3	80.4	19.6	93.1	6.9	53.4	46.6	93.1	6.9	53.4	46.6	97.7	2.3	86.0	14.0	97.0	3.0	78.1	21.9
4	96.2	3.8	77.8	22.2	90.1	9.9	55.8	44.2	90.1	9.9	55.8	44.2	97.5	2.5	86.9	13.1	95.2	4.8	76.6	23.4
5	95.0	5.0	75.6	24.4	87.7	12.3	57.3	42.7	87.7	12.3	57.3	42.7	97.4	2.6	87.2	12.8	94.0	6.0	75.0	25.0
6	94.5	5.5	74.6	25.4	85.9	14.1	58.4	41.6	85.9	14.1	58.4	41.6	97.4	2.6	87.3	12.7	93.4	6.6	74.1	25.9
7	94.3	5.7	74.3	25.7	84.4	15.6	59.2	40.8	84.4	15.6	59.2	40.8	97.4	2.6	87.3	12.7	93.2	6.8	73.8	26.2
8	94.3	5.7	74.4	25.6	83.3	16.7	59.8	40.2	83.3	16.7	59.8	40.2	97.4	2.6	87.3	12.7	93.2	6.8	73.7	26.3
9	94.4	5.6	74.4	25.6	82.5	17.5	60.3	39.7	82.5	17.5	60.3	39.7	97.4	2.6	87.3	12.7	93.2	6.8	73.6	26.4
10	94.4	5.6	74.4	25.6	81.8	18.2	60.6	39.4	81.8	18.2	60.6	39.4	97.4	2.6	87.3	12.7	93.2	6.8	73.6	26.4
11	94.4	5.6	74.3	25.7	81.3	18.7	60.9	39.1	81.3	18.7	60.9	39.1	97.4	2.6	87.3	12.7	93.2	6.8	73.6	26.4
12	94.4	5.6	74.3	25.7	80.8	19.2	61.1	38.9	80.8	19.2	61.1	38.9	97.4	2.6	87.3	12.7	93.2	6.8	73.6	26.4
13	94.4	5.6	74.3	25.7	80.5	19.5	61.3	38.7	80.5	19.5	61.3	38.7	97.4	2.6	87.3	12.7	93.2	6.8	73.6	26.4
14	94.4	5.6	74.3	25.7	80.2	19.8	61.5	38.5	80.2	19.8	61.5	38.5	97.4	2.6	87.3	12.7	93.2	6.8	73.6	26.4
15	94.4	5.6	74.3	25.7	80.0	20.0	61.6	38.4	80.0	20.0	61.6	38.4	97.4	2.6	87.3	12.7	93.2	6.8	73.6	26.4
16	94.4	5.6	74.3	25.7	79.8	20.2	61.7	38.3	79.8	20.2	61.7	38.3	97.4	2.6	87.3	12.7	93.2	6.8	73.6	26.4
17	94.4	5.6	74.3	25.7	79.6	20.4	61.8	38.2	79.6	20.4	61.8	38.2	97.4	2.6	87.3	12.7	93.2	6.8	73.6	26.4
18	94.4	5.6	74.3	25.7	79.5	20.5	61.9	38.1	79.5	20.5	61.9	38.1	97.4	2.6	87.3	12.7	93.2	6.8	73.6	26.4
19	94.4	5.6	74.3	25.7	79.4	20.6	61.9	38.1	79.4	20.6	61.9	38.1	97.4	2.6	87.3	12.7	93.2	6.8	73.6	26.4
20	94.4	5.6	74.3	25.7	79.3	20.7	62.0	38.0	79.3	20.7	62.0	38.0	97.4	2.6	87.3	12.7	93.2	6.8	73.6	26.4

（续）

预测期	青椒				胡萝卜				大白菜			
	北京		主产地		北京		主产地		北京		主产地	
	北京	产地	北京	产地	北京	产地	北京	产地	北京	产地	北京	产地
1	100.0	0.0	81.3	18.7	100.0	0.0	44.5	55.5	100.0	0.0	70.5	29.5
2	99.4	0.6	86.2	13.8	97.9	2.1	48.4	51.6	96.6	3.4	68.0	32.0
3	98.6	1.4	86.3	13.7	94.1	5.9	48.1	51.9	95.7	4.3	67.1	32.9
4	97.8	2.2	85.3	14.7	89.8	10.2	46.6	53.4	95.7	4.3	66.8	33.2
5	97.3	2.7	84.3	15.7	85.9	14.1	45.0	55.0	95.7	4.3	66.8	33.2
6	97.0	3.0	83.8	16.2	82.7	17.3	43.6	56.4	95.7	4.3	66.8	33.2
7	97.0	3.0	83.6	16.4	80.4	19.6	42.6	57.4	95.6	4.4	66.8	33.2
8	97.0	3.0	83.6	16.4	78.8	21.2	41.9	58.1	95.6	4.4	66.8	33.2
9	97.0	3.0	83.7	16.3	77.7	22.3	41.4	58.6	95.6	4.4	66.8	33.2
10	97.0	3.0	83.7	16.3	77.0	23.0	41.1	58.9	95.6	4.4	66.8	33.2
11	97.0	3.0	83.7	16.3	76.5	23.5	40.9	59.1	95.6	4.4	66.8	33.2
12	97.0	3.0	83.7	16.3	76.2	23.8	40.7	59.3	95.6	4.4	66.8	33.2
13	97.0	3.0	83.7	16.3	76.0	24.0	40.6	59.4	95.6	4.4	66.8	33.2
14	97.0	3.0	83.7	16.3	75.9	24.1	40.6	59.4	95.6	4.4	66.8	33.2
15	97.0	3.0	83.7	16.3	75.8	24.2	40.5	59.5	95.6	4.4	66.8	33.2
16	97.0	3.0	83.7	16.3	75.7	24.3	40.5	59.5	95.6	4.4	66.8	33.2
17	97.0	3.0	83.7	16.3	75.7	24.3	40.5	59.5	95.6	4.4	66.8	33.2
18	97.0	3.0	83.7	16.3	75.7	24.3	40.5	59.5	95.6	4.4	66.8	33.2
19	97.0	3.0	83.7	16.3	75.6	24.4	40.5	59.5	95.6	4.4	66.8	33.2
20	97.0	3.0	83.7	16.3	75.6	24.4	40.5	59.5	95.6	4.4	66.8	33.2

价格对主产地有一定影响，贡献度为 20%；而主产地的价格对北京的影响较大，达到了 38%的贡献度水平。

(6) 尖椒价格的贡献度分析。从北京市场价格传递链的影响力的构成看：随着预测期的增加，北京对其自身价格变动的影响逐渐减弱，对主产地的影响逐渐增大。在 9 期后基本稳定，对其自身的影响占到 94.4%，对主产地的影响只占到 5.6%。从主产地市场价格传递链的影响力的构成看，对于北京价格的影响稳定在 25.7%，而对其自身的影响为 74.3%。可以说，北京尖椒价格对主产地的影响不大，只有 6%；而主产地的价格对北京的影响明显，达到了 26%的贡献度水平。

(7) 蒜薹价格的贡献度分析。从北京市场价格传递链的影响力的构成看：随着预测期的增加，北京对其自身价格变动的影响逐渐减弱，对主产地的影响逐渐增大。在 20 期后基本稳定，对其自身的影响占到 79.3%，对主产地的影响占到 20.7%。从主产地市场价格传递链的影响力的构成看，对于北京价格的影响稳定在 38%，而对其自身的影响为 62%。可以说，北京蒜薹价格对主产地的影响明显，达到了 20%的水平；而主产地的价格对北京的影响较大，达到了 38%的贡献度水平。

(8) 茄子价格的贡献度分析。从北京市场价格传递链的影响力的构成看：随着预测期的增加，北京对其自身价格变动的影响逐渐减弱，对主产地的影响逐渐增大。在 20 期后基本稳定，对其自身的影响占到 79.3%，对主产地的影响占到 20.7%。从主产地市场价格传递链的影响力的构成看，对于北京价格的影响稳定在 38%，而对其自身的影响为 62%。可以说，北京茄子价格对主产地的影响明显，达到了 21%的水平；而主产地的价格对北京的影响较大，达到了 38%的贡献度水平。

(9) 韭菜价格的贡献度分析。从北京市场价格传递链的影响力的构成看：随着预测期的增加，北京对其自身价格变动的影响逐渐减弱，对主产地的影响逐渐增大。在 6 期后基本稳定，对其自身的影响占到 97.4%，对主产地的影响占到 2.6%。从主产地市场价格传递链的影响力的构成看，对于北京价格的影响稳定在 12.7%，而对其自身的影响为 87.3%。可以说，北京韭菜价格对主产地的影响很小只有 2.6%；而主产地的价格对北京的有一定影响，达到 12.7%的贡献度水平。

(10) 黄瓜价格的贡献度分析。从北京市场价格传递链的影响力的构成看：随着预测期的增加，北京对其自身价格变动的影响逐渐减弱，对主产地的影响逐渐增大。在 7 期后基本稳定，对其自身的影响占到 93.2%，对主产地的影响占到 6.8%。从主产地市场价格传递链的影响力的构成看，对于北京价格的影响稳定在26.4%，而对其自身的影响为73.6%。可以说，北京黄瓜价格对主产地的影响较小只有7%；而主产地的价格对北京的影响较大，达到了26.4%的贡献度水平。

（11）青椒价格的贡献度分析。从北京市场价格传递链的影响力的构成看：随着预测期的增加，北京对其自身价格变动的影响逐渐减弱，对主产地的影响逐渐增大。在9期后基本稳定，对其自身的影响占到97%，对主产地的影响只占到3%。从主产地市场价格传递链的影响力的构成看，对于北京价格的影响稳定在16.3%，而对其自身的影响为83.7%。可以说，北京青椒价格对主产地的影响不大，只有3%；而主产地的价格对北京有一定影响，达到了16.3%的贡献度水平。

（12）胡萝卜价格的贡献度分析。从北京市场价格传递链的影响力的构成看：随着预测期的增加，北京对其自身价格变动的影响逐渐减弱，对主产地的影响逐渐增大。在15期后基本稳定，对其自身的影响占到75.6%，对主产地的影响占到24.4%。从主产地市场价格传递链的影响力的构成看，对于北京价格的影响稳定在59.5%，超过一半，而对其自身的影响为40.5%。可以说，北京胡萝卜价格对主产地的影响明显，达到了24%的水平；而主产地的价格对北京的影响很大，达到了60%的贡献度水平。

（13）大白菜价格的贡献度分析。从北京市场价格传递链的影响力的构成看：随着预测期的增加，北京对其自身价格变动的影响逐渐减弱，对主产地的影响逐渐增大。在7期后基本稳定，对其自身的影响占到95.6%，对主产地的影响只占到4.4%。从主产地市场价格传递链的影响力的构成看，对于北京价格的影响稳定在33.2%，而对其自身的影响为66.8%。可以说，北京大白菜价格对主产地的影响很小，只有4.4%的水平；而主产地的价格对北京的影响较大，达到了33%的贡献度水平。

综上所述，北京蔬菜价格对自身都有非常强的影响，均在七成以上的水平；对主产地的贡献度则各有不同，番茄、马铃薯、蒜薹、茄子和胡萝卜的价格北京市都对主产地有较为明显的贡献度，而其余品种则较小。主产地对自身及对北京蔬菜价格都有较为显著的贡献度。

（三）价格联动分析

农产品价格联动机制是指下游农产品价格因受上游农产品价格变动的影响进而发生涨跌趋向一致的价格调整制度，包括顺价上调和顺价下调两种形式。这种机制的最大特点是下游农产品价格直接与上游农产品价格挂钩，即上游农产品价格上涨时下游农产品价格随之上涨，上游农产品价格下跌时下游农产品价格随之下跌。本书将具体研究北京市与相关主产地的果蔬产品价格的联动机制。

果蔬产品的市场价格由生产成本和运销成本构成。只有当由于生产成本或者说是种植成本的变化引起上游果蔬价格变化，需要对下游果蔬价格进行调整时，才适用价格联动的方法。而对于由于运销成本（指流通和分销过程带来的成本）变化引起的上游果蔬价格变化，需要对下游价格调整时则不适用。这一点在北京与相关果蔬主产地的价格联动机制的适用性中是非常重要的，本部分假设果蔬价格的变化全部来自于生产成本的变化。

对于北京与相关果蔬主产地的价格联动机制研究，需要设置启动点和确定联动系数。一般情况下，都以建立价格联动机制时本次价格调整的时间和制定的价格作为首次启动点，下次价格联动时，以首次启动点的价格为基础进行调整。联动系数的设置不尽相同，一般设置为“当上游价格上调或下调多少时启动价格联动机制”或设置为“当上游价格上调或下调百分之几时启动价格联动机制”。根据各个果蔬产品的实际情况，启动点设置和联动系数的确定也因品种不同而不同。对于这一部分的研究，需要结合第三章与第四章的研究结论。

1. 水果价格的联动研究 根据第三章“水果价格总量波动分析”，可以发现上游主产地水果价格与下游北京水果价格的总量波动方式是相似的。所以，可以根据这部分内容先算出4个水果品种主产地价格总量月变动率，再根据第四章“水果价格的回归分析”中计算得出的主产地回归系数与变动率相乘后相加，得出了主产地综合的月变动率。如表4-11所示。

表4-11 水果主产地价格综合月变动率

单位：%

时间	苹果	香蕉	柑橘	西瓜	时间	苹果	香蕉	柑橘	西瓜
1998.1	—	—	—	—	1999.2	15.94	0.00	28.29	26.80
1998.2	13.07	−0.17	4.17	0.56	1999.3	22.27	8.35	−3.66	−1.89
1998.3	12.92	−0.25	4.20	−0.85	1999.4	24.29	6.55	8.69	−19.06
1998.4	23.72	0.07	0.62	0.27	1999.5	−2.82	−3.49	−2.52	−30.40
1998.5	22.18	−6.31	14.59	11.05	1999.6	8.42	−2.27	−13.91	−71.80
1998.6	7.85	−2.64	−0.05	−72.02	1999.7	1.62	−12.58	3.22	−65.43
1998.7	18.07	−10.27	−0.31	−75.13	1999.8	−0.50	4.80	11.07	14.02
1998.8	21.06	−6.21	0.03	−26.14	1999.9	−9.15	5.80	−1.44	114.07
1998.9	−40.78	9.62	1.14	205.82	1999.10	−56.54	−4.02	−7.73	85.79
1998.10	−47.06	−6.73	−0.66	127.66	1999.11	−16.49	−8.96	−1.57	56.16
1998.11	−29.38	−7.13	1.74	43.69	1999.12	14.12	−13.22	−0.69	38.75
1998.12	19.65	−1.25	−4.31	28.27	2000.1	−11.78	16.11	−10.83	43.61
1999.1	7.73	4.00	−8.58	22.60	2000.2	31.68	−0.17	−5.14	−8.00

（续）

时间	苹果	香蕉	柑橘	西瓜	时间	苹果	香蕉	柑橘	西瓜
2000.3	−19.41	21.58	−12.32	−10.21	2003.6	−8.85	2.78	7.24	−63.43
2000.4	−5.42	3.90	1.91	−7.72	2003.7	9.59	0.46	−1.88	−49.20
2000.5	21.03	9.81	−2.51	−39.76	2003.8	14.79	−9.06	2.52	59.90
2000.6	15.04	−4.85	18.28	−61.49	2003.9	4.38	4.91	−3.79	53.59
2000.7	−8.32	−5.31	10.96	−51.65	2003.10	−26.71	1.50	−0.46	56.57
2000.8	2.39	−0.73	−1.96	10.86	2003.11	−17.02	−7.83	9.86	41.32
2000.9	−30.15	−0.37	12.41	75.38	2003.12	38.58	4.88	−1.98	65.27
2000.10	0.80	−4.57	2.36	40.37	2004.1	−9.15	3.52	0.74	18.04
2000.11	−13.67	3.94	−21.82	45.87	2004.2	−15.43	4.20	−7.03	−19.54
2000.12	2.33	−10.80	9.23	55.41	2004.3	43.05	7.07	14.34	9.86
2001.1	20.06	−4.15	3.32	12.86	2004.4	11.05	19.07	2	−3.41
2001.2	2.69	1.73	9.67	1.85	2004.5	2	−8.93	2.70	2
2001.3	8.76	−5.75	6.40	−4.82	2004.6	−11.33	−15.63	−2.14	−51.53
2001.4	9.17	10.70	4.73	−4.17	2004.7	−6.74	1.02	4.08	−42.11
2001.5	30.28	−2.85	−1.18	−30.33	2004.8	−23.46	−9.71	−5.13	46.94
2001.6	2.72	−7.19	7.76	−74.27	2004.9	1.18	−2.42	−6.77	44.92
2001.7	4.29	−3.80	−1.13	−56.92	2004.10	27.77	6.70	2.91	59.16
2001.8	−1.89	−3.62	−14.65	26.64	2004.11	1.63	−3.56	3.54	26.65
2001.9	−22.44	10.83	−2.16	96.41	2004.12	−15.28	6.31	−4.55	5.83
2001.10	−27.48	−5.57	−19.62	86.39	2005.1	3.07	2.16	−2.26	15.10
2001.11	−5.44	−5.63	9.56	48.68	2005.2	16.26	−3.75	0.06	17.77
2001.12	−1.79	−5.85	−8.67	13.07	2005.3	5.87	−2.20	−3.53	−13.35
2002.1	−2.78	5.54	45.48	26.80	2005.4	−9.33	−2.89	2.32	7.12
2002.2	0.31	13.12	−6.86	29.78	2005.5	−7.80	6.41	0.14	−7.22
2002.3	17.54	8.42	−1.25	7.42	2005.6	5.47	−4.15	−7.15	−67.64
2002.4	12.01	15.65	−3.57	−23.11	2005.7	7.55	1.34	4.06	−25.21
2002.5	27.61	−9.83	−2.33	−56.61	2005.8	4.50	−5.26	0.24	13.49
2002.6	7.88	−5.51	14.79	−43.37	2005.9	13.77	20.21	6.59	30.64
2002.7	−11.76	−6.49	−4.34	−46.78	2005.10	2.08	1.17	−1.00	49.19
2002.8	−1.21	−2.13	−9.21	1.08	2005.11	−8.44	−3.40	−6.25	45.82
2002.9	−7.37	−3.73	−4.54	48.33	2005.12	8.76	−3.45	6.03	35.64
2002.10	−7.21	13.92	28.88	37.61	2006.1	22.32	23.78	4.32	11.58
2002.11	2.97	−1.91	−2.26	27.77	2006.2	6.25	0.88	−1.06	2.11
2002.12	−10.76	0.97	−2.18	16.95	2006.3	6.88	12.66	6.32	4.84
2003.1	32.99	10.35	10.35	97.44	2006.4	7.99	4.17	15.64	−5.64
2003.2	−11.11	6.61	−0.06	16.33	2006.5	16.24	−0.20	1.69	−27.93
2003.3	−10.84	−3.29	−6.97	−9.30	2006.6	14.77	−0.14	1.67	−45.18
2003.4	22.62	4.22	−12.85	19.72	2006.7	6.33	−9.53	−0.02	−56.73
2003.5	1.16	1.82	4.64	−35.40	2006.8	−16.20	−7.80	3.79	−4.96

（续）

时间	苹果	香蕉	柑橘	西瓜	时间	苹果	香蕉	柑橘	西瓜
2006.9	0.09	−0.46	0.17	45.44	2009.12	7.70	−9.97	−3.58	41.81
2006.10	−43.74	−9.83	1.57	46.87	2010.1	−0.92	8.81	19.12	10.10
2006.11	−1.90	−3.08	−3.81	33.28	2010.2	10.14	8.75	3.83	27.31
2006.12	0.36	0.27	−5.03	31.71	2010.3	−0.29	1.14	−0.28	7.52
2007.1	6.57	11.30	−8.24	38.58	2010.4	2.04	6.86	−1.44	−1.26
2007.2	−2.80	3.39	−6.30	29.37	2010.5	4.44	13.76	1.88	−10.00
2007.3	12.51	4.35	5.18	−7.56	2010.6	−1.91	2.32	2.38	−39.88
2007.4	−6.38	−6.53	2.58	−23.41	2010.7	−1.59	−2.96	0.14	−44.99
2007.5	−2.42	−7.73	−2.38	−23.35	2010.8	4.86	−2.19	−1.26	−17.28
2007.6	5.69	−11.11	0.18	−54.08	2010.9	0.30	−1.10	1.36	8.02
2007.7	16.04	−8.39	−1.17	−39.80	2010.10	−7.63	−5.09	2.53	46.45
2007.8	5.67	−0.17	−0.06	20.53	2010.11	6.98	−5.52	−1.92	80.36
2007.9	−12.27	7.64	−1.76	38.90	2010.12	4.29	6.79	0.11	36.73
2007.10	12.65	0.96	1.70	38.45	2011.1	19.34	8.82	9.55	17.43
2007.11	12.93	−1.43	4.04	38.58	2011.2	7.80	3.83	6.58	3.92
2007.12	−1.81	5.12	−1.42	51.04	2011.3	−4.25	6.41	−3.78	−7.12
2008.1	2.30	15.64	−5.24	8.29	2011.4	−2.85	11.17	4.02	0.58
2008.2	4.54	2.60	−1.18	3.62	2011.5	−4.84	−0.67	0.43	−22.98
2008.3	1.84	−3.51	−4.60	−4.56	2011.6	−13.40	−17.49	−2.56	−55.93
2008.4	−1.13	14.14	−1.05	22.98	2011.7	−17.48	−20.42	−0.76	−33.52
2008.5	−2.96	−4.86	0.81	−35.46	2011.8	−8.29	2.98	0.40	6.43
2008.6	5.62	−6.36	1.88	−54.15	2011.9	4.76	19.30	−1.41	6.60
2008.7	−7.90	−8.60	1.48	−37.48	2011.10	5.14	5.73	−0.82	37.50
2008.8	0.64	4.21	−0.90	−3.06	2011.11	6.42	9.31	0.59	61.61
2008.9	4.65	7.80	−1.88	17.69	2011.12	9.99	1.31	0.04	49.88
2008.10	−13.52	8.98	−0.33	39.28	2012.1	−13.41	2.01	−13.25	13.22
2008.11	−11.63	0.10	−1.21	55.15	2012.2	2.71	−0.43	−4.26	−1.89
2008.12	−11.40	−8.12	1.17	37.36	2012.3	−7.42	−2.38	−4.53	−1.50
2009.1	19.96	3.69	−9.01	11.78	2012.4	4.13	−2.23	7.39	−0.52
2009.2	−2.46	−3.08	−7.01	25.33	2012.5	28.70	−6.81	8.55	−18.21
2009.3	8.10	7.76	−5.26	3.28	2012.6	−32.67	−6.64	2.19	−55.94
2009.4	9.42	8.77	11.82	−13.64	2012.7	−9.60	−6.31	−1.69	−34.47
2009.5	26.45	12.50	4.59	−16.29	2012.8	6.99	0.30	1.59	21.37
2009.6	19.83	0.26	−0.95	−53.70	2012.9	0.27	1.36	2.16	13.27
2009.7	20.62	−3.85	−1.77	−26.83	2012.10	4.88	4.43	18.04	280.88
2009.8	3.11	−0.12	−0.59	−10.67	2012.11	26.48	0.26	−8.19	−64.11
2009.9	−19.22	−7.99	−0.31	15.51	2012.12	−14.34	−5.57	−9.34	6.75
2009.10	−23.37	−3.86	−0.01	26.66	2013.1	−0.14	3.86	2.20	11.03
2009.11	−10.47	−13.59	−1.32	19.73					

数据来源：作者计算所得。

得到4种水果主产地价格的综合月变动率后，假设消费者对价格上涨或下跌的敏感度为10%，即当上升或下跌10%时对其购买行为有明显影响，在表4-11中用灰度标出绝对值超过10%的月变动率。接下来将分品种来讨论其联动机制的构建。

（1）苹果。根据第四章“贡献度分析”中“水果VAR的方差分解”的部分结论可知，苹果主产地对北京价格的传导率为54%，所以所有主产区月度变动率均需要乘以54%才是真正对北京价格起到的变动效果。并且由水果价格波动的周期特征分析可知，北京苹果价格相对主产区滞后2个月。所以，苹果主产地对北京联动启动点的时间为1998年4月，依次可知，5月较4月有上涨6.98%的趋势，6月较5月上涨……11月较10月有下降22.02%的趋势等。

联动系数是由全部达到10%划分标准的月变动率经过54%调整系数调整后的结果，见表4-12。而对北京价格造成的联动效果都要滞后2个月，或者是从主产地价格变动开始第3个月。根据苹果的联动系数，可以上调或下调北京市苹果价格的预期。

表4-12　苹果主产地对北京价格的联动系数

单位：%

时间	联动系数	时间	联动系数	时间	联动系数	时间	联动系数
1998.2	7.06	2000.6	8.12	2004.2	−8.33	2008.10	−7.30
1998.3	6.98	2000.9	−16.28	2004.3	23.24	2008.11	−6.28
1998.4	12.81	2000.11	−7.38	2004.4	5.97	2008.12	−6.15
1998.5	11.98	2001.1	10.83	2004.5	−7.79	2009.1	10.78
1998.7	9.76	2001.5	16.35	2004.6	−6.12	2009.5	14.28
1998.8	11.37	2001.9	−12.12	2004.8	−12.67	2009.6	10.71
1998.9	−22.02	2001.10	−14.84	2004.10	15.00	2009.7	11.14
1998.10	−25.41	2002.3	9.47	2004.12	−8.25	2009.9	−10.38
1998.11	−15.86	2002.4	6.49	2005.2	8.78	2009.10	−12.62
1998.12	10.61	2002.5	14.91	2005.9	7.44	2009.11	−5.66
1999.2	8.61	2002.7	−6.35	2006.1	12.05	2010.2	5.47
1999.3	12.03	2002.12	−5.81	2006.5	8.77	2011.1	10.44
1999.4	13.12	2003.1	17.81	2006.6	7.97	2011.6	−7.24
1999.10	−30.53	2003.2	−6.00	2006.8	−8.75	2011.7	−9.44
1999.11	−8.90	2003.3	−5.85	2006.10	−23.62	2012.1	−7.24
1999.12	7.62	2003.4	12.21	2007.3	6.75	2012.5	15.50
2000.1	−6.36	2003.8	7.99	2007.7	8.66	2012.6	−17.64
2000.2	17.11	2003.10	−14.42	2007.9	−6.63	2012.11	14.30
2000.3	−10.48	2003.11	−9.19	2007.10	6.83	2012.12	−7.74
2000.5	11.36	2003.12	20.83	2007.11	6.98		

按照同样的方法可以分析其他 3 种水果的联动机制。

(2) 香蕉。香蕉主产地对北京价格的传导率为 51%，又因为北京香蕉价格相对主产区滞后 2 个月，所以香蕉主产地对北京联动启动点的时间为 1998 年 9 月，联动系数如表 4-13 所示。

表 4-13　香蕉主产地对北京价格的联动系数

单位:%

时间	联动系数	时间	联动系数
1998.7	−5.24	2005.9	10.31
1999.7	−6.42	2006.1	12.13
1999.12	−6.74	2006.3	6.46
2000.1	8.21	2007.1	5.76
2000.3	11.00	2007.6	−5.66
2000.12	−5.51	2008.1	7.98
2001.4	5.46	2008.4	7.21
2001.9	5.52	2009.5	6.37
2002.2	6.69	2009.11	−6.93
2002.4	7.98	2010.5	7.02
2002.10	7.10	2011.4	5.70
2003.1	5.28	2011.6	−8.92
2004.4	9.72	2011.7	−10.41
2004.6	−7.97	2011.9	9.84

(3) 柑橘。柑橘主产地对北京价格的传导率仅为 8%，又因为北京柑橘价格相对主产区滞后 1 个月，所以柑橘主产地对北京联动启动点的时间为 1998 年 6 月，联动系数如表 4-14 所示。可以发现柑橘的联动率都很小，说明柑橘主产地对北京价格联动效果微弱。

表 4-14　柑橘主产地对北京价格的联动系数

单位:%

时间	联动系数	时间	联动系数
1998.5	1.17	2002.1	3.64
1999.2	2.26	2002.6	1.18
1999.6	−1.11	2002.10	2.31
1999.8	0.89	2003.1	0.83
2000.1	−0.87	2003.4	−1.03
2000.3	−0.99	2004.3	1.15
2000.6	1.46	2004.4	−0.88
2000.7	0.88	2006.4	1.25
2000.9	0.99	2009.4	0.95
2000.11	−1.75	2010.1	1.53
2001.8	−1.17	2012.1	−1.06
2001.10	−1.57	2012.10	1.44

（4）西瓜。西瓜主产地对北京价格的传导率为15.5%，又因为北京西瓜价格相对主产区无滞后，所以西瓜主产地对北京联动启动点的时间为1998年5月，联动系数如表4-15所示。可以发现西瓜主产地对北京价格的联动是十分频繁的且波动较大。

表4-15　西瓜主产地对北京价格的联动系数

单位：%

时间	联动系数	时间	联动系数	时间	联动系数	时间	联动系数	时间	联动系数
1998.5	1.71	2001.1	1.99	2003.12	10.12	2007.2	4.55	2010.1	1.57
1998.6	−11.16	2001.5	−4.70	2004.1	2.80	2007.4	−3.63	2010.2	4.23
1998.7	−11.65	2001.6	−11.51	2004.2	−3.03	2007.5	−3.62	2010.5	−1.55
1998.8	−4.05	2001.7	−8.82	2004.5	−6.99	2007.6	−8.38	2010.6	−6.18
1998.9	31.90	2001.8	4.13	2004.6	−7.99	2007.7	−6.17	2010.7	−6.97
1998.10	19.79	2001.9	14.94	2004.7	−6.53	2007.8	3.18	2010.8	−2.68
1998.11	6.77	2001.10	13.39	2004.8	7.28	2007.9	6.03	2010.10	7.20
1998.12	4.38	2001.11	7.55	2004.9	6.96	2007.10	5.96	2010.11	12.46
1999.1	3.50	2001.12	2.03	2004.10	9.17	2007.11	5.98	2010.12	5.69
1999.2	4.15	2002.1	4.15	2004.11	4.13	2007.12	7.91	2011.1	2.70
1999.4	−2.95	2002.2	4.62	2005.1	2.34	2008.4	3.56	2011.5	−3.56
1999.5	−4.71	2002.4	−3.58	2005.2	2.75	2008.5	−5.50	2011.6	−8.67
1999.6	−11.13	2002.5	−8.77	2005.3	−2.07	2008.6	−8.39	2011.7	−5.20
1999.7	−10.14	2002.6	−6.72	2005.6	−10.48	2008.7	−5.81	2011.10	5.81
1999.8	2.17	2002.7	−7.25	2005.7	−3.91	2008.9	2.74	2011.11	9.55
1999.9	17.68	2002.9	7.49	2005.8	2.09	2008.10	6.09	2011.12	7.73
1999.10	13.30	2002.10	5.83	2005.9	4.75	2008.11	8.55	2012.1	2.05
1999.11	8.70	2002.11	4.30	2005.10	7.62	2008.12	5.79	2012.5	−2.82
1999.12	6.01	2002.12	2.63	2005.11	7.10	2009.1	1.83	2012.6	−8.67
2000.1	6.76	2003.1	15.10	2005.12	5.52	2009.2	3.93	2012.7	−5.34
2000.3	−1.58	2003.2	2.53	2006.1	1.80	2009.4	−2.11	2012.8	3.31
2000.5	−6.16	2003.4	3.06	2006.5	−4.33	2009.5	−2.52	2012.9	2.06
2000.6	−9.53	2003.5	−5.49	2006.6	−7.00	2009.6	−8.32	2012.10	43.54
2000.7	−8.01	2003.6	−9.83	2006.7	−8.79	2009.7	−4.16	2012.11	−9.94
2000.8	1.68	2003.7	−7.63	2006.9	7.04	2009.8	−1.65	2013.1	1.71
2000.9	11.68	2003.8	9.28	2006.10	7.27	2009.9	2.40		
2000.10	6.26	2003.9	8.31	2006.11	5.16	2009.10	4.13		
2000.11	7.11	2003.10	8.77	2006.12	4.91	2009.11	3.06		
2000.12	8.59	2003.11	6.40	2007.1	5.98	2009.12	6.48		

通过上述分析可以发现，水果价格的北京与主产地联动机制在品种间有较大差异。苹果、香蕉和西瓜的联动关系较为明显，其中西瓜主产地对北京价格的联动影响最为频繁和突出，而柑橘主产地对北京价格的联动影响并不明显，

说明价格的传导过程中受到了一定阻碍。

2. 蔬菜价格的联动研究 根据第三章中“蔬菜价格总量波动分析”，可以发现上游主产地蔬菜价格与下游北京蔬菜价格的总量波动方式是相似的。同样按照分析水果价格联动的方式来分析各个蔬菜品种的价格联动。

（1）圆白菜。圆白菜主产地对北京价格的传导率为25.5%，又因为北京圆白菜价格相对主产区滞后1个月，所以圆白菜主产地对北京价格联动启动点的时间为1998年3月，联动系数如表4-16所示。

表4-16 圆白菜主产地对北京价格的联动系数

单位：%

时间	联动系数	时间	联动系数	时间	联动系数	时间	联动系数	时间	联动系数
1998.2	9.75	2001.3	−2.56	2004.2	−3.27	2006.11	−14.35	2010.2	10.23
1998.4	14.58	2001.4	23.82	2004.3	7.18	2006.12	7.80	2010.3	6.86
1998.5	13.26	2001.6	−7.59	2004.4	−2.64	2007.2	3.42	2010.4	7.24
1998.6	−14.09	2001.7	12.15	2004.7	15.81	2007.3	10.58	2010.5	−10.38
1998.8	17.19	2001.8	7.03	2004.9	−6.15	2007.4	8.22	2010.6	−12.80
1998.10	−9.82	2001.9	−11.07	2004.10	−8.43	2007.5	−4.10	2010.7	8.03
1998.11	−8.31	2001.10	−10.07	2004.11	−13.21	2007.6	2.81	2010.8	8.61
1998.12	7.35	2001.11	−13.57	2004.12	−9.44	2007.7	8.96	2010.9	−4.99
1999.2	8.57	2001.12	−7.80	2005.1	18.62	2007.9	−5.68	2010.11	−3.88
1999.4	14.77	2002.1	5.55	2005.2	12.56	2007.10	−3.86	2011.3	−4.85
1999.6	−8.23	2002.2	8.96	2005.4	7.92	2007.12	−5.78	2011.5	5.35
1999.7	9.79	2002.3	2.63	2005.5	12.44	2008.2	4.82	2011.6	15.45
1999.8	3.62	2002.4	7.58	2005.6	−2.73	2008.4	5.37	2011.7	13.24
1999.9	−4.13	2002.5	18.99	2005.7	8.32	2008.6	−5.78	2011.8	−9.00
1999.10	−3.99	2002.8	−2.86	2005.8	−5.37	2008.7	10.74	2011.10	−6.04
1999.11	−14.69	2002.9	5.45	2005.9	5.90	2008.10	−6.54	2011.11	−15.32
1999.12	−5.81	2002.11	−13.88	2005.10	−10.93	2008.11	−13.43	2011.12	−5.03
2000.1	11.29	2002.12	10.74	2005.11	−10.69	2008.12	−6.33	2012.1	7.76
2000.2	11.41	2003.1	7.23	2005.12	8.19	2009.1	5.85	2012.2	12.24
2000.3	−4.90	2003.2	5.47	2006.1	9.79	2009.2	6.60	2012.3	6.43
2000.4	6.34	2003.3	6.33	2006.2	4.73	2009.3	8.93	2012.4	18.99
2000.6	−4.89	2003.4	17.34	2006.4	11.65	2009.4	29.33	2012.8	4.87
2000.8	14.92	2003.5	−12.50	2006.5	−4.92	2009.6	−7.86	2012.10	−10.84
2000.10	−9.58	2003.6	−16.27	2006.6	−10.42	2009.9	6.36	2012.11	−12.06
2000.11	−12.75	2003.7	8.20	2006.7	5.43	2009.10	−10.52	2012.12	7.03
2000.12	5.93	2003.8	23.32	2006.8	4.26	2009.11	−4.64	2013.1	13.64
2001.1	13.57	2003.10	−7.41	2006.9	8.80	2009.12	−5.75		
2001.2	3.35	2004.1	2.86	2006.10	−8.85	2010.1	27.07		

（2）油菜。油菜主产地对北京价格的传导率为25%，又因为北京油菜价格相对主产区滞后1个月，所以油菜主产地对北京价格联动启动点的时间为1998年3月，联动系数如表4-17所示。

表4-17　油菜主产地对北京价格的联动系数

单位：%

时间	联动系数	时间	联动系数	时间	联动系数	时间	联动系数	时间	联动系数
1998.2	22.95	2001.3	−33.54	2003.12	3.15	2007.1	−13.64	2010.2	2.82
1998.3	−4.65	2001.4	−12.23	2004.1	4.50	2007.3	−14.94	2010.3	−9.42
1998.4	−44.67	2001.5	−4.39	2004.3	−3.41	2007.4	−4.47	2010.4	−22.96
1998.5	−17.06	2001.6	−16.49	2004.4	−12.78	2007.6	−11.51	2010.5	−28.57
1998.6	−3.66	2001.7	14.48	2004.5	−6.14	2007.7	6.92	2010.6	−5.95
1998.7	−51.53	2001.8	−40.24	2004.7	−9.05	2007.8	−28.78	2010.7	−51.76
1998.8	19.35	2001.9	−28.70	2004.8	12.86	2007.9	13.52	2010.8	−2.72
1998.10	3.86	2001.10	10.21	2004.9	−2.61	2007.10	7.91	2010.9	−9.67
1998.11	−7.39	2001.12	−14.43	2004.10	−3.07	2008.1	−22.58	2010.10	−25.56
1998.12	−114.09	2002.1	11.47	2004.11	−3.97	2008.2	−61.88	2010.11	−27.22
1999.1	−32.19	2002.2	3.32	2005.1	−75.02	2008.3	−31.54	2011.1	−50.61
1999.3	−23.43	2002.3	−3.64	2005.2	−45.97	2008.4	−44.57	2011.2	−68.26
1999.4	−10.80	2002.4	−3.79	2005.3	−18.50	2008.5	−11.47	2011.3	−10.40
1999.5	−19.41	2002.5	−28.19	2005.4	−33.68	2008.6	−8.82	2011.4	−48.73
1999.6	8.49	2002.6	−16.28	2005.5	−10.80	2008.7	−10.99	2011.7	4.84
1999.9	−2.87	2002.8	4.53	2005.6	−3.63	2008.8	−15.50	2011.8	−12.20
1999.10	−5.27	2002.9	−6.80	2005.7	−4.25	2008.9	−3.12	2011.9	−16.50
1999.11	−9.14	2002.10	−8.82	2005.8	10.34	2008.10	−5.23	2011.10	−14.65
2000.1	−38.31	2002.11	−4.46	2005.9	−4.70	2008.11	−25.46	2011.11	−27.46
2000.2	−42.69	2002.12	4.02	2005.11	−9.17	2008.12	−4.04	2011.12	−3.22
2000.3	−38.65	2003.1	−61.87	2006.1	−51.58	2009.1	−136.46	2012.1	−42.88
2000.4	−44.26	2003.2	−17.83	2006.3	−22.37	2009.2	−6.38	2012.3	4.11
2000.5	−9.44	2003.3	−2.60	2006.4	−16.20	2009.4	−52.06	2012.4	−40.90
2000.6	−44.49	2003.4	−22.05	2006.5	7.58	2009.6	−13.07	2012.5	−24.53
2000.7	−7.84	2003.5	−24.66	2006.7	−38.56	2009.7	−7.11	2012.7	−18.34
2000.10	−33.83	2003.6	7.15	2006.8	21.63	2009.8	6.70	2012.8	68.42
2000.11	−5.52	2003.7	7.46	2006.9	−18.35	2009.10	−38.07	2012.10	−24.79
2000.12	14.35	2003.8	17.26	2006.10	−41.52	2009.11	−34.96	2012.12	−57.36
2001.1	−128.03	2003.9	−72.41	2006.11	30.89	2009.12	−15.30	2013.1	−40.05
2001.2	5.70	2003.11	15.86	2006.12	−28.07	2010.1	−60.30		

（3）芹菜。芹菜主产地对北京价格的传导率为 26.5%，又因为北京芹菜价格相对主产区滞后 2 个月，所以芹菜主产地对北京价格联动启动点的时间为 1998 年 4 月，联动系数如表 4-18 所示。

表 4-18 芹菜主产地对北京价格的联动系数

单位：%

时间	联动系数	时间	联动系数	时间	联动系数	时间	联动系数
1998.2	19.29	2002.1	−4.94	2006.2	3.81	2009.10	−4.31
1998.3	−5.21	2002.2	6.28	2006.3	−6.26	2009.12	6.76
1998.4	−5.45	2002.5	8.08	2006.4	−3.53	2010.1	7.61
1998.5	−2.69	2002.6	4.98	2006.5	−4.08	2010.2	3.14
1998.6	−4.72	2002.12	4.20	2006.6	−3.16	2010.3	−3.87
1998.7	−3.84	2003.1	10.02	2006.8	6.07	2010.4	−5.77
1998.8	4.74	2003.2	10.56	2006.9	7.06	2010.5	−4.47
1998.9	3.36	2003.5	−9.28	2006.10	−3.73	2010.6	−4.12
1998.10	−4.36	2003.6	−7.95	2006.11	−5.00	2010.7	4.25
1998.11	−4.50	2008.2	13.84	2006.12	2.91	2010.8	5.08
1998.12	3.73	2008.4	−7.28	2007.1	3.72	2010.12	−3.82
1999.2	5.41	2003.8	12.07	2007.5	−2.90	2011.4	−6.90
1999.8	5.44	2003.9	6.10	2007.6	3.49	2011.6	13.29
1999.11	−3.26	2004.4	−5.80	2007.7	3.14	2011.7	3.90
2000.1	3.26	2004.5	−2.91	2007.8	3.63	2011.8	−2.67
2000.2	10.65	2004.7	2.71	2007.10	−3.51	2011.10	−2.76
2000.4	−7.60	2004.8	7.83	2007.11	4.17	2011.11	−5.60
2000.5	−4.04	2004.10	−3.14	2007.12	−2.74	2012.2	11.59
2000.8	5.98	2004.11	−6.56	2008.8	5.71	2012.3	8.70
2000.10	−4.18	2004.12	−2.75	2008.11	−4.14	2012.6	−2.88
2000.11	−4.35	2005.2	10.80	2009.1	9.88	2012.7	−6.20
2000.12	4.60	2005.3	3.29	2009.2	9.61	2012.8	3.82
2001.1	7.84	2005.4	−4.36	2009.3	3.84	2012.9	2.77
2001.4	−3.34	2005.5	2.81	2009.4	−3.71	2012.10	−4.47
2001.8	5.06	2005.7	6.00	2009.6	−4.47	2012.11	−4.94
2001.9	−3.41	2005.8	2.96	2009.7	−3.48	2012.12	9.37
2001.11	−4.02	2006.1	3.42	2009.8	2.84	2013.1	8.53

（4）番茄。番茄主产地对北京价格的传导率为 30%，又因为北京番茄价格相对主产区滞后 3 个月，所以番茄主产地对北京价格联动启动点的时间为 1998 年 5 月，联动系数如表 4-19 所示。

表 4-19　番茄主产地对北京价格的联动系数

单位：%

时间	联动系数	时间	联动系数	时间	联动系数	时间	联动系数	时间	联动系数
1998.2	−4.70	2000.11	5.74	2004.2	−3.00	2007.5	−13.08	2009.12	4.05
1998.3	5.63	2001.1	8.10	2004.3	−3.78	2007.6	−7.16	2010.1	5.53
1998.5	−10.62	2001.2	10.54	2004.4	−7.22	2007.7	9.01	2010.3	−5.18
1998.6	−16.21	2001.3	−4.90	2004.5	−3.90	2007.8	13.81	2010.5	−6.58
1998.7	−9.03	2001.5	−9.85	2004.6	−12.04	2007.9	−3.44	2010.6	−19.58
1998.8	11.81	2001.6	−16.96	2004.8	9.36	2007.10	5.73	2010.7	−8.59
1998.9	11.22	2001.7	−5.75	2004.10	3.15	2008.1	5.26	2010.8	26.74
1998.11	9.21	2001.8	18.27	2005.2	6.39	2008.2	20.33	2010.9	12.95
1998.12	9.13	2001.9	4.15	2005.4	5.14	2008.3	−5.94	2010.10	15.56
1999.1	6.01	2001.10	3.18	2005.5	−5.63	2008.4	−4.75	2011.1	5.14
1999.2	5.89	2001.11	3.40	2005.6	−13.01	2008.5	−7.26	2011.3	−3.15
1999.3	−6.19	2001.12	8.56	2005.7	8.79	2008.6	−12.61	2011.6	−7.06
1999.4	−3.10	2002.5	−4.07	2005.8	11.76	2008.7	−6.39	2011.9	7.46
1999.5	−4.73	2002.7	−8.10	2005.10	7.53	2008.8	4.67	2011.12	7.54
1999.6	−8.80	2002.9	8.81	2005.12	8.54	2008.9	4.14	2012.3	4.77
1999.7	−6.22	2002.11	7.27	2006.1	18.07	2008.10	9.26	2012.5	−8.96
1999.9	5.25	2003.1	11.22	2006.4	−5.98	2009.1	12.34	2012.6	−16.37
1999.10	12.62	2003.3	5.48	2006.5	−4.56	2009.2	7.30	2012.7	−3.91
1999.11	−4.19	2003.5	−6.10	2006.6	−15.53	2009.3	−4.17	2012.8	25.46
1999.12	−3.81	2003.6	−16.23	2006.7	−10.08	2009.5	−3.02	2012.9	3.58
2000.1	23.66	2003.7	−17.13	2006.8	10.98	2009.6	−12.39	2012.10	−5.12
2000.5	−7.13	2003.8	24.30	2006.9	22.31	2009.7	−7.82	2012.12	3.45
2000.6	−13.01	2003.9	5.72	2006.10	−7.20	2009.8	13.94	2013.1	10.00
2000.7	−3.22	2003.10	27.30	2006.11	9.29	2009.9	10.60		
2000.8	10.84	2003.11	7.75	2006.12	9.55	2009.10	−6.08		
2000.9	6.71	2004.1	5.85	2007.3	7.35	2009.11	19.87		

（5）马铃薯。马铃薯主产地对北京价格的传导率为 38%，又因为北京马铃薯价格相对主产区滞后 3 个月，所以马铃薯主产地对北京价格联动启动点的时间为 1998 年 5 月，联动系数如表 4-20 所示。

表 4-20　马铃薯主产地对北京价格的联动系数

单位：%

时间	联动系数	时间	联动系数	时间	联动系数
1998.2	4.66	2003.9	5.31	2009.5	4.82
1998.3	−7.34	2003.12	4.61	2009.6	−5.93
1998.5	9.56	2004.12	−8.40	2009.7	−4.66
1998.6	−12.48	2005.1	9.61	2009.9	7.25
1999.2	5.69	2005.5	4.16	2009.11	11.16
2000.1	5.26	2005.6	6.08	2010.1	5.63
2000.2	5.41	2005.12	4.67	2010.3	7.40
2000.5	13.15	2006.2	4.57	2010.4	7.63
2000.6	−12.76	2006.4	19.69	2010.5	4.72
2000.11	−4.32	2006.6	−11.64	2010.6	−13.92
2001.2	8.09	2006.7	−5.05	2010.7	−8.48
2001.3	−4.80	2007.2	5.58	2010.8	4.24
2001.5	8.64	2007.7	−4.96	2010.9	3.93
2001.6	−5.34	2007.8	5.89	2010.11	6.25
2001.7	−5.39	2007.11	−3.84	2011.7	−8.45
2001.8	5.18	2008.2	8.18	2011.10	−6.34
2002.5	24.68	2008.4	−4.21	2011.12	6.63
2002.6	−12.39	2008.5	9.72	2012.1	9.06
2003.1	8.80	2008.6	−5.48	2012.5	9.66
2003.5	11.11	2008.7	−3.83	2012.6	−5.47
2003.6	−8.84	2009.1	11.63	2012.7	−11.98
2003.7	−12.69	2009.2	−4.96	2012.11	6.65
2003.8	7.85	2009.3	12.08	2012.12	5.28

（6）尖椒。尖椒主产地对北京价格的传导率为 26%，北京尖椒价格相对主产区滞后时间不能直接读出，可以找出第一个峰值做对比，发现无滞后，所以尖椒主产地对北京价格联动启动点的时间为 1998 年 5 月，联动系数如表 4-21 所示。

表 4-21　尖椒主产地对北京价格的联动系数

单位：%

时间	联动系数	时间	联动系数	时间	联动系数	时间	联动系数
1998.5	3.00	2001.7	－4.33	2005.2	3.65	2009.3	－3.94
1998.6	－11.62	2001.10	9.58	2005.4	2.63	2009.5	－6.90
1998.7	－10.73	2001.11	4.45	2005.5	－6.44	2009.6	－9.55
1998.9	10.20	2001.12	8.93	2005.6	－10.92	2009.7	－5.52
1998.10	3.27	2002.1	3.36	2005.9	3.96	2009.9	6.02
1998.11	6.43	2002.2	5.35	2005.10	4.41	2009.12	8.01
1998.12	4.48	2002.3	－3.48	2005.11	5.41	2010.1	12.62
1999.1	7.54	2002.6	－10.02	2006.1	12.12	2010.5	－6.02
1999.2	9.27	2002.7	－7.18	2006.2	3.18	2010.6	－9.13
1999.3	－4.02	2002.8	－3.01	2006.5	－6.07	2010.7	－5.85
1999.4	3.82	2002.9	6.67	2006.6	－11.01	2010.10	6.16
1999.5	－3.97	2002.10	8.17	2006.7	－4.30	2011.1	9.84
1999.6	－13.67	2002.12	8.63	2006.8	－2.74	2011.2	21.89
1999.7	－7.47	2003.1	13.70	2006.9	5.49	2011.3	6.68
1999.10	12.66	2003.3	3.32	2006.12	6.31	2011.4	－6.15
1999.11	10.19	2003.4	9.63	2007.1	5.82	2011.5	－11.40
1999.12	6.67	2003.5	－9.69	2007.2	6.15	2011.6	－3.62
2000.1	9.75	2003.6	－15.20	2007.3	10.83	2011.8	－3.12
2000.2	12.33	2003.7	－7.41	2007.5	－6.65	2011.9	4.00
2000.3	－7.71	2003.8	9.01	2007.6	－7.02	2011.10	6.15
2000.5	－9.26	2003.9	15.77	2007.10	2.97	2011.12	3.64
2000.6	－11.16	2003.10	4.92	2007.11	5.12	2012.1	13.18
2000.7	－6.61	2004.1	7.66	2008.1	3.43	2012.4	－3.73
2000.9	4.16	2004.3	3.09	2008.2	10.82	2012.5	－7.84
2000.10	3.67	2004.5	－4.59	2008.4	－4.79	2012.6	－10.63
2000.11	12.91	2004.6	－10.54	2008.5	－11.21	2012.7	－6.23
2000.12	5.55	2004.7	－6.89	2008.6	－9.33	2012.8	2.89
2001.1	3.86	2004.8	2.62	2008.7	－3.72	2012.9	2.95
2001.3	7.85	2004.9	5.89	2008.8	3.67	2012.10	－3.53
2001.4	4.32	2004.10	5.04	2008.11	3.65	2012.12	10.33
2001.5	－10.97	2004.12	4.76	2008.12	13.82	2013.1	17.22
2001.6	－12.31	2005.1	8.15	2009.1	24.19		

(7) 蒜薹。蒜薹主产地对北京价格的传导率为 38%，又因为北京蒜薹价格相对主产区滞后 3 个月，所以蒜薹主产地对北京价格联动启动点的时间为 1998 年 6 月，联动系数如表 4-22 所示。

表 4-22　蒜薹主产地对北京价格的联动系数

单位：%

时间	联动系数	时间	联动系数	时间	联动系数	时间	联动系数
1998.3	5.71	2001.9	6.07	2005.1	8.98	2009.1	8.26
1998.4	−8.52	2001.10	6.34	2005.2	12.11	2009.2	4.29
1998.5	−25.64	2001.11	3.94	2005.4	−9.54	2009.3	5.47
1998.6	13.90	2002.4	−10.69	2005.5	−16.92	2009.4	−5.18
1998.9	7.78	2002.5	−16.04	2005.7	6.91	2009.5	−9.05
1999.1	4.99	2002.6	7.51	2005.9	6.38	2009.6	7.55
1999.2	14.41	2002.8	7.79	2006.1	5.59	2009.7	3.84
1999.4	−10.29	2002.9	9.51	2006.4	−4.72	2009.8	4.16
1999.5	−21.07	2002.10	6.22	2006.5	−12.88	2010.2	4.02
1999.9	16.74	2002.12	4.87	2006.6	−3.87	2010.5	−12.81
1999.10	6.44	2003.1	9.77	2006.7	4.44	2010.7	5.15
1999.11	8.23	2003.2	5.13	2006.9	8.12	2010.8	5.07
1999.12	5.39	2003.3	4.51	2007.2	4.60	2011.2	7.09
2000.1	4.39	2003.5	−21.52	2007.4	−11.32	2011.4	−7.61
2000.2	12.06	2003.6	−9.84	2007.5	−22.85	2011.5	−21.25
2000.3	4.53	2003.7	11.63	2007.6	−7.68	2011.6	10.55
2000.4	−20.31	2003.8	7.28	2007.8	20.31	2011.9	5.89
2000.5	−19.42	2003.9	13.26	2007.9	8.93	2012.1	4.81
2000.6	14.73	2003.11	6.42	2007.10	4.78	2012.2	5.49
2000.7	6.13	2004.1	7.92	2007.11	8.21	2012.4	−6.11
2000.8	8.57	2004.2	4.24	2008.1	4.61	2012.5	−18.99
2000.11	6.93	2004.4	−14.07	2008.2	15.12	2012.8	7.69
2000.12	8.63	2004.5	−17.07	2008.4	−11.46	2012.9	5.51
2001.2	−4.66	2004.7	5.85	2008.5	−22.59	2012.11	4.32
2001.4	−12.72	2004.8	6.74	2008.6	9.97		
2001.5	−18.19	2004.9	4.87	2008.7	7.41		
2001.8	15.20	2004.10	4.39	2008.8	5.17		

(8) 茄子。茄子主产地对北京价格的传导率为 38%，北京茄子价格相对主产区滞后不易直接读出，可以选取第一个谷值点，滞后期为 1 个月，所以茄子主产地对北京价格联动启动点的时间为 1998 年 3 月，联动系数如表 4-23 所示。

表 4-23　茄子主产地对北京价格的联动系数

单位：%

时间	联动系数	时间	联动系数	时间	联动系数	时间	联动系数
1998.2	−5.95	2001.7	−7.63	2005.6	−11.01	2009.1	13.61
1998.3	18.27	2001.9	5.58	2005.8	−2.81	2009.2	6.08
1998.4	−9.41	2001.10	12.28	2005.9	3.08	2009.5	−7.51
1998.5	−8.95	2001.11	26.55	2005.11	14.93	2009.6	−15.77
1998.6	−18.55	2001.12	3.54	2005.12	14.01	2009.7	−5.86
1998.7	−6.58	2002.3	5.83	2006.1	5.96	2009.9	18.91
1998.8	−3.17	2002.4	−7.75	2006.2	9.48	2009.11	20.79
1998.9	6.78	2002.5	−6.33	2006.4	−4.39	2009.12	18.67
1998.11	8.13	2002.6	−7.52	2006.5	−9.41	2010.1	3.47
1998.12	17.08	2002.7	−8.07	2006.6	−16.22	2010.2	3.23
1999.1	13.27	2002.9	6.18	2006.7	−4.33	2010.5	−5.13
1999.2	3.72	2002.10	4.10	2006.9	4.12	2010.6	−13.20
1999.5	−9.28	2002.11	13.20	2006.11	20.18	2010.7	−11.54
1999.6	−9.56	2002.12	24.02	2006.12	16.60	2010.8	7.16
1999.7	−3.28	2003.1	8.86	2007.1	4.16	2010.11	13.76
1999.8	−2.87	2003.3	4.67	2007.2	5.57	2011.1	10.45
1999.10	6.69	2003.4	−7.18	2007.3	5.24	2011.2	6.37
1999.11	20.98	2003.5	−11.09	2007.5	−11.52	2011.4	−6.06
1999.12	28.26	2003.6	−14.61	2007.6	−4.62	2011.5	−5.32
2000.1	14.24	2003.7	−7.12	2007.7	−8.11	2011.6	−9.90
2000.2	5.04	2003.8	9.25	2007.8	−3.67	2011.7	−5.24
2000.3	−5.76	2003.9	7.77	2007.9	3.32	2011.8	−5.31
2000.4	−12.21	2003.10	13.84	2007.10	13.77	2011.9	12.01
2000.5	−11.48	2003.11	10.07	2007.11	12.58	2011.10	3.29
2000.6	−12.92	2003.12	5.88	2007.12	6.88	2011.12	14.61
2000.7	−4.11	2004.4	−5.29	2008.1	3.24	2012.1	19.65
2000.8	3.30	2004.5	−6.40	2008.2	7.16	2012.4	−5.14
2000.11	23.23	2004.6	−10.48	2008.4	−6.13	2012.5	−7.27
2000.12	25.04	2004.7	−6.39	2008.5	−8.66	2012.6	−15.83
2001.1	9.82	2004.12	22.13	2008.6	−13.52	2012.7	−5.27
2001.3	7.57	2005.1	9.29	2008.7	−9.52	2012.8	4.35
2001.4	−11.04	2005.2	3.60	2008.9	7.01	2012.11	10.88
2001.5	−11.23	2005.4	−4.43	2008.10	9.46	2012.12	17.45
2001.6	−12.18	2005.5	−6.23	2008.12	10.91	2013.1	9.48

（9）韭菜。韭菜主产地对北京价格的传导率为 12.7%，又因为北京韭菜价格相对主产区滞后 1 个月，所以韭菜主产地对北京价格联动启动点的时间为 1998 年 3 月，联动系数如表 4-24 所示。

表 4-24　韭菜主产地对北京价格的联动系数

单位：%

时间	联动系数	时间	联动系数	时间	联动系数	时间	联动系数
1998.2	−2.35	2001.11	1.76	2005.12	1.80	2009.12	5.00
1998.3	−5.24	2001.12	4.04	2006.1	9.10	2010.1	−1.44
1998.5	−5.67	2002.2	−3.87	2006.2	−3.24	2010.2	−1.36
1998.7	1.59	2002.3	−2.19	2006.3	−6.08	2010.3	−3.88
1998.8	1.92	2002.4	−3.91	2006.5	−3.79	2010.4	−1.60
1998.10	2.99	2002.9	1.35	2006.6	−1.51	2010.5	−3.36
1998.11	6.34	2002.10	3.00	2006.7	2.04	2010.6	−2.35
1998.12	3.88	2002.11	11.53	2006.8	1.68	2010.7	3.10
1999.1	−1.38	2003.1	2.09	2006.9	2.37	2010.8	1.64
1999.2	−4.64	2003.2	−3.36	2006.11	2.69	2010.10	5.97
1999.3	−1.36	2003.3	1.78	2006.12	11.68	2010.11	1.77
1999.4	−1.71	2003.4	−4.08	2007.1	−1.96	2010.12	−2.41
1999.5	−4.93	2003.5	−6.28	2007.2	−4.78	2011.1	5.36
1999.6	1.85	2003.6	1.35	2007.4	−2.97	2011.2	1.79
1999.7	1.56	2003.8	3.38	2007.5	−4.62	2011.3	−3.93
1999.8	2.64	2003.9	1.83	2007.6	2.62	2011.4	−3.48
1999.10	6.17	2003.10	5.70	2007.8	2.66	2011.5	−4.02
1999.11	2.17	2003.11	4.65	2007.10	4.67	2011.7	2.21
2000.1	4.58	2003.12	4.55	2007.11	5.57	2011.8	2.01
2000.2	1.46	2004.2	−2.27	2008.1	1.75	2011.10	2.15
2000.3	−6.62	2004.4	−4.94	2008.2	2.50	2011.11	1.29
2000.4	−3.22	2004.5	−5.12	2008.3	−4.86	2011.12	6.15
2000.5	−2.87	2004.7	2.03	2008.4	−3.06	2012.3	−2.59
2000.8	1.45	2004.8	3.78	2008.5	−3.97	2012.4	−4.45
2000.9	1.79	2004.10	2.90	2008.7	2.34	2012.5	−6.30
2000.11	7.39	2004.11	3.84	2008.10	3.58	2012.6	1.59
2000.12	5.70	2005.1	4.28	2008.12	3.96	2012.7	2.84
2001.2	−2.26	2005.2	3.12	2009.1	3.09	2012.8	5.02
2001.3	−5.01	2005.3	−4.95	2009.3	−1.98	2012.11	4.67
2001.4	−3.60	2005.4	−5.42	2009.4	−3.97	2012.12	8.75
2001.5	−3.78	2005.5	−3.05	2009.5	−3.94	2013.1	2.18
2001.6	1.52	2005.7	6.88	2009.8	1.72		
2001.8	3.41	2005.10	2.69	2009.9	3.71		
2001.10	4.28	2005.11	4.51	2009.11	11.64		

(10) 黄瓜。黄瓜主产地对北京价格的传导率为 26.4%，北京黄瓜价格相对主产区滞后不易直接读出，可以选取第一个谷值点，滞后期为 1 个月。所

以，黄瓜主产地对北京价格联动启动点的时间为 1998 年 3 月，联动系数如表 4-25 所示。

表 4-25 黄瓜主产地对北京价格的联动系数

单位：%

时间	联动系数	时间	联动系数	时间	联动系数	时间	联动系数
1998.2	−4.31	2001.12	5.20	2005.10	6.96	2009.9	7.39
1998.4	−5.58	2002.4	−7.02	2005.12	3.53	2009.11	11.00
1998.5	−10.41	2002.5	−3.02	2006.1	22.98	2009.12	8.83
1998.6	−15.27	2002.6	−6.52	2006.3	−7.63	2010.2	6.35
1998.7	−4.97	2002.7	−4.99	2006.4	−5.95	2010.4	−6.03
1998.8	10.20	2002.9	7.72	2006.5	−6.39	2010.5	−10.55
1998.9	12.26	2002.10	7.39	2006.6	−10.70	2010.6	−9.73
1998.10	8.84	2002.11	16.33	2006.9	19.28	2010.7	4.28
1998.11	17.19	2002.12	8.06	2006.10	−4.07	2010.8	5.34
1998.12	8.23	2003.1	5.17	2006.11	4.77	2010.9	5.02
1999.1	−10.35	2003.2	−5.93	2006.12	13.74	2010.10	11.00
1999.5	−7.26	2003.4	−4.90	2007.3	6.10	2010.12	−4.09
1999.6	−6.31	2003.5	−12.71	2007.4	−8.17	2011.1	4.61
1999.7	3.60	2003.6	−11.62	2007.5	−6.88	2011.2	8.14
1999.10	19.36	2003.7	−2.85	2007.6	−6.27	2011.4	−8.46
2000.1	21.94	2003.8	25.58	2007.7	−3.09	2011.5	−4.98
2000.2	9.78	2003.9	8.62	2007.8	7.96	2011.6	−4.83
2000.3	−15.12	2003.10	6.77	2007.10	15.40	2011.7	2.70
2000.4	−11.70	2003.12	8.96	2008.1	4.03	2011.8	5.09
2000.5	−10.14	2004.1	5.36	2008.2	10.87	2011.9	3.72
2000.6	−6.25	2004.2	−10.55	2008.3	−7.93	2011.12	26.10
2000.8	12.66	2004.3	3.24	2008.4	−7.51	2012.3	−8.11
2000.10	7.74	2004.4	−10.41	2008.5	−7.78	2012.4	−6.93
2000.11	23.96	2004.5	−3.31	2008.6	−5.10	2012.5	−8.91
2000.12	6.10	2004.6	−6.29	2008.7	2.88	2012.6	−15.11
2001.1	10.67	2004.8	10.14	2008.8	4.10	2012.7	7.19
2001.2	−6.75	2004.10	3.08	2008.10	5.83	2012.8	24.23
2001.3	−7.73	2004.12	8.12	2008.12	7.64	2012.9	−7.71
2001.4	−8.50	2005.1	13.20	2009.1	10.25	2012.10	−9.27
2001.5	−8.18	2005.2	9.88	2009.2	4.57	2012.11	16.25
2001.6	−8.73	2005.4	−8.08	2009.4	−6.50	2012.12	12.67
2001.8	14.62	2005.5	−7.82	2009.5	−6.21	2013.1	10.78
2001.9	−6.23	2005.6	−13.08	2009.6	−10.97		
2001.10	3.53	2005.7	13.26	2009.7	−3.71		
2001.11	4.54	2005.9	12.33	2009.8	7.61		

（11）青椒。青椒主产地对北京价格的传导率为16.3%，又因为北京青椒价格相对主产区滞后1个月，所以青椒主产地对北京价格联动启动点的时间为1998年6月，联动系数如表4-26所示。

表4-26　青椒主产地对北京价格的联动系数

单位：%

时间	联动系数	时间	联动系数	时间	联动系数	时间	联动系数
1998.5	−4.47	2001.7	−2.53	2005.2	3.82	2009.6	−6.80
1998.6	−8.02	2001.10	9.13	2005.4	3.03	2009.7	−3.60
1998.7	−8.81	2001.11	4.77	2005.5	−4.78	2009.9	3.93
1998.8	2.04	2001.12	5.43	2005.6	−7.27	2009.10	2.52
1998.9	5.17	2002.2	4.70	2005.10	5.29	2009.12	7.09
1998.11	3.98	2002.3	−2.08	2005.11	3.54	2010.1	3.64
1998.12	9.49	2002.6	−6.38	2006.1	6.17	2010.4	4.71
1999.1	8.34	2002.7	−6.23	2006.2	2.43	2010.5	−3.43
1999.2	4.27	2002.8	−1.93	2006.5	−4.77	2010.6	−6.07
1999.3	−3.54	2002.9	5.75	2006.6	−6.55	2010.7	−4.45
1999.5	−2.37	2002.10	4.91	2006.7	−3.94	2010.9	2.09
1999.6	−9.51	2002.11	4.58	2006.9	4.73	2010.10	3.94
1999.7	−4.44	2003.1	11.87	2006.10	3.43	2011.1	5.47
1999.8	−3.22	2003.2	2.22	2006.12	6.41	2011.2	12.88
1999.9	3.49	2003.4	1.66	2007.1	3.99	2011.3	2.19
1999.10	8.89	2003.5	−6.19	2007.3	5.23	2011.4	−2.53
1999.11	7.69	2003.6	−10.04	2007.5	−5.44	2011.5	−7.71
1999.12	16.37	2003.7	−3.85	2007.6	−7.29	2011.6	−2.98
2000.2	8.81	2003.8	2.81	2007.7	−2.09	2011.7	−1.92
2000.3	−5.22	2003.9	9.80	2007.9	3.37	2011.9	3.86
2000.4	−3.01	2003.10	4.00	2007.10	5.01	2011.10	3.55
2000.5	−6.76	2003.11	1.99	2007.11	4.70	2011.12	2.45
2000.6	−6.49	2003.12	2.98	2008.2	9.63	2012.1	16.75
2000.7	−3.95	2004.1	5.13	2008.4	−2.82	2012.3	2.53
2000.9	3.18	2004.2	−2.36	2008.5	−7.55	2012.5	−5.93
2000.10	3.43	2004.3	5.16	2008.6	−6.38	2012.6	−6.47
2000.11	4.72	2004.5	−5.16	2008.7	−3.26	2012.7	−5.28
2000.12	6.34	2004.6	−6.15	2008.10	4.98	2012.9	2.77
2001.1	4.38	2004.7	−4.79	2008.11	1.79	2012.12	7.79
2001.3	5.17	2004.9	3.56	2008.12	6.99	2013.1	10.78
2001.4	2.13	2004.10	5.14	2009.1	17.45		
2001.5	−8.87	2004.12	2.58	2009.3	−2.61		
2001.6	−8.46	2005.1	5.34	2009.5	−5.16		

（12）胡萝卜。胡萝卜主产地对北京价格的传导率为60％，北京胡萝卜价格相对主产区无滞后，所以胡萝卜主产地对北京价格联动启动点的时间为1998年2月，联动系数如表4-27所示。

表4-27　胡萝卜主产地对北京价格的联动系数

单位：％

时间	联动系数	时间	联动系数	时间	联动系数	时间	联动系数
1998.2	6.88	2001.1	6.76	2005.1	8.23	2009.2	10.28
1998.3	16.35	2001.2	11.31	2005.2	18.32	2009.3	11.39
1998.4	17.78	2001.5	18.11	2005.7	8.30	2009.4	19.06
1998.5	27.46	2001.6	10.75	2005.8	14.52	2009.5	24.78
1998.6	−13.31	2001.8	8.51	2005.9	−8.24	2009.7	−10.85
1998.8	−9.62	2001.9	−6.77	2006.1	9.97	2009.10	−6.29
1998.9	−8.17	2001.10	−10.08	2006.2	18.62	2010.1	12.18
1998.10	−11.47	2001.11	−14.67	2006.4	9.66	2010.2	12.30
1998.11	−17.76	2002.1	7.50	2006.5	26.94	2010.4	−6.55
1999.1	7.09	2002.2	9.03	2006.6	−10.93	2010.6	−6.76
1999.2	9.36	2002.4	9.20	2006.7	−9.12	2010.7	−15.34
1999.3	6.73	2002.5	8.02	2006.8	−16.00	2011.2	9.38
1999.6	10.30	2002.7	−12.53	2006.9	−6.99	2011.3	−6.08
1999.7	−7.92	2002.11	−21.61	2006.11	−14.70	2011.7	12.31
1999.9	15.80	2002.12	26.38	2007.4	−7.41	2011.10	−10.57
1999.11	−14.83	2003.1	9.48	2007.6	6.99	2011.11	−10.96
1999.12	−11.07	2003.3	11.44	2007.8	14.19	2012.4	7.72
2000.1	17.54	2003.4	6.59	2007.9	11.99	2012.5	10.65
2000.2	20.92	2003.6	−8.01	2008.2	15.16	2012.7	−10.92
2000.3	−9.99	2003.8	13.72	2008.6	−8.46	2012.8	7.68
2000.4	6.43	2003.9	6.66	2008.7	−14.23	2012.11	−7.91
2000.5	21.20	2003.10	−6.33	2008.10	−7.86	2013.1	10.89
2000.7	−16.51	2003.11	−6.92	2008.11	−9.50		
2000.10	−10.80	2004.11	−13.13	2008.12	−12.20		
2000.11	−15.18	2004.12	−9.18	2009.1	13.19		

（13）大白菜。大白菜主产地对北京价格的传导率为33％，又因为北京大白菜价格相对主产区滞后1个月，所以大白菜主产地对北京价格联动启动点的时间为1998年3月，联动系数如表4-28所示。

表 4-28　大白菜主产地对北京价格的联动系数

单位：%

时间	联动系数	时间	联动系数	时间	联动系数	时间	联动系数
1998.2	7.44	2001.10	−9.12	2005.8	−5.34	2009.3	9.42
1998.4	17.54	2001.11	−12.43	2005.9	5.56	2009.4	27.05
1998.5	11.06	2001.12	−6.73	2005.10	−10.95	2009.6	−7.27
1998.6	−14.48	2002.1	6.23	2005.11	−10.02	2009.9	5.57
1998.8	15.04	2002.2	8.07	2005.12	9.62	2009.10	−10.62
1998.10	−8.19	2002.4	6.12	2006.1	10.23	2009.12	−4.54
1998.11	−6.68	2002.5	20.49	2006.2	4.69	2010.1	24.44
1998.12	7.19	2002.8	−3.37	2006.4	11.84	2010.2	9.04
1999.2	8.16	2002.9	4.92	2006.5	−5.27	2010.3	5.46
1999.4	12.36	2002.11	−14.00	2006.6	−9.02	2010.4	6.71
1999.6	−8.27	2002.12	12.58	2006.7	4.63	2010.5	−10.15
1999.7	7.08	2003.1	5.93	2006.8	3.44	2010.6	−11.06
1999.8	4.16	2003.2	4.20	2006.9	8.30	2010.7	7.35
1999.9	−4.80	2003.3	6.62	2006.10	−8.77	2010.8	7.44
1999.11	−13.85	2003.4	17.58	2006.11	−13.75	2010.9	−5.61
1999.12	−5.63	2003.5	−11.82	2006.12	8.17	2010.11	−3.74
2000.1	11.97	2003.6	−15.04	2007.3	10.87	2011.3	−4.68
2000.2	10.79	2003.7	6.97	2007.4	7.89	2011.5	6.34
2000.3	−4.78	2003.8	23.70	2007.5	−4.02	2011.6	12.49
2000.4	6.80	2003.10	−7.54	2007.7	7.28	2011.7	12.07
2000.6	−5.02	2004.3	6.96	2007.9	−5.93	2011.8	−8.96
2000.8	16.00	2004.7	14.49	2007.10	−3.83	2011.10	−6.12
2000.10	−8.41	2004.9	−5.99	2007.12	−5.10	2011.11	−14.15
2000.11	−12.02	2004.10	−9.08	2008.2	4.84	2012.1	9.70
2000.12	6.02	2004.11	−12.79	2008.4	6.57	2012.2	10.35
2001.1	10.90	2004.12	−7.78	2008.6	−5.81	2012.4	17.07
2001.2	4.03	2005.1	18.88	2008.7	9.96	2012.8	3.49
2001.4	24.17	2005.2	11.93	2008.10	−6.24	2012.10	−9.25
2001.6	−7.78	2005.4	8.36	2008.11	−12.55	2012.11	−10.08
2001.7	11.28	2005.5	12.19	2008.12	−5.26	2012.12	4.83
2001.8	5.91	2005.6	−4.24	2009.1	4.74	2013.1	11.12
2001.9	−10.57	2005.7	7.71	2009.2	6.59		

从上述蔬菜价格的联动系数可以看出，主产地蔬菜价格对北京价格的联动影响非常频繁，且影响都较为明显，说明蔬菜价格从上游主产地传导到下游北京市场的过程较为顺畅。

除了上游主产地果蔬直接上涨的价格外，还应考虑由此给下游北京果蔬价格增加的直接费用。例如，由于主产地果蔬物流过程中的耗损而带来的供给量减少，或是由于时间滞后因素带来的利息问题，当然如果“同时间”调整的话就可以不考虑资金利息了。除此之外，其他任何费用均不应通过价格联动进入北京的销售价格，这也就对北京市果蔬价格的合理边界有了比较准确合理的确定。

本章小结

本章通过建立水果和蔬菜的VAR模型，分析了北京与主产地之间价格的冲击响应程度和方式，讨论了各个果蔬品种产销两地之间的价格变动的贡献度，并研究了北京市及相关主产地果蔬价格的联动机制。通过研究分析，得到了主产地对北京果蔬价格的联动启动点和联动系数，可以根据这两者来确定每一期北京果蔬价格的变动预期。但是值得注意的是，联动机制只建立在由于上游即主产地果蔬生产成本的变动带来的价格变动，所以接下来需要分析由哪些因素导致了主产地果蔬的价格的变动，即主产地果蔬价格波动的成因是哪些。

第五章　主产地果蔬产品价格波动的成因分析

从上述分析中发现，主产地果蔬产品生产成本的变动将直接引发下游北京果蔬市场价格的联动反应，而引起主产地果蔬价格波动的成因较为复杂。本章将从果蔬的供给和需求影响因素两方面进行分析，找出生产成本推动的价格变动和非生产成本变动对上游主产地果蔬价格带来的影响。由于数据可得的有限性，只研究部分果蔬类产品，具体为苹果、柑、橘、圆白菜、番茄、马铃薯、茄子、黄瓜、青椒和大白菜。

一、成本因素对主产地水果、蔬菜价格波动的影响

选取《全国农产品成本收益资料汇编》的主产地的果蔬产品的相关成本数据和价格（见附表7和附表8），生产成本包括两个大部分构成，即物质费用和用工总价。物质费用又包含了直接生产费用（包括种子秧苗费、农家肥费、化肥费、农膜费、农药费、畜力费、机械作业费、排灌费、燃料动力费、棚架材料费和其他直接费用）、间接生产费用（包括固定资产折旧、小农具购置协力费、其他间接费用）。用工总价是直接用工和间接用工的日数与价格的乘积总和。采用加权最小二乘法拟合的线性回归模型。具体模型框架如公式（5.1）：

$$\text{果蔬产品价格 } P_t = F\text{（生产成本 } X_t\text{）} \qquad (5.1)$$

利用 Eviews 6.0 统计分析软件，对果蔬产品价格序列于生产成本序列，采用加权最小二乘法进行变量间量化回归关系的研究。模型估计结果的样本期为 2001—2011 年。模型估计结果如下：

（一）对水果价格波动的影响

通过软件拟合后的回归结果如表 5-1 所示，可以发现所有的生产成本变量都通过了 1%水平上的显著性检验，说明生产成本对价格的形成有直接的作用。

表5-1　水果价格波动成本因素的回归拟合结果

品种	变量	系数	t 统计量	相伴概率
苹果	常数	−0.927 848	−0.094 645	0.926 7
	成本	0.058 546	13.339 79	0.000 0***
	F 统计量	177.95	调整后的 R^2	94.65%

（续）

品种	变量	系数	t 统计量	相伴概率
柑	常数	63.257 14	8.527 049	0.000 0***
	成本	0.019 341	5.086 335	0.000 7***
	F 统计量	25.87	调整后的 R^2	71.32%
橘	常数	13.093 82	2.896 452	0.017 7**
	成本	0.053 688	19.166 04	0.000 0***
	F 统计量	367.34	调整后的 R^2	97.34%

注："***"表示在1%水平上显著，"**"表示在5%水平上显著。

再根据附表7中物质费用和用工费用所占各水果生产成本的比重可以发现，物质费用和用工费用所占比重接近。通过求平均比较物质费用比重稍大，如苹果物质费用比重为51.53%、柑物质费用比重为53.57%、橘物质费用比重为55.23%，所以在生产成本因素中物质费用又起到了更为明显的对价格的影响作用。

（二）对蔬菜价格波动的影响

通过软件拟合后的回归结果如表5-2所示，可以发现所有的生产成本变量都通过了1%水平上的显著性检验，说明生产成本对价格的形成有直接的作用。

表5-2　蔬菜价格波动成本因素的回归拟合结果

品种	变量	系数	t 统计量	相伴概率
番茄	常数	16.141 7	3.638 154	0.005 4***
	成本	0.017 023	12.450 85	0.000 0***
	F 统计量	155.024	调整后的 R^2	93.90%
黄瓜	常数	17.590 97	4.630 394	0.001 2***
	成本	0.016 81	12.330 81	0.000 0***
	F 统计量	152.049	调整后的 R^2	93.79%
茄子	常数	20.384 2	6.580 515	0.000 1***
	成本	0.019 709	16.001 55	0.000 0***
	F 统计量	256.050	调整后的 R^2	96.23%
青椒	常数	34.089 58	9.400 651	0.000 0***
	成本	0.020 435	10.619 46	0.000 0***
	F 统计量	112.773	调整后的 R^2	91.79%
圆白菜	常数	18.260 14	9.066 603	0.000 0***
	成本	0.013 97	8.746 711	0.000 0***
	F 统计量	76.505	调整后的 R^2	88.30%

（续）

品种	变量	系数	t 统计量	相伴概率
马铃薯	常数	22.321 03	9.703 499	0.000 0***
	成本	0.032 687	7.045 577	0.000 1***
	F 统计量	49.640	调整后的 R^2	82.95%
大白菜	常数	13.114 58	9.698 906	0.000 0***
	成本	0.013 877	9.818 277	0.000 0***
	F 统计量	96.399	调整后的 R^2	90.51%

注："***"表示在1%水平上显著。

再根据附表8中物质费用和用工费用所占各蔬菜生产成本的比重可以发现，物质费用和用工费用所占比重接近。通过求平均比较物质费用比重稍大，如番茄物质费用比重为55.45%、黄瓜物质费用比重为56.9%、茄子物质费用比重为51.28%、青椒物质费用比重为53.06%、圆白菜物质费用比重为53.09%、马铃薯物质费用比重为59.66%、大白菜物质费用比重为52.96%。所以，在生产成本因素中物质费用又起到了更为明显的对价格的影响作用。

综上所述，水果和蔬菜的主产地价格的波动受到生产成本价格，尤其是物质费用非常显著的影响，但是从表5-1、表5-2变量系数可以看出，生产成本的系数都较小，贡献率最大才仅为5.85%，说明非成本因素已经成为主产地果蔬价格波动的更为重要的影响因素。

二、非成本因素对主产地水果、蔬菜价格波动的影响

（一）通货膨胀

水果和蔬菜的价格既然是商品与货币交换的比例，因此价格的高低一方面取决于商品价值的大小，另一方面也取决于货币价值的大小。如果纸币发行过多，引发通货膨胀，导致纸币贬值，物价就会普遍上涨。有研究表明，通货膨胀对于物价水平产生了较为显著的影响，二者总体上呈正向变动关系。本节数据选取2002—2012年《中国统计年鉴》中鲜菜和鲜果的全国消费者价格指数（表5-3）并以2000年为基期调整，再计算出这两种CPI引发的通货膨胀率，公式为：

$$通货膨胀率=（本期价格指数-上期价格指数）/上期价格指数\times 100\% \quad (5.2)$$

表 5-3　全国消费者鲜菜、鲜果消费价格指数

(2000 年＝100)

年份	全国鲜菜消费价格指数	全国鲜果消费价格指数	鲜菜 CPI 计算的通货膨胀率（%）	鲜果 CPI 计算的通货膨胀率（%）
2001	101.4	100.3	1.4	0.3
2002	99.5	103.9	－1.9	3.6
2003	119.9	105.8	20.5	1.8
2004	112.5	108.2	－6.1	2.2
2005	124.2	109.9	10.4	1.6
2006	134.5	133.5	8.2	21.5
2007	144.3	133.6	7.3	0.1
2008	159.7	145.6	10.7	9.0
2009	184.3	158.9	15.4	9.1
2010	218.7	183.7	18.7	15.6
2011	219.8	213.9	0.5	16.4

数据来源：2002—2012 年《中国统计年鉴》数据经过作者计算所得。

通过表 5-3 可以发现，通货膨胀给蔬菜和水果价格带来显著的影响。根据通货膨胀率，对蔬菜的影响以 2003 年、2008 年、2009 年以及 2010 年最为突出，对水果的影响则是以 2006 年、2010 年及 2011 年最为显著。通货膨胀的存在，对于果蔬价格的波动起到了推动和加剧的作用，使得果蔬价格的不稳定性加剧。所以，控制果蔬类消费价格指数的平稳就可以控制果蔬类产品引起的通货膨胀或紧缩，进而可以同期影响果蔬的实际价格的波动，是一个螺旋式互动的关系。

（二）自然灾害、病虫害

1. 自然灾害　近年来，自然灾害频繁发生，大部分果农、菜农束手无策。果蔬生产是一种生产周期长、受天气影响很大的种植产业。例如，2009 年蔬菜生产遭遇了重大自然灾害，2010 年蔬菜生产也在不同地区受到了霜冻、寒潮、大风、沙尘暴、暴雨、暴雪等自然灾害影响。这都对果蔬产品的市场供应带来了不同程度的冲击，其直接结果是造成了受灾地区果蔬产品减产和供应不足，从而造成了果蔬销售链条的冲击和价格的较大波动。因此，国家应从技术上加大科技装备，积极引进优良品种和整套的标准化生产技术，制订和建立起一整套应急预防自然灾害的方案，掌握真实、及时的农业气象信息，及早采取应对突发性自然灾害的各项措施，把自然灾害对蔬菜的影响降到最低，千方百计增加果蔬产业的稳定性和产业链各方的利益。

2. 病虫害 设施蔬菜和传统蔬菜多年重茬种植，肥料的不合理投入，土壤盐渍化、板结等生产环境恶化，病虫害发生极为猖獗，蔬菜老病害难以有效防控，新病害不断发生和蔓延。对番茄、茄子、甜椒、黄瓜、西葫芦等果菜类蔬菜带来了直接的威胁和打击，再加上部分产区菜农使用的技术落后，跟不上现代农业和标准化农业新形势的发展步伐，有投入无回报的事情常会发生。所以，为提高蔬菜产量和品质，就得向科技要效益，要敢于用先进的农业科技装备设施投入蔬菜生产。

（三）市场游资冲击

2009 年，大蒜、望天椒、生姜等具有调味作用的蔬菜的价格在短短的几个月之内出现了连续翻倍的上涨。导致这些蔬菜价格大幅攀升的原因，除了农资上扬和种植面积的波动外，一个重要的原因就是国内外游资炒家人为控制生产，囤积推高价格所致。据调查发现，2010 年市场游资又大规模进军投入水果产业，不少投资商通过低价囤积垄断收购，从而炒作控制价格。投资商对主产区果园中的水果采取整树包下的方式，从源头控制水果的价格。果农觉得这样售卖，降低了销售风险，即使价格偏低也愿意出售。水果尤其是柑橘等品种易于保存，适合囤积炒作，这也是导致沸沸扬扬的苹果涨价事件的重要原因。游资炒家操控市场，对正常市场秩序造成巨大的干扰。

（四）运销过程中的耗损

国家农产品保鲜工程技术研究中心研究发现，我国每年生产的水果蔬菜从田间到餐桌，损失率高达 25%～30%，其中在运送路上腐烂的果蔬产品每年就有 3.7 万吨。发达国家的损耗率普遍低于 5%，美国仅有 1%～2%。统计数字显示，如果我国的果蔬损耗降低 3%～5%，每年可减少果品损耗 200 万吨。若降低损耗 15%，果蔬产值可增加 120 亿元，而我国果蔬目前的冷链流通率不足 10%，通过加强果蔬冷链流通建设减少损耗是最为重要的解决办法。通过以上数据可以大致得出这样的结论，由于流通损耗，果蔬的供给量减少了 30%左右，经过供给弹性的影响，果蔬类一般供给弹性假设为 0.5 左右，那么将会有大约 60%的价格上升，所以减少运销中的损耗将对果蔬价格平稳和下降起到重要作用。

本 章 小 结

本章针对果蔬农产品的成本因素及非成本因素两个方面，对主产地水果、蔬菜价格波动的成因进行了研究。研究发现，果蔬市场价格波动受生产成本影响，尤其受物质费用的影响，但是总体而言生产成本的影响所占比重较小；除成本因素外，果蔬市场价格还受通货膨胀、自然灾害及病虫害、市场游资冲击及运销过程中的损耗等非成本因素的影响，且非成本因素成为果蔬市场价格变动的主要动因。

第六章　北京与国内外大都市鲜活果蔬产品市场调控比较研究

一、北京果蔬市场调控的主要政策

北京果蔬产品市场自给率偏低，以外埠供应为主，具有典型销地市场特征。据北京市农业局信息中心调研结果表明，北京本地果蔬市场供应比例平均在10%左右。北京市果蔬来源地相对集中，总体形成以北方供应为主，南方供应为辅的格局。

为了保证北京消费市场的有效供应和价格平稳，北京在《国务院关于进一步促进蔬菜生产保障市场供应和价格基本稳定的通知》（2010年8月）和《国务院关于稳定消费价格总水平保障群众基本生活的通知》（2010年11月）基础上，北京市政府陆续出台了系列政策以平抑果蔬市场价格大幅波动。政策的出台主要围绕发展生产、稳定供应和降低流通等环节展开。同时，还对农业生产周边环节，如化肥、煤电油气的资源协调以及社会救助、市场监管、法律法规等进行了补充监管。主要措施有：

（一）建立和完善蔬菜储备制度，确保市场供应维护市场稳定

北京是消费型城市，蔬菜80%以上靠外埠调入。政府储备可以起到短期应急供应的保障作用，是政府应急调控的有效手段。北京市继2008年奥运会期间启动蔬菜政府应急储备保障机制后，2009年在全国率先开展了蔬菜政府储备。蔬菜政府储备在应对恶劣气候等对市场供应的不利影响，确保重要节假日以及重大会议和活动期间市场供应等方面发挥了有效的保障作用，维护了市场稳定。蔬菜储备主要采取的措施有：

1. 政府委托、企业代储　北京储备蔬菜以大白菜、圆白菜、白萝卜、胡萝卜、马铃薯、洋葱、冬瓜和南瓜8种耐储存品种为主，储备期限内实际在库品种不得低于4种。按照“政府委托、企业代储”原则，选择蔬菜经营骨干企业和蔬菜重点批发市场承担蔬菜政府储备工作。承储企业自行调剂品种的储备数量不得超过承储量的20%，储备蔬菜在中秋、国庆、元旦和春节等重要节假日、全国“两会”期间及前5天内必须足额达到规定的储备数量，储备期限内其他时间平均库存不得低于总承储量的80%。储备蔬菜质量标准必须符合

蔬菜安全卫生标准及相关规定。承储企业必须按照市政府应急投放的统一要求进行市场投放。

2. 签订协议，履行条约　北京市商务委员会同市财政局、市发展和改革委员会负责蔬菜政府储备工作，遴选企业承担蔬菜政府储备任务。市商务委员会负责蔬菜政府储备的日常监管工作，市发展和改革委员会负责储备设施建设，市商务委员会和市财政局与承储企业签订《北京市政府蔬菜储备委托承储协议书》。承储企业按照协议书规定的品种、数量和质量标准购进蔬菜，负责储备商品的运输、验收、储存和保管，并出具蔬菜质量检测报告。市财政对承储企业蔬菜储备费用给予适当补贴，主要包括仓储费和管理费两部分。储备费实行季初预拨、全年按年平均库存量清算的办法拨付，企业收到储备费时列入“补贴收入”科目。

（二）促进蔬菜产销衔接，形成稳定货源

北京市加强与河北、山东、内蒙古和海南等地蔬菜主产地的合作，形成稳定可靠的生产货源。

（三）降低流通经营成本，筹建鲜活农产品运输“绿色车队”

本着“政府引导、政策扶持、行业推动、市场调节”的原则，调动社会各方面积极性，鼓励各种所有制企业积极参加，加快“绿色车队”建设，促进北京市鲜活果蔬产品配送与供应，进而解决果蔬零售运输难、成本高问题。政府将从价格、资金和二手车置换等多个方面予以支持。

（四）减免入场费，保证外埠供应

针对近期国内蔬菜价格持续上涨，为控制源头蔬菜价格，保障北京市冬季蔬菜市场供应，从2013年1月26日19时起，市政府决定在新发地农副产品批发市场实施8种蔬菜入场费减免。在免收入场费的同时，市政府还推出一系列综合配套保障措施：一是实施跨省蔬菜联合保供行动，加强与主供省市政府协调合作，调动大型流通企业、超市的积极性，增加蔬菜供应量；二是鼓励区县政府通过多种手段加大对农贸市场等流通终端环节的规范，形成市区联动，最终降低蔬菜等生活必需品终端销售价格，使百姓受益。

二、上海果蔬产品主要市场调控政策的借鉴

随着上海经济的高速发展，农业在经济中的比重已下降到1%以下，然而农业在上海这个特大型城市中的地位却依旧十分重要，目前上海正在着力打造

都市型现代化农业体系。上海在鲜活农产品尤其是果蔬类产品的发展上有以下4个重点：

（一）优化蔬菜瓜果品种，大力发展现代园艺产业

园艺作物是大城市郊区的主要作物，这符合城市消费的需求，也是世界大城市郊区常见的种植业态。随着农产品市场流通的广域化，上海市郊重点应放在不耐运输的绿叶类蔬菜生产上，果品主要发展精细小品种。上海的主打品种是蔬菜，蔬菜产值占农业总产值还不到20%，如果计算工业化设施园艺产值则更低，而这一比重荷兰达到了40%以上。所以，上海积极与荷兰合作，借鉴荷兰发展园艺蔬菜经验，在技术研发、人才和资金等方面均有进一步合作的动向。

（二）大力发展应用型微生物产业

上海在食药用菌生产和研发技术力量等方面具有较强的优势，在全国率先实现了工厂化、机械化和标准化生产的发展模型，食药用菌品种呈多元化趋势，已经逐步成为上海的特色产业。

（三）有机蔬菜产业快速发展

1999年，上海率先在松江区义济堂农业科技公司园艺场进行了有机蔬菜生产实践，随后在奉贤县的奉浦园艺场、上实集团崇明基地和青浦赵屯草莓园艺场等进行了实践。目前，上海有机蔬菜生产基地建成7个，占地面积超过1 500亩。与1999年相比，上海有机蔬菜的产品品种翻番，上市数量是发展初期的5倍。同时，有机蔬菜的出口也初具规模，达到700吨以上。上海有机蔬菜的50%通过超市、宾馆和专卖店销售，其余出口到中国香港、日本等地。上海有机蔬菜的成本是普通蔬菜成本的1.5倍，但是市场价格是普通蔬菜的3～5倍，国内消费群体主要是中高收入者，企业获得了较好的经济效益。

（四）着力发展物流保险产业链

上海目前正着力发展与鲜活农产品相关的制造业、加工业、保鲜储藏业、冷链技术、运输技术、农业物流、服务业、生物农业和农业信息业等二、三产业，力图打造从农田到餐桌一系列鲜活农产品流通渠道，保证这类农产品的新鲜品质和稳定价格、减少流通损耗。2012年，上海市商务委员会、上海市农业委员会制订了《关于加强上海鲜活农产品流通体系建设的实施意见》。在实施意见中，要求大力推行产地预冷、全程保鲜。扶持地产农产品收集、加工、

包装和贮存等配套设施建设，鼓励农产品生产企业、农民专业合作社和种植大户利用农机购置补贴政策购买保鲜冷藏库，不断完善冷链建设，延长鲜活农产品的保质期，为后续的物流环节创造有利条件。市区县财政要支持蔬菜低温库建设、支持冷链物流体系建设、支持冷藏保鲜设施和冷藏运输工具改建。建立现代化的冷链物流体系。提高流通冷链比例，逐步降低腐损率，肉类、水产和果蔬等重点品种的冷链物流率分别提高到40%、30%和20%以上，流通环节产品腐损率分别降低到8%、10%和15%以下。

三、东京果蔬产品主要市场调控政策

日本东京都的总人口在1 100万以上，它是发达国家首都中人口最多的城市。东京将都市农业定位在“城市后花园”式，在发展园艺产业的同时还不断创新种植区域，如地下果蔬园地、屋顶果蔬种植等。东京的耕作面积有一半以上用来种植蔬菜，其次是花卉苗木，而且为了促进有机蔬菜生产，东京还保留一定规模的畜牧生产。东京郊外的农户建设企业化的农园，为市民提供优质新鲜的时令蔬菜。同时，东京的市民也在积极开展建立市民农园的活动，包括都市型田园学校、学校农园和城市绿化中心等。

东京的农产品流通主要以“市场流通”为主，这是因为“市场外流通”（如产销直挂等的销售方式）难以将种类繁多的农产品集聚到一处，而影响交易速度与效率，并缺乏价格形成机制，所以实行起来困难较多。东京蔬果等的鲜活农产品经由批发市场流通的比率高达80%，批发市场在农产品流通领域发挥主渠道作用。东京都将农产品批发市场视为完善市场体系的基础设施，将中央批发市场作为地方政府的公益事业来建设。由于日本将谷物、大豆和饲料等耐储存、易规格化的农产品放在交易所或期货市场内交易，所以批发市场主要是用来交易蔬菜、果品和水产品等鲜活农产品。

东京都蔬菜、水果等农产品批发市场的现代化建设和1923年9月发生的关东大地震后的复兴工作同时起步。1935年正式开设了东京中央批发市场，以后又陆续开设了分市场。目前，东京都内共有中央批发市场9所，地方批发市场20所，这些批发市场是承担东京都农产品流通的主渠道，与其他世界级城市相比，东京都的批发市场数量多是其特点（巴黎为1所、伦敦4所、纽约3所、洛杉矶1所）。以东京为代表的农产品流通模式，是建立在日本农业生产规模较小、超级市场发展落后于欧美的基础上的，因此这种以“多”为特点的农产品批发市场就能有效地解决小规模农业生产和大市场、大流通之间的矛盾，从而形成农产品经由批发市场的流通比率高的特征。在此，批发市场所具有的公开、公平、公正及高效的市场竞争规则被发挥得淋漓尽致，节约了农产品交易的时间和交易费用，使广大农业生产者和消费者都成为其受益者。东京的农产品流通模式比较适合北京市的市情，值得在规划北京市农产品物流模式和构建批发市场时引为借鉴。

四、巴黎果蔬产品主要市场调控政策

相对于其他国际大都市，法国巴黎的都市农业对城市食品供应的功能并不明显，巴黎的蔬菜、水果和肉类等鲜活农产品的供应主要通过四通八达的高速公路网实现。巴黎的农业生产规模普遍大于法国平均水平，巴黎的农业生产与经营主要有 2 个特点。即经营规模＞50 公顷的大中型农场占优势(约为巴黎农场总数的 80 %)；农业生产结构以谷物种植为主，鲜活副食品生产为次。

法国政府于 1953 年 9 月制订了《为了国家公益，建设有组织的批发市场网络》的批发市场法。包括巴黎在内的 23 家批发市场被指定为国家公益市场，并设置了信息中心。法国的农产品流通网络由 9 个大规模公益性批发市场和其他中小规模的农产品批发市场组成。巴黎积极发展城市景观农业，树立农业会展业典范，大力开展城郊休闲和体验农业。

法国的传统是在一个城市建一个批发市场，现在的巴黎汉吉斯国际批发市场是 1969 年建设投入运营的，占地达 232 公顷，建筑面积达 50 万米^2，所有食品都在这里批发交易，是目前世界上面积最大的批发市场。巴黎鼓励发展产、加、销一体化，并将产前、产后相关企业建在农村。一方面，可就地转移农业劳动力，扩大农业经营规模；另一方面，这些产前、产后企业通过农业的中间消费直接促进农业生产，组织与培养农民，实现农业生产标准化和商品化。目前，肥育牛、水果、蔬菜、谷物、奶类和花卉都实行这种纵向的一体化生产，从而降低了公司及农场的经营成本，也促进了流通领域的稳定发展。汉吉斯国际批发市场，是一个以法国为中心，并把周边西欧诸国纳入商圈运销活动范围的食品流通据点，规模极大，流通范围涵盖了德国、西班牙、意大利和荷兰等国。

现在巴黎执行 3 种农产品标准，即法国国内市场标准、欧盟市场标准和其他国际市场标准。法国政府通过一系列文件立法，规定产品的规格要求，并设立专门处理违背标准化行为的“反诈骗处”，如水果不能喷有害于人体健康的农药等。农业合作社是巴黎农业生产与农产品流通的中坚力量，它按市场规律经营，其作用主要表现为：负责收购农副产品；在信息、科技和培训等方面积极为农户提供服务；提高农户组织化程度，保护农民利益；为农户取得贷款融资提供方便。

五、纽约果蔬产品主要市场调控政策

纽约都市农业定位在“兼顾经济、生态功能”的目标上，农业被纳入了城市生态景观的建设。在纽约，越来越多的投资客将目光聚焦城市农业，针对城市农业发展的需求，许多种子公司正在进行水栽法绿室的研发。纽约的许多学校、研究机构都建立农业校园环境，即校园内种植可适用的果蔬产品，其发展目标是最终成立一个环境和农业的研究中心。

1930年，美国为建立有序的农产品流通体系，美议会通过了《鲜活农产品法》，以后几经修改，该法由联邦政府农业部水果蔬菜司负责执行。纽约是蔬果等农产品的主产地，建有3个蔬果车站批发市场，建批发市场的土地由纽约市政府提供，建筑物由美国农业部设计建造。蔬果等农产品的市场经由率达61%，市场经由率高于全美平均水平，批发市场是纽约农产品流通的主渠道。零售环节主要是通过连锁超市经营，连锁超市农产品货源约1/3来自生产者和产地装卸企业及生产者合作社、1/3来自产地中间商、1/3来自车站批发市场。从其发展趋势看，连锁超市直接从产地采购的比率将越来越高，这自然会减少流通环节，将给消费者带来更多益处。

纽约农产品营销的特点是流通渠道短、环节少，而且相当部分是由产地直接出售给零售商，其农产品流通特征可归纳为以下6点。

1. 产地市场集中　美国农产品生产区域化程度高，形成了玉米、小麦、大豆、蔬菜和水果等专业化生产区域，因而农产品产地市场比较集中，纽约、华盛顿和密歇根3个州的产量几乎占全美总产量的70%。在整个农产品流通比率中，产地批发市场与零售商的交易量占绝大多数。

2. 销地批发市场分布在大城市　销地批发市场又称车站批发市场，主要是因为美国公路、铁路运输发达，农产品常能迅速运往大城市车站，形成城市农产品集散市场。纽约的农产品生产供应地并非集中在城郊附近，而是分布在遥远的专业化生产区域，因而纽约的车站批发市场较发达，对农产品价格形成具有主导作用。

3. 流通渠道短、环节少、效率高　全美农产品平均78.5%从产地经物流配送中心，直接到零售商，而车站批发商销量仅占20%左右，但纽约车站批发市场经由率明显高于上述比率。由于流通渠道短、环节少，农产品流通速度快，成本低，从而提高了流通效率。

4. 服务机构齐全　为使农产品流通高效、快捷，纽约州建有许多专为农产品交易服务的组织，如装卸运输公司、加工包装和分类配送中心以及银行、邮局等与之密切相关的机构。

5. 现货市场与期货市场并举，市场交易以对手交易为主 纽约不仅有发达的农产品批发市场，市场交易根据不同对象采取对手交易和代销为主的办法，以满足不同采购商的需求并使农产品价格充分反映市场供求变化。此外，美国期货市场世界领先，谷物类农产品的期货交易活跃，这不仅能有效地调节农产品生产计划并能稳定市场供应。批发市场和期货市场形成的农产品价格信息及时传递给生产者和消费者，从而有效地起到指导生产和调节消费的作用。

6. 纽约蔬果批发市场的管理和运作体制完善 蔬果协会是介于政府和企业之间的一种行业组织。蔬果生产者、加工商、批发商、零售商、进出口商都是协会的会员，有关流通方面的政策和建议都由协会与政府沟通。协会的主要任务是协调组织蔬果的流通，并按市场发展的总体布局，组织建立批发市场（市场建设资金来自批发市场的批发商）；定期举办交易会、展示会，增进会员间的信息交流和供需衔接；开展国际交流与合作，促进进出口贸易；举办专题培训，向会员介绍最新流通政策与法规，与政府及国会保持经常性的联系，反映会员们的意见等。批发市场的交易活动全部由批发商自己决定，进货对象、进货渠道和经营方式也都由批发商自由选择。市场一般在清晨3：00时至上午10：00时交易，前一天的成交价是当天交易的重要参考价。有时也采用电话预约，用户按所需产品的种类、数量和质量标准，通过电话向批发商询价、订货，成交后由批发商送货。

六、果蔬产品价格支持政策的对比

（一）国外果蔬产品价格支持措施的主要特点

1. 果蔬产品价格支持形式各异，但基本做法一样 国外对鲜活果蔬产品价格支持形式各异，但基本做法一样，体现了政府对农产品价格的保护性干预。其基本做法是：事先规定农产品的保证价格，包括目标价格和干预价格。目标价格是在农产品上市季节以前规定的，一般高于市场价格，是农产品价格变动的上限。干预价格即收购价格，是农产品价格变动的下限。如果市场上农产品价格低于干预价格，就由国家按干预价格收购，差额由国家补贴；当市场上农产品价格上涨高于目标价格时，政府就会在市场上投放储存的农产品以平抑市场价格。美国、日本和欧盟都规定有农产品的最低价格保证。这样做不仅可以缓和或缩小农业与非农业收入的不平衡，而且可以使农民收入的稳定性大大提高，调动农民的积极性。在价格管理形式上，还有欧盟的“门槛价格”、日本的稳定价格等。中国也自2007年起，出台了历史上从未有过的扶持生猪发展的“套餐”，实行免费防疫、补贴母猪、给养殖户贴息贷款和奖励规模集中养殖等补贴。

2. 由农产品市场价格支持转向增加对农民收入的直接补贴　在对生产者的直接补贴上，为适应WTO农业协议的要求，WTO各成员自1995年以来，各自对其农业支持政策进行调整和改革，逐步减少农产品市场价格支持，转向增加对农民收入的直接补贴。并且在一定程度上以直补替代了价格支持，而中国则增加了价格支持总量。欧盟和日本提供价格支持的农产品种类远多于美国，干预价格发挥着市场底线价格的作用。相比之下，美国在1986—2007年间，实行价格支持的产品种类较少，主要为奶制品、糖和蛋制品提供价格支持。在1996年之前对大麦，小麦和猪牛禽肉提供价格支持，从1996年开始取消了对它们的支持。

3. 重视农业保险市场风险调控方式和保险体制的建设　在发达国家，采用农业保险来替代传统的以高关税和价格支持为主的直接保护政策，已成为政府支持农业发展的一个极为普遍的手段。如加拿大政府从1959年开始就在全国实施由政府组织的农作物保险，现已占全加拿大耕地面积的65%以上。农民只付保费的50%，不负担任何保险的行政业务支出，保费的其余部分由政府承担。在美国，由政府直接组建农业保险公司，并为所有参加保险的农作物提供30%的保险费补贴，投保农民的农作物减产35%以上，可以取得联邦保险公司很高的赔偿金额，美国政府在1994年前每年支付的农业保险补贴约10亿美元，1998年达到15亿美元。日本政府对农业保险的补贴是按费率的高低递增，费率在2%～4%以内政府补贴55%，费率在4%以上政府补贴60%，农作物承保面达90%。这种通过农作物保险保证生产者收入稳定的做法，既不违背WTO规则，又能起到保护农业的作用。

许多发达的市场经济国家均通过立法来增加政府干预农业保险的能力，如日本的《农业灾害补偿法》、美国的《联邦作物保险法》和加拿大的《农作物保险法》等。

（二）中国果蔬产品市场调控的主要问题

1. 果蔬产品补贴不足，且存在多头管理　中国自加入WTO后，也主要采取对生产者直接补贴的方式。但是长期以来，中国一直实行“以农补工”的发展策略。为了保证中国工业化建设所需的巨额资金，农业资源以“剪刀差”的形式源源不断地流入工业部门。由于发展重心和资金的限制，中国对农业的支持与保护水平很低，这在与发达国家的对比下显得更加明显。中国的农业补贴远远低于WTO框架所允许的水平，目前不到可用空间的20%。1993—2001年间，中国主要价格支持品种为羊肉、奶制品、甘蔗、油菜籽和棉花，加入 WTO 后至 2007 年，价格支持年均1 170亿元，主要支持品种为玉米、棉花、家禽、大米、羊肉、甘蔗和大豆。从政府政策角度来看，政府部门多头管理，如设施农业涉及园艺、畜牧、水产等多个部门，存在多头管理情况，这从体制上制约了设施农业的协调有序发展；扶持资金投入不足，各省虽然都出台了各项优惠政策，但是扶持资金的投入仍显不足。在现有对农产品补贴中，主要是对粮食等大宗农产品的补贴，而对鲜活果蔬产品补贴少。且在补贴中对地区自然环境、地理条件和产出水平均有一定差异性较忽视，采取一个标准的补贴模式。这种方式对产出条件比较好、成本比较低的地区，无疑农民会得到比较大的实惠，而对产出能力较低、成本较高的地区，这一价格不能反映其真实成本，这一政策不能起到保护农民的作用，政策缺乏针对性。

2. 缺乏完善的市场调控的参考标准与信息系统 目前，中国鲜活果蔬产品市场上缺乏完善的市场调控的参考标准与信息系统。如在生产环节，设施农业标准化程度低，目前在全国范围内，还没有出台统一的设施农业标准；另外，很多企业只重视温室主体结构和配套设备的性能指标和质量，而忽视了温室的整体性及其配套产品的标准化。在流通环节，从 2008 年 12 月开始，农业应急信息采集系统虽已运转，但目前只在全国选择 50 家大型农产品批发市场作为信息重点采集点，重点监测 58 种“菜篮子”产品每天的价格和交易量，未形成一个完整的信息系统。

3. 流通领域补贴效率偏低 中国农产品价格支持政策实施的现实情况是：对农民的直接补贴数额偏低，而对市场流通环节的补贴偏高，最后实际情况是农民得到的补贴少，不利于增加农民收入，缩小城乡差距，实现共同富裕，且效率偏低。根据财政部的测算，中国的补贴效率只有 14%（即补贴 1 元钱），而农民只能得到 0.14 元。

本 章 小 结

本章总结了国内外鲜活类农产品的主要市场调控政策，并选取上海、东京、巴黎和纽约等国际化大都市进行比较研究，概括这些国际大都市调控鲜活果蔬产品市场的主要办法和运用的政策工具以及对中国的启示。通过研究发现：中国鲜活果蔬产品市场调控中存在补贴不足，多头管理；缺乏完善的市场调控的参考标准与信息系统；流通领域补贴效率偏低；农业保险市场风险调控方式和保险体制的建设重视不够等有待于完善的政策空间。

第七章　完善北京市果蔬产品市场价格机制的政策建议

在自然条件不断出现“百年不遇”，农产品种子、生产物质费用、劳动力等生产成本不断上涨，适合种植的土地不断压缩，市场对产品质量安全要求越来越高，而居民对蔬菜水果食用量不断增长的情况下，北京市果蔬生产价格上扬成为必然趋势。但由于非常规因素的影响，北京果蔬价格仍不断出现季节性和周期性的大幅波动。为了保护生产者的积极性和消费者的社会福利，政府应加强政策调控和市场行为共同作用来平抑果蔬产品价格的巨幅变动，稳定鲜活果蔬市场价格体系。根据前文研究，本章就建立健全果蔬产品市场调控问题提出政策建议：

一、建立稳定北京果蔬产品价格与市场供应的调控体系

新型鲜活果蔬产品价格与市场供应的调控体系，应该是全面的、融管理体制、预算体制和具体的支持政策为一体的体系，能够提高农业综合生产能力、增强农产品市场竞争力、提高农民收入，同时也具备改善生态环境功能的完整体系。

首先，这种农业支持体系需要建立一个法制化的预算体制，即以法律的形式，通过国家农业预算、地方农业预算（包括省、地、县市等），明确划分中央和地方在农业支持和保护体系上的权责和职能。中央预算侧重于基础性、非盈利性的农业领域公共财政支出，中央政府重点负责全局性农业和农村经济发展事项，如大中型农业基础设施建设项目、重大或重要农业科技项目、重要的农业公共服务体系（全国性或跨区性的信息体系、质量和安全检测体系、市场体系等）、扶贫等；地方预算侧重于向有区域比较优势、有市场开拓潜力、盈利能力较高的产业发展，为中小型基础设施建设提供充足的资金支持。

其次，北京市农业支持体系要建立一个完善的管理机制、监督机制和评价机制。北京作为中国最大的现代化、国际化大都市，其在社会、文化和经济等领域的特殊性决定其区域发展稳定性的重要程度。果蔬价格作为农产品价格的一个重要方面，密切影响着每一位北京市居民的日常生活，价格的非预期波动将直接导致果蔬产品市场的畸形发展，增加居民生活负担并容易造成民众负面情绪，也对整个北京农产品市场的发展带来极大的阻碍。所以，北京果蔬产品

具体支持体系应该是一个全面的、系统的政策体系，涵盖国内支持政策的各方面。应包括果蔬产品补贴和市场调节基金体系、种苗繁育体系、果蔬产品设施农业扶持体系、果蔬产品价格预警和应急政策体系、果蔬产品保险体系，同时应与市场准入中的边境保护政策相结合，最终达到提高北京果蔬产品生产能力、满足北京居民生活消费需求、增加北京及周边供给地果蔬种植户收入、促进北京农业发展的目标，详见图 7-1。

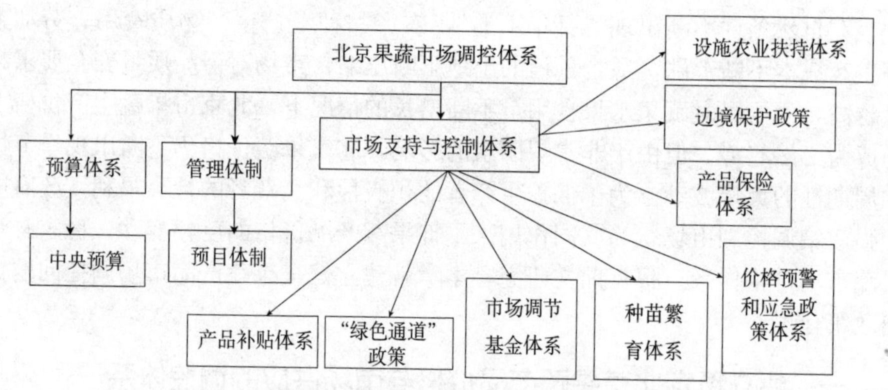

图 7-1　北京果蔬产品价格与市场供应的调控体系的基本框架

（一）建立价格干预政策

加强市场监测和信息引导，做好产销衔接，加大营销支持力度，完善冷链物流等基础设施建设，落实好“绿色通道”政策。在制定鲜活果蔬产品保护价格的关键在于如何核算农产品生产成本以及将农民应得的利润定在何种水平上。在核算农产品生产成本时，应把农产品生产性费用（种子、肥料、农药和灌溉等）、活劳动成本以及税收、贷款利息等开支计入。农民的利润则可按国际经验来确定，即应高于同期利率水平。价格水平的确定除考虑当年农业的生产成本外，还应参照前几年的市场价格水平及变动、整体经济的物价变动趋势和通货膨胀率、国际市场价格、未来几年市场供求变化趋势和人民币汇率等。

（二）建立价格预警机制

鲜活果蔬产品价格预警机制应包括预警信息的采集及发布机制。预警信息的采集关键是确定预警品种，严格按照统计学方法抽取样本点，严格执行数据采集制度，加强工作考评，提高数据质量。不仅要采集价格、生产和成本等基础信息，还要关注交易量、调进调出量和进出口信息，做到各环节数据的全覆盖；不仅要采集工作日期间的信息，还要采集节假日期间的信息，做到时间序列的全覆盖；不仅要关注大宗品种的信息，还要结合本地及时关注地方特色品种的信息，做到品种上的全覆盖。预警品种的确定应坚持以下原则：一是产业应有一定的规模，从业农户数比较多；二是区域化布局较明显，风险相对集中；三是具有一定的国际国内市场竞争力，对地区农业增效、农民增收关联度大；四是商品率一般要求在60%以上。然后，针对不同产业确立相应的警情指标。当价格接近预警指标时，则按照严格的信息发布日历制度，引导生产和消费，并采取干预措施。同时，要根据所反馈价格信息变化，及时解决各地出现的区域性、季节性和结构性鲜活果蔬产品滞销事件。要建立问题发现机制，建立应急处置机制和应急保障机制。

（三）建立农业保险经营体制

北京市政府应进一步完善农业保险补贴政策，对农业保险实行低收费高补贴，以稳定农民的收入。由政府来主导农业保险的供给，把农业保险作为一项特殊的准公共物品，给予经营性补贴和其他扶植，并由政府提供指定机构经营。政府要通过再保险公司支持现有商业保险公司开展农业保险业务，扩大农业保险经营范围；尤其要鼓励商业保险公司代办政策性农业保险业务，探索走政策支持、商业化经营道路。各级财政设立专项资金对商业保险公司开展农业保险业务给予适当补贴，或通过政策性再保险公司对商业保险公司开展农业保险业务进行再保险。在对农业保险核算方面，则采取单独核算的方式。再保险公司代行国家支持农业保险的职能，应实行单独列账、单独核算的内部核算体制。再保险公司在经营过程中，如出现因经营农业保险所造成的亏损，应在政策上允许其申请一定额度的银行无息或低息贷款，用于赔款之需。如遭受连年自然灾害的损失，突破银行贷款额度，国家财政应给予资金的支持，或采用其他的财政手段予以支持。

如发生重大灾害，由政府主导农业保险的供给，把对受灾地区的财政拨款援助改为对农业保险提供的补贴，变救灾拨款为提前保险。这样，在地方财政有限的情况下，既可以大量减轻政府的财政负担，又可以提高政府财政资金的使用效益，全面提高政府对农业保险支持力度。针对农民买不起保险、农业保险经营成本过高以及农业保险中巨灾风险难以分散等问题，应对大宗农产品进行保费补贴，对承担农业保险的商业性保险公司补贴一部分营业费用，对农业保险的再保险提供资助。各级政府给予农业保险税收上的优惠政策。种养两业以外的农业保险公司的营业税、印花税和企业所得税等全部实行先征后返政策，返还税金部分全额计入保险公司大灾准备金，实行专户管理、专款专用，用于反哺农业，保护农民利益，提高农业保险公司偿付能力。除了通过补贴降低保费外，还要从其他方面增加保险需求。如加大农业保险宣传力度，培养农民的投保意识；实行强制与自愿相结合的原则，提高农业保险参保率；提高农业保险业务人员的服务质量，为农民提供完善的参保、理赔和防灾服务。

（四）建立市场调节基金

农产品价格波动未必是坏事，但是如果利润主要不是被农民获得，反而要产业链的两头即消费者和农民承担涨跌的风险，那就是不合理的。政府要打击游资，及时遏止囤积炒作现象。而建立果蔬产品市场调节基金是重要的一个环节。风险基金筹集原则要以地方财政划拨为主，并形成多元化、全方位的筹措机制，使之筹而有向、聚而有量、策而有度、用而有序、管而有方。可由政府和乡镇集体按一定比例共同出资建成“重要农产品生产经营稳定基金”，按果蔬产品前三年市场平均价格确定基准价格，若当年市场价格低于基准价格，则对差额进行补贴。同时，为了减轻农副产品价格上涨对老百姓造成的压力，还要适当控制售价，并保证农民的利益不受损害。

（五）发展设施农业

稳定、优质的市场供应是平抑鲜活果蔬产品价格大起大落的关键。因此，要大力发展标准化、规模化、专业化种植养殖，使北京果蔬产品的生产由数量型向质量效益型转变。发展设施农业尤其设施蔬菜，应对自然灾害，改变果农、菜农“看天吃饭”的局面，有效抵御自然灾害对鲜活果蔬产品市场供应的冲击。同时，通过设施农业的发展还能提供反季节鲜活农产品的供应从而淡化传统生产集中上市造成“淡季淡市、旺季烂市”的失控局面。北京市在发展设施农业方面有着得天独厚的条件。第一，北京有财政支持的能力；第二，市内高等院校众多有技术保障；第三，北京都市型农业发展定位也为设施农业的发展提供理论支持。在建设设施农业的过程中，要注意加强技术指导和培训，推进蔬菜标准园建设，示范带动蔬菜质量提升和效益提高。

（六）调整进出口政策

北京居民整体消费水平较高，对国外进口水果的消费量也呈逐年上升的趋势。所以，在稳定国内果蔬供给的同时，可以增加国外进口水果的供给量，满足部分消费水平较高、对果蔬种类的多样性和安全性要求较高的消费者的需求。同时，北京市要着力打造自有的国际化果蔬品牌，依靠北京优质的政策扶持和流通、包装运营等网络将果蔬产品推出国门。

（七）共同维护果蔬市场环境

蔬菜水果价格的稳定不仅仅是百姓关心的问题，政府也一直在研究部署如何促进蔬菜生产、保障市场供应和价格基本稳定的政策措施。政府出台了切实强化“菜篮子”市长负责制；加强蔬菜生产基地建设；改善蔬菜流通设施条件；落实和完善“绿色通道”政策；提高蔬菜产销组织化程度；强化蔬菜信息体系建设等系列措施。从国际经验看，鲜活果蔬产品价格上涨是中国经济发展的刚性趋势，稳定市场价格，引导经营者诚信经营，是政府价格主管部门的重要职责。

作为北京市政府，应该充分发挥宏观调控作用，稳定价格，加大科技投入，发展现代农业，为菜农、果农提供良好的生产平台，扩大他们的销售渠道。改善目前流通市场“蔬菜产地—小商贩—蔬菜批发市场—商店、超市等终端市场”这样的“环节多、损失多、流程长、成本高”的流通渠道，落实鲜活果蔬产品“绿色通道”等措施，规范流通渠道建设，大力发展北京市“农超对接”。政府还可扶持、扩大本地蔬菜基地建设，争取在北京建几个上规模的蔬菜基地，保障本地蔬菜的供需。甚至可以探索尝试扶持社区菜店与果蔬基地的一站式对接，降低中间环节的损耗，做到惠农惠民。物价部门加大价格法规的宣传力度，引导经营者诚信经营，打击游资炒作对市场的干扰，保持市场价格正常运行。

作为菜农、果农，应该努力提高果蔬产品的质量，生产无公害产品，为居民提供优质果蔬。作为销售者更应杜绝囤积居奇，哄抬农产品价格等炒作行为，维护正常的市场秩序，保障价格总水平的基本稳定，保障市场经济的健康发展和社会人民的安定。

作为消费者，居民应该稳定情绪，认识到随着人们生活水平的提高，果蔬产品质量不断提高，生产成本的上扬等都将助推果蔬价格的上涨，这是经济发展的必然阶段，是符合时代发展趋势的。

二、构建北京与相关果蔬主产区的生产与价格联动协调机制

2010年，国务院提出加强新一轮“菜篮子”工程建设，北京市也出台了相应的文件和政策，提出“要加强‘三率一能力’建设，即稳定提高‘菜篮子’重点产品的自给率”、“大幅提升‘菜篮子’重点产品的控制率”、“稳步提升‘菜篮子’重点产品的质量安全合格率”、“显著增强‘菜篮子’重点产品的应急保障能力”。北京作为首都和特大型消费城市，保障市场稳定供应、进一步提高“菜篮子”产品的控制率，事关广大人民群众的切身利益，事关经济社

会又好又快发展。而由于农业资源禀赋的局限，北京市通过扩大面积大幅度提高“菜篮子”自给率的空间有限。因此，开展“菜篮子”外埠基地建设、实施农业“走出去”战略，已成为保障首都市场供应、提高“菜篮子”产品控制率的必然选择。长期以来，北京非常注重与外省市的农业合作，并取得了显著成效，已与10余个省市开展了农业合作。下一步北京将结合自身特点，充分发挥北京与其他各省市的优势，进一步推动农业区域合作向全方位、深层次、宽领域、一体化发展，这对北京在更广阔的空间实现农业产业结构调整及农业经济发展，有着重要的现实意义和战略意义。

（一）建立果蔬供应基地

到2015年，北京蔬菜自给率要达到35%的水平，将新增菜田10万亩，总量达到70万亩。紧密型区域合作菜田新增20万亩，总量达到80万亩。其中，北京新增的10万亩菜田将重点放在远郊区县建设。而新增的合作菜田20万亩，则是由北京市政府与相关龙头企业牵头和河北、山西、山东、内蒙古4省、自治区形成合作，在当地建立蔬菜基地，保障首都蔬菜的供应。所以，北京市果蔬供应需同时重视自给和外省市供应两个方面，以外省市供给为主，本市供应起到显著调节作用，进而可以起到调控价格的效果。在果蔬生产上与主产区形成联动协调，当北京市果蔬供给量较需求量减少时，要及时加大外省市蔬菜基地的供给量，反之亦然。同时，要加强对外省市蔬菜基地的质量监控，对化肥用量、农药用量及残留等各项指标严控，保证供给北京市果蔬产品的质量安全，建立追溯机制。并且，对于外省市蔬菜基地在生产、运输等方面，北京市政府要给予一定的技术、资金等支持，真正形成环北京果蔬生产供给带。

（二）积极开展“农超对接”

“十二五”期间，北京市已经启动了新一轮“菜篮子”工程的规划。近几年，北京市商务委员会已经组织沃尔玛、物美、家乐福、超市发等30余家超市和餐饮企业，同北京40多家农业合作组织洽谈农产品直采。随着“农超对接”逐步推进，农业合作社担心的账期、进场费、赞助费等问题将得到解决。“农超对接”是北京市果蔬乃至农产品市场发展的新契机和重要发展方向，并且北京市也基本具备了大力开展“农超对接”的基础，“农超对接”的主体应是北京的外省果蔬供给基地。在超市点分布广泛的城区及近郊区要作为“农超对接”的重点开展区域，对于远郊区县具备条件的可以开展，但还要继续保持其农贸市场等发展，形成有梯度的“农超对接”发展模式。在“农超对接”过程中，要加强对涉及超市的监督管理，保证果蔬供给食品安全和价格的稳定。

（三）建立价格联动调控机制

根据研究结论，北京市与相关的几个果蔬供给的主要来源省份在果蔬价格上有显著的联动关系，所以必须建立相应的果蔬价格联动调控机制。由于主产区尤其是建立了果蔬供给基地的主产区，其果蔬价格较北京而言提前 2 个月左右，所以要根据主产区价格的上浮或下降对北京各个果蔬价格的联动走势有合理的预期，在合理波动区间内应允许市场机制自行调节和疏导，如果超过了合理波动区间则需要调动周边省份的果蔬供给量来反向调控，熨平价格的过大波动。对于建立价格联动调控，其中最为重要的选取调控的合理区间和调控量，这需要在长期监控北京与周边果蔬供给省份价格的基础上不断调整。本书认为，当主产区价格（这里指多个供给来源地价格的综合价格）波动上下超过 20％就应当进行干预，干预的调控量的合理范围是让北京市果蔬价格的波动保持在 20％以内，而不是不波动，这样可以避免由于过度调节导致的价格逆行波动。

附　表

附表 1　北京及主产区 CPI

（1998 年 1 月＝100）

时间	北京	广东	广西	海南	河北	河南	湖南	山东	陕西	新疆
1998.1	104	99.6	96.5	98	100.1	99.5	99.8	99.5	100.2	100.3
1998.2	103.4	98.3	96.9	97	99.8	97.8	100.9	99.3	99.3	99.7
1998.3	103.6	100.1	97.4	97.8	99.6	98.4	101.1	100	100.4	100.4
1998.4	104	99	97.2	97.4	99.4	97.7	99.1	99.8	99.3	100.8
1998.5	103.2	99.1	96.6	96.3	98.6	97.2	97.7	99.6	98.8	100.6
1998.6	103	98.9	96.7	96.9	96.9	97.4	98	98.4	98.9	101.4
1998.7	102.6	97.6	97.9	97	97.1	97	100	97.5	98.4	101.9
1998.8	102.2	96.6	96.7	97.3	96.6	97.4	100.6	98.1	97	99.5
1998.9	100.6	96.8	96.1	96.7	97.3	96.7	101.6	99.4	96.9	98.6
1998.10	100.5	97.3	97	97.1	97.7	96.8	101.4	100	97	101.1
1998.11	101.8	97.3	97	97.4	98.2	96.8	101.1	100	97.2	99.8
1998.12	100.1	97.8	97.8	98.5	99	97.6	101.4	100.8	97.4	98.8
1999.1	105.04	97.31	95.44	95.65	99.20	96.61	101.20	100.20	98.60	99.60
1999.2	104.85	96.33	95.25	94.67	97.80	95.26	101.91	99.40	97.91	98.60
1999.3	104.95	97.70	95.74	94.57	97.21	95.45	101.20	98.90	98.09	99.20
1999.4	104.62	96.62	94.87	94.87	96.12	94.38	99.00	98.40	95.82	98.48
1999.5	103.72	96.03	93.70	92.93	95.05	93.70	98.19	97.71	95.44	97.38
1999.6	103.10	95.34	93.90	93.99	93.80	93.60	98.10	97.51	95.04	97.65
1999.7	103.52	94.57	93.89	94.38	95.64	93.61	99.50	99.35	95.05	97.42
1999.8	102.61	95.83	93.80	95.06	95.63	94.77	100.00	98.59	95.64	97.21
1999.9	100.70	96.51	94.56	96.60	96.52	93.80	102.31	97.71	95.93	97.61
1999.10	101.20	96.72	94.87	96.81	97.11	94.28	102.92	99.00	96.03	97.76
1999.11	101.49	96.42	94.96	98.57	96.92	93.99	102.21	98.50	95.45	96.01
1999.12	100.10	97.21	95.75	99.39	96.62	94.09	102.31	98.58	95.35	95.14
2000.1	106.83	98.09	92.96	97.94	97.41	93.72	102.92	98.39	96.82	97.11
2000.2	106.53	98.36	93.82	98.55	97.31	92.49	104.56	98.21	95.85	97.42
2000.3	105.89	98.58	93.45	96.94	96.24	92.30	102.62	97.32	95.64	97.11
2000.4	105.98	97.88	92.97	96.10	95.45	91.36	100.29	97.62	93.81	95.13
2000.5	106.52	98.24	92.95	95.44	94.86	91.36	100.15	97.90	93.82	95.04
2000.6	105.37	97.34	92.68	95.87	93.99	92.38	100.35	98.10	93.90	95.89
2000.7	105.70	96.56	92.57	95.51	95.64	94.35	100.89	99.25	94.67	98.00
2000.8	105.58	96.98	92.77	96.20	96.02	95.53	100.50	98.79	95.26	97.02
2000.9	107.65	97.28	96.08	95.54	96.23	94.64	102.31	98.69	96.89	97.13
2000.10	107.48	97.49	97.43	96.52	96.14	94.66	102.61	99.50	96.89	98.25
2000.11	108.80	98.45	98.10	97.78	96.83	95.59	103.95	100.67	97.36	98.41

（续）

时间	北京	广东	广西	海南	河北	河南	湖南	山东	陕西	新疆
2000.12	106.71	97.70	98.14	97.30	97.78	96.16	104.46	101.54	97.93	98.57
2001.1	112.49	98.28	93.89	97.45	99.07	94.65	103.23	100.85	98.56	100.02
2001.2	111.00	96.49	93.82	95.70	97.90	92.59	102.78	100.37	96.72	99.27
2001.3	111.61	97.79	94.47	95.00	97.30	93.13	101.28	99.75	97.36	99.73
2001.4	112.34	97.78	94.92	94.76	96.88	92.82	99.29	100.54	96.06	99.22
2001.5	112.37	97.84	94.63	93.34	96.09	92.55	99.65	100.45	96.54	99.80
2001.6	110.53	97.73	94.34	94.24	94.55	93.12	99.45	100.16	96.25	100.59
2001.7	111.51	97.24	94.42	94.94	96.60	94.64	99.98	101.54	97.04	102.02
2001.8	109.70	96.01	94.07	95.05	96.30	95.53	99.79	101.06	96.69	101.38
2001.9	107.76	96.50	95.02	94.78	95.85	95.21	101.39	99.28	95.73	101.50
2001.10	107.59	96.32	96.45	94.68	96.24	95.51	101.79	100.39	96.41	102.58
2001.11	107.71	96.58	97.02	96.12	95.96	96.16	102.39	100.67	96.29	102.34
2001.12	105.00	96.33	97.45	96.62	96.41	96.54	103.31	101.54	96.95	102.71
2002.1	109.34	96.22	92.95	95.80	97.19	94.46	101.27	99.84	97.18	101.42
2002.2	108.67	96.87	93.64	96.84	96.04	93.14	102.78	99.46	96.14	100.56
2002.3	108.60	96.61	93.72	94.52	95.74	93.13	100.68	98.75	96.09	100.43
2002.4	108.52	95.83	93.40	94.38	95.33	92.54	98.29	99.64	94.43	98.93
2002.5	110.13	95.59	92.64	93.15	95.04	92.92	98.46	99.75	94.80	98.80
2002.6	109.21	95.19	93.02	93.87	94.36	94.33	98.46	100.26	94.71	99.68
2002.7	110.06	94.61	92.82	93.71	95.83	95.30	99.09	100.83	95.00	101.00
2002.8	108.50	95.24	92.94	94.00	95.25	96.01	98.99	100.05	95.53	100.17
2002.9	105.71	95.15	94.83	93.54	95.18	95.02	100.98	98.68	95.54	100.48
2002.10	105.86	96.03	95.97	94.97	95.47	94.94	101.99	99.69	95.83	101.55
2002.11	106.42	95.81	96.53	96.12	95.76	95.97	102.80	100.36	95.81	100.50
2002.12	104.47	95.75	97.26	96.52	96.70	96.25	104.14	101.44	97.05	100.66
2003.1	110.21	96.70	93.88	95.80	98.16	94.65	102.78	100.34	98.35	100.51
2003.2	109.65	96.10	93.45	94.91	97.29	93.33	103.81	99.76	97.29	100.06
2003.3	109.25	97.10	94.00	94.62	97.85	93.97	102.39	99.84	97.92	100.33
2003.4	109.72	96.31	94.43	94.38	98.09	93.65	100.06	100.54	96.04	99.22
2003.5	111.34	95.88	93.56	92.97	96.94	93.10	100.13	100.14	95.84	98.70
2003.6	108.33	96.05	93.67	93.12	94.93	93.77	100.33	99.66	95.09	99.09
2003.7	108.63	94.99	93.56	92.86	96.50	95.39	101.46	100.83	96.05	100.59
2003.8	108.06	95.05	93.68	94.19	96.77	96.97	101.77	100.55	96.48	100.57
2003.9	105.39	96.10	95.59	94.01	96.60	96.73	103.81	99.57	96.49	100.78
2003.10	106.08	96.70	97.12	95.16	98.24	98.36	104.54	101.78	97.94	102.36
2003.11	106.95	97.43	98.66	97.27	99.98	100.77	107.43	103.78	99.45	103.22
2003.12	104.89	97.86	100.08	98.45	101.35	101.26	108.41	105.39	100.06	103.67
2004.1	110.87	98.64	96.04	98.86	102.58	100.05	106.69	104.06	101.30	102.42
2004.2	108.22	97.16	95.50	98.99	100.69	97.34	107.03	102.36	99.04	101.86
2004.3	108.92	99.04	97.48	98.69	100.88	98.48	106.79	102.53	100.47	103.14
2004.4	109.61	99.19	98.21	99.19	101.04	98.62	105.76	103.65	99.30	101.70

（续）

时间	北京	广东	广西	海南	河北	河南	湖南	山东	陕西	新疆
2004.5	111.12	99.43	98.15	97.99	100.91	98.87	105.64	104.25	99.77	101.96
2004.6	109.53	98.74	98.64	98.14	100.05	100.61	105.44	104.74	99.94	102.55
2004.7	111.24	98.79	99.64	98.16	102.29	102.55	106.84	106.37	100.85	103.91
2004.8	110.33	99.14	99.49	98.81	102.38	103.85	107.87	105.78	100.73	103.58
2004.9	108.24	99.76	101.13	98.62	102.69	103.31	110.56	104.45	100.45	104.31
2004.10	107.99	100.18	101.98	99.44	102.85	103.08	110.92	105.45	100.00	105.54
2004.11	108.56	100.36	102.41	100.48	102.88	103.69	112.15	105.85	99.94	105.38
2004.12	106.36	100.21	103.28	100.22	103.58	103.99	112.85	106.87	100.76	105.75
2005.1	111.76	99.92	100.07	99.26	104.42	102.25	110.53	105.41	101.50	104.26
2005.2	111.25	101.24	100.95	99.88	104.22	101.24	112.81	105.43	101.02	104.41
2005.3	110.77	102.21	100.89	100.86	103.80	101.43	111.38	105.00	101.47	104.69
2005.4	111.47	101.28	100.96	100.38	103.46	100.98	108.41	105.73	100.49	103.23
2005.5	113.12	102.11	100.80	99.46	102.93	101.25	108.17	106.34	100.87	102.67
2005.6	111.17	101.70	101.10	99.91	101.85	102.63	108.40	106.42	100.84	103.37
2005.7	113.02	101.56	101.44	99.63	104.54	104.81	109.30	108.39	102.06	105.06
2005.8	111.88	100.42	100.48	100.78	104.02	105.51	108.95	107.36	101.33	104.10
2005.9	109.32	100.75	101.74	99.31	103.31	104.34	110.78	105.60	100.75	103.79
2005.10	109.28	101.89	103.20	101.33	103.57	104.52	111.48	106.61	101.70	105.11
2005.11	109.64	101.96	103.74	102.09	103.80	105.14	113.05	107.02	101.74	104.86
2005.12	107.53	102.31	105.66	102.03	104.82	105.45	114.43	108.15	102.77	105.43
2006.1	113.33	102.12	100.97	101.04	106.30	104.29	111.75	107.31	104.45	104.89
2006.2	111.81	102.05	101.25	101.48	105.57	101.94	112.24	106.16	101.83	104.09
2006.3	111.99	103.03	101.39	101.56	105.05	102.24	110.94	105.73	102.79	105.11
2006.4	112.47	102.90	101.36	101.38	105.32	101.99	108.95	106.89	101.80	103.95
2006.5	114.47	103.85	101.71	101.15	105.09	102.36	109.04	107.40	102.18	104.21
2006.6	112.84	104.65	102.32	101.81	103.69	103.55	109.26	107.37	101.85	104.82
2006.7	113.81	103.38	102.04	101.92	105.48	105.22	110.28	108.39	102.67	106.21
2006.8	112.43	103.14	102.39	102.60	105.16	106.36	110.48	107.69	102.55	105.66
2006.9	109.98	102.57	103.87	100.70	105.17	105.80	113.11	106.44	102.76	105.86
2006.10	109.94	103.31	105.27	101.74	105.23	105.57	114.38	107.46	102.81	107.43
2006.11	110.41	103.70	106.12	103.01	105.67	107.25	116.89	108.62	103.37	107.06
2006.12	108.71	104.36	108.83	104.89	108.07	109.14	119.70	110.86	105.55	108.28
2007.1	113.89	103.44	103.80	103.47	109.07	106.69	116.66	109.24	105.91	107.19
2007.2	112.70	104.60	104.90	103.81	108.42	105.00	117.74	109.03	104.68	107.01
2007.3	113.56	105.60	105.75	104.91	108.31	105.82	117.15	108.90	106.18	109.31
2007.4	113.37	105.06	105.92	104.12	107.96	105.46	115.05	109.77	105.16	107.59
2007.5	115.27	105.92	106.39	103.57	108.24	106.35	115.36	110.94	106.17	106.92
2007.6	113.96	107.26	107.33	105.58	108.04	109.04	115.71	111.99	107.24	108.91
2007.7	116.20	107.73	109.70	107.63	111.49	112.17	117.78	114.14	109.55	111.42
2007.8	116.37	107.78	110.48	109.68	111.89	114.44	118.10	114.36	110.04	113.06
2007.9	114.05	108.11	112.29	107.85	110.95	113.21	119.78	112.41	109.14	114.02

（续）

时间	北京	广东	广西	海南	河北	河南	湖南	山东	陕西	新疆
2007.10	114.77	109.10	113.79	109.98	111.86	113.38	120.09	114.12	110.01	116.66
2007.11	116.26	109.92	115.04	112.28	113.38	115.61	122.97	115.68	110.81	117.44
2007.12	114.15	110.20	117.75	112.02	115.52	116.99	125.32	117.18	113.25	117.91
2008.1	119.93	110.27	113.55	111.23	116.70	115.66	123.78	116.12	114.81	117.38
2008.2	120.14	113.70	117.69	115.23	117.96	115.40	127.28	116.77	114.94	119.74
2008.3	120.37	113.63	117.07	114.78	117.73	116.30	126.52	116.85	115.74	120.57
2008.4	120.74	113.57	117.79	114.43	117.56	115.90	124.03	118.01	114.83	118.99
2008.5	122.54	113.66	117.45	113.31	116.80	115.92	123.44	118.38	114.87	118.57
2008.6	120.92	114.56	118.06	114.13	116.15	117.76	123.58	118.93	114.64	119.69
2008.7	123.52	114.62	118.36	114.95	119.07	120.47	124.49	120.53	116.23	121.45
2008.8	122.77	112.95	117.55	115.27	118.50	121.53	124.36	119.51	115.98	120.97
2008.9	119.98	112.75	118.80	113.67	117.27	120.00	126.37	117.58	114.59	121.66
2008.10	119.59	113.25	120.05	115.91	117.01	119.50	126.46	118.57	114.74	123.20
2008.11	118.70	112.56	118.95	116.10	116.11	119.43	127.89	118.58	114.25	121.67
2008.12	115.29	111.09	119.40	114.59	116.45	118.98	128.96	119.05	114.84	120.86
2009.1	120.77	111.26	113.78	114.01	117.40	117.04	126.38	117.51	116.18	119.49
2009.2	118.82	109.04	113.22	112.23	116.55	114.24	125.75	116.66	114.37	119.02
2009.3	119.17	111.01	114.26	113.51	116.08	115.25	125.38	116.62	115.97	120.57
2009.4	119.05	109.71	114.02	113.51	115.92	114.63	122.29	117.65	114.72	118.88
2009.5	120.45	110.02	113.34	112.63	115.28	115.00	121.71	118.14	115.45	118.81
2009.6	118.74	110.09	113.70	112.64	113.94	116.35	121.60	118.10	114.99	120.17
2009.7	120.55	109.81	113.98	112.76	116.93	118.54	122.63	119.56	116.23	122.42
2009.8	119.33	109.45	114.50	113.89	116.60	119.59	123.36	118.67	115.74	121.82
2009.9	116.98	109.71	116.31	112.19	116.69	118.68	125.61	117.11	114.82	122.14
2009.10	116.84	110.87	117.77	114.18	116.31	118.19	126.59	118.22	114.86	123.69
2009.11	117.16	111.77	118.71	116.10	116.92	119.79	129.55	119.17	116.19	123.86
2009.12	114.60	111.97	120.83	116.89	119.24	121.48	131.15	121.43	118.17	124.61
2010.1	120.77	111.26	115.26	115.95	120.34	118.80	127.14	119.98	118.62	123.20
2010.2	120.01	112.85	116.96	117.40	119.81	117.21	128.39	120.04	118.37	123.90
2010.3	120.24	113.35	116.32	117.60	119.10	117.56	128.02	119.42	119.10	124.43
2010.4	121.20	112.89	116.64	118.05	119.28	117.72	125.59	120.48	118.39	123.27
2010.5	123.47	113.98	116.51	117.59	118.50	117.99	125.48	120.74	118.91	123.33
2010.6	121.47	113.72	116.65	117.49	116.79	119.26	125.61	120.35	118.55	124.62
2010.7	123.57	113.43	117.40	117.50	120.09	122.34	126.92	122.43	120.65	127.68
2010.8	122.67	112.95	117.70	118.78	120.33	124.25	127.56	122.35	121.19	127.79
2010.9	120.02	113.44	119.56	118.37	119.60	123.67	130.01	120.85	120.33	128.25
2010.10	120.82	115.30	122.48	122.85	120.84	124.69	131.65	122.83	120.94	130.49
2010.11	122.20	116.24	124.17	124.80	122.18	127.57	135.51	124.89	123.40	131.04
2010.12	119.99	116.56	126.39	124.25	123.89	127.80	137.18	126.17	124.43	130.72
2011.1	126.56	116.94	121.95	123.83	125.39	125.09	134.26	124.42	124.91	129.85
2011.2	126.37	117.59	123.98	124.91	125.80	123.31	136.22	124.72	124.17	129.97

（续）

时间	北京	广东	广西	海南	河北	河南	湖南	山东	陕西	新疆
2011.3	126.85	119.35	124.23	125.60	125.41	124.49	135.70	124.67	126.01	131.77
2011.4	128.23	119.10	125.50	125.73	125.36	124.31	133.13	126.02	124.66	130.42
2011.5	130.26	120.02	125.48	124.76	125.14	124.83	132.51	126.90	125.33	130.36
2011.6	129.00	120.09	125.63	125.59	124.96	127.84	133.03	127.93	126.50	132.47
2011.7	131.48	120.35	126.09	126.19	128.97	131.02	134.53	130.39	128.49	136.49
2011.8	130.77	119.95	125.47	126.39	128.27	132.08	135.21	129.45	128.82	136.61
2011.9	127.82	120.13	126.50	125.47	127.86	131.21	137.81	127.98	128.40	136.97
2011.10	127.94	121.41	128.85	128.63	128.21	131.17	138.76	129.58	128.56	139.11
2011.11	127.82	121.82	127.52	129.67	127.92	132.42	141.20	130.38	128.95	138.78
2011.12	125.26	121.81	128.79	130.46	129.72	133.04	142.12	131.34	130.15	136.07
2012.1	132.64	122.32	126.46	129.90	131.91	131.22	139.22	130.27	131.28	136.34
2012.2	130.79	120.77	127.20	128.41	129.95	127.26	139.09	128.71	128.76	136.08
2012.3	131.55	124.13	128.45	130.62	130.43	129.22	139.77	129.04	130.92	137.17
2012.4	132.71	123.39	128.77	130.51	129.63	128.66	136.99	129.67	129.28	135.38
2012.5	134.42	124.22	129.25	129.87	128.52	128.58	136.35	129.69	129.47	135.31
2012.6	132.36	123.33	129.40	129.99	127.09	130.27	135.69	129.85	129.28	137.37
2012.7	134.89	122.63	129.37	129.85	130.52	133.25	136.15	132.09	130.94	140.59
2012.8	134.30	122.59	129.74	131.19	130.97	134.59	137.10	131.52	131.27	140.71
2012.9	131.65	122.54	131.43	129.48	129.90	133.31	139.46	129.39	130.58	141.22
2012.10	131.66	123.36	132.46	131.07	130.01	133.01	140.15	130.75	130.62	143.70
2012.11	131.91	124.50	132.50	132.26	130.48	134.54	142.76	131.69	131.66	143.22
2012.12	129.65	125.34	134.07	132.81	133.22	135.97	144.54	133.44	133.28	143.42
2013.1	135.29	124.76	128.99	132.50	134.55	133.85	142.01	132.87	133.91	139.07

数据来源：中国统计局数据。

附表 2 北京及主产区水果价格波动的季节特征（价格为剔除 CPI 后价格）

时间	苹果				香蕉				柑橘				西瓜			
	北京	山东	河南	陕西	北京	广东	广西	海南	北京	广东	广西	湖南	北京	山东	河南	新疆
1998.1	0.93	0.81	0.88	0.83	0.91	0.99	0.89	1.01	0.93	0.92	0.72	0.87	1.60	1.65	1.55	1.35
1998.2	0.84	0.87	0.97	0.90	0.97	1.07	0.95	1.06	0.85	0.91	0.78	0.94	1.56	1.74	1.55	1.44
1998.3	0.77	0.96	0.92	0.98	0.99	1.01	1.04	1.07	0.82	0.99	0.87	0.95	1.49	1.55	1.39	1.89
1998.4	0.97	1.02	1.07	1.16	0.96	1.03	1.14	1.07	0.80	1.01	0.91	0.95	1.38	1.38	1.36	1.99
1998.5	0.96	1.15	1.09	1.13	0.96	1.04	1.14	1.03	0.89	1.04	1.08	0.98	1.20	1.00	1.13	1.85
1998.6	1.09	1.21	1.21	1.20	1.04	0.97	1.12	0.95	0.97	1.09	1.14	1.07	0.54	0.45	0.46	1.06
1998.7	1.24	1.22	1.27	1.22	0.94	0.99	0.96	0.98	0.98	1.14	1.37	1.10	0.28	0.23	0.25	0.37
1998.8	1.21	1.24	1.21	1.17	1.02	1.01	0.98	0.94	1.13	1.11	1.38	1.03	0.31	0.28	0.27	0.24
1998.9	1.19	1.09	0.98	1.06	1.15	0.98	1.05	0.99	1.15	1.02	1.04	1.10	0.35	0.49	0.44	0.25
1998.10	0.96	0.82	0.82	0.83	1.08	0.98	0.98	0.95	1.17	0.96	1.08	1.07	0.54	0.80	0.85	0.31
1998.11	0.91	0.80	0.77	0.79	1.00	0.96	0.89	0.96	1.20	0.88	0.89	1.03	1.18	1.07	1.33	0.51
1998.12	0.94	0.80	0.83	0.76	0.97	0.98	0.86	0.99	1.11	0.92	0.73	0.90	1.61	1.37	1.42	0.74
1999.1	0.92	0.82	0.88	0.83	0.91	0.99	0.89	1.01	0.94	0.92	0.73	0.88	1.58	1.63	1.55	1.33
1999.2	0.84	0.87	0.97	0.90	0.98	1.06	0.95	1.06	0.85	0.92	0.78	0.95	1.55	1.73	1.57	1.46
1999.3	0.77	0.96	0.93	0.97	1.00	1.00	1.04	1.07	0.82	0.99	0.87	0.96	1.49	1.55	1.40	1.93
1999.4	0.96	1.02	1.07	1.14	0.97	1.03	1.15	1.07	0.80	1.01	0.92	0.95	1.38	1.39	1.34	2.00
1999.5	0.96	1.15	1.09	1.13	0.97	1.04	1.14	1.04	0.88	1.04	1.07	0.97	1.20	1.00	1.13	1.80
1999.6	1.09	1.21	1.20	1.20	1.03	0.97	1.11	0.96	0.96	1.09	1.14	1.08	0.54	0.45	0.46	1.06
1999.7	1.25	1.21	1.27	1.22	0.94	0.99	0.96	0.98	0.97	1.14	1.38	1.09	0.29	0.23	0.25	0.37
1999.8	1.22	1.23	1.19	1.16	1.02	1.02	0.97	0.93	1.13	1.11	1.38	1.01	0.31	0.29	0.27	0.23
1999.9	1.18	1.08	0.98	1.06	1.14	0.99	1.05	0.98	1.16	1.02	1.03	1.08	0.35	0.50	0.44	0.25
1999.10	0.97	0.83	0.82	0.84	1.08	0.98	0.98	0.94	1.17	0.96	1.07	1.05	0.54	0.80	0.84	0.31

（续）

时间	苹果				香蕉				柑橘				西瓜			
	北京	山东	河南	陕西	北京	广东	广西	海南	北京	广东	广西	湖南	北京	山东	河南	新疆
1999.11	0.91	0.81	0.78	0.80	1.00	0.96	0.89	0.96	1.20	0.88	0.88	1.02	1.17	1.06	1.32	0.51
1999.12	0.94	0.81	0.84	0.77	0.97	0.98	0.86	1.00	1.11	0.92	0.74	0.90	1.59	1.35	1.42	0.74
2000.1	0.90	0.84	0.88	0.83	0.90	0.99	0.89	1.01	0.95	0.93	0.75	0.90	1.55	1.60	1.55	1.30
2000.2	0.84	0.89	0.96	0.91	0.98	1.04	0.96	1.06	0.86	0.93	0.77	0.98	1.54	1.72	1.59	1.51
2000.3	0.78	0.96	0.94	0.96	1.01	0.99	1.04	1.07	0.83	0.97	0.88	1.00	1.50	1.54	1.41	2.01
2000.4	0.94	1.02	1.05	1.12	0.98	1.03	1.16	1.07	0.81	1.00	0.93	0.96	1.40	1.42	1.33	2.01
2000.5	0.95	1.15	1.07	1.11	0.99	1.05	1.14	1.04	0.88	1.04	1.06	0.95	1.20	1.01	1.10	1.74
2000.6	1.10	1.19	1.18	1.19	1.02	0.98	1.11	0.97	0.94	1.10	1.13	1.08	0.54	0.45	0.47	1.04
2000.7	1.25	1.18	1.26	1.20	0.93	1.00	0.97	0.98	0.95	1.14	1.37	1.08	0.29	0.24	0.26	0.35
2000.8	1.24	1.21	1.17	1.14	1.01	1.03	0.97	0.93	1.12	1.11	1.37	0.98	0.33	0.31	0.28	0.22
2000.9	1.17	1.07	0.98	1.06	1.13	0.99	1.03	0.98	1.17	1.01	1.04	1.06	0.37	0.53	0.45	0.24
2000.10	0.98	0.84	0.84	0.86	1.07	0.98	0.99	0.94	1.17	0.96	1.07	1.03	0.54	0.80	0.83	0.31
2000.11	0.91	0.82	0.81	0.83	0.99	0.96	0.89	0.96	1.20	0.89	0.85	1.01	1.16	1.05	1.29	0.51
2000.12	0.93	0.82	0.86	0.81	0.96	0.99	0.86	1.00	1.12	0.91	0.75	0.91	1.58	1.32	1.41	0.77
2001.1	0.87	0.86	0.89	0.84	0.90	0.98	0.89	1.01	0.95	0.94	0.78	0.95	1.53	1.59	1.56	1.31
2001.2	0.86	0.90	0.96	0.91	0.99	1.01	0.97	1.05	0.87	0.94	0.77	1.01	1.51	1.69	1.60	1.56
2001.3	0.79	0.97	0.96	0.94	1.02	0.97	1.04	1.06	0.83	0.96	0.89	1.04	1.51	1.53	1.42	2.09
2001.4	0.91	1.03	1.03	1.10	1.01	1.03	1.17	1.07	0.80	0.98	0.95	0.96	1.43	1.45	1.30	1.99
2001.5	0.95	1.15	1.05	1.09	1.02	1.06	1.14	1.04	0.86	1.04	1.05	0.93	1.20	1.01	1.08	1.64
2001.6	1.12	1.17	1.16	1.18	1.01	1.00	1.09	0.98	0.93	1.10	1.13	1.07	0.54	0.46	0.49	1.01
2001.7	1.25	1.14	1.25	1.20	0.92	1.01	0.98	0.98	0.95	1.15	1.35	1.07	0.29	0.26	0.28	0.34
2001.8	1.25	1.17	1.15	1.13	1.01	1.05	0.96	0.92	1.12	1.11	1.34	0.95	0.34	0.35	0.30	0.21
2001.9	1.16	1.06	0.98	1.05	1.10	0.99	1.00	0.98	1.19	1.01	1.05	1.04	0.39	0.56	0.47	0.23
2001.10	1.00	0.87	0.88	0.87	1.05	0.97	0.98	0.94	1.17	0.97	1.05	1.02	0.55	0.80	0.82	0.31

（续）

时间	苹果				香蕉				柑橘				西瓜			
	北京	山东	河南	陕西	北京	广东	广西	海南	北京	广东	广西	湖南	北京	山东	河南	新疆
2001.11	0.91	0.84	0.84	0.89	0.98	0.96	0.89	0.96	1.20	0.90	0.83	0.99	1.15	1.03	1.24	0.51
2001.12	0.92	0.84	0.87	0.85	0.96	0.99	0.87	1.00	1.12	0.91	0.77	0.93	1.54	1.29	1.41	0.85
2002.1	0.86	0.90	0.91	0.84	0.90	0.97	0.90	1.01	0.95	0.94	0.83	1.00	1.48	1.56	1.55	1.38
2002.2	0.88	0.92	0.96	0.92	1.00	0.98	0.98	1.05	0.87	0.94	0.78	1.03	1.51	1.65	1.60	1.66
2002.3	0.81	0.98	0.97	0.93	1.02	0.96	1.04	1.06	0.83	0.95	0.90	1.07	1.51	1.50	1.42	2.07
2002.4	0.88	1.04	1.01	1.06	1.03	1.04	1.18	1.07	0.80	0.97	0.98	0.96	1.45	1.48	1.29	1.94
2002.5	0.96	1.14	1.04	1.07	1.05	1.06	1.14	1.05	0.85	1.04	1.04	0.92	1.21	1.02	1.07	1.54
2002.6	1.13	1.13	1.12	1.17	1.01	1.02	1.08	0.99	0.94	1.10	1.13	1.06	0.55	0.47	0.51	0.96
2002.7	1.25	1.10	1.22	1.22	0.92	1.02	1.00	0.97	0.96	1.14	1.31	1.05	0.30	0.28	0.32	0.32
2002.8	1.23	1.13	1.13	1.09	1.00	1.07	0.95	0.92	1.12	1.11	1.31	0.94	0.36	0.38	0.34	0.20
2002.9	1.13	1.05	0.98	1.03	1.07	0.97	0.98	0.97	1.21	1.00	1.05	1.01	0.42	0.58	0.50	0.23
2002.10	1.00	0.90	0.91	0.88	1.03	0.96	0.97	0.94	1.17	0.97	1.03	0.99	0.57	0.81	0.81	0.31
2002.11	0.90	0.85	0.88	0.95	0.95	0.97	0.89	0.96	1.18	0.93	0.81	0.98	1.14	1.04	1.20	0.52
2002.12	0.93	0.86	0.89	0.90	0.95	0.99	0.87	0.99	1.12	0.92	0.79	0.96	1.49	1.25	1.39	0.98
2003.1	0.86	0.92	0.93	0.84	0.91	0.96	0.93	1.01	0.94	0.94	0.87	1.04	1.42	1.52	1.53	1.49
2003.2	0.92	0.94	0.95	0.91	1.02	0.95	0.99	1.05	0.85	0.94	0.80	1.05	1.50	1.59	1.59	1.70
2003.3	0.83	1.00	0.98	0.91	1.03	0.97	1.05	1.05	0.82	0.94	0.92	1.07	1.54	1.48	1.41	2.00
2003.4	0.87	1.04	1.00	1.03	1.07	1.06	1.19	1.07	0.80	0.96	1.01	0.97	1.47	1.49	1.28	1.86
2003.5	0.97	1.11	1.03	1.06	1.08	1.06	1.14	1.06	0.86	1.04	1.04	0.94	1.21	1.02	1.08	1.45
2003.6	1.15	1.09	1.09	1.18	1.02	1.04	1.06	1.00	0.98	1.10	1.14	1.03	0.58	0.49	0.53	0.91
2003.7	1.23	1.08	1.19	1.26	0.91	1.03	1.00	0.97	0.99	1.13	1.27	1.02	0.33	0.31	0.36	0.31
2003.8	1.21	1.09	1.11	1.05	0.98	1.08	0.93	0.92	1.13	1.10	1.27	0.94	0.37	0.42	0.37	0.20
2003.9	1.12	1.05	0.98	0.99	1.03	0.96	0.96	0.97	1.21	1.00	1.05	0.99	0.43	0.61	0.53	0.23
2003.10	1.00	0.93	0.93	0.87	1.00	0.94	0.96	0.95	1.15	0.99	0.99	0.99	0.59	0.83	0.81	0.32

（续）

时间	苹果				香蕉				柑橘				西瓜			
	北京	山东	河南	陕西	北京	广东	广西	海南	北京	广东	广西	湖南	北京	山东	河南	新疆
2003.11	0.89	0.86	0.91	0.98	0.93	0.97	0.88	0.97	1.15	0.95	0.79	0.99	1.12	1.04	1.14	0.55
2003.12	0.92	0.88	0.90	0.94	0.95	0.98	0.88	0.99	1.11	0.93	0.80	0.98	1.41	1.21	1.36	1.12
2004.1	0.87	0.94	0.95	0.85	0.93	0.95	0.96	1.01	0.93	0.94	0.91	1.06	1.37	1.48	1.49	1.61
2004.2	0.94	0.95	0.96	0.92	1.04	0.94	1.00	1.04	0.84	0.94	0.83	1.04	1.52	1.55	1.59	1.74
2004.3	0.87	1.01	0.98	0.91	1.03	0.99	1.06	1.04	0.82	0.93	0.94	1.06	1.58	1.48	1.41	1.87
2004.4	0.88	1.04	1.00	1.01	1.11	1.08	1.19	1.08	0.83	0.97	1.03	0.98	1.48	1.48	1.29	1.77
2004.5	0.98	1.08	1.04	1.05	1.10	1.05	1.13	1.07	0.87	1.04	1.05	0.96	1.22	1.04	1.08	1.40
2004.6	1.14	1.06	1.06	1.18	1.03	1.05	1.05	1.01	1.01	1.09	1.14	1.01	0.60	0.52	0.56	0.86
2004.7	1.20	1.07	1.17	1.29	0.90	1.03	1.00	0.96	1.03	1.10	1.22	0.99	0.35	0.35	0.40	0.31
2004.8	1.17	1.07	1.10	1.01	0.96	1.09	0.92	0.92	1.12	1.09	1.24	0.96	0.37	0.44	0.39	0.21
2004.9	1.10	1.06	0.98	0.96	1.00	0.94	0.96	0.97	1.18	1.01	1.06	0.98	0.44	0.62	0.55	0.23
2004.10	0.98	0.95	0.95	0.87	0.98	0.92	0.96	0.95	1.11	1.00	0.97	0.99	0.60	0.84	0.81	0.33
2004.11	0.89	0.87	0.93	0.99	0.92	0.98	0.87	0.97	1.11	0.97	0.77	1.00	1.07	1.05	1.08	0.57
2004.12	0.93	0.90	0.91	0.97	0.95	0.97	0.87	0.99	1.09	0.94	0.80	1.00	1.34	1.20	1.32	1.26
2005.1	0.89	0.95	0.96	0.86	0.95	0.94	0.99	1.00	0.94	0.95	0.93	1.05	1.36	1.44	1.44	1.70
2005.2	0.97	0.97	0.95	0.92	1.06	0.95	1.02	1.03	0.85	0.94	0.87	1.01	1.54	1.51	1.59	1.70
2005.3	0.91	1.03	0.98	0.92	1.03	1.00	1.07	1.03	0.85	0.93	0.96	1.03	1.60	1.48	1.41	1.76
2005.4	0.91	1.03	1.00	0.99	1.14	1.09	1.19	1.08	0.86	0.97	1.04	0.99	1.50	1.45	1.31	1.70
2005.5	0.99	1.04	1.04	1.04	1.11	1.05	1.13	1.08	0.89	1.03	1.06	0.98	1.20	1.05	1.09	1.37
2005.6	1.12	1.05	1.05	1.19	1.04	1.06	1.04	1.03	1.03	1.07	1.15	0.99	0.61	0.55	0.58	0.81
2005.7	1.14	1.07	1.15	1.30	0.89	1.02	0.99	0.97	1.05	1.09	1.19	0.98	0.37	0.38	0.43	0.31
2005.8	1.14	1.06	1.09	1.00	0.93	1.07	0.91	0.92	1.11	1.08	1.20	0.98	0.38	0.46	0.42	0.22

（续）

时间	苹果				香蕉				柑橘				西瓜			
	北京	山东	河南	陕西	北京	广东	广西	海南	北京	广东	广西	湖南	北京	山东	河南	新疆
2005.9	1.09	1.06	0.98	0.95	0.97	0.95	0.95	0.97	1.14	1.01	1.06	0.99	0.43	0.62	0.57	0.25
2005.10	0.98	0.97	0.96	0.86	0.97	0.93	0.96	0.95	1.06	1.01	0.95	1.00	0.61	0.83	0.81	0.35
2005.11	0.89	0.88	0.94	0.99	0.93	0.98	0.87	0.97	1.07	0.98	0.77	1.02	1.02	1.04	1.03	0.61
2005.12	0.94	0.91	0.90	0.96	0.96	0.96	0.87	0.98	1.06	0.95	0.80	1.01	1.29	1.20	1.27	1.36
2006.1	0.90	0.95	0.96	0.87	0.96	0.93	1.01	1.00	0.96	0.95	0.93	1.03	1.37	1.40	1.41	1.71
2006.2	0.98	0.97	0.95	0.93	1.07	0.95	1.02	1.02	0.88	0.93	0.89	0.98	1.55	1.48	1.59	1.70
2006.3	0.94	1.03	0.97	0.94	1.03	1.01	1.06	1.03	0.89	0.93	0.97	0.99	1.61	1.48	1.44	1.68
2006.4	0.95	1.01	1.01	0.98	1.15	1.10	1.18	1.08	0.91	0.98	1.06	1.00	1.54	1.42	1.33	1.65
2006.5	1.00	1.02	1.06	1.04	1.11	1.05	1.13	1.08	0.91	1.03	1.07	1.00	1.18	1.08	1.12	1.36
2006.6	1.09	1.05	1.05	1.19	1.04	1.06	1.05	1.05	1.04	1.06	1.14	0.99	0.62	0.58	0.61	0.77
2006.7	1.10	1.08	1.14	1.29	0.89	1.02	0.98	0.96	1.05	1.07	1.17	0.99	0.40	0.42	0.45	0.32
2006.8	1.11	1.06	1.09	0.99	0.92	1.05	0.92	0.93	1.09	1.07	1.18	1.00	0.39	0.48	0.43	0.23
2006.9	1.08	1.07	0.98	0.94	0.95	0.96	0.96	0.97	1.08	1.02	1.07	1.00	0.43	0.61	0.57	0.27
2006.10	0.99	0.97	0.95	0.88	0.96	0.95	0.97	0.95	1.02	1.01	0.94	1.01	0.63	0.82	0.79	0.36
2006.11	0.92	0.89	0.94	0.97	0.94	0.97	0.87	0.97	1.02	0.98	0.78	1.02	0.97	1.03	0.99	0.63
2006.12	0.95	0.92	0.89	0.95	0.97	0.94	0.86	0.97	1.04	0.96	0.79	1.01	1.26	1.20	1.22	1.41
2007.1	0.91	0.95	0.95	0.88	0.96	0.92	1.00	0.99	0.99	0.95	0.92	1.01	1.37	1.36	1.37	1.66
2007.2	0.98	0.97	0.94	0.94	1.06	0.95	1.02	1.02	0.92	0.93	0.91	0.96	1.54	1.46	1.61	1.65
2007.3	0.96	1.02	0.97	0.96	1.03	1.01	1.05	1.03	0.95	0.93	0.97	0.98	1.62	1.49	1.47	1.65
2007.4	0.97	1.00	1.02	0.98	1.15	1.10	1.17	1.08	0.95	1.00	1.07	1.00	1.58	1.39	1.35	1.64
2007.5	0.99	1.01	1.07	1.05	1.11	1.06	1.14	1.08	0.94	1.03	1.08	1.01	1.19	1.12	1.16	1.37
2007.6	1.05	1.06	1.07	1.20	1.05	1.07	1.06	1.06	1.03	1.06	1.14	1.00	0.62	0.62	0.63	0.77
2007.7	1.06	1.08	1.14	1.26	0.91	1.02	0.97	0.96	1.04	1.06	1.16	1.00	0.42	0.46	0.46	0.34
2007.8	1.10	1.06	1.09	1.00	0.92	1.03	0.93	0.93	1.05	1.06	1.17	1.01	0.40	0.49	0.43	0.23

（续）

时间	苹果				香蕉				柑橘				西瓜			
	北京	山东	河南	陕西	北京	广东	广西	海南	北京	广东	广西	湖南	北京	山东	河南	新疆
2007.9	1.08	1.07	0.98	0.95	0.95	0.98	0.97	0.97	1.03	1.02	1.08	1.01	0.42	0.59	0.56	0.30
2007.10	1.01	0.97	0.94	0.89	0.97	0.96	0.98	0.95	0.99	1.01	0.94	1.02	0.65	0.79	0.76	0.38
2007.11	0.94	0.90	0.94	0.94	0.96	0.96	0.86	0.96	0.99	0.98	0.79	1.02	0.92	1.01	0.96	0.67
2007.12	0.96	0.92	0.88	0.93	0.98	0.92	0.86	0.96	1.03	0.96	0.78	0.99	1.24	1.20	1.19	1.39
2008.1	0.92	0.96	0.94	0.90	0.95	0.92	0.99	0.99	1.02	0.96	0.90	0.99	1.37	1.34	1.34	1.56
2008.2	0.96	0.98	0.94	0.95	1.03	0.96	1.02	1.02	0.97	0.95	0.92	0.95	1.51	1.47	1.62	1.65
2008.3	0.97	1.01	0.98	0.97	1.02	1.01	1.03	1.04	1.01	0.94	0.98	0.97	1.61	1.49	1.50	1.66
2008.4	0.98	0.99	1.03	0.99	1.13	1.10	1.16	1.08	0.98	1.01	1.08	1.00	1.60	1.38	1.38	1.63
2008.5	0.99	1.01	1.08	1.05	1.11	1.08	1.16	1.08	0.95	1.02	1.09	1.02	1.23	1.15	1.19	1.36
2008.6	1.02	1.06	1.09	1.19	1.06	1.08	1.07	1.06	1.02	1.05	1.12	1.02	0.62	0.65	0.64	0.78
2008.7	1.04	1.06	1.12	1.20	0.93	1.02	0.98	0.95	1.01	1.05	1.15	1.01	0.43	0.48	0.46	0.37
2008.8	1.09	1.05	1.08	1.01	0.93	1.01	0.94	0.93	1.01	1.05	1.16	1.02	0.41	0.49	0.42	0.24
2008.9	1.08	1.06	0.98	0.97	0.95	0.99	0.97	0.97	0.98	1.03	1.09	1.01	0.42	0.57	0.54	0.31
2008.10	1.03	0.96	0.93	0.91	0.97	0.97	0.98	0.95	0.97	1.00	0.94	1.02	0.67	0.75	0.74	0.40
2008.11	0.96	0.92	0.93	0.92	0.97	0.95	0.86	0.96	0.97	0.98	0.80	1.01	0.87	0.98	0.94	0.71
2008.12	0.97	0.93	0.88	0.91	0.98	0.90	0.86	0.96	1.04	0.95	0.77	0.97	1.22	1.22	1.18	1.38
2009.1	0.93	0.97	0.95	0.92	0.94	0.91	0.98	0.99	1.04	0.96	0.89	0.99	1.39	1.34	1.35	1.50
2009.2	0.96	0.98	0.96	0.95	1.00	0.96	1.01	1.02	1.01	0.96	0.93	0.95	1.49	1.46	1.61	1.63
2009.3	0.96	1.00	0.99	0.98	1.01	1.01	1.02	1.04	1.05	0.95	0.99	0.97	1.58	1.48	1.52	1.66
2009.4	0.98	1.00	1.04	1.00	1.11	1.10	1.15	1.08	0.99	1.01	1.09	0.99	1.60	1.38	1.42	1.63
2009.5	0.98	1.03	1.08	1.04	1.10	1.10	1.17	1.09	0.96	1.02	1.09	1.03	1.28	1.18	1.21	1.35
2009.6	0.99	1.05	1.10	1.17	1.08	1.09	1.07	1.07	1.00	1.05	1.12	1.03	0.64	0.67	0.64	0.79

（续）

时间	苹果				香蕉				柑橘				西瓜			
	北京	山东	河南	陕西	北京	广东	广西	海南	北京	广东	广西	湖南	北京	山东	河南	新疆
2009.7	1.02	1.04	1.09	1.16	0.95	1.04	0.98	0.95	0.99	1.05	1.14	1.02	0.44	0.50	0.45	0.39
2009.8	1.08	1.04	1.07	1.03	0.94	1.00	0.95	0.93	0.99	1.04	1.15	1.02	0.41	0.50	0.42	0.25
2009.9	1.08	1.04	0.98	0.98	0.95	0.99	0.96	0.97	0.97	1.02	1.09	1.01	0.43	0.55	0.52	0.32
2009.10	1.05	0.96	0.92	0.93	0.98	0.96	0.97	0.95	0.97	1.00	0.94	1.02	0.70	0.72	0.72	0.41
2009.11	0.99	0.94	0.91	0.92	0.98	0.93	0.87	0.96	0.97	0.99	0.81	1.00	0.83	0.97	0.94	0.76
2009.12	0.98	0.94	0.88	0.90	0.99	0.88	0.87	0.95	1.06	0.95	0.77	0.96	1.21	1.23	1.18	1.38
2010.1	0.94	0.98	0.96	0.94	0.93	0.91	0.97	0.99	1.04	0.97	0.89	0.99	1.39	1.35	1.34	1.43
2010.2	0.96	1.00	0.98	0.96	0.96	0.98	1.00	1.02	1.02	0.97	0.93	0.95	1.48	1.46	1.59	1.62
2010.3	0.96	1.01	1.00	0.98	1.01	1.01	1.02	1.04	1.06	0.95	0.99	0.98	1.57	1.46	1.53	1.65
2010.4	0.98	1.01	1.05	1.01	1.10	1.10	1.15	1.08	0.99	1.01	1.10	1.00	1.58	1.39	1.46	1.64
2010.5	0.98	1.04	1.08	1.02	1.10	1.11	1.19	1.09	0.97	1.03	1.09	1.05	1.31	1.19	1.22	1.35
2010.6	0.97	1.04	1.10	1.15	1.09	1.10	1.07	1.07	0.99	1.05	1.12	1.03	0.65	0.68	0.64	0.78
2010.7	1.02	1.02	1.07	1.13	0.97	1.06	0.99	0.95	0.98	1.03	1.13	1.02	0.44	0.51	0.45	0.40
2010.8	1.07	1.02	1.05	1.05	0.96	0.99	0.96	0.94	0.98	1.04	1.14	1.02	0.42	0.51	0.42	0.26
2010.9	1.08	1.01	0.98	0.99	0.96	0.97	0.95	0.97	0.96	1.02	1.08	1.01	0.43	0.54	0.50	0.32
2010.10	1.05	0.96	0.92	0.95	0.98	0.95	0.97	0.95	0.98	1.00	0.94	1.02	0.72	0.71	0.71	0.42
2010.11	1.00	0.96	0.90	0.92	0.99	0.93	0.89	0.96	0.98	1.00	0.83	0.99	0.80	0.97	0.94	0.79
2010.12	0.99	0.95	0.88	0.90	0.99	0.87	0.87	0.95	1.07	0.94	0.78	0.94	1.20	1.24	1.19	1.41
2011.1	0.95	0.98	0.97	0.95	0.92	0.91	0.96	0.99	1.04	0.97	0.88	0.98	1.38	1.35	1.34	1.38
2011.2	0.96	1.01	1.00	0.96	0.94	0.99	1.00	1.03	1.02	0.98	0.94	0.95	1.47	1.46	1.58	1.61
2011.3	0.96	1.01	1.02	0.98	1.00	1.02	1.03	1.04	1.05	0.94	0.99	0.98	1.58	1.45	1.52	1.64
2011.4	0.98	1.02	1.05	1.01	1.09	1.10	1.14	1.08	0.99	1.01	1.10	1.00	1.56	1.39	1.49	1.64

（续）

时间	苹果				香蕉				柑橘				西瓜			
	北京	山东	河南	陕西	北京	广东	广西	海南	北京	广东	广西	湖南	北京	山东	河南	新疆
2011.5	0.98	1.05	1.08	1.01	1.10	1.11	1.19	1.09	0.97	1.03	1.08	1.06	1.33	1.20	1.23	1.34
2011.6	0.96	1.03	1.09	1.14	1.10	1.10	1.06	1.07	0.99	1.05	1.12	1.04	0.67	0.69	0.63	0.78
2011.7	1.01	1.01	1.05	1.11	0.98	1.08	1.00	0.95	0.97	1.03	1.13	1.02	0.44	0.52	0.45	0.40
2011.8	1.07	1.01	1.04	1.07	0.97	0.98	0.96	0.95	0.98	1.04	1.13	1.02	0.42	0.50	0.42	0.27
2011.9	1.08	0.99	0.98	1.00	0.96	0.96	0.94	0.96	0.95	1.02	1.07	1.01	0.43	0.53	0.48	0.32
2011.10	1.06	0.95	0.92	0.95	0.99	0.93	0.95	0.94	0.98	1.00	0.94	1.01	0.74	0.70	0.70	0.43
2011.11	1.01	0.97	0.89	0.91	0.99	0.93	0.90	0.96	0.99	1.00	0.83	0.98	0.78	0.97	0.94	0.81
2011.12	0.99	0.96	0.88	0.90	0.98	0.86	0.87	0.95	1.07	0.94	0.79	0.93	1.19	1.25	1.21	1.43
2012.1	0.95	0.99	0.99	0.96	0.91	0.91	0.96	0.98	1.03	0.97	0.88	0.98	1.38	1.35	1.34	1.35
2012.2	0.97	1.02	1.01	0.96	0.93	1.00	0.99	1.03	1.02	0.98	0.94	0.95	1.46	1.45	1.58	1.61
2012.3	0.96	1.01	1.03	0.98	1.00	1.03	1.03	1.05	1.05	0.94	0.99	0.98	1.59	1.45	1.52	1.63
2012.4	0.98	1.03	1.05	1.02	1.09	1.10	1.14	1.07	0.99	1.01	1.10	1.01	1.54	1.39	1.50	1.63
2012.5	0.98	1.05	1.08	1.01	1.09	1.12	1.19	1.09	0.97	1.03	1.09	1.06	1.34	1.20	1.23	1.33
2012.6	0.95	1.02	1.08	1.13	1.11	1.11	1.06	1.07	0.99	1.05	1.12	1.04	0.68	0.69	0.63	0.78
2012.7	1.00	1.01	1.05	1.10	0.98	1.08	1.00	0.95	0.97	1.02	1.13	1.02	0.44	0.52	0.45	0.41
2012.8	1.07	1.00	1.03	1.07	0.97	0.98	0.96	0.95	0.98	1.04	1.12	1.01	0.41	0.50	0.42	0.27
2012.9	1.08	0.98	0.98	1.01	0.96	0.96	0.94	0.96	0.95	1.02	1.07	1.01	0.43	0.52	0.48	0.32
2012.10	1.05	0.95	0.91	0.96	0.99	0.92	0.94	0.94	0.98	1.00	0.94	1.01	0.75	0.70	0.69	0.43
2012.11	1.01	0.97	0.89	0.91	0.99	0.93	0.91	0.95	0.99	1.01	0.83	0.98	0.77	0.97	0.94	0.83
2012.12	0.99	0.97	0.88	0.90	0.98	0.86	0.88	0.95	1.07	0.94	0.79	0.93	1.19	1.25	1.22	1.44
2013.1	0.95	0.99	1.00	0.96	0.91	0.92	0.96	0.99	1.03	0.97	0.88	0.98	1.39	1.36	1.35	1.34

数据来源：作者计算所得。

附表3 北京及主产区水果价格波动的周期特征（价格为剔除CPI后价格）

时间	苹果				香蕉				柑橘				西瓜			
	北京	山东	河南	陕西	北京	广东	广西	海南	北京	广东	广西	湖南	北京	山东	河南	新疆
1998.1	−0.15	−0.26	−0.10	−0.18	−0.20	0.21	0.36	0.19	−0.35	−0.59	0.07	−0.08	−0.32	−0.23	−0.40	0.07
1998.2	−0.28	−0.25	−0.02	−0.16	−0.32	0.09	0.27	0.15	−0.48	−0.55	0.03	−0.05	−0.29	−0.28	−0.39	−0.01
1998.3	−0.46	−0.19	−0.07	−0.09	−0.35	0.17	0.15	0.13	−0.30	−0.16	0.20	−0.23	−0.24	−0.18	−0.30	−0.30
1998.4	0.02	−0.02	0.19	0.33	−0.28	0.17	0.04	0.14	−0.09	−0.18	0.22	−0.21	−0.16	−0.06	−0.27	−0.36
1998.5	0.58	0.07	0.31	0.81	0.04	−0.20	−0.09	0.09	0.58	−0.26	−0.12	0.30	0.27	0.47	0.31	−0.24
1998.6	0.65	0.07	0.24	0.58	0.34	−0.21	−0.13	0.24	0.33	−0.39	−0.22	0.13	0.17	0.15	0.44	0.08
1998.7	0.52	0.20	0.67	0.26	0.48	−0.40	−0.12	−0.01	0.31	−0.46	−0.54	0.04	−0.49	−0.22	−0.14	0.83
1998.8	−0.20	0.58	0.09	−0.26	0.29	−0.41	−0.16	−0.15	−0.05	−0.37	−0.53	0.15	−0.09	−0.54	−0.66	0.03
1998.9	−0.77	0.25	−0.41	−0.72	0.03	−0.24	−0.07	−0.12	−0.05	−0.16	−0.60	0.02	−0.01	−0.12	−0.03	0.11
1998.10	−0.25	0.05	−0.47	−0.69	−0.09	−0.27	−0.11	−0.09	−0.08	−0.02	−0.53	0.08	0.32	0.13	0.59	0.07
1998.11	−0.13	−0.35	−0.32	−0.72	−0.25	−0.07	−0.09	−0.12	−0.16	0.39	−0.11	0.15	0.28	0.10	0.27	0.08
1998.12	−0.16	−0.15	−0.22	−0.64	−0.56	−0.05	−0.04	−0.19	0.03	0.54	−0.06	0.01	−0.30	0.07	0.08	0.07
1999.1	0.06	−0.06	−0.04	−0.22	0.38	0.05	0.00	−0.13	−0.25	−0.02	0.18	−0.05	−0.02	−0.01	−0.02	0.21
1999.2	−0.27	0.05	0.00	0.11	0.42	0.25	−0.02	−0.18	0.10	2.02	0.50	0.02	0.36	0.25	0.15	−0.20
1999.3	0.97	0.20	0.19	0.38	−0.04	0.29	0.01	−0.11	0.44	0.58	0.27	0.22	0.26	0.30	0.82	−0.49
1999.4	0.26	0.43	0.23	0.54	0.12	0.24	−0.01	−0.03	0.40	0.80	0.17	0.52	−0.02	0.07	0.29	0.07
1999.5	−0.20	0.17	0.12	0.46	0.06	−0.03	−0.01	−0.14	0.31	0.72	−0.20	0.33	0.18	0.14	−0.17	0.06
1999.6	−0.09	0.19	0.09	0.35	0.07	0.08	−0.02	−0.06	0.12	0.59	0.84	−0.35	0.13	0.00	−0.15	−0.17
1999.7	0.20	0.24	0.02	0.39	−0.01	0.21	−0.08	−0.09	0.10	−0.34	0.90	0.07	0.25	−0.12	−0.01	−0.35
1999.8	0.37	0.21	0.13	0.32	−0.05	0.18	−0.03	0.05	0.04	0.56	0.82	0.22	0.07	−0.19	−0.24	−0.16
1999.9	0.53	0.42	0.05	0.29	0.17	−0.13	−0.06	0.06	0.03	0.85	1.94	0.05	0.20	0.03	−0.05	−0.37
1999.10	0.14	0.00	−0.01	0.31	0.19	−0.18	−0.02	−0.01	0.01	−0.01	0.29	0.09	0.06	0.03	0.34	−0.27

（续）

时间	苹果				香蕉				柑橘				西瓜			
	北京	山东	河南	陕西	北京	广东	广西	海南	北京	广东	广西	湖南	北京	山东	河南	新疆
1999.11	−0.22	−0.14	0.07	0.40	0.22	−0.01	−0.04	−0.08	0.05	−0.21	−0.84	0.16	−0.21	0.16	0.14	−0.28
1999.12	0.34	0.00	0.22	0.59	0.05	0.11	−0.18	−0.15	−0.04	−0.20	−0.25	0.43	0.23	0.24	0.19	−0.36
2000.1	0.02	−0.18	0.06	0.16	0.02	0.09	−0.05	0.02	−0.13	−0.21	−0.30	−0.16	0.38	0.53	0.09	−0.58
2000.2	0.18	0.04	0.08	−0.07	0.00	0.21	−0.16	0.20	−0.03	−0.37	−0.27	−0.37	0.12	0.26	−0.02	−0.62
2000.3	−0.02	−0.21	−0.16	−0.09	0.19	0.10	0.05	0.20	−0.39	−0.39	−0.32	−0.81	0.06	0.07	0.00	−0.12
2000.4	−0.06	−0.33	−0.37	−0.61	0.12	0.13	0.06	0.04	−0.56	−0.65	−0.48	−0.65	0.16	0.06	0.05	0.01
2000.5	−0.18	−0.31	−0.21	−0.53	−0.02	0.29	0.36	−0.09	−0.58	−0.58	−0.20	−0.72	−0.32	−0.11	0.06	0.15
2000.6	−0.30	−0.23	−0.15	−0.46	0.04	0.21	0.22	0.05	0.55	−0.26	−0.59	−0.63	−0.11	0.07	0.06	−0.18
2000.7	−0.61	−0.27	−0.19	−0.34	−0.03	0.28	0.21	0.19	0.51	−0.11	−0.47	−0.38	−0.16	0.13	0.14	1.74
2000.8	−0.34	−0.23	−0.16	−0.05	0.04	0.25	0.25	0.14	0.10	−0.19	−0.51	−0.24	−0.01	−0.01	0.07	1.65
2000.9	−0.35	−0.32	−0.10	0.14	0.06	0.29	0.18	0.07	−0.02	0.05	−0.22	0.05	−0.20	0.02	0.12	0.46
2000.10	−0.19	0.03	−0.18	0.31	0.11	0.28	0.13	0.16	−0.01	0.20	−0.10	0.22	−0.26	−0.11	−0.31	0.25
2000.11	−0.16	−0.11	−0.24	−0.37	0.23	0.07	0.29	0.15	0.10	−0.01	0.39	−0.55	−0.01	−0.09	−0.40	0.37
2000.12	−0.26	−0.08	−0.31	−0.38	0.17	0.01	0.12	0.06	−0.03	−0.01	−0.21	−0.22	0.07	0.07	−0.19	0.57
2001.1	−0.22	0.03	−0.25	−0.39	−0.05	−0.03	0.01	0.07	0.21	−0.09	−0.17	−0.14	0.03	−0.12	−0.05	0.56
2001.2	0.04	0.01	−0.23	−0.29	−0.13	−0.20	−0.06	0.06	−0.12	−0.04	−0.21	0.09	−0.16	−0.23	−0.07	1.22
2001.3	0.08	−0.01	−0.12	−0.29	−0.23	−0.34	−0.17	−0.07	−0.07	−0.04	−0.27	0.32	−0.11	−0.14	−0.06	0.31
2001.4	0.00	−0.03	0.00	−0.25	−0.38	−0.34	−0.13	−0.07	0.09	0.21	0.15	0.62	−0.01	−0.08	−0.05	−0.07
2001.5	0.06	0.06	0.32	0.03	−0.45	−0.17	−0.12	−0.03	−0.03	0.21	0.16	0.54	−0.04	−0.02	−0.03	−0.15
2001.6	−0.13	0.09	0.14	−0.01	−0.39	−0.18	−0.15	−0.11	−0.16	−0.08	0.22	0.73	−0.17	−0.18	−0.21	−0.39
2001.7	−0.03	0.11	0.31	−0.04	−0.18	−0.16	−0.13	−0.06	−0.21	−0.11	0.38	0.73	−0.08	−0.19	−0.24	−0.39
2001.8	−0.03	0.14	−0.10	0.01	−0.04	−0.13	−0.14	−0.02	0.10	−0.16	0.51	0.16	−0.12	−0.17	−0.45	−0.38
2001.9	−0.07	0.03	0.14	0.10	−0.08	−0.01	−0.06	0.00	0.01	−0.28	0.25	0.04	−0.11	−0.08	−0.10	−0.09
2001.10	−0.10	−0.06	0.42	0.05	−0.16	0.05	−0.07	−0.09	0.05	−0.71	0.51	−0.42	0.56	0.12	0.04	−0.21

（续）

时间	苹果				香蕉				柑橘				西瓜			
	北京	山东	河南	陕西	北京	广东	广西	海南	北京	广东	广西	湖南	北京	山东	河南	新疆
2001.11	0.22	−0.03	0.19	0.01	−0.17	−0.04	−0.11	−0.05	−0.94	−0.18	0.32	−0.40	0.20	0.14	0.32	−0.34
2001.12	0.18	−0.05	0.07	−0.09	−0.08	−0.20	−0.21	−0.03	−0.25	−0.72	0.42	−0.32	−0.32	0.01	0.09	−0.67
2002.1	0.10	−0.13	−0.11	0.02	−0.02	−0.12	−0.14	−0.14	−0.24	0.05	−0.19	0.50	−0.07	−0.01	0.09	−0.66
2002.2	−0.02	−0.16	−0.09	0.08	0.15	−0.06	−0.03	−0.21	−0.19	0.08	−0.24	−0.04	0.62	0.20	0.31	−0.59
2002.3	0.05	−0.13	0.12	0.09	0.23	0.01	−0.01	−0.10	−0.03	0.12	−0.01	−0.10	0.27	0.35	0.21	−0.17
2002.4	−0.03	−0.09	0.07	0.01	0.08	−0.01	0.05	0.03	0.02	0.25	−0.16	−0.21	0.07	0.06	−0.05	−0.05
2002.5	0.03	0.04	0.01	0.07	0.17	−0.08	−0.05	−0.07	−0.07	0.17	−0.21	−0.30	−0.35	−0.25	−0.34	−0.31
2002.6	−0.21	0.04	0.35	0.12	0.04	−0.16	−0.07	−0.12	−0.23	0.18	−0.09	−0.04	0.25	0.06	0.12	−0.02
2002.7	0.58	−0.03	0.10	0.10	−0.08	−0.21	−0.12	−0.11	−0.76	0.17	−0.05	−0.22	0.15	0.24	−0.16	−0.38
2002.8	0.76	−0.06	−0.04	0.06	−0.05	−0.31	−0.08	−0.15	−0.95	0.14	0.16	−0.37	0.15	−0.07	−0.20	−0.50
2002.9	1.16	−0.02	0.00	0.02	−0.04	−0.17	−0.20	−0.13	0.02	0.10	−0.23	−0.57	0.09	−0.17	−0.27	−0.32
2002.10	0.73	0.11	0.04	0.01	0.15	0.02	−0.06	0.06	0.08	0.04	−0.29	0.45	−0.06	−0.37	−0.08	0.09
2002.11	0.06	0.22	0.02	−0.21	0.13	−0.31	0.00	−0.13	0.52	−0.15	−0.07	0.56	−0.42	−0.46	0.09	−0.37
2002.12	−0.27	0.07	0.01	−0.11	−0.01	−0.17	−0.02	−0.01	0.72	−0.05	0.05	0.42	−0.10	−0.52	0.15	−0.73
2003.1	−0.22	0.29	0.10	0.10	−0.02	−0.18	0.07	−0.03	1.12	−0.14	0.15	0.86	−0.11	−0.17	0.14	−0.39
2003.2	−0.32	0.10	0.12	0.02	−0.18	−0.34	0.03	0.06	1.47	0.09	0.19	0.56	−0.16	−0.13	0.01	0.22
2003.3	−0.12	−0.08	−0.09	−0.09	−0.18	−0.28	−0.06	0.00	1.64	−0.17	0.28	0.38	−0.19	−0.17	0.09	0.02
2003.4	0.12	0.11	−0.16	0.20	0.04	−0.16	−0.05	−0.15	−0.24	−0.30	0.18	−0.07	−0.01	0.07	0.12	−0.18
2003.5	0.36	0.03	−0.10	0.61	0.17	−0.19	−0.04	−0.03	−0.11	−0.24	−0.04	0.00	0.10	0.03	0.14	−0.09
2003.6	0.59	−0.08	−0.14	0.04	0.03	−0.12	0.08	0.02	0.50	0.02	−0.15	−0.13	−0.09	−0.11	0.20	0.51
2003.7	1.67	−0.01	−0.20	−0.24	0.13	−0.16	0.12	0.08	0.45	0.02	−0.17	−0.19	−0.21	−0.18	−0.36	4.03
2003.8	0.00	0.11	−0.11	−0.16	0.09	0.18	0.10	0.10	0.17	0.14	−0.09	0.04	−0.01	0.04	0.10	−0.31

（续）

时间	苹果				香蕉				柑橘				西瓜			
	北京	山东	河南	陕西	北京	广东	广西	海南	北京	广东	广西	湖南	北京	山东	河南	新疆
2003.9	−0.06	0.26	−0.06	0.08	−0.01	−0.08	0.07	0.06	0.07	0.16	0.07	−0.13	0.05	0.05	0.12	−0.33
2003.10	−0.15	0.07	−0.01	0.13	−0.10	0.03	0.11	0.06	0.18	0.00	−0.02	−0.04	0.01	0.06	0.36	−0.27
2003.11	−0.15	−0.01	0.41	0.90	−0.06	0.47	0.05	0.20	0.16	0.59	−0.20	0.02	−0.08	0.15	−0.10	−0.27
2003.12	0.05	0.43	0.12	1.48	0.00	0.44	0.13	0.17	0.31	0.15	−0.26	0.21	−0.07	0.38	−0.07	0.66
2004.1	0.56	0.08	0.04	−0.04	0.04	0.40	0.04	0.24	−0.25	0.15	−0.07	0.15	0.03	0.22	0.08	0.53
2004.2	−0.07	−0.11	−0.07	−0.17	0.16	−0.01	0.06	0.04	−0.34	0.04	0.12	−0.08	−0.09	−0.13	0.01	−0.11
2004.3	−0.77	0.18	−0.01	−0.34	0.05	0.55	0.14	0.23	−0.45	0.19	−0.23	0.40	−0.15	0.07	−0.02	−0.17
2004.4	−0.81	0.28	−0.04	−0.24	0.02	0.53	0.38	0.20	−0.77	0.00	−0.48	−0.01	−0.08	0.04	0.03	−0.23
2004.5	−0.81	0.02	−0.11	−0.39	0.00	0.54	0.19	0.19	−0.67	0.18	−0.12	−0.01	0.02	−0.18	−0.15	−0.20
2004.6	−0.72	−0.10	−0.06	−0.32	0.13	1.12	0.00	0.23	−0.55	0.11	0.02	−0.15	−0.12	0.08	−0.25	−0.41
2004.7	−0.80	−0.19	−0.08	−0.08	0.36	0.72	0.10	0.05	−0.43	0.18	−0.12	−0.02	−0.14	0.03	−0.02	−0.22
2004.8	−0.72	−0.46	0.11	0.37	0.08	0.44	0.00	−0.01	−0.23	0.07	−0.08	−0.08	−0.08	0.25	0.06	0.29
2004.9	−0.46	−0.46	0.06	−0.36	−0.44	−0.11	−0.13	−0.21	0.11	−0.12	0.06	−0.21	0.03	0.21	0.23	0.09
2004.10	−0.48	−0.10	0.10	−0.38	−0.35	−0.35	−0.06	−0.17	0.24	0.14	−0.03	−0.26	0.49	0.41	0.08	−0.09
2004.11	−0.44	0.12	0.08	−0.05	−0.18	−0.21	−0.05	−0.10	−0.46	0.17	0.06	−0.16	−0.13	0.12	−0.11	0.76
2004.12	−0.52	−0.14	−0.03	−0.25	−0.11	−0.22	0.05	−0.09	−0.54	−0.09	0.14	−0.16	−0.29	−0.15	−0.06	0.08
2005.1	−0.57	−0.23	−0.10	−0.36	−0.13	−0.25	−0.12	0.01	−0.94	−0.20	0.03	−0.25	−0.26	−0.20	−0.35	−0.04
2005.2	−0.76	−0.13	0.14	−0.25	−0.29	−0.18	−0.18	−0.14	−0.83	−0.23	−0.17	−0.19	0.00	−0.08	−0.24	−0.10
2005.3	−0.69	−0.13	−0.10	−0.05	−0.23	−0.27	−0.25	−0.22	−0.75	−0.44	−0.30	−0.21	−0.11	−0.19	−0.18	−0.62
2005.4	−0.76	−0.29	−0.20	−0.53	−0.31	−0.33	−0.42	−0.20	−0.39	−0.32	−0.26	−0.18	−0.20	−0.14	−0.09	−0.16
2005.5	−0.70	−0.40	−0.21	−0.43	−0.31	−0.38	−0.30	−0.23	−0.22	−0.32	−0.28	−0.24	−0.28	0.28	0.00	−0.16
2005.6	−0.94	−0.34	−0.32	−0.46	−0.38	−0.23	−0.29	−0.15	0.22	−0.73	−0.29	−0.31	−0.51	−0.02	0.06	−0.49
2005.7	−0.38	−0.26	−0.48	−0.14	−0.31	−0.14	−0.22	−0.08	0.11	−0.52	−0.27	−0.31	0.18	0.26	0.19	−0.24
2005.8	−0.70	−0.33	−0.21	−0.49	−0.21	0.00	−0.19	−0.10	−0.02	−0.50	−0.21	−0.31	0.08	0.08	0.15	1.14

（续）

时间	苹果				香蕉				柑橘				西瓜			
	北京	山东	河南	陕西	北京	广东	广西	海南	北京	广东	广西	湖南	北京	山东	河南	新疆
2005.9	−1.04	−0.19	−0.10	−0.28	0.05	−0.14	−0.04	0.15	−0.04	−0.11	−0.12	−0.26	0.03	0.09	−0.07	−0.16
2005.10	−0.36	−0.02	−0.01	−0.02	0.03	−0.10	−0.07	0.27	0.09	−0.10	−0.04	−0.33	0.28	0.12	−0.02	−0.05
2005.11	−1.11	0.08	−0.15	0.00	0.03	0.18	0.07	0.14	0.06	−0.35	0.40	−0.43	0.46	0.24	0.12	−0.26
2005.12	−0.42	0.09	0.20	0.50	−0.21	0.09	−0.03	0.09	0.10	−0.20	0.27	−0.28	0.74	0.09	0.40	0.19
2006.1	2.37	0.21	0.31	0.25	0.33	−0.15	0.20	0.11	0.07	−0.14	0.33	−0.15	0.04	0.05	0.02	−0.01
2006.2	2.12	0.24	0.35	0.26	0.55	−0.01	0.19	0.14	−0.04	−0.26	0.51	−0.02	0.08	−0.02	0.02	−0.15
2006.3	1.73	0.23	0.13	0.14	0.47	0.13	0.47	0.19	−0.08	0.11	0.56	0.01	0.45	0.06	−0.03	0.09
2006.4	2.05	0.36	0.29	0.55	0.67	0.18	0.38	0.25	0.47	0.28	0.46	0.51	0.17	0.05	0.01	0.07
2006.5	1.75	0.59	0.50	0.88	0.52	0.17	0.38	0.33	0.98	0.32	0.68	0.50	−0.14	0.01	0.05	0.14
2006.6	1.97	0.73	0.84	0.87	0.56	0.13	0.55	0.28	0.48	0.41	0.60	0.49	0.21	0.28	0.30	0.21
2006.7	1.23	0.82	0.36	0.68	0.43	0.05	0.43	0.15	0.64	0.47	0.56	0.43	0.03	−0.11	−0.03	−0.19
2006.8	1.45	0.62	−0.23	0.68	0.15	−0.04	0.41	−0.02	0.87	0.57	0.41	0.54	−0.27	−0.23	−0.33	−0.25
2006.9	1.31	0.48	0.08	0.37	0.07	0.08	0.27	−0.04	−0.17	0.66	0.08	0.52	−0.20	−0.20	−0.04	−0.21
2006.10	0.41	−0.23	−0.03	−0.06	0.09	0.06	−0.02	−0.02	−0.05	0.70	−0.40	0.48	−0.40	−0.13	−0.24	−0.07
2006.11	−0.02	−0.11	−0.06	−0.44	0.07	−0.02	0.05	−0.06	0.38	0.48	−0.18	0.39	−0.72	−0.31	−0.25	0.75
2006.12	−0.22	−0.10	−0.25	−0.22	−0.01	0.02	0.07	−0.08	0.06	0.52	−0.13	0.20	−0.22	−0.22	−0.17	−0.23
2007.1	−0.18	−0.17	−0.08	−0.04	−0.04	0.08	0.07	0.00	0.54	0.52	−0.10	−0.14	0.14	−0.08	0.34	−0.11
2007.2	−0.26	−0.23	−0.21	−0.08	0.03	0.08	0.06	0.12	0.61	0.02	0.10	−0.04	0.14	0.17	0.24	0.02
2007.3	−0.10	−0.19	−0.14	0.01	0.20	0.06	0.12	0.15	0.63	0.39	0.09	−0.02	0.09	0.09	0.11	−0.12
2007.4	0.08	−0.32	−0.04	−0.17	−0.05	−0.06	−0.12	−0.05	0.45	0.28	−0.06	0.02	−0.01	−0.13	−0.02	−0.32
2007.5	−0.26	−0.38	−0.24	−0.32	−0.17	−0.07	−0.23	−0.17	−0.03	0.10	−0.17	−0.06	0.31	−0.13	−0.10	−0.34
2007.6	−0.48	−0.39	−0.20	−0.25	−0.19	−0.29	−0.34	−0.32	−0.23	0.07	−0.23	−0.04	1.29	−0.15	−0.03	−0.16
2007.7	−0.50	−0.31	0.10	−0.26	−0.33	−0.26	−0.38	−0.33	−0.28	0.03	−0.26	−0.05	0.02	−0.26	0.02	0.14
2007.8	−0.31	−0.19	−0.07	−0.20	−0.32	−0.36	−0.38	−0.21	−0.32	0.06	−0.28	−0.07	0.05	−0.03	0.03	0.18

（续）

时间	苹果				香蕉				柑橘				西瓜			
	北京	山东	河南	陕西	北京	广东	广西	海南	北京	广东	广西	湖南	北京	山东	河南	新疆
2007.9	−0.42	−0.40	0.03	−0.03	−0.29	−0.10	−0.31	−0.17	−0.21	0.08	−0.11	−0.08	0.10	0.08	0.09	0.08
2007.10	−0.22	−0.01	0.13	0.21	0.12	−0.03	−0.31	−0.10	−0.13	−0.01	−0.04	0.04	0.32	0.02	0.23	0.10
2007.11	0.00	0.33	0.38	0.08	−0.04	−0.05	−0.21	−0.11	−0.10	0.04	−0.01	0.21	0.05	0.11	0.09	−0.33
2007.12	−0.03	0.24	0.29	−0.08	−0.09	−0.05	−0.15	−0.03	0.23	0.07	−0.02	0.24	0.00	0.16	0.04	0.28
2008.1	−0.33	0.19	0.11	0.19	0.01	0.02	−0.04	−0.04	0.57	0.00	0.00	0.09	0.33	0.07	0.06	0.22
2008.2	−0.34	0.21	0.16	0.24	0.16	0.07	−0.01	−0.07	0.70	−0.09	0.22	0.25	0.10	−0.03	−0.09	0.03
2008.3	−0.38	0.11	0.25	0.27	−0.04	0.06	−0.12	−0.06	0.35	−0.15	0.09	0.07	−0.21	−0.11	−0.05	0.01
2008.4	−0.47	0.10	0.12	0.22	−0.10	0.13	−0.01	0.03	−0.16	−0.22	−0.01	−0.04	0.21	0.32	0.22	0.13
2008.5	−0.59	−0.04	0.10	0.19	−0.16	−0.02	−0.13	−0.07	−0.16	−0.23	−0.01	−0.04	−0.62	0.02	−0.05	0.07
2008.6	−0.49	−0.04	0.00	0.01	−0.27	0.05	−0.15	−0.13	−0.27	−0.18	0.04	0.01	−0.21	0.01	−0.03	0.06
2008.7	−0.69	−0.16	−0.39	−0.14	−0.23	−0.02	−0.22	−0.13	−0.30	−0.09	0.06	0.05	0.02	0.00	−0.15	−0.12
2008.8	−0.84	−0.10	−0.65	−0.26	−0.15	−0.08	−0.10	−0.08	−0.29	−0.14	0.08	0.06	0.13	−0.06	0.08	−0.06
2008.9	−0.78	−0.10	−0.36	−0.23	−0.11	0.05	−0.01	−0.05	−0.16	−0.19	0.09	0.05	−0.20	−0.14	−0.04	0.12
2008.10	−0.68	−0.11	−0.31	0.12	−0.11	0.13	0.22	−0.07	−0.12	−0.19	0.07	0.04	−0.13	−0.19	0.06	0.41
2008.11	−0.74	−0.23	−0.49	−0.19	0.07	0.17	0.41	−0.04	−0.34	−0.14	0.18	0.00	−0.13	−0.04	0.18	0.07
2008.12	−0.78	−0.47	−0.47	−0.20	0.21	0.23	0.15	−0.10	−0.32	−0.04	−0.03	0.06	0.00	0.04	0.03	−0.30
2009.1	−0.85	−0.27	−0.59	−0.23	0.11	0.08	0.00	−0.13	−0.43	−0.26	−0.32	−0.21	−0.21	−0.01	0.00	−0.07
2009.2	−0.94	−0.39	−0.56	−0.25	−0.10	−0.02	−0.12	−0.23	−0.33	−0.29	−0.31	−0.36	−0.10	0.16	0.03	0.00
2009.3	−0.80	−0.35	−0.53	−0.35	−0.16	−0.21	−0.03	−0.13	−0.42	−0.26	−0.18	−0.50	0.04	0.16	0.11	0.20
2009.4	−0.89	−0.26	−0.38	−0.21	−0.04	−0.06	−0.01	−0.05	−0.31	−0.18	−0.06	−0.29	0.06	0.06	0.00	0.14
2009.5	−0.89	0.07	−0.10	−0.02	0.25	0.01	0.18	0.18	−0.31	−0.19	0.16	−0.18	−0.07	0.07	0.11	0.20
2009.6	0.81	0.36	0.25	0.21	0.11	0.07	0.35	0.22	−0.37	−0.21	0.03	−0.23	−0.41	0.14	0.07	−0.47

（续）

时间	苹果				香蕉				柑橘				西瓜			
	北京	山东	河南	陕西	北京	广东	广西	海南	北京	广东	广西	湖南	北京	山东	河南	新疆
2009.7	0.55	0.66	0.95	0.10	0.30	0.12	0.38	0.39	−0.41	−0.28	0.04	−0.23	0.10	0.27	0.13	−0.10
2009.8	0.26	0.78	0.65	0.26	0.18	0.29	0.47	0.35	−0.41	−0.29	0.10	−0.25	0.22	0.17	−0.23	0.57
2009.9	0.63	0.34	0.43	0.11	0.02	0.21	0.17	0.20	−0.33	−0.26	0.08	−0.26	0.32	0.12	−0.03	0.08
2009.10	0.61	0.05	0.16	−0.04	−0.16	0.14	0.04	0.11	−0.35	−0.26	−0.04	−0.30	−0.28	0.06	−0.23	−0.40
2009.11	0.66	−0.04	−0.29	−0.09	−0.27	−0.17	−0.22	−0.05	−0.39	−0.28	0.02	−0.32	−0.18	−0.22	−0.37	−0.59
2009.12	0.61	0.03	0.02	−0.14	−0.35	−0.24	−0.41	−0.27	−0.31	−0.26	−0.08	−0.38	−0.21	−0.27	−0.27	−0.45
2010.1	0.77	−0.19	0.05	−0.34	−0.38	−0.25	−0.39	−0.31	−0.32	−0.21	−0.13	0.09	−0.33	−0.29	−0.30	−0.45
2010.2	0.26	−0.17	0.52	−0.37	−0.26	−0.27	−0.28	−0.27	−0.10	−0.10	−0.23	0.20	−0.29	−0.19	−0.10	−0.31
2010.3	0.19	−0.13	0.13	−0.18	−0.21	−0.22	−0.26	−0.32	−0.03	−0.09	−0.28	0.15	−0.12	−0.09	−0.14	−0.21
2010.4	0.04	−0.12	0.07	−0.14	−0.25	−0.08	−0.27	−0.28	−0.60	−0.11	−0.05	0.03	−0.19	−0.06	−0.06	−0.08
2010.5	0.01	−0.11	−0.02	−0.18	−0.14	0.17	0.00	−0.20	−0.07	−0.08	−0.11	−0.05	−0.01	0.05	0.00	0.04
2010.6	0.20	−0.15	−0.03	−0.24	0.21	0.24	0.14	0.07	0.09	−0.09	−0.20	0.02	−0.11	0.37	0.32	0.23
2010.7	−0.08	−0.15	0.08	−0.17	0.30	0.23	0.18	0.25	0.05	−0.06	−0.17	0.02	−0.18	0.11	−0.11	0.53
2010.8	1.28	−0.09	0.20	−0.16	0.35	0.13	0.11	0.28	0.04	−0.15	−0.15	0.00	−0.47	−0.07	−0.12	−0.05
2010.9	2.33	0.01	0.08	−0.01	0.41	0.07	0.05	0.25	0.15	−0.13	−0.10	0.06	−0.06	−0.19	−0.12	0.21
2010.10	1.70	0.03	0.09	−0.02	0.29	−0.21	−0.15	0.13	0.27	−0.11	−0.11	0.12	0.51	−0.15	−0.07	0.29
2010.11	1.17	0.17	0.23	0.15	0.00	−0.39	−0.19	0.01	0.55	−0.13	−0.17	0.03	0.97	0.13	0.05	0.50
2010.12	0.25	0.24	0.60	0.33	−0.35	−0.11	0.04	0.01	1.08	0.09	−0.05	0.04	0.33	0.08	0.18	0.10
2011.1	0.91	0.56	0.44	0.33	−0.09	0.00	0.13	−0.01	0.55	0.30	0.08	0.25	0.31	0.20	0.14	0.18
2011.2	1.02	0.66	0.39	0.33	0.03	0.05	0.11	0.21	0.68	0.57	0.36	0.50	0.26	0.05	−0.03	0.30
2011.3	0.94	0.62	0.07	0.23	0.32	0.19	0.18	0.47	0.60	0.66	0.25	0.23	0.15	−0.08	0.01	0.08
2011.4	0.77	0.46	0.10	0.15	0.47	0.43	0.29	0.73	0.80	0.65	0.03	0.24	0.17	−0.01	0.04	0.03

（续）

时间	苹果				香蕉				柑橘				西瓜			
	北京	山东	河南	陕西	北京	广东	广西	海南	北京	广东	广西	湖南	北京	山东	河南	新疆
2011.5	0.68	0.27	−0.05	0.06	0.71	0.12	0.19	0.52	0.80	0.57	0.03	0.14	0.26	−0.09	−0.14	−0.03
2011.6	−0.16	0.07	−0.39	−0.39	0.28	−0.57	−0.17	−0.06	0.80	0.46	−0.07	0.06	0.32	−0.20	0.01	−0.19
2011.7	−0.57	−0.18	−0.68	−0.24	−0.03	−0.78	−0.43	−0.76	0.83	0.50	−0.13	0.05	0.19	−0.23	0.01	−0.01
2011.8	−0.70	−0.30	−0.69	0.17	−0.44	−0.68	−0.42	−0.52	0.51	0.50	−0.15	0.04	−0.14	−0.02	0.10	−0.06
2011.9	−0.97	−0.20	−0.39	0.17	−0.17	−0.35	−0.04	−0.13	0.07	0.48	−0.14	0.01	−0.31	−0.02	−0.02	−0.37
2011.10	−1.22	0.05	−0.31	0.27	0.02	−0.07	0.17	−0.15	0.00	0.38	−0.06	0.00	−0.88	−0.17	−0.04	−0.10
2011.11	−0.94	0.17	−0.35	0.18	0.38	0.09	0.46	0.24	−0.01	0.37	−0.06	0.04	−0.56	−0.14	0.08	0.17
2011.12	−0.97	0.43	−0.36	0.01	0.49	0.13	0.43	0.56	0.01	0.48	−0.10	0.17	0.28	0.03	−0.06	−0.01
2012.1	−0.13	−0.15	0.13	0.27	0.37	0.71	0.38	0.64	−0.13	−0.09	0.25	−0.25	−0.11	0.00	0.29	−0.03
2012.2	−0.51	−0.17	0.14	0.25	0.10	0.40	0.25	0.60	−0.56	−0.46	0.08	−0.21	−0.20	−0.16	−0.10	−0.46
2012.3	−0.54	−0.33	0.30	0.14	−0.06	0.17	0.16	0.29	−0.55	−0.65	−0.06	−0.30	−0.29	−0.18	−0.14	−0.55
2012.4	−0.42	−0.26	0.12	0.17	−0.20	0.14	−0.03	0.12	−0.57	−0.67	−0.15	−0.14	−0.35	−0.15	−0.12	−0.54
2012.5	−0.54	0.22	0.05	−0.01	−0.28	−0.04	−0.29	−0.02	−0.53	−0.58	−0.23	0.01	−0.24	−0.17	−0.14	−0.55
2012.6	−0.31	−0.43	0.13	−0.17	−0.36	−0.05	−0.26	−0.11	−0.62	−0.43	−0.04	0.04	0.01	−0.18	−0.36	−0.90
2012.7	−0.42	−0.52	0.07	0.04	−0.25	0.06	−0.21	−0.29	−0.40	−0.41	−0.03	0.02	−0.16	−0.37	−0.12	−0.28
2012.8	−0.35	−0.35	0.04	0.21	−0.25	−0.12	−0.16	−0.35	−0.02	−0.40	−0.08	0.05	0.16	0.00	0.10	0.73
2012.9	−0.11	−0.28	0.15	0.44	−0.13	−0.12	−0.09	−0.35	0.18	−0.21	−0.09	0.04	0.18	0.14	0.00	0.50
2012.10	−0.02	−0.12	0.30	0.01	−0.05	−0.04	−0.01	−0.21	0.21	1.24	0.20	0.00	2.55	3.35	2.17	3.84
2012.11	0.20	0.34	0.18	−0.41	−0.10	0.10	0.09	−0.23	0.01	0.25	0.46	0.05	0.02	−0.28	−0.35	−0.48
2012.12	0.37	0.08	0.04	−0.37	−0.08	0.22	−0.04	−0.24	−0.24	−0.19	0.52	0.02	−0.63	−0.69	−0.50	−0.99
2013.1	0.36	0.03	−0.43	−0.47	−0.02	0.14	−0.11	−0.21	−0.27	−0.28	0.20	0.00	−0.85	−0.78	−0.35	−0.63

数据来源：作者计算所得。

附表 4　北京及主产区水果价格波动的长期趋势（价格为剔除 CPI 后价格）

时间	苹果				香蕉				柑橘				西瓜			
	北京	山东	河南	陕西	北京	广东	广西	海南	北京	广东	广西	湖南	北京	山东	河南	新疆
1998.1	3.00	2.05	1.87	2.01	2.71	1.88	1.27	1.37	2.51	2.77	1.94	1.84	1.48	1.22	1.30	1.12
1998.2	2.98	2.03	1.85	1.99	2.70	1.88	1.25	1.36	2.51	2.77	1.94	1.84	1.49	1.22	1.31	1.13
1998.3	2.97	2.01	1.84	1.98	2.68	1.87	1.24	1.34	2.50	2.78	1.95	1.84	1.49	1.23	1.31	1.15
1998.4	2.95	1.99	1.82	1.96	2.66	1.87	1.22	1.33	2.50	2.78	1.95	1.83	1.50	1.24	1.32	1.16
1998.5	2.93	1.97	1.81	1.94	2.65	1.87	1.21	1.32	2.50	2.79	1.95	1.83	1.50	1.24	1.33	1.18
1998.6	2.91	1.95	1.79	1.93	2.63	1.87	1.19	1.30	2.49	2.79	1.95	1.82	1.51	1.25	1.33	1.20
1998.7	2.90	1.93	1.78	1.91	2.61	1.86	1.18	1.29	2.49	2.80	1.96	1.82	1.52	1.25	1.34	1.21
1998.8	2.88	1.91	1.76	1.89	2.59	1.86	1.17	1.28	2.48	2.80	1.96	1.82	1.52	1.26	1.35	1.23
1998.9	2.86	1.89	1.75	1.88	2.58	1.86	1.15	1.26	2.47	2.80	1.96	1.81	1.53	1.26	1.35	1.24
1998.10	2.84	1.86	1.73	1.86	2.56	1.86	1.14	1.25	2.47	2.81	1.96	1.81	1.53	1.27	1.36	1.26
1998.11	2.82	1.84	1.72	1.84	2.54	1.85	1.13	1.24	2.46	2.81	1.97	1.80	1.54	1.27	1.36	1.27
1998.12	2.81	1.82	1.70	1.83	2.52	1.85	1.11	1.23	2.46	2.80	1.97	1.80	1.54	1.28	1.37	1.29
1999.1	2.79	1.80	1.69	1.81	2.50	1.85	1.10	1.22	2.45	2.80	1.97	1.79	1.54	1.28	1.37	1.30
1999.2	2.77	1.78	1.68	1.79	2.48	1.85	1.09	1.21	2.44	2.80	1.97	1.79	1.55	1.29	1.37	1.32
1999.3	2.75	1.75	1.66	1.78	2.46	1.84	1.08	1.20	2.43	2.79	1.97	1.78	1.55	1.29	1.37	1.33
1999.4	2.73	1.73	1.65	1.76	2.44	1.84	1.07	1.19	2.43	2.78	1.97	1.78	1.55	1.29	1.37	1.35
1999.5	2.71	1.71	1.64	1.75	2.42	1.84	1.05	1.18	2.42	2.77	1.97	1.77	1.55	1.29	1.38	1.36
1999.6	2.69	1.69	1.63	1.73	2.39	1.83	1.04	1.17	2.41	2.76	1.97	1.77	1.55	1.29	1.37	1.37
1999.7	2.67	1.66	1.61	1.71	2.37	1.83	1.03	1.16	2.40	2.75	1.97	1.76	1.55	1.29	1.37	1.39
1999.8	2.66	1.64	1.60	1.70	2.35	1.82	1.02	1.16	2.39	2.73	1.96	1.76	1.54	1.29	1.37	1.40
1999.9	2.64	1.62	1.59	1.68	2.33	1.82	1.01	1.15	2.38	2.72	1.96	1.76	1.54	1.29	1.37	1.42
1999.10	2.62	1.59	1.58	1.66	2.30	1.81	1.01	1.14	2.37	2.70	1.95	1.75	1.54	1.29	1.37	1.43

（续）

时间	苹果				香蕉				柑橘				西瓜			
	北京	山东	河南	陕西	北京	广东	广西	海南	北京	广东	广西	湖南	北京	山东	河南	新疆
1999.11	2.60	1.57	1.57	1.65	2.28	1.80	1.00	1.14	2.36	2.68	1.95	1.75	1.53	1.29	1.36	1.45
1999.12	2.58	1.55	1.56	1.63	2.25	1.80	0.99	1.13	2.35	2.66	1.94	1.75	1.53	1.28	1.36	1.46
2000.1	2.56	1.53	1.55	1.61	2.23	1.79	0.98	1.12	2.34	2.64	1.93	1.74	1.52	1.28	1.35	1.48
2000.2	2.54	1.51	1.54	1.60	2.20	1.78	0.97	1.12	2.33	2.62	1.93	1.74	1.51	1.28	1.35	1.49
2000.3	2.52	1.49	1.53	1.58	2.18	1.77	0.96	1.11	2.32	2.60	1.92	1.74	1.51	1.27	1.34	1.50
2000.4	2.50	1.47	1.53	1.56	2.15	1.76	0.96	1.11	2.31	2.58	1.91	1.75	1.50	1.27	1.33	1.52
2000.5	2.48	1.45	1.52	1.55	2.13	1.75	0.95	1.10	2.30	2.56	1.90	1.75	1.49	1.26	1.33	1.53
2000.6	2.46	1.43	1.51	1.54	2.10	1.74	0.94	1.10	2.29	2.55	1.90	1.75	1.48	1.26	1.32	1.54
2000.7	2.44	1.42	1.51	1.52	2.08	1.73	0.93	1.09	2.28	2.53	1.89	1.76	1.47	1.25	1.31	1.55
2000.8	2.43	1.40	1.51	1.51	2.05	1.72	0.93	1.09	2.27	2.51	1.89	1.76	1.47	1.24	1.31	1.55
2000.9	2.41	1.39	1.50	1.50	2.03	1.71	0.92	1.08	2.26	2.49	1.88	1.77	1.46	1.24	1.30	1.56
2000.10	2.40	1.38	1.50	1.49	2.00	1.70	0.91	1.08	2.25	2.47	1.88	1.78	1.45	1.23	1.29	1.56
2000.11	2.38	1.36	1.50	1.48	1.98	1.69	0.90	1.07	2.24	2.46	1.87	1.78	1.44	1.22	1.29	1.56
2000.12	2.37	1.35	1.50	1.48	1.95	1.68	0.90	1.07	2.23	2.44	1.87	1.79	1.43	1.22	1.28	1.56
2001.1	2.36	1.35	1.50	1.47	1.93	1.67	0.89	1.06	2.23	2.43	1.86	1.80	1.42	1.21	1.27	1.56
2001.2	2.35	1.34	1.50	1.47	1.90	1.66	0.88	1.06	2.22	2.41	1.86	1.81	1.41	1.20	1.27	1.56
2001.3	2.34	1.33	1.50	1.47	1.88	1.64	0.88	1.06	2.21	2.40	1.86	1.82	1.40	1.20	1.26	1.55
2001.4	2.33	1.32	1.51	1.47	1.86	1.64	0.87	1.05	2.21	2.39	1.85	1.83	1.40	1.19	1.26	1.55
2001.5	2.32	1.32	1.51	1.47	1.84	1.63	0.87	1.05	2.20	2.37	1.85	1.84	1.39	1.19	1.25	1.54
2001.6	2.31	1.31	1.51	1.47	1.82	1.62	0.86	1.05	2.19	2.36	1.85	1.84	1.38	1.18	1.25	1.54
2001.7	2.30	1.31	1.52	1.47	1.80	1.61	0.86	1.05	2.19	2.35	1.84	1.85	1.37	1.18	1.25	1.53
2001.8	2.29	1.31	1.52	1.47	1.78	1.60	0.86	1.05	2.18	2.34	1.84	1.86	1.36	1.17	1.24	1.52
2001.9	2.28	1.31	1.53	1.48	1.77	1.60	0.86	1.05	2.18	2.33	1.83	1.87	1.36	1.17	1.24	1.52
2001.10	2.27	1.31	1.53	1.48	1.75	1.59	0.86	1.05	2.18	2.33	1.82	1.87	1.35	1.17	1.24	1.51

（续）

时间	苹果				香蕉				柑橘				西瓜			
	北京	山东	河南	陕西	北京	广东	广西	海南	北京	广东	广西	湖南	北京	山东	河南	新疆
2001.11	2.26	1.31	1.53	1.49	1.73	1.59	0.86	1.05	2.18	2.32	1.82	1.88	1.34	1.17	1.23	1.50
2001.12	2.26	1.31	1.54	1.49	1.72	1.59	0.86	1.05	2.17	2.32	1.81	1.88	1.33	1.16	1.23	1.50
2002.1	2.25	1.31	1.54	1.50	1.71	1.59	0.86	1.05	2.17	2.31	1.80	1.89	1.33	1.16	1.23	1.50
2002.2	2.24	1.31	1.55	1.51	1.70	1.59	0.86	1.05	2.17	2.31	1.80	1.89	1.32	1.16	1.23	1.49
2002.3	2.23	1.31	1.55	1.52	1.68	1.59	0.86	1.05	2.17	2.31	1.79	1.90	1.31	1.16	1.23	1.49
2002.4	2.22	1.32	1.55	1.53	1.67	1.59	0.87	1.06	2.17	2.30	1.78	1.90	1.31	1.16	1.22	1.49
2002.5	2.21	1.32	1.56	1.53	1.66	1.59	0.87	1.06	2.17	2.30	1.78	1.91	1.30	1.16	1.22	1.49
2002.6	2.20	1.33	1.56	1.54	1.65	1.60	0.88	1.07	2.17	2.30	1.77	1.91	1.29	1.16	1.22	1.49
2002.7	2.19	1.33	1.57	1.55	1.65	1.60	0.88	1.07	2.18	2.30	1.76	1.91	1.29	1.17	1.22	1.49
2002.8	2.18	1.34	1.57	1.56	1.64	1.61	0.89	1.08	2.18	2.30	1.75	1.91	1.28	1.17	1.22	1.50
2002.9	2.17	1.34	1.57	1.57	1.63	1.62	0.90	1.08	2.18	2.30	1.75	1.91	1.27	1.17	1.22	1.50
2002.10	2.16	1.35	1.58	1.58	1.62	1.63	0.91	1.09	2.18	2.31	1.74	1.92	1.27	1.18	1.22	1.51
2002.11	2.15	1.36	1.58	1.60	1.62	1.63	0.92	1.10	2.18	2.31	1.73	1.92	1.27	1.18	1.22	1.51
2002.12	2.14	1.36	1.58	1.61	1.61	1.65	0.93	1.11	2.18	2.31	1.73	1.92	1.26	1.19	1.22	1.52
2003.1	2.12	1.37	1.59	1.62	1.61	1.66	0.93	1.11	2.18	2.31	1.72	1.91	1.26	1.20	1.22	1.52
2003.2	2.11	1.38	1.59	1.63	1.61	1.67	0.95	1.12	2.17	2.32	1.72	1.91	1.26	1.20	1.22	1.53
2003.3	2.10	1.39	1.59	1.64	1.60	1.68	0.96	1.13	2.17	2.32	1.71	1.91	1.26	1.21	1.22	1.53
2003.4	2.09	1.40	1.60	1.65	1.60	1.70	0.97	1.14	2.17	2.32	1.71	1.90	1.26	1.22	1.22	1.54
2003.5	2.08	1.41	1.60	1.66	1.60	1.71	0.98	1.15	2.16	2.33	1.70	1.90	1.26	1.23	1.22	1.55
2003.6	2.07	1.41	1.61	1.67	1.60	1.72	0.99	1.16	2.15	2.33	1.70	1.89	1.26	1.24	1.22	1.55
2003.7	2.06	1.42	1.61	1.68	1.60	1.74	1.00	1.17	2.15	2.34	1.69	1.88	1.26	1.25	1.22	1.56
2003.8	2.05	1.43	1.62	1.69	1.60	1.75	1.01	1.17	2.14	2.34	1.69	1.88	1.26	1.26	1.22	1.56
2003.9	2.04	1.44	1.62	1.70	1.60	1.77	1.02	1.18	2.13	2.35	1.69	1.87	1.27	1.28	1.21	1.56
2003.10	2.04	1.45	1.63	1.71	1.60	1.78	1.04	1.19	2.12	2.35	1.69	1.86	1.27	1.29	1.21	1.56

（续）

时间	苹果				香蕉				柑橘				西瓜			
	北京	山东	河南	陕西	北京	广东	广西	海南	北京	广东	广西	湖南	北京	山东	河南	新疆
2003.11	2.03	1.46	1.63	1.72	1.60	1.79	1.05	1.20	2.12	2.36	1.69	1.85	1.28	1.30	1.21	1.56
2003.12	2.03	1.47	1.64	1.73	1.61	1.81	1.06	1.21	2.11	2.36	1.68	1.85	1.29	1.31	1.21	1.56
2004.1	2.03	1.48	1.64	1.74	1.61	1.82	1.07	1.21	2.10	2.37	1.68	1.84	1.29	1.32	1.21	1.56
2004.2	2.03	1.49	1.65	1.75	1.61	1.83	1.08	1.22	2.10	2.37	1.69	1.83	1.30	1.33	1.21	1.56
2004.3	2.04	1.51	1.66	1.76	1.62	1.84	1.09	1.23	2.09	2.37	1.69	1.82	1.31	1.34	1.21	1.56
2004.4	2.05	1.52	1.66	1.77	1.62	1.84	1.10	1.23	2.09	2.38	1.69	1.81	1.32	1.35	1.21	1.55
2004.5	2.06	1.53	1.67	1.78	1.63	1.85	1.11	1.24	2.09	2.38	1.69	1.80	1.33	1.36	1.21	1.55
2004.6	2.07	1.54	1.68	1.79	1.64	1.86	1.12	1.24	2.09	2.39	1.70	1.80	1.34	1.37	1.21	1.54
2004.7	2.09	1.56	1.68	1.81	1.65	1.86	1.13	1.25	2.09	2.39	1.70	1.79	1.36	1.38	1.21	1.54
2004.8	2.12	1.57	1.69	1.82	1.65	1.86	1.14	1.25	2.09	2.39	1.70	1.78	1.37	1.39	1.21	1.54
2004.9	2.14	1.59	1.70	1.83	1.66	1.86	1.15	1.26	2.10	2.40	1.71	1.77	1.38	1.40	1.21	1.53
2004.10	2.17	1.61	1.71	1.85	1.67	1.86	1.16	1.26	2.11	2.40	1.71	1.77	1.40	1.41	1.21	1.53
2004.11	2.21	1.62	1.72	1.86	1.68	1.86	1.17	1.26	2.11	2.41	1.72	1.76	1.41	1.42	1.21	1.52
2004.12	2.25	1.64	1.73	1.88	1.70	1.86	1.18	1.27	2.13	2.41	1.73	1.76	1.43	1.42	1.21	1.51
2005.1	2.29	1.66	1.73	1.89	1.71	1.86	1.19	1.27	2.14	2.42	1.73	1.76	1.45	1.43	1.21	1.51
2005.2	2.33	1.68	1.74	1.91	1.72	1.86	1.20	1.28	2.15	2.42	1.74	1.75	1.46	1.44	1.21	1.50
2005.3	2.38	1.70	1.75	1.93	1.74	1.86	1.21	1.28	2.17	2.43	1.75	1.75	1.48	1.44	1.21	1.49
2005.4	2.43	1.73	1.76	1.95	1.75	1.86	1.22	1.28	2.19	2.44	1.75	1.75	1.50	1.45	1.21	1.49
2005.5	2.49	1.75	1.78	1.97	1.77	1.86	1.24	1.29	2.21	2.45	1.76	1.75	1.52	1.45	1.21	1.48
2005.6	2.54	1.77	1.79	1.99	1.78	1.86	1.25	1.29	2.23	2.45	1.77	1.75	1.53	1.46	1.21	1.48
2005.7	2.60	1.80	1.80	2.01	1.80	1.85	1.26	1.29	2.25	2.46	1.78	1.75	1.55	1.46	1.21	1.47
2005.8	2.66	1.82	1.81	2.03	1.82	1.85	1.27	1.30	2.28	2.47	1.78	1.76	1.57	1.46	1.21	1.46

（续）

时间	苹果				香蕉				柑橘				西瓜			
	北京	山东	河南	陕西	北京	广东	广西	海南	北京	广东	广西	湖南	北京	山东	河南	新疆
2005.9	2.72	1.85	1.82	2.06	1.84	1.85	1.28	1.30	2.30	2.48	1.79	1.76	1.59	1.46	1.22	1.46
2005.10	2.78	1.88	1.83	2.08	1.85	1.85	1.29	1.31	2.32	2.49	1.79	1.77	1.61	1.47	1.22	1.45
2005.11	2.84	1.90	1.85	2.10	1.87	1.85	1.30	1.31	2.35	2.50	1.80	1.77	1.62	1.47	1.22	1.45
2005.12	2.90	1.93	1.86	2.12	1.89	1.85	1.31	1.31	2.37	2.51	1.80	1.78	1.64	1.47	1.22	1.44
2006.1	2.96	1.95	1.87	2.15	1.91	1.85	1.32	1.31	2.39	2.52	1.81	1.78	1.66	1.47	1.22	1.44
2006.2	3.02	1.98	1.88	2.17	1.92	1.84	1.33	1.32	2.42	2.53	1.81	1.79	1.67	1.47	1.22	1.43
2006.3	3.07	2.01	1.89	2.19	1.94	1.84	1.34	1.32	2.44	2.54	1.81	1.79	1.69	1.47	1.22	1.43
2006.4	3.12	2.03	1.91	2.21	1.95	1.84	1.34	1.32	2.46	2.55	1.81	1.80	1.70	1.47	1.22	1.42
2006.5	3.17	2.06	1.92	2.23	1.97	1.84	1.35	1.32	2.48	2.55	1.80	1.80	1.72	1.47	1.22	1.42
2006.6	3.21	2.08	1.93	2.24	1.98	1.84	1.36	1.32	2.49	2.56	1.80	1.80	1.73	1.47	1.22	1.41
2006.7	3.25	2.10	1.94	2.26	1.99	1.84	1.36	1.32	2.51	2.56	1.79	1.81	1.74	1.47	1.22	1.41
2006.8	3.29	2.12	1.95	2.28	2.00	1.84	1.36	1.32	2.52	2.56	1.78	1.81	1.75	1.47	1.22	1.40
2006.9	3.32	2.14	1.96	2.29	2.01	1.84	1.37	1.32	2.53	2.56	1.78	1.81	1.77	1.47	1.21	1.40
2006.10	3.35	2.16	1.97	2.30	2.02	1.84	1.37	1.32	2.54	2.56	1.77	1.81	1.78	1.47	1.21	1.39
2006.11	3.38	2.19	1.98	2.32	2.03	1.83	1.37	1.32	2.55	2.56	1.76	1.81	1.79	1.47	1.21	1.39
2006.12	3.40	2.20	1.99	2.33	2.04	1.83	1.37	1.33	2.56	2.55	1.74	1.80	1.80	1.47	1.21	1.39
2007.1	3.42	2.22	2.00	2.34	2.04	1.83	1.37	1.33	2.57	2.54	1.73	1.80	1.81	1.47	1.21	1.38
2007.2	3.44	2.24	2.01	2.35	2.05	1.83	1.37	1.33	2.57	2.53	1.72	1.80	1.82	1.47	1.21	1.38
2007.3	3.46	2.26	2.02	2.36	2.06	1.83	1.37	1.33	2.57	2.52	1.71	1.79	1.83	1.48	1.21	1.38
2007.4	3.48	2.28	2.03	2.37	2.06	1.83	1.37	1.33	2.57	2.51	1.69	1.78	1.83	1.48	1.21	1.38
2007.5	3.50	2.30	2.04	2.38	2.07	1.83	1.37	1.34	2.57	2.49	1.68	1.78	1.84	1.48	1.21	1.38
2007.6	3.52	2.32	2.05	2.39	2.08	1.84	1.38	1.34	2.57	2.48	1.67	1.77	1.85	1.48	1.20	1.38
2007.7	3.54	2.34	2.06	2.40	2.08	1.84	1.38	1.35	2.57	2.46	1.65	1.76	1.85	1.48	1.20	1.37
2007.8	3.56	2.36	2.08	2.41	2.09	1.84	1.38	1.35	2.56	2.44	1.64	1.75	1.86	1.49	1.20	1.37

（续）

时间	苹果				香蕉				柑橘				西瓜			
	北京	山东	河南	陕西	北京	广东	广西	海南	北京	广东	广西	湖南	北京	山东	河南	新疆
2007.9	3.57	2.38	2.09	2.42	2.09	1.84	1.38	1.36	2.56	2.43	1.62	1.74	1.86	1.49	1.20	1.37
2007.10	3.59	2.41	2.10	2.43	2.10	1.85	1.38	1.37	2.55	2.41	1.61	1.73	1.86	1.49	1.20	1.37
2007.11	3.62	2.43	2.12	2.44	2.11	1.85	1.39	1.38	2.55	2.39	1.60	1.72	1.86	1.50	1.19	1.37
2007.12	3.64	2.45	2.13	2.45	2.12	1.85	1.39	1.38	2.54	2.37	1.58	1.71	1.87	1.50	1.19	1.37
2008.1	3.66	2.47	2.15	2.46	2.12	1.86	1.40	1.40	2.53	2.35	1.57	1.70	1.87	1.50	1.19	1.37
2008.2	3.69	2.49	2.16	2.47	2.13	1.87	1.40	1.41	2.53	2.33	1.56	1.69	1.87	1.51	1.19	1.38
2008.3	3.72	2.51	2.18	2.49	2.14	1.87	1.41	1.42	2.52	2.31	1.55	1.68	1.87	1.51	1.18	1.38
2008.4	3.75	2.53	2.19	2.50	2.15	1.88	1.42	1.43	2.52	2.29	1.54	1.67	1.87	1.52	1.18	1.38
2008.5	3.78	2.55	2.21	2.51	2.16	1.88	1.43	1.45	2.51	2.28	1.52	1.66	1.87	1.52	1.18	1.38
2008.6	3.82	2.58	2.23	2.52	2.17	1.89	1.43	1.46	2.51	2.26	1.51	1.65	1.87	1.52	1.18	1.38
2008.7	3.85	2.60	2.25	2.53	2.18	1.90	1.44	1.48	2.50	2.24	1.50	1.64	1.87	1.53	1.18	1.38
2008.8	3.90	2.62	2.27	2.55	2.19	1.90	1.45	1.49	2.50	2.23	1.49	1.63	1.87	1.53	1.17	1.38
2008.9	3.94	2.64	2.29	2.56	2.20	1.91	1.46	1.51	2.50	2.22	1.48	1.62	1.87	1.54	1.17	1.38
2008.10	3.98	2.66	2.32	2.58	2.21	1.92	1.47	1.53	2.50	2.21	1.48	1.61	1.87	1.54	1.17	1.39
2008.11	4.03	2.68	2.34	2.59	2.22	1.93	1.48	1.54	2.50	2.20	1.47	1.60	1.87	1.55	1.17	1.39
2008.12	4.08	2.70	2.37	2.61	2.23	1.94	1.49	1.56	2.50	2.19	1.46	1.59	1.87	1.55	1.17	1.39
2009.1	4.13	2.72	2.40	2.63	2.24	1.95	1.50	1.58	2.51	2.18	1.46	1.59	1.87	1.56	1.17	1.40
2009.2	4.18	2.75	2.43	2.65	2.25	1.96	1.51	1.60	2.51	2.18	1.45	1.58	1.88	1.56	1.17	1.40
2009.3	4.23	2.77	2.46	2.67	2.26	1.97	1.52	1.62	2.52	2.17	1.45	1.58	1.88	1.57	1.17	1.40
2009.4	4.29	2.79	2.49	2.69	2.27	1.97	1.53	1.64	2.53	2.17	1.45	1.57	1.88	1.57	1.17	1.41
2009.5	4.34	2.81	2.52	2.71	2.29	1.99	1.54	1.66	2.54	2.17	1.44	1.57	1.89	1.58	1.17	1.41
2009.6	4.40	2.83	2.55	2.73	2.30	2.00	1.55	1.68	2.56	2.18	1.44	1.57	1.89	1.58	1.17	1.42

（续）

时间	苹果				香蕉				柑橘				西瓜			
	北京	山东	河南	陕西	北京	广东	广西	海南	北京	广东	广西	湖南	北京	山东	河南	新疆
2009.7	4.45	2.85	2.59	2.76	2.31	2.01	1.55	1.70	2.57	2.18	1.45	1.57	1.90	1.59	1.17	1.42
2009.8	4.50	2.86	2.62	2.78	2.32	2.02	1.56	1.73	2.59	2.19	1.45	1.58	1.90	1.59	1.17	1.43
2009.9	4.55	2.88	2.65	2.81	2.33	2.03	1.57	1.75	2.61	2.20	1.45	1.58	1.91	1.60	1.18	1.44
2009.10	4.60	2.90	2.69	2.84	2.34	2.04	1.58	1.77	2.63	2.21	1.46	1.59	1.92	1.61	1.18	1.44
2009.11	4.64	2.91	2.72	2.86	2.35	2.05	1.59	1.79	2.65	2.22	1.47	1.59	1.93	1.61	1.19	1.45
2009.12	4.68	2.93	2.75	2.89	2.36	2.07	1.60	1.81	2.67	2.24	1.47	1.60	1.93	1.62	1.19	1.46
2010.1	4.72	2.94	2.78	2.92	2.37	2.08	1.61	1.82	2.70	2.25	1.48	1.61	1.94	1.63	1.20	1.47
2010.2	4.76	2.95	2.82	2.96	2.39	2.10	1.62	1.84	2.72	2.27	1.49	1.62	1.95	1.63	1.21	1.48
2010.3	4.79	2.96	2.85	2.99	2.40	2.11	1.63	1.86	2.75	2.29	1.51	1.63	1.96	1.64	1.22	1.49
2010.4	4.81	2.97	2.88	3.02	2.41	2.13	1.64	1.88	2.77	2.31	1.52	1.64	1.97	1.65	1.23	1.51
2010.5	4.83	2.98	2.91	3.05	2.42	2.15	1.65	1.90	2.80	2.33	1.54	1.65	1.98	1.66	1.24	1.52
2010.6	4.85	2.99	2.94	3.09	2.42	2.16	1.66	1.92	2.82	2.35	1.56	1.66	2.00	1.67	1.25	1.53
2010.7	4.86	3.00	2.97	3.12	2.43	2.18	1.67	1.94	2.85	2.38	1.58	1.68	2.01	1.68	1.26	1.55
2010.8	4.86	3.00	3.00	3.16	2.44	2.20	1.68	1.95	2.87	2.40	1.60	1.69	2.02	1.69	1.28	1.56
2010.9	4.86	3.01	3.03	3.20	2.45	2.22	1.68	1.97	2.89	2.42	1.62	1.71	2.03	1.70	1.29	1.57
2010.10	4.86	3.01	3.06	3.23	2.45	2.24	1.69	1.98	2.92	2.45	1.65	1.72	2.05	1.71	1.30	1.59
2010.11	4.84	3.01	3.09	3.27	2.46	2.26	1.70	2.00	2.93	2.47	1.67	1.73	2.06	1.72	1.32	1.60
2010.12	4.83	3.01	3.12	3.31	2.46	2.28	1.71	2.01	2.95	2.49	1.70	1.75	2.07	1.73	1.34	1.62
2011.1	4.80	3.01	3.14	3.34	2.46	2.31	1.72	2.02	2.97	2.51	1.73	1.76	2.08	1.75	1.35	1.63
2011.2	4.78	3.01	3.17	3.38	2.47	2.33	1.73	2.03	2.98	2.54	1.76	1.77	2.09	1.76	1.37	1.64
2011.3	4.75	3.00	3.20	3.42	2.47	2.35	1.74	2.04	2.99	2.56	1.79	1.79	2.11	1.77	1.39	1.66
2011.4	4.71	2.99	3.23	3.45	2.46	2.38	1.75	2.05	3.00	2.58	1.83	1.80	2.12	1.79	1.41	1.67

（续）

时间	苹果				香蕉				柑橘				西瓜			
	北京	山东	河南	陕西	北京	广东	广西	海南	北京	广东	广西	湖南	北京	山东	河南	新疆
2011.5	4.67	2.99	3.25	3.49	2.46	2.40	1.76	2.05	3.00	2.60	1.86	1.82	2.13	1.80	1.43	1.69
2011.6	4.63	2.98	3.28	3.53	2.46	2.43	1.76	2.06	3.00	2.61	1.90	1.83	2.14	1.82	1.44	1.70
2011.7	4.58	2.96	3.31	3.56	2.46	2.46	1.77	2.06	3.00	2.63	1.93	1.84	2.15	1.83	1.46	1.72
2011.8	4.53	2.95	3.33	3.60	2.45	2.49	1.78	2.07	3.00	2.64	1.97	1.85	2.16	1.85	1.48	1.74
2011.9	4.48	2.94	3.36	3.63	2.44	2.52	1.78	2.07	2.99	2.66	2.01	1.87	2.17	1.86	1.50	1.75
2011.10	4.43	2.93	3.39	3.66	2.44	2.55	1.79	2.07	2.99	2.67	2.05	1.88	2.18	1.88	1.52	1.77
2011.11	4.38	2.91	3.42	3.70	2.43	2.58	1.80	2.07	2.98	2.68	2.09	1.89	2.19	1.90	1.55	1.79
2011.12	4.33	2.89	3.45	3.73	2.42	2.61	1.80	2.07	2.97	2.69	2.13	1.90	2.21	1.92	1.57	1.81
2012.1	4.27	2.88	3.48	3.76	2.41	2.64	1.81	2.07	2.96	2.70	2.17	1.92	2.22	1.94	1.59	1.82
2012.2	4.22	2.86	3.51	3.79	2.40	2.67	1.81	2.07	2.94	2.71	2.22	1.93	2.23	1.96	1.61	1.84
2012.3	4.17	2.84	3.54	3.83	2.39	2.70	1.82	2.06	2.93	2.72	2.26	1.94	2.25	1.98	1.63	1.86
2012.4	4.12	2.83	3.57	3.86	2.38	2.74	1.82	2.06	2.92	2.73	2.30	1.95	2.26	2.00	1.65	1.89
2012.5	4.06	2.81	3.60	3.89	2.36	2.77	1.82	2.05	2.90	2.74	2.35	1.97	2.27	2.02	1.68	1.91
2012.6	4.01	2.79	3.63	3.92	2.35	2.80	1.83	2.04	2.89	2.75	2.40	1.98	2.29	2.04	1.70	1.93
2012.7	3.96	2.77	3.66	3.95	2.34	2.83	1.83	2.04	2.88	2.76	2.44	1.99	2.30	2.06	1.72	1.95
2012.8	3.91	2.76	3.69	3.97	2.33	2.87	1.84	2.03	2.86	2.77	2.49	2.00	2.31	2.08	1.74	1.97
2012.9	3.86	2.74	3.72	4.00	2.31	2.90	1.84	2.02	2.85	2.78	2.54	2.02	2.33	2.10	1.77	2.00
2012.10	3.81	2.72	3.75	4.03	2.30	2.93	1.84	2.02	2.83	2.79	2.58	2.03	2.34	2.13	1.79	2.02
2012.11	3.75	2.70	3.78	4.06	2.29	2.97	1.85	2.01	2.82	2.80	2.63	2.04	2.35	2.15	1.81	2.04
2012.12	3.70	2.69	3.81	4.09	2.28	3.00	1.85	2.00	2.80	2.81	2.68	2.06	2.37	2.17	1.83	2.06
2013.1	3.65	2.67	3.84	4.12	2.26	3.03	1.85	1.99	2.79	2.82	2.73	2.07	2.38	2.19	1.85	2.08

数据来源：作者计算所得。

附表5 北京及主产区蔬菜价格波动的季节特征（价格为剔除CPI后价格）

时间	圆白菜				油菜				芹菜				番茄				马铃薯			
	北京	河北	山东	河南	北京	河北	山东	河南	北京	河北	山东	河南	北京	河北	山东	河南	北京	河北	山东	河南
1998.1	0.80	0.76	0.63	0.58	1.26	1.19	1.26	1.31	0.93	0.91	1.00	0.95	1.31	1.28	1.32	1.37	1.05	0.92	1.05	0.99
1998.2	0.93	0.93	0.87	0.80	1.35	1.44	1.47	1.51	1.10	1.20	1.32	1.22	1.42	1.38	1.36	1.51	1.09	1.02	1.11	1.16
1998.3	0.99	0.90	0.85	0.88	1.25	1.23	1.17	1.10	1.20	1.27	1.19	1.04	1.34	1.31	1.19	1.37	1.10	1.00	1.05	1.05
1998.4	1.29	1.28	1.04	1.47	0.92	1.05	0.87	0.86	1.15	1.10	0.93	0.89	1.27	1.38	1.22	1.38	0.99	1.03	1.01	1.02
1998.5	1.07	1.36	1.09	1.27	0.67	0.79	0.68	0.79	1.18	0.99	0.89	0.82	1.03	1.01	0.97	1.14	1.08	1.19	1.19	1.11
1998.6	0.80	0.99	0.95	1.00	0.71	0.80	0.89	0.86	0.88	0.93	0.83	0.92	0.64	0.67	0.69	0.57	0.98	1.10	0.96	0.96
1998.7	1.19	1.09	1.40	1.20	0.94	0.87	0.99	0.94	0.88	0.92	0.90	0.92	0.54	0.51	0.61	0.59	0.89	0.99	0.85	0.93
1998.8	1.36	1.44	1.52	1.30	1.11	0.99	1.13	0.92	0.90	1.02	1.12	1.23	0.64	0.66	0.76	0.62	0.90	0.98	0.95	0.96
1998.9	1.20	1.19	1.48	1.22	0.84	0.93	1.05	0.96	0.99	0.96	1.13	1.27	0.75	0.82	0.83	0.73	0.94	1.02	1.00	0.95
1998.10	0.94	0.93	1.03	1.07	0.73	0.89	0.78	0.94	0.92	0.92	0.97	1.05	0.83	0.86	0.92	0.83	0.97	0.99	0.95	0.94
1998.11	0.66	0.57	0.58	0.63	0.94	0.83	0.78	0.95	0.90	0.87	0.81	0.88	1.10	1.02	1.03	0.87	1.02	0.89	0.91	0.97
1998.12	0.76	0.58	0.56	0.57	1.29	0.99	0.93	0.90	0.96	0.91	0.91	0.82	1.14	1.10	1.11	1.03	1.00	0.87	0.95	0.96
1999.1	0.80	0.76	0.63	0.59	1.27	1.20	1.28	1.28	0.93	0.92	1.00	0.95	1.30	1.28	1.31	1.36	1.05	0.93	1.05	0.99
1999.2	0.93	0.92	0.86	0.80	1.35	1.42	1.47	1.50	1.10	1.20	1.31	1.21	1.42	1.38	1.35	1.50	1.09	1.02	1.10	1.15
1999.3	1.01	0.91	0.85	0.88	1.22	1.23	1.16	1.09	1.19	1.26	1.18	1.05	1.35	1.31	1.21	1.36	1.09	1.00	1.06	1.05
1999.4	1.27	1.25	1.05	1.46	0.92	1.05	0.87	0.87	1.14	1.09	0.93	0.88	1.27	1.36	1.20	1.39	0.98	1.03	1.01	1.01
1999.5	1.09	1.36	1.10	1.26	0.67	0.79	0.68	0.79	1.18	0.99	0.89	0.83	1.02	1.01	0.97	1.13	1.07	1.19	1.20	1.11
1999.6	0.83	1.00	0.95	1.01	0.70	0.80	0.89	0.86	0.91	0.92	0.84	0.92	0.64	0.67	0.69	0.57	0.98	1.10	0.96	0.97
1999.7	1.17	1.12	1.39	1.21	0.95	0.86	0.98	0.94	0.90	0.93	0.91	0.93	0.55	0.52	0.62	0.60	0.90	0.99	0.85	0.93
1999.8	1.36	1.43	1.51	1.30	1.12	1.00	1.12	0.92	0.89	1.02	1.12	1.22	0.64	0.67	0.76	0.62	0.90	0.98	0.95	0.97
1999.9	1.18	1.18	1.46	1.22	0.84	0.94	1.05	0.97	0.97	0.97	1.11	1.25	0.74	0.82	0.84	0.74	0.94	1.01	1.01	0.96
1999.10	0.93	0.92	1.03	1.06	0.72	0.90	0.79	0.94	0.92	0.92	0.98	1.05	0.82	0.87	0.93	0.83	0.97	0.98	0.96	0.94

（续）

时间	圆白菜				油菜				芹菜				番茄				马铃薯			
	北京	河北	山东	河南	北京	河北	山东	河南	北京	河北	山东	河南	北京	河北	山东	河南	北京	河北	山东	河南
1999.11	0.65	0.57	0.60	0.64	0.92	0.83	0.78	0.95	0.90	0.88	0.82	0.88	1.09	1.03	1.03	0.87	1.01	0.89	0.91	0.97
1999.12	0.76	0.59	0.56	0.58	1.27	0.99	0.92	0.90	0.96	0.91	0.90	0.83	1.14	1.11	1.10	1.03	1.00	0.88	0.95	0.96
2000.1	0.81	0.76	0.63	0.60	1.29	1.22	1.31	1.25	0.93	0.92	1.02	0.95	1.30	1.28	1.30	1.36	1.04	0.93	1.04	0.99
2000.2	0.94	0.91	0.86	0.80	1.38	1.41	1.48	1.50	1.13	1.20	1.29	1.18	1.42	1.37	1.35	1.46	1.09	1.02	1.08	1.13
2000.3	1.03	0.93	0.86	0.89	1.20	1.22	1.15	1.09	1.18	1.26	1.19	1.06	1.36	1.30	1.24	1.37	1.08	1.00	1.07	1.05
2000.4	1.27	1.22	1.08	1.45	0.93	1.04	0.87	0.88	1.12	1.09	0.92	0.89	1.27	1.34	1.17	1.39	0.99	1.03	1.00	1.00
2000.5	1.10	1.33	1.11	1.25	0.66	0.78	0.70	0.80	1.18	0.98	0.89	0.85	1.02	1.02	0.96	1.12	1.06	1.20	1.23	1.11
2000.6	0.85	1.00	0.96	1.00	0.69	0.79	0.88	0.86	0.96	0.92	0.84	0.91	0.65	0.66	0.70	0.59	1.00	1.09	0.96	0.99
2000.7	1.17	1.16	1.37	1.21	0.97	0.86	0.95	0.94	0.92	0.92	0.91	0.94	0.56	0.53	0.62	0.61	0.92	0.99	0.85	0.94
2000.8	1.34	1.42	1.47	1.28	1.14	1.00	1.09	0.93	0.88	1.02	1.11	1.19	0.65	0.68	0.75	0.62	0.91	0.98	0.94	0.97
2000.9	1.16	1.19	1.42	1.20	0.85	0.94	1.07	0.98	0.93	0.98	1.09	1.21	0.74	0.81	0.85	0.76	0.95	1.01	1.01	0.98
2000.10	0.91	0.91	1.05	1.04	0.72	0.91	0.80	0.95	0.90	0.93	0.98	1.06	0.82	0.88	0.94	0.84	0.98	0.97	0.98	0.95
2000.11	0.64	0.57	0.63	0.66	0.91	0.83	0.79	0.93	0.89	0.89	0.85	0.90	1.07	1.03	1.04	0.88	0.99	0.89	0.92	0.97
2000.12	0.75	0.60	0.57	0.60	1.24	0.99	0.91	0.90	0.97	0.92	0.91	0.85	1.14	1.11	1.11	1.03	1.00	0.89	0.95	0.94
2001.1	0.82	0.77	0.65	0.63	1.30	1.23	1.32	1.23	0.95	0.93	1.03	0.96	1.29	1.28	1.30	1.36	1.02	0.95	1.03	0.99
2001.2	0.95	0.91	0.85	0.80	1.42	1.42	1.50	1.50	1.15	1.19	1.27	1.17	1.42	1.38	1.34	1.42	1.10	1.02	1.06	1.10
2001.3	1.03	0.94	0.87	0.91	1.19	1.22	1.15	1.09	1.17	1.24	1.21	1.08	1.36	1.29	1.27	1.35	1.07	1.00	1.07	1.04
2001.4	1.28	1.21	1.09	1.40	0.92	1.03	0.86	0.88	1.10	1.07	0.91	0.90	1.26	1.32	1.11	1.37	0.99	1.02	0.99	1.00
2001.5	1.13	1.32	1.10	1.23	0.65	0.78	0.71	0.81	1.17	0.97	0.89	0.86	1.03	1.03	0.94	1.11	1.05	1.21	1.24	1.11
2001.6	0.87	1.00	0.96	1.01	0.67	0.78	0.85	0.87	1.00	0.92	0.84	0.90	0.66	0.66	0.72	0.61	1.01	1.08	0.97	1.01
2001.7	1.17	1.19	1.35	1.22	0.98	0.86	0.92	0.94	0.94	0.92	0.92	0.95	0.57	0.54	0.63	0.63	0.94	0.99	0.85	0.95
2001.8	1.31	1.40	1.43	1.27	1.18	1.01	1.08	0.93	0.87	1.02	1.09	1.15	0.66	0.69	0.74	0.63	0.92	0.98	0.94	0.97
2001.9	1.14	1.20	1.39	1.20	0.85	0.95	1.08	0.99	0.90	0.99	1.08	1.17	0.74	0.80	0.85	0.80	0.96	1.01	1.01	1.00
2001.10	0.90	0.90	1.07	1.02	0.72	0.91	0.82	0.95	0.88	0.94	0.99	1.07	0.82	0.88	0.97	0.83	0.98	0.95	1.00	0.95

（续）

时间	圆白菜				油菜				芹菜				番茄				马铃薯			
	北京	河北	山东	河南	北京	河北	山东	河南	北京	河北	山东	河南	北京	河北	山东	河南	北京	河北	山东	河南
2001.11	0.62	0.56	0.68	0.69	0.87	0.82	0.81	0.92	0.88	0.89	0.87	0.91	1.04	1.03	1.04	0.88	0.96	0.89	0.92	0.96
2001.12	0.74	0.61	0.57	0.62	1.20	0.99	0.90	0.90	0.97	0.92	0.92	0.88	1.13	1.12	1.12	1.02	1.00	0.91	0.95	0.92
2002.1	0.82	0.77	0.68	0.65	1.33	1.24	1.34	1.22	0.97	0.94	1.06	0.97	1.29	1.27	1.28	1.35	1.00	0.97	1.01	0.99
2002.2	0.96	0.92	0.85	0.82	1.47	1.42	1.50	1.50	1.18	1.18	1.25	1.15	1.43	1.38	1.33	1.38	1.09	1.02	1.04	1.08
2002.3	1.05	0.94	0.89	0.93	1.20	1.22	1.17	1.07	1.17	1.22	1.22	1.11	1.37	1.28	1.30	1.35	1.05	0.99	1.08	1.03
2002.4	1.28	1.20	1.08	1.36	0.91	1.02	0.85	0.89	1.08	1.06	0.89	0.91	1.26	1.31	1.06	1.36	1.00	1.00	0.99	0.99
2002.5	1.15	1.30	1.09	1.19	0.65	0.77	0.73	0.82	1.15	0.97	0.88	0.88	1.02	1.03	0.92	1.11	1.06	1.22	1.24	1.10
2002.6	0.90	1.01	0.96	1.01	0.63	0.77	0.80	0.87	1.03	0.92	0.82	0.88	0.66	0.65	0.73	0.63	1.05	1.06	0.98	1.05
2002.7	1.18	1.21	1.32	1.22	0.98	0.86	0.89	0.94	0.95	0.93	0.91	0.95	0.59	0.55	0.63	0.64	0.96	0.99	0.85	0.96
2002.8	1.29	1.38	1.38	1.25	1.21	1.01	1.05	0.95	0.87	1.02	1.07	1.10	0.66	0.70	0.73	0.66	0.93	0.98	0.93	0.98
2002.9	1.12	1.22	1.35	1.19	0.86	0.96	1.09	0.99	0.87	1.00	1.08	1.12	0.74	0.80	0.88	0.82	0.97	1.01	1.01	1.02
2002.10	0.89	0.90	1.09	1.02	0.72	0.91	0.86	0.96	0.86	0.94	1.02	1.08	0.82	0.89	1.00	0.84	0.96	0.93	1.01	0.95
2002.11	0.61	0.55	0.73	0.71	0.84	0.82	0.83	0.90	0.88	0.90	0.91	0.93	1.00	1.03	1.06	0.89	0.93	0.90	0.94	0.95
2002.12	0.73	0.62	0.58	0.65	1.15	1.00	0.90	0.91	0.99	0.93	0.93	0.91	1.11	1.11	1.12	1.01	0.99	0.95	0.95	0.91
2003.1	0.83	0.77	0.70	0.68	1.36	1.26	1.33	1.20	0.98	0.96	1.08	0.98	1.29	1.26	1.25	1.34	0.99	0.99	0.99	0.98
2003.2	0.97	0.91	0.85	0.84	1.51	1.41	1.50	1.49	1.19	1.18	1.23	1.16	1.45	1.39	1.31	1.34	1.07	1.01	1.04	1.06
2003.3	1.06	0.95	0.91	0.94	1.21	1.22	1.20	1.06	1.17	1.20	1.21	1.11	1.39	1.29	1.34	1.34	1.04	0.98	1.08	1.02
2003.4	1.27	1.19	1.06	1.30	0.90	1.01	0.85	0.88	1.07	1.05	0.87	0.91	1.27	1.29	1.02	1.34	1.01	0.98	1.00	1.00
2003.5	1.16	1.28	1.09	1.16	0.66	0.77	0.73	0.83	1.12	0.97	0.86	0.90	1.02	1.04	0.91	1.11	1.07	1.23	1.21	1.10
2003.6	0.92	1.01	0.97	1.02	0.58	0.77	0.76	0.88	1.04	0.92	0.81	0.87	0.67	0.64	0.74	0.65	1.09	1.04	0.97	1.08
2003.7	1.18	1.23	1.29	1.21	0.97	0.86	0.87	0.94	0.96	0.94	0.90	0.96	0.60	0.56	0.63	0.65	0.97	0.99	0.86	0.97
2003.8	1.28	1.36	1.33	1.24	1.24	1.01	1.04	0.98	0.86	1.03	1.04	1.07	0.67	0.71	0.72	0.69	0.94	0.98	0.92	0.98
2003.9	1.11	1.24	1.35	1.21	0.87	0.98	1.09	1.00	0.86	1.00	1.09	1.08	0.73	0.79	0.91	0.85	0.98	1.01	1.02	1.02
2003.10	0.88	0.90	1.11	1.02	0.72	0.91	0.90	0.96	0.86	0.95	1.05	1.08	0.82	0.89	1.03	0.82	0.94	0.92	1.02	0.95

（续）

时间	圆白菜				油菜				芹菜				番茄				马铃薯			
	北京	河北	山东	河南	北京	河北	山东	河南	北京	河北	山东	河南	北京	河北	山东	河南	北京	河北	山东	河南
2003.11	0.60	0.55	0.76	0.72	0.80	0.81	0.83	0.89	0.88	0.90	0.93	0.92	0.98	1.04	1.06	0.90	0.91	0.90	0.94	0.93
2003.12	0.72	0.63	0.60	0.67	1.12	1.00	0.90	0.91	0.99	0.92	0.94	0.93	1.10	1.11	1.13	1.01	0.98	0.97	0.96	0.89
2004.1	0.82	0.76	0.72	0.70	1.39	1.26	1.32	1.18	1.01	0.97	1.11	1.00	1.28	1.24	1.21	1.31	0.98	1.00	0.98	0.97
2004.2	0.97	0.90	0.84	0.85	1.53	1.40	1.49	1.48	1.20	1.18	1.22	1.17	1.46	1.39	1.29	1.31	1.05	1.01	1.05	1.06
2004.3	1.08	0.96	0.92	0.95	1.24	1.23	1.23	1.06	1.18	1.19	1.19	1.12	1.40	1.30	1.36	1.34	1.03	0.98	1.08	1.02
2004.4	1.26	1.20	1.04	1.26	0.92	1.00	0.85	0.89	1.06	1.04	0.87	0.92	1.26	1.27	1.01	1.32	1.02	0.97	1.02	1.01
2004.5	1.18	1.26	1.08	1.12	0.66	0.77	0.73	0.84	1.09	0.97	0.85	0.92	1.02	1.04	0.91	1.11	1.09	1.25	1.18	1.11
2004.6	0.96	1.02	0.97	1.04	0.55	0.76	0.73	0.88	1.03	0.92	0.79	0.87	0.68	0.64	0.74	0.67	1.12	1.03	0.95	1.09
2004.7	1.18	1.26	1.28	1.20	0.94	0.85	0.86	0.94	0.96	0.94	0.89	0.96	0.62	0.56	0.63	0.64	0.96	0.99	0.85	0.98
2004.8	1.25	1.33	1.29	1.24	1.25	1.01	1.02	1.00	0.87	1.03	1.02	1.05	0.67	0.72	0.72	0.73	0.95	0.98	0.91	0.99
2004.9	1.11	1.25	1.35	1.22	0.88	1.00	1.10	1.00	0.85	1.00	1.11	1.04	0.73	0.79	0.93	0.85	0.98	1.00	1.02	1.01
2004.10	0.87	0.89	1.13	1.04	0.73	0.91	0.94	0.97	0.87	0.94	1.08	1.06	0.82	0.91	1.03	0.83	0.93	0.92	1.02	0.94
2004.11	0.59	0.55	0.78	0.72	0.79	0.81	0.84	0.87	0.89	0.90	0.95	0.91	0.96	1.04	1.06	0.90	0.90	0.91	0.95	0.92
2004.12	0.70	0.63	0.62	0.68	1.10	1.00	0.92	0.91	1.02	0.91	0.96	0.93	1.09	1.11	1.11	1.00	0.97	0.98	0.98	0.88
2005.1	0.82	0.76	0.74	0.72	1.38	1.26	1.29	1.17	1.02	0.98	1.12	1.02	1.28	1.23	1.18	1.28	0.97	0.99	0.99	0.96
2005.2	0.97	0.89	0.84	0.85	1.53	1.39	1.48	1.46	1.21	1.18	1.21	1.20	1.46	1.38	1.29	1.33	1.04	0.99	1.08	1.08
2005.3	1.09	0.97	0.91	0.93	1.27	1.24	1.25	1.08	1.18	1.19	1.17	1.13	1.42	1.30	1.36	1.35	1.04	0.97	1.09	1.05
2005.4	1.28	1.21	1.03	1.23	0.93	1.00	0.85	0.89	1.05	1.03	0.88	0.92	1.26	1.25	1.04	1.30	1.02	0.96	1.05	1.01
2005.5	1.20	1.25	1.06	1.08	0.67	0.77	0.72	0.85	1.05	0.97	0.82	0.92	1.02	1.05	0.92	1.10	1.12	1.28	1.14	1.12
2005.6	0.97	1.03	0.97	1.08	0.54	0.74	0.71	0.87	1.00	0.92	0.78	0.88	0.68	0.64	0.73	0.67	1.14	1.03	0.93	1.08
2005.7	1.16	1.26	1.26	1.20	0.90	0.84	0.87	0.94	0.96	0.94	0.88	0.96	0.62	0.57	0.63	0.62	0.96	0.99	0.85	0.98
2005.8	1.22	1.30	1.28	1.25	1.24	1.02	1.02	1.01	0.88	1.03	1.02	1.05	0.68	0.72	0.73	0.75	0.96	0.99	0.90	0.99
2005.9	1.11	1.25	1.36	1.23	0.91	1.02	1.11	1.01	0.87	1.00	1.13	1.02	0.73	0.79	0.94	0.86	0.97	0.99	1.01	0.99
2005.10	0.86	0.88	1.14	1.04	0.76	0.91	0.96	0.96	0.88	0.94	1.10	1.03	0.81	0.92	1.03	0.84	0.92	0.92	1.01	0.94

（续）

时间	圆白菜				油菜				芹菜				番茄				马铃薯			
	北京	河北	山东	河南	北京	河北	山东	河南	北京	河北	山东	河南	北京	河北	山东	河南	北京	河北	山东	河南
2005.11	0.59	0.57	0.78	0.70	0.79	0.81	0.83	0.85	0.88	0.89	0.95	0.89	0.95	1.05	1.03	0.90	0.91	0.92	0.95	0.91
2005.12	0.69	0.64	0.63	0.66	1.09	1.00	0.92	0.90	1.02	0.91	0.96	0.92	1.08	1.11	1.09	1.00	0.96	0.98	0.99	0.87
2006.1	0.82	0.76	0.73	0.72	1.35	1.25	1.28	1.18	1.03	1.00	1.11	1.04	1.28	1.23	1.16	1.27	0.96	0.98	1.02	0.96
2006.2	0.99	0.88	0.83	0.84	1.52	1.38	1.47	1.44	1.21	1.18	1.22	1.22	1.46	1.38	1.32	1.36	1.03	0.99	1.11	1.10
2006.3	1.10	0.98	0.89	0.92	1.29	1.25	1.26	1.10	1.20	1.18	1.16	1.15	1.42	1.29	1.36	1.36	1.05	0.97	1.10	1.08
2006.4	1.31	1.25	1.06	1.25	0.94	0.99	0.86	0.89	1.04	1.03	0.90	0.91	1.25	1.24	1.09	1.31	1.02	0.97	1.07	1.02
2006.5	1.20	1.22	1.07	1.05	0.68	0.77	0.71	0.86	1.03	0.97	0.81	0.94	1.03	1.05	0.94	1.09	1.15	1.28	1.11	1.13
2006.6	0.99	1.04	0.98	1.14	0.55	0.74	0.71	0.85	0.97	0.92	0.78	0.91	0.67	0.64	0.71	0.66	1.14	1.04	0.89	1.06
2006.7	1.14	1.25	1.24	1.22	0.88	0.84	0.88	0.93	0.96	0.93	0.86	0.96	0.62	0.57	0.62	0.60	0.96	0.99	0.84	0.96
2006.8	1.17	1.27	1.29	1.26	1.21	1.04	1.00	1.02	0.89	1.03	1.03	1.05	0.68	0.72	0.74	0.76	0.95	0.99	0.89	0.98
2006.9	1.13	1.25	1.37	1.23	0.94	1.03	1.11	1.02	0.89	1.00	1.13	1.00	0.74	0.80	0.94	0.86	0.96	0.97	1.01	0.98
2006.10	0.88	0.87	1.14	1.03	0.77	0.91	0.98	0.96	0.88	0.94	1.09	0.99	0.83	0.93	1.01	0.85	0.90	0.92	1.00	0.93
2006.11	0.58	0.59	0.76	0.68	0.81	0.80	0.82	0.83	0.88	0.89	0.94	0.86	0.94	1.05	1.00	0.89	0.91	0.93	0.96	0.90
2006.12	0.68	0.64	0.63	0.63	1.10	1.00	0.93	0.90	1.01	0.92	0.96	0.91	1.08	1.12	1.06	1.00	0.95	0.97	1.00	0.87
2007.1	0.83	0.77	0.72	0.73	1.31	1.25	1.28	1.20	1.03	1.01	1.10	1.06	1.28	1.24	1.14	1.26	0.95	0.96	1.04	0.97
2007.2	1.00	0.89	0.82	0.84	1.50	1.38	1.46	1.44	1.23	1.18	1.23	1.25	1.45	1.36	1.34	1.39	1.05	0.98	1.13	1.10
2007.3	1.10	0.98	0.89	0.91	1.30	1.26	1.26	1.12	1.21	1.17	1.15	1.17	1.42	1.27	1.36	1.36	1.07	0.98	1.10	1.13
2007.4	1.32	1.27	1.13	1.30	0.96	0.99	0.87	0.88	1.04	1.03	0.93	0.91	1.25	1.22	1.15	1.32	1.03	1.00	1.08	1.04
2007.5	1.20	1.19	1.10	1.04	0.69	0.76	0.70	0.85	1.00	0.97	0.80	0.95	1.03	1.05	0.99	1.07	1.17	1.29	1.10	1.17
2007.6	1.00	1.07	0.97	1.18	0.57	0.73	0.71	0.84	0.94	0.93	0.78	0.94	0.67	0.64	0.69	0.64	1.13	1.06	0.88	1.04
2007.7	1.12	1.23	1.18	1.21	0.87	0.83	0.88	0.93	0.96	0.93	0.85	0.97	0.62	0.57	0.61	0.57	0.94	0.99	0.83	0.92
2007.8	1.15	1.25	1.29	1.26	1.16	1.07	0.99	1.03	0.90	1.05	1.03	1.04	0.69	0.73	0.74	0.75	0.94	0.98	0.87	0.96
2007.9	1.14	1.25	1.37	1.23	0.97	1.04	1.12	1.03	0.90	1.00	1.13	0.98	0.75	0.82	0.92	0.86	0.94	0.94	1.01	0.95
2007.10	0.89	0.88	1.13	1.00	0.78	0.89	0.99	0.96	0.89	0.95	1.07	0.95	0.84	0.93	0.99	0.86	0.89	0.91	1.00	0.92

（续）

时间	圆白菜				油菜				芹菜				番茄				马铃薯			
	北京	河北	山东	河南	北京	河北	山东	河南	北京	河北	山东	河南	北京	河北	山东	河南	北京	河北	山东	河南
2007.11	0.58	0.59	0.75	0.66	0.85	0.79	0.81	0.80	0.86	0.88	0.93	0.83	0.94	1.05	0.97	0.90	0.91	0.95	0.96	0.90
2007.12	0.66	0.63	0.63	0.60	1.11	1.00	0.92	0.88	1.01	0.92	0.96	0.90	1.07	1.11	1.03	1.01	0.95	0.96	1.00	0.88
2008.1	0.83	0.77	0.71	0.73	1.27	1.25	1.28	1.24	1.04	1.02	1.09	1.07	1.27	1.24	1.15	1.29	0.95	0.96	1.06	1.00
2008.2	1.01	0.89	0.82	0.84	1.46	1.39	1.46	1.44	1.23	1.16	1.25	1.27	1.44	1.36	1.36	1.40	1.07	0.98	1.12	1.10
2008.3	1.09	0.96	0.89	0.91	1.29	1.28	1.26	1.14	1.23	1.15	1.17	1.19	1.41	1.26	1.35	1.35	1.09	0.99	1.09	1.15
2008.4	1.32	1.30	1.22	1.36	0.97	0.98	0.88	0.87	1.06	1.03	0.95	0.91	1.26	1.22	1.20	1.33	1.07	1.04	1.09	1.07
2008.5	1.20	1.18	1.11	1.03	0.70	0.75	0.70	0.85	0.99	0.97	0.81	0.98	1.03	1.05	1.04	1.05	1.21	1.28	1.10	1.20
2008.6	1.01	1.09	0.99	1.21	0.59	0.73	0.72	0.84	0.91	0.94	0.80	0.97	0.66	0.65	0.68	0.64	1.11	1.08	0.86	1.02
2008.7	1.11	1.21	1.12	1.21	0.86	0.83	0.87	0.92	0.96	0.93	0.84	0.97	0.62	0.57	0.61	0.54	0.92	0.99	0.82	0.87
2008.8	1.13	1.23	1.27	1.25	1.13	1.10	0.97	1.05	0.92	1.05	1.02	1.02	0.69	0.74	0.73	0.74	0.92	0.96	0.87	0.93
2008.9	1.16	1.25	1.36	1.22	0.99	1.05	1.14	1.04	0.91	1.00	1.11	0.97	0.76	0.84	0.88	0.86	0.92	0.91	1.00	0.93
2008.10	0.90	0.88	1.13	0.98	0.77	0.86	0.99	0.96	0.89	0.94	1.05	0.92	0.85	0.93	0.97	0.86	0.87	0.89	1.01	0.89
2008.11	0.57	0.60	0.75	0.65	0.89	0.77	0.80	0.78	0.85	0.86	0.94	0.80	0.93	1.04	0.97	0.92	0.89	0.95	1.00	0.90
2008.12	0.65	0.63	0.62	0.59	1.12	1.00	0.92	0.86	1.01	0.91	0.97	0.90	1.07	1.11	1.02	1.03	0.95	0.94	1.01	0.90
2009.1	0.83	0.77	0.70	0.74	1.23	1.25	1.27	1.27	1.03	1.03	1.08	1.07	1.28	1.24	1.15	1.30	0.95	0.96	1.06	1.03
2009.2	1.01	0.89	0.81	0.84	1.44	1.39	1.45	1.44	1.23	1.16	1.24	1.27	1.43	1.35	1.36	1.40	1.09	0.98	1.10	1.09
2009.3	1.08	0.94	0.90	0.92	1.30	1.29	1.27	1.15	1.24	1.14	1.19	1.23	1.41	1.26	1.34	1.35	1.12	1.01	1.06	1.16
2009.4	1.32	1.33	1.30	1.40	0.97	0.97	0.90	0.86	1.09	1.03	0.97	0.91	1.26	1.22	1.24	1.33	1.11	1.09	1.06	1.10
2009.5	1.21	1.19	1.11	1.02	0.71	0.75	0.69	0.84	0.98	0.98	0.81	1.00	1.03	1.04	1.07	1.04	1.24	1.27	1.11	1.23
2009.6	1.02	1.11	0.99	1.20	0.59	0.73	0.72	0.83	0.90	0.96	0.82	0.98	0.66	0.65	0.67	0.64	1.10	1.10	0.87	1.03
2009.7	1.09	1.18	1.06	1.19	0.86	0.82	0.86	0.92	0.96	0.94	0.83	0.96	0.62	0.56	0.60	0.52	0.89	0.99	0.83	0.83
2009.8	1.14	1.22	1.28	1.25	1.13	1.13	0.97	1.06	0.94	1.05	1.01	0.99	0.70	0.74	0.73	0.72	0.89	0.93	0.88	0.90
2009.9	1.18	1.25	1.34	1.23	1.00	1.06	1.16	1.04	0.92	1.00	1.11	0.97	0.76	0.86	0.83	0.87	0.89	0.88	1.00	0.90
2009.10	0.90	0.89	1.13	0.97	0.75	0.85	0.99	0.95	0.89	0.94	1.03	0.91	0.86	0.94	0.98	0.86	0.84	0.87	1.03	0.87

（续）

时间	圆白菜				油菜				芹菜				番茄				马铃薯			
	北京	河北	山东	河南	北京	河北	山东	河南	北京	河北	山东	河南	北京	河北	山东	河南	北京	河北	山东	河南
2009.11	0.57	0.60	0.76	0.65	0.90	0.76	0.80	0.77	0.82	0.85	0.94	0.77	0.94	1.04	0.96	0.94	0.88	0.95	1.04	0.91
2009.12	0.64	0.62	0.61	0.58	1.11	1.00	0.92	0.85	1.02	0.91	0.97	0.92	1.07	1.10	1.03	1.04	0.96	0.93	1.01	0.93
2010.1	0.82	0.77	0.68	0.73	1.22	1.25	1.26	1.29	1.03	1.03	1.06	1.07	1.28	1.25	1.17	1.33	0.96	0.97	1.06	1.07
2010.2	1.02	0.89	0.79	0.83	1.44	1.38	1.44	1.43	1.21	1.16	1.23	1.25	1.42	1.34	1.37	1.38	1.11	1.00	1.07	1.08
2010.3	1.09	0.93	0.90	0.93	1.30	1.30	1.28	1.17	1.24	1.14	1.21	1.26	1.41	1.26	1.34	1.34	1.14	1.04	1.03	1.15
2010.4	1.32	1.35	1.37	1.43	0.96	0.98	0.92	0.85	1.12	1.04	0.97	0.92	1.26	1.22	1.25	1.34	1.15	1.12	1.04	1.11
2010.5	1.20	1.18	1.12	1.01	0.73	0.74	0.69	0.84	0.97	0.99	0.82	1.03	1.03	1.04	1.09	1.02	1.27	1.24	1.11	1.24
2010.6	1.03	1.13	1.01	1.19	0.60	0.73	0.72	0.82	0.89	0.97	0.85	0.99	0.65	0.65	0.67	0.64	1.09	1.11	0.89	1.05
2010.7	1.07	1.16	1.02	1.18	0.85	0.81	0.86	0.91	0.97	0.94	0.84	0.95	0.62	0.56	0.60	0.52	0.86	1.00	0.83	0.81
2010.8	1.14	1.21	1.28	1.25	1.17	1.14	0.97	1.07	0.96	1.05	0.98	0.97	0.70	0.74	0.74	0.73	0.86	0.91	0.89	0.88
2010.9	1.20	1.23	1.34	1.24	0.99	1.07	1.16	1.05	0.92	0.99	1.10	0.98	0.76	0.88	0.81	0.87	0.87	0.87	1.00	0.89
2010.10	0.91	0.90	1.12	0.97	0.72	0.84	0.98	0.95	0.87	0.93	1.02	0.90	0.87	0.94	0.98	0.84	0.81	0.85	1.04	0.84
2010.11	0.57	0.62	0.76	0.64	0.88	0.76	0.80	0.76	0.79	0.84	0.95	0.74	0.95	1.04	0.97	0.97	0.87	0.95	1.08	0.92
2010.12	0.63	0.62	0.60	0.58	1.11	1.00	0.92	0.84	1.01	0.90	0.97	0.93	1.08	1.10	1.04	1.06	0.96	0.93	1.02	0.96
2011.1	0.82	0.77	0.66	0.74	1.23	1.25	1.24	1.30	1.02	1.03	1.06	1.06	1.28	1.25	1.15	1.34	0.98	0.97	1.06	1.10
2011.2	1.02	0.88	0.78	0.84	1.46	1.36	1.42	1.44	1.19	1.15	1.20	1.23	1.41	1.33	1.34	1.35	1.12	1.00	1.04	1.06
2011.3	1.09	0.93	0.92	0.94	1.31	1.31	1.30	1.20	1.24	1.15	1.22	1.28	1.40	1.25	1.34	1.33	1.16	1.06	1.00	1.13
2011.4	1.31	1.37	1.42	1.43	0.96	0.98	0.94	0.85	1.15	1.04	0.98	0.94	1.26	1.21	1.28	1.34	1.18	1.15	1.01	1.12
2011.5	1.19	1.18	1.12	1.01	0.74	0.74	0.69	0.83	0.98	0.99	0.82	1.06	1.03	1.04	1.11	1.02	1.29	1.24	1.11	1.26
2011.6	1.04	1.15	1.01	1.17	0.58	0.73	0.72	0.81	0.90	0.98	0.87	0.98	0.65	0.65	0.66	0.64	1.09	1.11	0.90	1.08
2011.7	1.04	1.15	0.99	1.15	0.84	0.80	0.85	0.91	0.97	0.94	0.84	0.93	0.61	0.55	0.59	0.52	0.83	0.99	0.84	0.79
2011.8	1.14	1.22	1.29	1.27	1.21	1.17	0.97	1.07	0.97	1.05	0.96	0.97	0.70	0.73	0.74	0.73	0.84	0.90	0.91	0.86
2011.9	1.22	1.21	1.35	1.25	0.98	1.07	1.17	1.06	0.92	1.00	1.11	0.99	0.77	0.89	0.79	0.88	0.85	0.85	0.99	0.88
2011.10	0.92	0.90	1.10	0.97	0.69	0.83	0.98	0.95	0.86	0.93	1.01	0.90	0.87	0.96	0.99	0.83	0.78	0.83	1.05	0.82

（续）

时间	圆白菜				油菜				芹菜				番茄				马铃薯			
	北京	河北	山东	河南	北京	河北	山东	河南	北京	河北	山东	河南	北京	河北	山东	河南	北京	河北	山东	河南
2011.11	0.57	0.63	0.76	0.64	0.86	0.75	0.81	0.75	0.77	0.83	0.96	0.72	0.96	1.05	0.97	0.98	0.86	0.94	1.10	0.92
2011.12	0.62	0.61	0.60	0.59	1.12	0.99	0.93	0.82	1.02	0.90	0.98	0.95	1.09	1.10	1.05	1.07	0.98	0.93	1.03	0.99
2012.1	0.82	0.78	0.66	0.74	1.25	1.25	1.23	1.31	1.03	1.03	1.06	1.06	1.28	1.26	1.15	1.34	0.99	0.98	1.06	1.11
2012.2	1.02	0.89	0.78	0.85	1.45	1.36	1.41	1.45	1.18	1.14	1.19	1.22	1.40	1.32	1.31	1.32	1.14	1.01	1.03	1.06
2012.3	1.09	0.92	0.93	0.95	1.31	1.31	1.30	1.22	1.24	1.15	1.22	1.27	1.39	1.23	1.35	1.33	1.18	1.08	0.99	1.11
2012.4	1.31	1.38	1.45	1.43	0.97	0.98	0.95	0.84	1.16	1.04	0.98	0.95	1.26	1.21	1.28	1.34	1.20	1.17	1.00	1.12
2012.5	1.20	1.18	1.11	1.00	0.74	0.74	0.69	0.82	0.98	1.00	0.82	1.06	1.03	1.04	1.11	1.01	1.29	1.23	1.11	1.27
2012.6	1.05	1.18	1.01	1.16	0.57	0.73	0.72	0.80	0.90	0.99	0.89	0.97	0.64	0.64	0.66	0.64	1.09	1.11	0.91	1.09
2012.7	1.01	1.13	0.97	1.15	0.84	0.80	0.85	0.91	0.97	0.94	0.85	0.93	0.60	0.55	0.59	0.52	0.82	0.99	0.84	0.78
2012.8	1.14	1.22	1.29	1.27	1.23	1.20	0.98	1.06	0.98	1.05	0.95	0.97	0.70	0.73	0.74	0.74	0.83	0.89	0.91	0.86
2012.9	1.24	1.19	1.33	1.25	0.97	1.07	1.18	1.07	0.92	1.00	1.10	0.99	0.77	0.91	0.78	0.88	0.85	0.84	0.99	0.87
2012.10	0.92	0.89	1.09	0.97	0.68	0.82	0.97	0.95	0.86	0.93	1.01	0.90	0.88	0.96	1.00	0.82	0.78	0.82	1.05	0.81
2012.11	0.57	0.63	0.77	0.64	0.86	0.74	0.81	0.74	0.76	0.82	0.97	0.72	0.97	1.05	0.98	0.99	0.86	0.94	1.10	0.92
2012.12	0.62	0.61	0.61	0.60	1.11	0.99	0.93	0.81	1.02	0.91	0.98	0.95	1.09	1.10	1.05	1.08	0.98	0.93	1.03	1.00
2013.1	0.83	0.79	0.65	0.74	1.26	1.26	1.21	1.33	1.02	1.03	1.06	1.05	1.27	1.28	1.14	1.34	1.00	0.99	1.05	1.11

时间	尖椒				蒜薹				茄子				萝卜				韭菜			
	北京	河北	山东	河南	北京	河北	山东	河南	北京	河北	山东	河南	北京	河北	山东	河南	北京	河北	山东	河南
1998.1	1.41	1.47	1.37	1.40	1.33	1.30	1.26	1.31	1.55	1.71	1.63	1.73	1.05	0.82	0.76	0.80	1.54	1.67	1.64	1.85
1998.2	1.51	1.64	1.57	1.62	1.53	1.47	1.46	1.48	1.74	1.77	1.75	1.74	1.14	0.97	1.06	0.74	1.55	1.41	1.43	1.67
1998.3	1.51	1.55	1.49	1.40	1.61	1.48	1.46	1.47	1.79	1.93	1.78	1.76	1.29	0.92	1.08	0.65	1.01	0.95	0.96	1.17
1998.4	1.50	1.46	1.58	1.29	1.07	1.11	1.06	1.01	1.36	1.32	1.23	1.36	1.32	1.26	0.82	1.44	0.68	0.83	0.85	0.86
1998.5	1.21	1.14	1.25	1.23	0.54	0.53	0.57	0.52	0.83	0.77	0.85	0.96	1.27	1.19	1.12	1.47	0.48	0.56	0.60	0.71
1998.6	0.64	0.66	0.58	0.94	0.60	0.63	0.61	0.61	0.52	0.48	0.59	0.47	0.86	0.98	1.20	1.25	0.61	0.61	0.59	0.63

（续）

时间	尖椒				蒜薹				茄子				萝卜				韭菜			
	北京	河北	山东	河南	北京	河北	山东	河南	北京	河北	山东	河南	北京	河北	山东	河南	北京	河北	山东	河南
1998.7	0.47	0.44	0.46	0.77	0.62	0.60	0.69	0.70	0.40	0.39	0.46	0.42	0.78	1.12	1.14	1.23	0.69	0.66	0.62	0.57
1998.8	0.47	0.46	0.47	0.49	0.63	0.68	0.74	0.76	0.43	0.41	0.35	0.43	0.85	1.24	1.32	1.30	0.75	0.73	0.74	0.66
1998.9	0.53	0.48	0.63	0.55	0.78	0.88	0.88	0.86	0.50	0.40	0.50	0.48	0.92	1.02	1.13	1.07	0.69	0.76	0.78	0.68
1998.10	0.71	0.66	0.69	0.55	0.95	0.98	0.95	0.97	0.56	0.60	0.54	0.56	0.79	0.93	0.88	0.79	0.84	0.95	0.91	0.77
1998.11	0.95	0.93	0.87	0.68	1.08	1.11	1.07	1.04	0.98	0.83	0.95	0.70	0.80	0.74	0.75	0.65	1.49	1.20	1.23	0.85
1998.12	1.12	1.12	1.06	1.09	1.26	1.24	1.26	1.27	1.34	1.41	1.38	1.40	0.92	0.81	0.75	0.62	1.69	1.66	1.64	1.58
1999.1	1.40	1.46	1.36	1.38	1.33	1.31	1.27	1.33	1.52	1.72	1.63	1.72	1.05	0.83	0.77	0.78	1.55	1.68	1.64	1.85
1999.2	1.51	1.63	1.56	1.61	1.52	1.46	1.45	1.47	1.76	1.74	1.73	1.73	1.17	0.96	1.06	0.75	1.54	1.41	1.42	1.66
1999.3	1.50	1.55	1.49	1.40	1.59	1.47	1.45	1.46	1.80	1.93	1.76	1.75	1.31	0.91	1.05	0.68	0.99	0.95	0.98	1.18
1999.4	1.50	1.45	1.58	1.30	1.07	1.10	1.06	1.01	1.36	1.30	1.22	1.37	1.30	1.25	0.82	1.45	0.68	0.82	0.84	0.85
1999.5	1.21	1.14	1.24	1.23	0.54	0.53	0.58	0.52	0.83	0.78	0.85	0.95	1.23	1.21	1.13	1.44	0.49	0.56	0.60	0.70
1999.6	0.64	0.66	0.58	0.94	0.61	0.64	0.61	0.62	0.52	0.49	0.60	0.48	0.86	0.98	1.20	1.25	0.62	0.61	0.60	0.63
1999.7	0.47	0.45	0.46	0.77	0.63	0.61	0.68	0.70	0.41	0.39	0.46	0.43	0.77	1.12	1.13	1.21	0.68	0.66	0.62	0.58
1999.8	0.47	0.46	0.48	0.49	0.64	0.69	0.75	0.77	0.43	0.41	0.37	0.43	0.86	1.24	1.30	1.29	0.74	0.73	0.74	0.66
1999.9	0.53	0.49	0.63	0.55	0.80	0.89	0.88	0.86	0.49	0.42	0.51	0.49	0.94	1.03	1.14	1.07	0.68	0.76	0.78	0.69
1999.10	0.70	0.67	0.70	0.56	0.96	0.99	0.96	0.97	0.56	0.61	0.56	0.57	0.77	0.91	0.90	0.80	0.85	0.95	0.91	0.78
1999.11	0.95	0.93	0.87	0.69	1.08	1.10	1.08	1.04	0.98	0.83	0.96	0.72	0.78	0.73	0.76	0.65	1.48	1.21	1.22	0.87
1999.12	1.12	1.12	1.06	1.07	1.26	1.24	1.25	1.26	1.34	1.42	1.39	1.40	0.93	0.81	0.75	0.62	1.68	1.65	1.62	1.56
2000.1	1.38	1.44	1.33	1.36	1.30	1.31	1.28	1.33	1.50	1.75	1.65	1.70	1.05	0.86	0.81	0.76	1.56	1.68	1.65	1.85
2000.2	1.52	1.63	1.55	1.61	1.51	1.45	1.43	1.46	1.77	1.70	1.69	1.71	1.25	0.95	1.06	0.77	1.54	1.41	1.40	1.65
2000.3	1.50	1.53	1.50	1.42	1.57	1.43	1.43	1.44	1.80	1.90	1.71	1.74	1.34	0.92	1.00	0.74	0.97	0.96	1.03	1.20
2000.4	1.54	1.45	1.58	1.32	1.07	1.08	1.05	1.01	1.36	1.27	1.20	1.37	1.28	1.26	0.83	1.46	0.69	0.80	0.83	0.85
2000.5	1.19	1.16	1.22	1.22	0.55	0.54	0.60	0.52	0.82	0.80	0.85	0.93	1.15	1.22	1.14	1.39	0.51	0.55	0.61	0.69
2000.6	0.63	0.65	0.58	0.92	0.62	0.64	0.62	0.63	0.51	0.50	0.61	0.49	0.84	0.96	1.18	1.24	0.65	0.61	0.62	0.62

（续）

时间	尖椒				蒜薹				茄子				萝卜				韭菜			
	北京	河北	山东	河南	北京	河北	山东	河南	北京	河北	山东	河南	北京	河北	山东	河南	北京	河北	山东	河南
2000.7	0.48	0.46	0.48	0.76	0.63	0.62	0.66	0.70	0.42	0.39	0.47	0.44	0.77	1.11	1.11	1.18	0.66	0.66	0.62	0.58
2000.8	0.48	0.47	0.49	0.50	0.66	0.70	0.76	0.77	0.43	0.42	0.40	0.43	0.87	1.24	1.27	1.24	0.73	0.73	0.74	0.64
2000.9	0.54	0.51	0.63	0.57	0.82	0.89	0.89	0.87	0.48	0.44	0.52	0.50	0.97	1.05	1.14	1.07	0.66	0.76	0.77	0.69
2000.10	0.69	0.70	0.74	0.59	0.95	1.01	0.97	0.98	0.57	0.63	0.61	0.58	0.76	0.89	0.94	0.84	0.87	0.96	0.90	0.79
2000.11	0.94	0.93	0.87	0.70	1.08	1.11	1.09	1.03	0.99	0.84	0.97	0.76	0.75	0.71	0.78	0.68	1.46	1.23	1.21	0.91
2000.12	1.12	1.11	1.06	1.04	1.26	1.24	1.23	1.25	1.36	1.43	1.39	1.40	0.93	0.80	0.77	0.62	1.69	1.64	1.59	1.53
2001.1	1.37	1.42	1.31	1.33	1.28	1.31	1.29	1.34	1.49	1.77	1.67	1.65	1.07	0.89	0.84	0.76	1.59	1.67	1.64	1.85
2001.2	1.51	1.62	1.54	1.59	1.50	1.43	1.41	1.45	1.78	1.64	1.62	1.69	1.31	0.95	1.03	0.80	1.55	1.40	1.39	1.63
2001.3	1.51	1.50	1.52	1.45	1.54	1.40	1.42	1.44	1.79	1.86	1.64	1.73	1.40	0.96	0.97	0.83	0.95	0.99	1.10	1.22
2001.4	1.56	1.44	1.55	1.36	1.08	1.06	1.03	1.01	1.34	1.23	1.17	1.38	1.26	1.27	0.85	1.45	0.70	0.80	0.82	0.86
2001.5	1.17	1.17	1.20	1.21	0.55	0.55	0.63	0.52	0.82	0.83	0.85	0.92	1.05	1.23	1.16	1.32	0.52	0.55	0.62	0.66
2001.6	0.62	0.64	0.59	0.89	0.63	0.65	0.63	0.64	0.52	0.51	0.63	0.50	0.82	0.93	1.14	1.22	0.65	0.62	0.62	0.61
2001.7	0.49	0.48	0.49	0.74	0.64	0.64	0.64	0.70	0.44	0.40	0.49	0.45	0.78	1.08	1.08	1.13	0.64	0.66	0.62	0.59
2001.8	0.50	0.48	0.51	0.51	0.70	0.74	0.77	0.79	0.42	0.45	0.44	0.44	0.89	1.22	1.21	1.17	0.72	0.74	0.74	0.63
2001.9	0.54	0.54	0.64	0.59	0.85	0.91	0.90	0.88	0.47	0.47	0.56	0.52	0.97	1.08	1.15	1.09	0.65	0.76	0.77	0.71
2001.10	0.69	0.72	0.78	0.63	0.94	1.02	0.98	0.98	0.58	0.65	0.68	0.59	0.75	0.87	0.98	0.90	0.88	0.96	0.90	0.81
2001.11	0.92	0.93	0.87	0.72	1.07	1.10	1.09	1.01	0.99	0.83	0.99	0.80	0.73	0.71	0.82	0.70	1.43	1.26	1.19	0.96
2001.12	1.13	1.09	1.05	1.00	1.24	1.22	1.20	1.23	1.36	1.42	1.37	1.37	0.94	0.79	0.80	0.63	1.68	1.60	1.54	1.49
2002.1	1.34	1.41	1.28	1.31	1.25	1.31	1.30	1.33	1.50	1.76	1.65	1.60	1.08	0.90	0.89	0.77	1.61	1.67	1.63	1.83
2002.2	1.48	1.59	1.50	1.55	1.49	1.41	1.39	1.44	1.77	1.59	1.54	1.66	1.38	0.98	1.02	0.86	1.57	1.39	1.38	1.63
2002.3	1.50	1.47	1.52	1.48	1.51	1.36	1.42	1.46	1.78	1.81	1.57	1.71	1.44	1.02	0.93	0.92	0.96	1.02	1.18	1.26
2002.4	1.62	1.44	1.54	1.42	1.08	1.04	1.02	1.04	1.32	1.22	1.16	1.40	1.25	1.26	0.88	1.41	0.72	0.79	0.82	0.87
2002.5	1.16	1.19	1.17	1.19	0.57	0.56	0.65	0.53	0.84	0.88	0.85	0.92	0.96	1.22	1.14	1.25	0.53	0.54	0.62	0.63
2002.6	0.61	0.62	0.60	0.86	0.65	0.66	0.63	0.65	0.52	0.52	0.64	0.52	0.79	0.91	1.10	1.19	0.65	0.61	0.62	0.60

（续）

时间	尖椒				蒜薹				茄子				萝卜				韭菜			
	北京	河北	山东	河南	北京	河北	山东	河南	北京	河北	山东	河南	北京	河北	山东	河南	北京	河北	山东	河南
2002.7	0.50	0.51	0.51	0.70	0.65	0.68	0.63	0.69	0.45	0.42	0.52	0.46	0.79	1.04	1.04	1.07	0.62	0.66	0.62	0.60
2002.8	0.52	0.50	0.53	0.52	0.74	0.77	0.78	0.79	0.43	0.47	0.49	0.45	0.90	1.18	1.14	1.10	0.71	0.75	0.75	0.62
2002.9	0.55	0.56	0.66	0.62	0.88	0.91	0.91	0.88	0.46	0.50	0.60	0.53	0.97	1.10	1.17	1.11	0.64	0.75	0.78	0.72
2002.10	0.68	0.75	0.82	0.67	0.93	1.03	0.99	0.98	0.58	0.65	0.77	0.60	0.75	0.85	1.01	0.97	0.89	0.97	0.91	0.82
2002.11	0.89	0.92	0.87	0.74	1.06	1.10	1.09	0.99	0.97	0.81	1.01	0.85	0.71	0.71	0.87	0.72	1.36	1.28	1.16	1.00
2002.12	1.13	1.06	1.03	0.97	1.20	1.19	1.17	1.20	1.35	1.38	1.32	1.34	0.96	0.80	0.85	0.64	1.64	1.54	1.48	1.45
2003.1	1.33	1.40	1.27	1.29	1.23	1.29	1.30	1.31	1.54	1.72	1.56	1.53	1.12	0.92	0.92	0.79	1.66	1.66	1.59	1.84
2003.2	1.48	1.57	1.47	1.48	1.48	1.39	1.36	1.43	1.79	1.57	1.46	1.62	1.41	1.04	1.01	0.92	1.59	1.38	1.40	1.62
2003.3	1.50	1.44	1.51	1.50	1.48	1.32	1.42	1.48	1.75	1.75	1.51	1.70	1.46	1.08	0.92	0.99	0.99	1.06	1.24	1.26
2003.4	1.62	1.43	1.49	1.48	1.10	1.04	1.03	1.08	1.27	1.24	1.17	1.42	1.26	1.24	0.90	1.37	0.73	0.80	0.83	0.86
2003.5	1.16	1.18	1.17	1.19	0.59	0.58	0.67	0.54	0.86	0.94	0.88	0.95	0.90	1.19	1.12	1.18	0.54	0.54	0.63	0.60
2003.6	0.62	0.62	0.63	0.82	0.66	0.67	0.64	0.65	0.54	0.53	0.65	0.54	0.75	0.90	1.07	1.14	0.63	0.60	0.60	0.59
2003.7	0.53	0.54	0.54	0.67	0.67	0.72	0.64	0.69	0.46	0.44	0.54	0.48	0.80	0.99	0.99	1.02	0.61	0.68	0.62	0.61
2003.8	0.55	0.52	0.55	0.53	0.77	0.81	0.79	0.78	0.44	0.49	0.54	0.45	0.92	1.12	1.05	1.03	0.72	0.76	0.76	0.62
2003.9	0.57	0.59	0.69	0.65	0.89	0.93	0.92	0.88	0.46	0.52	0.66	0.54	0.94	1.10	1.18	1.14	0.66	0.76	0.79	0.74
2003.10	0.69	0.76	0.85	0.71	0.91	1.04	0.99	0.96	0.58	0.64	0.86	0.60	0.76	0.86	1.03	1.02	0.89	0.96	0.91	0.82
2003.11	0.85	0.91	0.86	0.75	1.05	1.07	1.07	0.98	0.95	0.79	1.02	0.89	0.70	0.72	0.92	0.74	1.29	1.28	1.14	1.02
2003.12	1.12	1.03	0.99	0.94	1.16	1.15	1.12	1.15	1.33	1.32	1.27	1.31	0.98	0.82	0.91	0.66	1.57	1.49	1.42	1.42
2004.1	1.29	1.39	1.23	1.27	1.21	1.27	1.29	1.28	1.59	1.66	1.44	1.48	1.15	0.94	0.95	0.81	1.69	1.65	1.57	1.86
2004.2	1.47	1.55	1.45	1.43	1.47	1.37	1.36	1.45	1.78	1.60	1.39	1.59	1.44	1.11	1.02	0.97	1.62	1.40	1.43	1.62
2004.3	1.51	1.43	1.50	1.53	1.47	1.29	1.44	1.52	1.71	1.70	1.47	1.68	1.43	1.15	0.93	1.02	1.04	1.10	1.27	1.26
2004.4	1.64	1.45	1.47	1.55	1.12	1.05	1.05	1.14	1.25	1.30	1.21	1.46	1.27	1.19	0.93	1.33	0.76	0.81	0.86	0.85
2004.5	1.15	1.17	1.17	1.19	0.61	0.60	0.67	0.55	0.89	0.99	0.91	0.98	0.87	1.13	1.09	1.12	0.56	0.54	0.64	0.58
2004.6	0.62	0.62	0.65	0.78	0.67	0.67	0.65	0.64	0.56	0.54	0.66	0.55	0.72	0.92	1.02	1.09	0.60	0.59	0.59	0.59

（续）

时间	尖椒				蒜薹				茄子				萝卜				韭菜			
	北京	河北	山东	河南	北京	河北	山东	河南	北京	河北	山东	河南	北京	河北	山东	河南	北京	河北	山东	河南
2004.7	0.56	0.57	0.56	0.63	0.69	0.76	0.67	0.68	0.48	0.47	0.55	0.49	0.81	0.95	0.96	0.99	0.61	0.69	0.63	0.62
2004.8	0.56	0.54	0.58	0.54	0.79	0.84	0.78	0.76	0.44	0.50	0.56	0.46	0.92	1.06	1.00	1.00	0.74	0.76	0.77	0.61
2004.9	0.59	0.61	0.72	0.67	0.89	0.94	0.93	0.87	0.46	0.52	0.70	0.54	0.91	1.08	1.16	1.17	0.68	0.76	0.81	0.74
2004.10	0.68	0.77	0.85	0.75	0.90	1.04	0.99	0.96	0.57	0.61	0.92	0.61	0.78	0.88	1.03	1.07	0.90	0.96	0.92	0.83
2004.11	0.81	0.90	0.84	0.76	1.03	1.07	1.06	0.98	0.93	0.77	1.02	0.91	0.71	0.75	0.95	0.75	1.21	1.28	1.13	1.04
2004.12	1.10	1.01	0.95	0.94	1.13	1.11	1.10	1.12	1.29	1.25	1.22	1.28	1.00	0.85	0.95	0.68	1.49	1.43	1.36	1.41
2005.1	1.26	1.36	1.21	1.23	1.19	1.23	1.27	1.25	1.61	1.60	1.34	1.43	1.18	0.95	0.97	0.82	1.70	1.62	1.54	1.91
2005.2	1.49	1.55	1.45	1.40	1.46	1.36	1.36	1.47	1.80	1.66	1.36	1.56	1.42	1.17	1.03	1.02	1.67	1.43	1.46	1.60
2005.3	1.57	1.44	1.51	1.57	1.48	1.27	1.45	1.56	1.69	1.68	1.45	1.68	1.39	1.20	0.98	1.03	1.08	1.12	1.26	1.23
2005.4	1.61	1.47	1.46	1.62	1.14	1.07	1.07	1.18	1.24	1.37	1.24	1.49	1.27	1.15	0.95	1.30	0.79	0.83	0.88	0.84
2005.5	1.11	1.12	1.16	1.17	0.64	0.63	0.67	0.56	0.91	1.04	0.94	1.00	0.88	1.08	1.07	1.07	0.56	0.54	0.65	0.56
2005.6	0.63	0.64	0.68	0.74	0.67	0.67	0.65	0.63	0.58	0.56	0.68	0.56	0.70	0.92	0.98	1.05	0.57	0.59	0.59	0.60
2005.7	0.58	0.59	0.59	0.60	0.70	0.79	0.70	0.67	0.48	0.48	0.56	0.49	0.83	0.90	0.92	1.00	0.62	0.70	0.64	0.63
2005.8	0.58	0.57	0.61	0.53	0.81	0.86	0.79	0.75	0.45	0.50	0.58	0.46	0.92	1.00	0.97	0.99	0.75	0.76	0.77	0.63
2005.9	0.61	0.62	0.74	0.66	0.89	0.95	0.94	0.87	0.48	0.51	0.73	0.54	0.87	1.06	1.14	1.20	0.70	0.77	0.82	0.74
2005.10	0.68	0.75	0.82	0.76	0.90	1.03	0.99	0.96	0.57	0.59	0.93	0.62	0.82	0.92	1.02	1.10	0.91	0.96	0.91	0.82
2005.11	0.77	0.87	0.82	0.77	1.02	1.06	1.04	1.00	0.91	0.76	1.01	0.91	0.74	0.80	0.97	0.75	1.15	1.25	1.11	1.03
2005.12	1.08	1.00	0.93	0.96	1.11	1.08	1.08	1.09	1.25	1.18	1.16	1.23	1.01	0.87	0.98	0.69	1.42	1.38	1.31	1.41
2006.1	1.23	1.34	1.18	1.20	1.17	1.20	1.25	1.22	1.61	1.52	1.26	1.42	1.17	0.96	0.98	0.81	1.67	1.61	1.53	1.95
2006.2	1.53	1.56	1.48	1.41	1.44	1.35	1.36	1.48	1.80	1.72	1.37	1.55	1.42	1.19	1.05	1.03	1.71	1.47	1.49	1.60
2006.3	1.62	1.46	1.55	1.60	1.47	1.26	1.44	1.57	1.69	1.68	1.45	1.69	1.34	1.22	1.02	1.02	1.13	1.13	1.24	1.21
2006.4	1.58	1.50	1.47	1.66	1.16	1.09	1.07	1.20	1.24	1.44	1.27	1.52	1.27	1.12	0.98	1.30	0.81	0.83	0.91	0.82
2006.5	1.07	1.08	1.12	1.15	0.66	0.65	0.66	0.58	0.92	1.08	0.98	1.01	0.89	1.05	1.04	1.05	0.56	0.55	0.66	0.55
2006.6	0.64	0.65	0.70	0.71	0.68	0.67	0.66	0.63	0.59	0.57	0.72	0.57	0.70	0.93	0.95	1.03	0.56	0.59	0.59	0.59

（续）

时间	尖椒				蒜薹				茄子				萝卜				韭菜			
	北京	河北	山东	河南	北京	河北	山东	河南	北京	河北	山东	河南	北京	河北	山东	河南	北京	河北	山东	河南
2006.7	0.61	0.60	0.61	0.58	0.70	0.81	0.72	0.68	0.49	0.48	0.57	0.48	0.84	0.89	0.91	1.00	0.63	0.70	0.65	0.65
2006.8	0.59	0.58	0.63	0.53	0.81	0.88	0.81	0.75	0.46	0.48	0.59	0.45	0.91	0.96	0.96	1.00	0.76	0.76	0.77	0.64
2006.9	0.63	0.62	0.73	0.64	0.89	0.96	0.95	0.87	0.49	0.49	0.74	0.53	0.86	1.04	1.10	1.24	0.72	0.77	0.83	0.72
2006.10	0.67	0.73	0.78	0.76	0.92	1.03	0.99	0.96	0.57	0.58	0.92	0.64	0.84	0.94	1.02	1.09	0.92	0.97	0.91	0.83
2006.11	0.75	0.85	0.80	0.77	1.00	1.06	1.04	1.01	0.91	0.76	1.00	0.91	0.77	0.84	0.96	0.75	1.13	1.24	1.11	1.03
2006.12	1.06	1.01	0.90	1.01	1.11	1.07	1.08	1.08	1.21	1.16	1.11	1.19	1.01	0.89	0.99	0.68	1.39	1.36	1.29	1.43
2007.1	1.21	1.33	1.18	1.18	1.16	1.17	1.23	1.20	1.58	1.46	1.20	1.42	1.17	0.99	0.99	0.79	1.63	1.59	1.52	1.97
2007.2	1.59	1.58	1.52	1.43	1.40	1.32	1.34	1.47	1.82	1.76	1.38	1.55	1.41	1.18	1.09	1.03	1.72	1.50	1.50	1.59
2007.3	1.64	1.47	1.58	1.61	1.46	1.24	1.42	1.54	1.67	1.69	1.45	1.69	1.32	1.21	1.06	1.02	1.15	1.12	1.22	1.17
2007.4	1.53	1.51	1.47	1.66	1.18	1.10	1.09	1.21	1.25	1.48	1.32	1.53	1.26	1.10	0.99	1.31	0.83	0.84	0.92	0.79
2007.5	1.04	1.06	1.09	1.14	0.68	0.68	0.66	0.60	0.94	1.12	1.04	1.02	0.89	1.03	1.02	1.05	0.55	0.57	0.67	0.56
2007.6	0.65	0.66	0.71	0.70	0.69	0.69	0.67	0.64	0.59	0.58	0.75	0.59	0.69	0.93	0.93	1.03	0.55	0.59	0.61	0.59
2007.7	0.62	0.59	0.61	0.57	0.71	0.82	0.75	0.70	0.49	0.46	0.56	0.47	0.83	0.88	0.89	1.01	0.65	0.69	0.66	0.67
2007.8	0.61	0.59	0.64	0.52	0.82	0.90	0.83	0.76	0.46	0.47	0.58	0.45	0.92	0.93	0.95	1.00	0.76	0.74	0.77	0.66
2007.9	0.65	0.62	0.72	0.62	0.90	0.97	0.95	0.87	0.52	0.49	0.73	0.53	0.87	1.03	1.08	1.26	0.75	0.78	0.82	0.72
2007.10	0.67	0.73	0.75	0.76	0.93	1.02	0.99	0.96	0.58	0.59	0.87	0.66	0.85	0.97	1.02	1.07	0.93	0.98	0.91	0.83
2007.11	0.75	0.83	0.77	0.76	0.99	1.05	1.03	1.02	0.91	0.76	0.97	0.89	0.81	0.88	0.95	0.76	1.13	1.23	1.11	1.03
2007.12	1.04	1.02	0.87	1.05	1.11	1.05	1.06	1.05	1.20	1.15	1.07	1.15	1.02	0.91	0.97	0.68	1.38	1.36	1.28	1.44
2008.1	1.22	1.33	1.19	1.18	1.14	1.14	1.20	1.18	1.56	1.40	1.18	1.46	1.17	1.02	0.98	0.79	1.59	1.58	1.51	1.95
2008.2	1.62	1.60	1.58	1.46	1.36	1.29	1.31	1.45	1.79	1.76	1.39	1.55	1.38	1.15	1.12	1.00	1.69	1.51	1.50	1.57
2008.3	1.62	1.46	1.62	1.61	1.44	1.24	1.41	1.50	1.66	1.72	1.46	1.69	1.31	1.18	1.09	1.03	1.18	1.11	1.20	1.16
2008.4	1.51	1.51	1.48	1.65	1.19	1.11	1.10	1.20	1.28	1.50	1.36	1.52	1.25	1.07	1.01	1.31	0.84	0.84	0.94	0.78
2008.5	1.01	1.06	1.06	1.14	0.70	0.70	0.67	0.63	0.95	1.14	1.10	1.04	0.89	1.01	1.00	1.05	0.55	0.59	0.67	0.57
2008.6	0.66	0.67	0.72	0.69	0.70	0.71	0.68	0.66	0.59	0.59	0.78	0.60	0.69	0.94	0.92	1.03	0.56	0.59	0.62	0.60

（续）

时间	尖椒				蒜薹				茄子				萝卜				韭菜			
	北京	河北	山东	河南	北京	河北	山东	河南	北京	河北	山东	河南	北京	河北	山东	河南	北京	河北	山东	河南
2008. 7	0. 63	0. 58	0. 61	0. 57	0. 71	0. 83	0. 77	0. 73	0. 49	0. 44	0. 56	0. 46	0. 82	0. 90	0. 90	1. 02	0. 65	0. 68	0. 68	0. 68
2008. 8	0. 61	0. 59	0. 63	0. 51	0. 82	0. 91	0. 85	0. 79	0. 46	0. 46	0. 58	0. 43	0. 91	0. 94	0. 95	1. 01	0. 76	0. 74	0. 76	0. 67
2008. 9	0. 66	0. 63	0. 69	0. 61	0. 91	0. 98	0. 96	0. 88	0. 53	0. 50	0. 70	0. 54	0. 87	1. 04	1. 06	1. 28	0. 75	0. 77	0. 82	0. 71
2008. 10	0. 69	0. 73	0. 73	0. 76	0. 94	1. 02	0. 99	0. 96	0. 59	0. 60	0. 82	0. 66	0. 86	0. 98	1. 03	1. 06	0. 93	1. 00	0. 92	0. 85
2008. 11	0. 76	0. 81	0. 77	0. 76	0. 99	1. 04	1. 03	1. 01	0. 92	0. 76	0. 96	0. 89	0. 84	0. 89	0. 95	0. 77	1. 15	1. 24	1. 12	1. 04
2008. 12	1. 00	1. 01	0. 86	1. 08	1. 12	1. 04	1. 06	1. 03	1. 18	1. 15	1. 05	1. 12	1. 01	0. 92	0. 96	0. 68	1. 41	1. 38	1. 30	1. 45
2009. 1	1. 24	1. 34	1. 21	1. 19	1. 14	1. 12	1. 17	1. 16	1. 53	1. 38	1. 17	1. 49	1. 18	1. 04	0. 96	0. 79	1. 57	1. 57	1. 49	1. 89
2009. 2	1. 63	1. 61	1. 60	1. 46	1. 32	1. 27	1. 28	1. 43	1. 76	1. 75	1. 40	1. 55	1. 34	1. 12	1. 15	0. 96	1. 65	1. 52	1. 49	1. 56
2009. 3	1. 60	1. 47	1. 65	1. 60	1. 42	1. 25	1. 40	1. 46	1. 66	1. 73	1. 46	1. 68	1. 33	1. 16	1. 12	1. 03	1. 18	1. 11	1. 18	1. 16
2009. 4	1. 50	1. 49	1. 49	1. 64	1. 20	1. 11	1. 12	1. 20	1. 29	1. 49	1. 40	1. 49	1. 26	1. 06	1. 03	1. 28	0. 83	0. 83	0. 94	0. 79
2009. 5	1. 00	1. 07	1. 04	1. 14	0. 72	0. 72	0. 67	0. 65	0. 97	1. 14	1. 14	1. 08	0. 89	1. 00	0. 96	1. 06	0. 53	0. 60	0. 67	0. 59
2009. 6	0. 67	0. 67	0. 73	0. 69	0. 70	0. 73	0. 69	0. 70	0. 58	0. 61	0. 79	0. 62	0. 68	0. 92	0. 90	1. 05	0. 57	0. 58	0. 63	0. 61
2009. 7	0. 62	0. 57	0. 60	0. 57	0. 72	0. 84	0. 78	0. 76	0. 49	0. 42	0. 55	0. 46	0. 80	0. 90	0. 91	1. 05	0. 66	0. 66	0. 70	0. 69
2009. 8	0. 61	0. 59	0. 62	0. 51	0. 83	0. 92	0. 86	0. 81	0. 47	0. 47	0. 59	0. 43	0. 92	0. 96	0. 96	1. 02	0. 76	0. 75	0. 75	0. 69
2009. 9	0. 66	0. 63	0. 67	0. 60	0. 92	0. 99	0. 97	0. 89	0. 56	0. 53	0. 68	0. 54	0. 88	1. 06	1. 08	1. 27	0. 75	0. 77	0. 81	0. 71
2009. 10	0. 72	0. 74	0. 73	0. 75	0. 95	1. 01	1. 00	0. 96	0. 60	0. 62	0. 78	0. 66	0. 88	1. 00	1. 04	1. 06	0. 94	0. 99	0. 93	0. 85
2009. 11	0. 77	0. 80	0. 77	0. 76	0. 98	1. 04	1. 03	0. 99	0. 92	0. 74	0. 94	0. 87	0. 86	0. 90	0. 95	0. 77	1. 15	1. 21	1. 12	1. 03
2009. 12	0. 98	0. 99	0. 86	1. 08	1. 12	1. 03	1. 05	1. 01	1. 17	1. 14	1. 05	1. 09	0. 99	0. 92	0. 94	0. 68	1. 44	1. 41	1. 32	1. 45
2010. 1	1. 27	1. 36	1. 22	1. 23	1. 14	1. 11	1. 14	1. 14	1. 51	1. 39	1. 17	1. 53	1. 20	1. 05	0. 94	0. 81	1. 58	1. 58	1. 46	1. 83
2010. 2	1. 62	1. 63	1. 62	1. 46	1. 29	1. 25	1. 27	1. 41	1. 73	1. 73	1. 40	1. 55	1. 30	1. 09	1. 16	0. 93	1. 61	1. 53	1. 47	1. 56
2010. 3	1. 55	1. 47	1. 67	1. 57	1. 39	1. 26	1. 38	1. 43	1. 68	1. 74	1. 46	1. 67	1. 34	1. 12	1. 13	1. 02	1. 18	1. 13	1. 17	1. 18
2010. 4	1. 50	1. 48	1. 50	1. 62	1. 20	1. 11	1. 14	1. 20	1. 30	1. 46	1. 43	1. 46	1. 27	1. 04	1. 03	1. 24	0. 82	0. 82	0. 95	0. 80
2010. 5	1. 01	1. 08	1. 03	1. 15	0. 74	0. 72	0. 67	0. 68	0. 99	1. 13	1. 16	1. 11	0. 90	1. 00	0. 92	1. 06	0. 52	0. 60	0. 66	0. 60
2010. 6	0. 67	0. 67	0. 73	0. 68	0. 71	0. 74	0. 69	0. 72	0. 57	0. 62	0. 79	0. 65	0. 69	0. 92	0. 89	1. 08	0. 59	0. 56	0. 63	0. 61

（续）

时间	尖椒				蒜薹				茄子				萝卜				韭菜			
	北京	河北	山东	河南	北京	河北	山东	河南	北京	河北	山东	河南	北京	河北	山东	河南	北京	河北	山东	河南
2010.7	0.62	0.57	0.59	0.58	0.72	0.84	0.79	0.79	0.48	0.42	0.55	0.47	0.79	0.91	0.94	1.07	0.65	0.64	0.71	0.70
2010.8	0.62	0.59	0.61	0.52	0.83	0.92	0.87	0.83	0.48	0.48	0.61	0.42	0.91	0.99	0.98	1.03	0.77	0.77	0.74	0.70
2010.9	0.67	0.64	0.66	0.60	0.93	0.99	0.97	0.90	0.58	0.55	0.68	0.55	0.88	1.09	1.10	1.27	0.75	0.77	0.81	0.71
2010.10	0.75	0.75	0.72	0.75	0.95	1.00	1.00	0.95	0.60	0.62	0.75	0.64	0.88	1.01	1.05	1.04	0.93	0.96	0.94	0.85
2010.11	0.79	0.79	0.77	0.75	0.98	1.04	1.03	0.96	0.90	0.72	0.93	0.85	0.86	0.88	0.96	0.78	1.15	1.18	1.12	1.02
2010.12	0.96	0.97	0.87	1.08	1.12	1.03	1.05	1.00	1.15	1.13	1.05	1.08	0.97	0.92	0.92	0.68	1.48	1.44	1.35	1.45
2011.1	1.29	1.39	1.25	1.26	1.16	1.11	1.12	1.13	1.52	1.43	1.16	1.56	1.22	1.06	0.91	0.84	1.61	1.60	1.44	1.78
2011.2	1.60	1.62	1.60	1.43	1.27	1.24	1.26	1.40	1.73	1.74	1.39	1.55	1.27	1.08	1.16	0.91	1.57	1.53	1.46	1.55
2011.3	1.51	1.48	1.66	1.55	1.37	1.27	1.37	1.40	1.70	1.72	1.46	1.65	1.34	1.10	1.13	1.01	1.17	1.14	1.15	1.18
2011.4	1.50	1.45	1.51	1.60	1.20	1.11	1.17	1.20	1.30	1.43	1.46	1.44	1.30	1.03	1.03	1.21	0.81	0.82	0.96	0.82
2011.5	1.04	1.09	1.03	1.18	0.75	0.72	0.68	0.69	1.00	1.12	1.18	1.14	0.91	0.99	0.89	1.06	0.52	0.59	0.66	0.61
2011.6	0.67	0.67	0.74	0.69	0.71	0.75	0.70	0.75	0.56	0.63	0.78	0.66	0.70	0.91	0.88	1.10	0.59	0.55	0.64	0.60
2011.7	0.61	0.57	0.58	0.59	0.73	0.83	0.79	0.80	0.47	0.41	0.54	0.48	0.76	0.92	0.95	1.08	0.64	0.63	0.73	0.70
2011.8	0.62	0.59	0.60	0.54	0.83	0.92	0.87	0.85	0.48	0.50	0.62	0.42	0.91	1.00	1.00	1.04	0.78	0.79	0.74	0.71
2011.9	0.68	0.64	0.66	0.60	0.93	0.99	0.97	0.91	0.59	0.58	0.68	0.56	0.89	1.11	1.12	1.26	0.76	0.78	0.82	0.73
2011.10	0.76	0.76	0.73	0.75	0.94	1.00	1.00	0.94	0.60	0.61	0.74	0.62	0.88	1.02	1.06	1.03	0.91	0.94	0.95	0.84
2011.11	0.79	0.79	0.78	0.75	0.98	1.04	1.03	0.94	0.88	0.71	0.92	0.84	0.86	0.86	0.96	0.78	1.14	1.15	1.10	1.01
2011.12	0.95	0.94	0.87	1.07	1.13	1.03	1.05	0.99	1.14	1.13	1.07	1.08	0.97	0.92	0.92	0.70	1.51	1.47	1.38	1.46
2012.1	1.30	1.40	1.25	1.28	1.18	1.10	1.11	1.11	1.52	1.45	1.17	1.58	1.24	1.08	0.89	0.87	1.64	1.62	1.43	1.77
2012.2	1.57	1.61	1.59	1.41	1.25	1.23	1.26	1.40	1.72	1.73	1.38	1.54	1.24	1.07	1.16	0.90	1.54	1.53	1.45	1.55
2012.3	1.49	1.48	1.66	1.53	1.36	1.27	1.36	1.38	1.71	1.72	1.46	1.64	1.33	1.09	1.14	1.00	1.17	1.15	1.13	1.19
2012.4	1.52	1.45	1.51	1.60	1.20	1.11	1.18	1.21	1.31	1.42	1.48	1.44	1.31	1.02	1.03	1.18	0.81	0.81	0.96	0.83
2012.5	1.05	1.10	1.04	1.19	0.76	0.73	0.68	0.70	1.00	1.11	1.19	1.16	0.92	0.98	0.88	1.05	0.52	0.59	0.66	0.62
2012.6	0.66	0.67	0.74	0.69	0.71	0.76	0.70	0.76	0.56	0.63	0.77	0.67	0.71	0.91	0.87	1.10	0.59	0.54	0.64	0.60

（续）

时间	尖椒				蒜薹				茄子				萝卜				韭菜			
	北京	河北	山东	河南	北京	河北	山东	河南	北京	河北	山东	河南	北京	河北	山东	河南	北京	河北	山东	河南
2012.7	0.61	0.57	0.58	0.60	0.73	0.83	0.79	0.81	0.47	0.41	0.54	0.48	0.76	0.92	0.96	1.09	0.64	0.63	0.73	0.71
2012.8	0.62	0.59	0.60	0.54	0.83	0.92	0.87	0.85	0.49	0.51	0.62	0.42	0.91	1.02	1.01	1.06	0.77	0.80	0.74	0.71
2012.9	0.68	0.64	0.66	0.60	0.92	0.99	0.97	0.91	0.60	0.59	0.68	0.56	0.89	1.12	1.13	1.25	0.76	0.78	0.83	0.74
2012.10	0.77	0.77	0.74	0.76	0.94	1.00	1.00	0.94	0.60	0.61	0.73	0.61	0.88	1.02	1.07	1.03	0.91	0.93	0.95	0.84
2012.11	0.80	0.79	0.78	0.74	0.98	1.04	1.03	0.94	0.87	0.71	0.92	0.83	0.85	0.85	0.96	0.78	1.14	1.14	1.10	1.01
2012.12	0.93	0.93	0.87	1.05	1.13	1.03	1.05	0.99	1.14	1.12	1.08	1.08	0.96	0.92	0.91	0.70	1.51	1.48	1.39	1.45
2013.1	1.30	1.40	1.24	1.28	1.18	1.10	1.10	1.10	1.52	1.46	1.16	1.58	1.25	1.07	0.88	0.88	1.65	1.63	1.42	1.75

时间	黄瓜				青椒				胡萝卜				大白菜			
	北京	河北	山东	河南	北京	河北	山东	河南	北京	河北	山东	河南	北京	河北	山东	河南
1998.1	1.68	1.58	1.85	1.75	1.50	1.54	1.52	1.50	0.90	0.82	0.87	0.76	0.80	0.76	0.63	0.58
1998.2	1.40	1.46	1.41	1.65	1.63	1.67	1.81	1.84	1.00	1.02	1.01	0.88	0.93	0.93	0.87	0.80
1998.3	1.45	1.32	1.33	1.64	1.47	1.64	1.57	1.55	1.03	0.97	0.92	0.85	0.99	0.90	0.85	0.88
1998.4	1.00	1.03	1.01	1.19	1.58	1.50	1.44	1.49	1.09	1.08	0.95	0.95	1.29	1.28	1.04	1.47
1998.5	0.75	0.74	0.71	0.75	1.12	1.07	1.05	1.11	1.18	1.23	1.20	1.14	1.07	1.36	1.09	1.27
1998.6	0.45	0.50	0.50	0.42	0.63	0.56	0.55	0.65	1.18	1.25	1.16	1.28	0.80	0.99	0.95	1.00
1998.7	0.43	0.50	0.55	0.39	0.41	0.41	0.44	0.45	0.98	1.16	1.07	1.10	1.19	1.09	1.40	1.20
1998.8	0.52	0.62	0.58	0.50	0.47	0.39	0.43	0.41	0.91	1.00	1.15	1.22	1.36	1.44	1.52	1.30
1998.9	0.68	0.66	0.67	0.59	0.43	0.45	0.55	0.52	1.01	1.05	1.09	1.23	1.20	1.19	1.48	1.22
1998.10	0.88	0.87	0.87	0.71	0.57	0.61	0.67	0.58	0.93	0.91	1.03	1.05	0.94	0.93	1.03	1.07
1998.11	1.27	1.12	1.22	1.11	0.93	0.92	0.83	0.79	0.88	0.73	0.79	0.75	0.66	0.57	0.58	0.63
1998.12	1.49	1.60	1.32	1.31	1.26	1.25	1.16	1.13	0.91	0.79	0.75	0.78	0.76	0.58	0.56	0.57
1999.1	1.64	1.59	1.83	1.73	1.48	1.53	1.50	1.49	0.91	0.82	0.88	0.76	0.80	0.76	0.63	0.59
1999.2	1.42	1.45	1.42	1.66	1.63	1.68	1.78	1.81	1.00	1.02	1.00	0.89	0.93	0.92	0.86	0.80

（续）

时间	黄瓜				青椒				胡萝卜				大白菜			
	北京	河北	山东	河南	北京	河北	山东	河南	北京	河北	山东	河南	北京	河北	山东	河南
1999.3	1.44	1.32	1.33	1.64	1.48	1.63	1.59	1.55	1.02	0.96	0.94	0.86	1.01	0.91	0.85	0.88
1999.4	1.01	1.03	1.00	1.18	1.58	1.49	1.44	1.48	1.08	1.08	0.95	0.96	1.27	1.25	1.05	1.46
1999.5	0.76	0.74	0.72	0.74	1.12	1.07	1.05	1.12	1.19	1.22	1.19	1.14	1.09	1.36	1.10	1.26
1999.6	0.46	0.51	0.50	0.43	0.62	0.56	0.55	0.65	1.17	1.25	1.17	1.26	0.83	1.00	0.95	1.01
1999.7	0.43	0.51	0.55	0.39	0.42	0.41	0.45	0.46	0.98	1.16	1.06	1.10	1.17	1.12	1.39	1.21
1999.8	0.52	0.62	0.58	0.51	0.47	0.40	0.43	0.41	0.93	1.00	1.13	1.21	1.36	1.43	1.51	1.30
1999.9	0.69	0.67	0.67	0.59	0.44	0.45	0.56	0.53	1.02	1.05	1.08	1.22	1.18	1.18	1.46	1.22
1999.10	0.87	0.87	0.87	0.72	0.58	0.62	0.68	0.59	0.93	0.91	1.03	1.04	0.93	0.92	1.03	1.06
1999.11	1.26	1.11	1.21	1.11	0.93	0.92	0.84	0.80	0.86	0.73	0.81	0.76	0.65	0.57	0.60	0.64
1999.12	1.50	1.58	1.32	1.31	1.25	1.24	1.15	1.13	0.90	0.80	0.76	0.78	0.76	0.59	0.56	0.58
2000.1	1.60	1.60	1.80	1.71	1.46	1.52	1.47	1.45	0.93	0.84	0.90	0.77	0.81	0.76	0.63	0.60
2000.2	1.45	1.44	1.44	1.66	1.62	1.69	1.75	1.79	1.01	1.01	0.99	0.90	0.94	0.91	0.86	0.80
2000.3	1.45	1.31	1.33	1.65	1.50	1.62	1.61	1.56	1.00	0.96	0.96	0.87	1.03	0.93	0.86	0.89
2000.4	1.01	1.03	0.98	1.17	1.57	1.46	1.43	1.47	1.07	1.07	0.95	0.99	1.27	1.22	1.08	1.45
2000.5	0.77	0.73	0.72	0.73	1.13	1.06	1.06	1.12	1.19	1.22	1.18	1.14	1.10	1.33	1.11	1.25
2000.6	0.46	0.51	0.51	0.43	0.62	0.57	0.55	0.65	1.16	1.25	1.16	1.23	0.85	1.00	0.96	1.00
2000.7	0.44	0.52	0.54	0.40	0.42	0.42	0.45	0.47	0.95	1.14	1.04	1.08	1.17	1.16	1.37	1.21
2000.8	0.52	0.63	0.59	0.52	0.48	0.41	0.44	0.42	0.97	1.01	1.11	1.19	1.34	1.42	1.47	1.28
2000.9	0.70	0.68	0.69	0.60	0.44	0.47	0.56	0.55	1.04	1.06	1.07	1.21	1.16	1.19	1.42	1.20
2000.10	0.86	0.88	0.88	0.74	0.59	0.66	0.71	0.63	0.95	0.92	1.03	1.04	0.91	0.91	1.05	1.04
2000.11	1.25	1.09	1.18	1.10	0.93	0.92	0.85	0.82	0.83	0.74	0.84	0.79	0.64	0.57	0.63	0.66
2000.12	1.49	1.54	1.32	1.31	1.24	1.23	1.15	1.12	0.88	0.80	0.78	0.79	0.75	0.60	0.57	0.60
2001.1	1.57	1.61	1.76	1.67	1.44	1.50	1.43	1.42	0.95	0.85	0.92	0.78	0.82	0.77	0.65	0.63
2001.2	1.45	1.46	1.47	1.67	1.61	1.69	1.71	1.72	1.01	1.00	0.99	0.90	0.95	0.91	0.85	0.80

（续）

时间	黄瓜				青椒				胡萝卜				大白菜			
	北京	河北	山东	河南	北京	河北	山东	河南	北京	河北	山东	河南	北京	河北	山东	河南
2001.3	1.46	1.31	1.35	1.64	1.51	1.60	1.63	1.55	0.99	0.95	0.99	0.89	1.03	0.94	0.87	0.91
2001.4	1.02	1.02	0.96	1.15	1.57	1.43	1.41	1.46	1.07	1.07	0.96	1.02	1.28	1.21	1.09	1.40
2001.5	0.79	0.74	0.73	0.72	1.13	1.05	1.07	1.13	1.22	1.21	1.16	1.13	1.13	1.32	1.10	1.23
2001.6	0.46	0.51	0.53	0.44	0.61	0.57	0.56	0.66	1.14	1.22	1.14	1.19	0.87	1.00	0.96	1.01
2001.7	0.47	0.54	0.54	0.41	0.43	0.44	0.45	0.48	0.94	1.12	1.01	1.07	1.17	1.19	1.35	1.22
2001.8	0.52	0.64	0.61	0.54	0.49	0.43	0.46	0.44	1.01	1.02	1.08	1.18	1.31	1.40	1.43	1.27
2001.9	0.70	0.68	0.71	0.63	0.46	0.49	0.58	0.58	1.04	1.06	1.06	1.19	1.14	1.20	1.39	1.20
2001.10	0.83	0.88	0.88	0.76	0.61	0.70	0.75	0.68	0.95	0.94	1.03	1.02	0.90	0.90	1.07	1.02
2001.11	1.23	1.08	1.14	1.09	0.93	0.93	0.86	0.85	0.80	0.76	0.87	0.81	0.62	0.56	0.68	0.69
2001.12	1.50	1.50	1.30	1.31	1.21	1.19	1.12	1.10	0.86	0.81	0.80	0.81	0.74	0.61	0.57	0.62
2002.1	1.52	1.62	1.70	1.63	1.43	1.50	1.39	1.37	0.96	0.86	0.93	0.81	0.82	0.77	0.68	0.65
2002.2	1.46	1.47	1.50	1.68	1.56	1.68	1.65	1.63	1.03	0.99	0.99	0.91	0.96	0.92	0.85	0.82
2002.3	1.47	1.31	1.38	1.62	1.52	1.57	1.64	1.54	0.99	0.96	1.02	0.91	1.05	0.94	0.89	0.93
2002.4	1.04	1.02	0.96	1.15	1.59	1.42	1.42	1.48	1.04	1.06	0.96	1.05	1.28	1.20	1.08	1.36
2002.5	0.79	0.73	0.75	0.72	1.13	1.04	1.08	1.13	1.23	1.20	1.12	1.12	1.15	1.30	1.09	1.19
2002.6	0.46	0.52	0.54	0.44	0.61	0.58	0.57	0.67	1.14	1.18	1.10	1.13	0.90	1.01	0.96	1.01
2002.7	0.52	0.55	0.54	0.43	0.45	0.46	0.46	0.50	0.94	1.11	0.99	1.06	1.18	1.21	1.32	1.22
2002.8	0.53	0.65	0.62	0.56	0.51	0.46	0.48	0.46	1.06	1.04	1.06	1.16	1.29	1.38	1.38	1.25
2002.9	0.70	0.68	0.75	0.65	0.47	0.51	0.60	0.62	1.04	1.07	1.07	1.17	1.12	1.22	1.35	1.19
2002.10	0.81	0.88	0.89	0.80	0.64	0.74	0.79	0.73	0.95	0.96	1.03	1.01	0.89	0.90	1.09	1.02
2002.11	1.18	1.07	1.09	1.09	0.93	0.93	0.86	0.87	0.76	0.78	0.91	0.84	0.61	0.55	0.73	0.71
2002.12	1.47	1.45	1.26	1.29	1.19	1.16	1.08	1.08	0.84	0.81	0.83	0.81	0.73	0.62	0.58	0.65
2003.1	1.50	1.62	1.62	1.57	1.41	1.49	1.36	1.33	0.96	0.86	0.93	0.84	0.83	0.77	0.70	0.68
2003.2	1.47	1.49	1.53	1.68	1.52	1.66	1.60	1.52	1.05	0.98	0.99	0.92	0.97	0.91	0.85	0.84

（续）

时间	黄瓜				青椒				胡萝卜				大白菜			
	北京	河北	山东	河南	北京	河北	山东	河南	北京	河北	山东	河南	北京	河北	山东	河南
2003.3	1.48	1.33	1.40	1.58	1.51	1.52	1.63	1.50	1.00	0.97	1.04	0.93	1.06	0.95	0.91	0.94
2003.4	1.06	1.01	0.98	1.14	1.60	1.42	1.42	1.52	1.03	1.05	0.98	1.06	1.27	1.19	1.06	1.30
2003.5	0.80	0.73	0.78	0.73	1.12	1.03	1.09	1.15	1.24	1.19	1.09	1.13	1.16	1.28	1.09	1.16
2003.6	0.46	0.53	0.54	0.46	0.61	0.59	0.60	0.69	1.14	1.15	1.06	1.10	0.92	1.01	0.97	1.02
2003.7	0.56	0.56	0.55	0.45	0.48	0.49	0.48	0.52	0.95	1.11	0.98	1.05	1.18	1.23	1.29	1.21
2003.8	0.54	0.66	0.62	0.57	0.53	0.48	0.50	0.48	1.09	1.05	1.03	1.14	1.28	1.36	1.33	1.24
2003.9	0.70	0.69	0.79	0.68	0.49	0.53	0.63	0.64	1.00	1.07	1.09	1.14	1.11	1.24	1.35	1.21
2003.10	0.80	0.89	0.89	0.82	0.67	0.76	0.81	0.77	0.94	0.97	1.04	1.00	0.88	0.90	1.11	1.02
2003.11	1.13	1.06	1.04	1.08	0.91	0.92	0.86	0.88	0.75	0.79	0.94	0.85	0.60	0.55	0.76	0.72
2003.12	1.46	1.41	1.22	1.29	1.15	1.12	1.02	1.06	0.84	0.82	0.84	0.82	0.72	0.63	0.60	0.67
2004.1	1.47	1.59	1.55	1.52	1.40	1.48	1.33	1.29	0.95	0.86	0.93	0.87	0.82	0.76	0.72	0.70
2004.2	1.46	1.50	1.55	1.68	1.48	1.64	1.56	1.43	1.07	0.99	0.99	0.94	0.97	0.90	0.84	0.85
2004.3	1.49	1.34	1.43	1.55	1.50	1.48	1.61	1.47	1.02	1.00	1.05	0.94	1.08	0.96	0.92	0.95
2004.4	1.09	1.01	1.01	1.14	1.61	1.45	1.45	1.57	1.02	1.05	0.99	1.05	1.26	1.20	1.04	1.26
2004.5	0.79	0.74	0.81	0.73	1.11	1.02	1.10	1.17	1.22	1.17	1.07	1.14	1.18	1.26	1.08	1.12
2004.6	0.48	0.54	0.55	0.47	0.62	0.60	0.61	0.70	1.14	1.12	1.03	1.07	0.96	1.02	0.97	1.04
2004.7	0.61	0.56	0.56	0.46	0.51	0.51	0.50	0.54	0.95	1.10	0.97	1.05	1.18	1.26	1.28	1.20
2004.8	0.58	0.67	0.62	0.59	0.55	0.50	0.52	0.49	1.10	1.04	1.01	1.13	1.25	1.33	1.29	1.24
2004.9	0.70	0.70	0.83	0.70	0.51	0.54	0.66	0.65	0.98	1.06	1.11	1.12	1.11	1.25	1.35	1.22
2004.10	0.81	0.90	0.91	0.86	0.70	0.77	0.82	0.80	0.94	0.98	1.05	1.00	0.87	0.89	1.13	1.04
2004.11	1.07	1.06	0.99	1.07	0.89	0.91	0.85	0.89	0.76	0.81	0.96	0.85	0.59	0.55	0.78	0.72
2004.12	1.41	1.36	1.17	1.27	1.13	1.10	0.98	1.04	0.84	0.82	0.85	0.80	0.70	0.63	0.62	0.68
2005.1	1.45	1.56	1.50	1.49	1.36	1.47	1.31	1.26	0.94	0.86	0.92	0.88	0.82	0.76	0.74	0.72
2005.2	1.47	1.53	1.57	1.67	1.49	1.62	1.57	1.39	1.10	1.00	0.99	0.96	0.97	0.89	0.84	0.85

（续）

时间	黄瓜				青椒				胡萝卜				大白菜			
	北京	河北	山东	河南	北京	河北	山东	河南	北京	河北	山东	河南	北京	河北	山东	河南
2005. 3	1. 48	1. 35	1. 44	1. 53	1. 52	1. 47	1. 60	1. 44	1. 04	1. 02	1. 05	0. 95	1. 09	0. 97	0. 91	0. 93
2005. 4	1. 10	1. 03	1. 03	1. 13	1. 58	1. 47	1. 46	1. 62	1. 03	1. 05	1. 01	1. 05	1. 28	1. 21	1. 03	1. 23
2005. 5	0. 79	0. 74	0. 82	0. 73	1. 08	1. 00	1. 09	1. 17	1. 19	1. 17	1. 06	1. 17	1. 20	1. 25	1. 06	1. 08
2005. 6	0. 51	0. 54	0. 56	0. 48	0. 64	0. 61	0. 63	0. 71	1. 14	1. 12	1. 01	1. 08	0. 97	1. 03	0. 97	1. 08
2005. 7	0. 65	0. 57	0. 58	0. 49	0. 54	0. 53	0. 51	0. 55	0. 95	1. 08	0. 97	1. 05	1. 16	1. 26	1. 26	1. 20
2005. 8	0. 64	0. 68	0. 63	0. 61	0. 57	0. 52	0. 54	0. 50	1. 07	1. 02	1. 01	1. 12	1. 22	1. 30	1. 28	1. 25
2005. 9	0. 71	0. 71	0. 84	0. 70	0. 54	0. 55	0. 67	0. 63	0. 95	1. 05	1. 12	1. 10	1. 11	1. 25	1. 36	1. 23
2005. 10	0. 82	0. 91	0. 91	0. 89	0. 72	0. 76	0. 81	0. 80	0. 94	0. 98	1. 05	1. 00	0. 86	0. 88	1. 14	1. 04
2005. 11	1. 01	1. 05	0. 96	1. 05	0. 85	0. 89	0. 83	0. 88	0. 79	0. 83	0. 96	0. 84	0. 59	0. 57	0. 78	0. 70
2005. 12	1. 34	1. 32	1. 14	1. 26	1. 10	1. 08	0. 94	1. 03	0. 87	0. 81	0. 86	0. 77	0. 69	0. 64	0. 63	0. 66
2006. 1	1. 42	1. 52	1. 46	1. 48	1. 34	1. 45	1. 29	1. 25	0. 93	0. 86	0. 91	0. 87	0. 82	0. 76	0. 73	0. 72
2006. 2	1. 50	1. 54	1. 59	1. 67	1. 51	1. 62	1. 59	1. 40	1. 11	1. 01	0. 99	0. 97	0. 99	0. 88	0. 83	0. 84
2006. 3	1. 47	1. 36	1. 45	1. 53	1. 55	1. 46	1. 61	1. 44	1. 06	1. 04	1. 04	0. 96	1. 10	0. 98	0. 89	0. 92
2006. 4	1. 11	1. 04	1. 06	1. 11	1. 55	1. 51	1. 48	1. 66	1. 04	1. 05	1. 02	1. 05	1. 31	1. 25	1. 06	1. 25
2006. 5	0. 77	0. 75	0. 82	0. 71	1. 04	0. 99	1. 06	1. 17	1. 14	1. 17	1. 06	1. 21	1. 20	1. 22	1. 07	1. 05
2006. 6	0. 53	0. 54	0. 57	0. 48	0. 65	0. 61	0. 63	0. 70	1. 13	1. 13	1. 00	1. 11	0. 99	1. 04	0. 98	1. 14
2006. 7	0. 67	0. 57	0. 59	0. 52	0. 57	0. 55	0. 52	0. 56	0. 95	1. 06	0. 98	1. 07	1. 14	1. 25	1. 24	1. 22
2006. 8	0. 70	0. 69	0. 64	0. 63	0. 59	0. 54	0. 57	0. 50	1. 05	0. 99	1. 02	1. 12	1. 17	1. 27	1. 29	1. 26
2006. 9	0. 73	0. 72	0. 84	0. 70	0. 57	0. 57	0. 68	0. 61	0. 95	1. 04	1. 13	1. 08	1. 13	1. 25	1. 37	1. 23
2006. 10	0. 86	0. 92	0. 91	0. 91	0. 72	0. 74	0. 80	0. 80	0. 94	0. 97	1. 05	1. 00	0. 88	0. 87	1. 14	1. 03
2006. 11	0. 96	1. 05	0. 95	1. 05	0. 82	0. 87	0. 82	0. 87	0. 82	0. 84	0. 95	0. 82	0. 58	0. 59	0. 76	0. 68
2006. 12	1. 25	1. 30	1. 13	1. 24	1. 08	1. 07	0. 93	1. 03	0. 89	0. 80	0. 86	0. 73	0. 68	0. 64	0. 63	0. 63
2007. 1	1. 36	1. 48	1. 42	1. 46	1. 31	1. 43	1. 28	1. 26	0. 93	0. 87	0. 90	0. 84	0. 83	0. 77	0. 72	0. 73
2007. 2	1. 54	1. 56	1. 60	1. 66	1. 56	1. 63	1. 62	1. 42	1. 11	1. 03	0. 98	0. 97	1. 00	0. 89	0. 82	0. 84

（续）

时间	黄瓜				青椒				胡萝卜				大白菜			
	北京	河北	山东	河南	北京	河北	山东	河南	北京	河北	山东	河南	北京	河北	山东	河南
2007.3	1.46	1.37	1.44	1.54	1.57	1.45	1.61	1.44	1.08	1.05	1.02	0.97	1.10	0.98	0.89	0.91
2007.4	1.12	1.04	1.08	1.07	1.50	1.53	1.48	1.65	1.06	1.06	1.03	1.08	1.32	1.27	1.13	1.30
2007.5	0.76	0.75	0.83	0.71	1.01	1.00	1.04	1.18	1.11	1.18	1.09	1.26	1.20	1.19	1.10	1.04
2007.6	0.56	0.54	0.58	0.48	0.67	0.63	0.64	0.71	1.12	1.16	1.02	1.14	1.00	1.07	0.97	1.18
2007.7	0.68	0.58	0.60	0.54	0.59	0.55	0.53	0.57	0.95	1.03	0.98	1.06	1.12	1.23	1.18	1.21
2007.8	0.75	0.71	0.66	0.65	0.61	0.55	0.58	0.51	1.01	0.96	1.02	1.10	1.15	1.25	1.29	1.26
2007.9	0.77	0.72	0.84	0.70	0.60	0.58	0.69	0.59	0.94	1.02	1.11	1.05	1.14	1.25	1.37	1.23
2007.10	0.89	0.91	0.89	0.92	0.73	0.73	0.78	0.78	0.92	0.96	1.04	0.98	0.89	0.88	1.13	1.00
2007.11	0.95	1.04	0.96	1.04	0.79	0.84	0.80	0.85	0.85	0.86	0.94	0.81	0.58	0.59	0.75	0.66
2007.12	1.20	1.27	1.14	1.24	1.06	1.06	0.92	1.01	0.92	0.80	0.86	0.71	0.66	0.63	0.63	0.60
2008.1	1.29	1.47	1.39	1.46	1.31	1.41	1.29	1.27	0.94	0.89	0.90	0.83	0.83	0.77	0.71	0.73
2008.2	1.53	1.59	1.58	1.66	1.58	1.64	1.64	1.45	1.11	1.04	0.98	0.95	1.01	0.89	0.82	0.84
2008.3	1.45	1.38	1.44	1.54	1.56	1.44	1.59	1.46	1.09	1.05	1.01	0.98	1.09	0.96	0.89	0.91
2008.4	1.14	1.03	1.08	1.04	1.49	1.54	1.48	1.65	1.08	1.07	1.03	1.11	1.32	1.30	1.22	1.36
2008.5	0.75	0.75	0.82	0.71	0.99	1.02	1.03	1.17	1.08	1.18	1.11	1.31	1.20	1.18	1.11	1.03
2008.6	0.57	0.54	0.59	0.48	0.67	0.64	0.65	0.71	1.09	1.17	1.03	1.18	1.01	1.09	0.99	1.21
2008.7	0.67	0.59	0.60	0.56	0.59	0.55	0.53	0.57	0.94	0.99	0.97	1.06	1.11	1.21	1.12	1.21
2008.8	0.80	0.72	0.68	0.68	0.61	0.56	0.58	0.51	0.99	0.95	1.03	1.08	1.13	1.23	1.27	1.25
2008.9	0.81	0.72	0.84	0.72	0.63	0.59	0.70	0.58	0.96	1.01	1.10	1.03	1.16	1.25	1.36	1.22
2008.10	0.90	0.91	0.87	0.91	0.75	0.73	0.78	0.77	0.91	0.96	1.03	0.96	0.90	0.88	1.13	0.98
2008.11	0.96	1.04	0.97	1.03	0.78	0.81	0.80	0.83	0.87	0.88	0.94	0.81	0.57	0.60	0.75	0.65
2008.12	1.18	1.25	1.18	1.22	1.03	1.03	0.92	0.97	0.94	0.82	0.86	0.70	0.65	0.63	0.62	0.59
2009.1	1.23	1.45	1.37	1.45	1.32	1.41	1.31	1.28	0.96	0.91	0.91	0.81	0.83	0.77	0.70	0.74
2009.2	1.50	1.60	1.56	1.63	1.59	1.65	1.64	1.47	1.10	1.06	0.98	0.93	1.01	0.89	0.81	0.84

（续）

时间	黄瓜				青椒				胡萝卜				大白菜			
	北京	河北	山东	河南	北京	河北	山东	河南	北京	河北	山东	河南	北京	河北	山东	河南
2009.3	1.43	1.40	1.42	1.54	1.55	1.45	1.56	1.48	1.09	1.05	1.00	0.99	1.08	0.94	0.90	0.92
2009.4	1.14	1.03	1.08	1.03	1.48	1.52	1.49	1.64	1.09	1.07	1.02	1.16	1.32	1.33	1.30	1.40
2009.5	0.76	0.75	0.82	0.71	0.98	1.04	1.02	1.17	1.08	1.17	1.14	1.33	1.21	1.19	1.11	1.02
2009.6	0.58	0.54	0.59	0.49	0.68	0.65	0.67	0.72	1.08	1.16	1.03	1.20	1.02	1.11	0.99	1.20
2009.7	0.67	0.59	0.61	0.58	0.59	0.55	0.54	0.58	0.95	0.96	0.96	1.04	1.09	1.18	1.06	1.19
2009.8	0.85	0.72	0.70	0.72	0.61	0.57	0.59	0.53	0.96	0.95	1.04	1.07	1.14	1.22	1.28	1.25
2009.9	0.85	0.73	0.84	0.74	0.65	0.61	0.72	0.58	0.97	1.01	1.10	1.02	1.18	1.25	1.34	1.23
2009.10	0.89	0.90	0.86	0.89	0.76	0.74	0.78	0.77	0.90	0.96	1.02	0.93	0.90	0.89	1.13	0.97
2009.11	0.96	1.05	0.97	1.00	0.77	0.79	0.79	0.79	0.88	0.89	0.95	0.81	0.57	0.60	0.76	0.65
2009.12	1.17	1.24	1.21	1.21	1.01	1.00	0.90	0.94	0.94	0.84	0.86	0.70	0.64	0.62	0.61	0.58
2010.1	1.22	1.43	1.38	1.46	1.35	1.41	1.34	1.28	0.97	0.92	0.91	0.81	0.82	0.77	0.68	0.73
2010.2	1.46	1.61	1.54	1.62	1.57	1.66	1.63	1.49	1.09	1.07	0.98	0.90	1.02	0.89	0.79	0.83
2010.3	1.41	1.41	1.41	1.54	1.52	1.46	1.52	1.51	1.09	1.04	0.98	1.00	1.09	0.93	0.90	0.93
2010.4	1.16	1.03	1.07	1.02	1.49	1.50	1.49	1.63	1.10	1.06	1.00	1.19	1.32	1.35	1.37	1.43
2010.5	0.77	0.75	0.81	0.73	0.98	1.07	1.01	1.16	1.08	1.16	1.16	1.35	1.20	1.18	1.12	1.01
2010.6	0.57	0.53	0.58	0.50	0.68	0.65	0.68	0.73	1.07	1.14	1.03	1.21	1.03	1.13	1.01	1.19
2010.7	0.65	0.58	0.62	0.59	0.59	0.54	0.54	0.59	0.96	0.95	0.95	1.03	1.07	1.16	1.02	1.18
2010.8	0.89	0.73	0.70	0.74	0.62	0.58	0.60	0.54	0.96	0.95	1.04	1.07	1.14	1.21	1.28	1.25
2010.9	0.87	0.73	0.85	0.76	0.66	0.63	0.74	0.59	0.97	1.01	1.11	1.01	1.20	1.23	1.34	1.24
2010.10	0.86	0.90	0.84	0.85	0.77	0.74	0.78	0.76	0.89	0.96	1.03	0.91	0.91	0.90	1.12	0.97
2010.11	0.96	1.06	0.96	0.97	0.76	0.78	0.79	0.77	0.87	0.90	0.94	0.81	0.57	0.62	0.76	0.64
2010.12	1.18	1.24	1.24	1.20	0.99	0.97	0.89	0.91	0.92	0.86	0.85	0.71	0.63	0.62	0.60	0.58
2011.1	1.24	1.41	1.40	1.46	1.37	1.42	1.37	1.28	0.99	0.94	0.92	0.82	0.82	0.77	0.66	0.74
2011.2	1.44	1.61	1.53	1.60	1.54	1.65	1.61	1.49	1.09	1.08	0.97	0.88	1.02	0.88	0.78	0.84

（续）

时间	黄瓜				青椒				胡萝卜				大白菜			
	北京	河北	山东	河南	北京	河北	山东	河南	北京	河北	山东	河南	北京	河北	山东	河南
2011.3	1.41	1.42	1.39	1.55	1.50	1.47	1.48	1.53	1.09	1.03	0.97	1.00	1.09	0.93	0.92	0.94
2011.4	1.17	1.03	1.07	1.03	1.51	1.47	1.49	1.62	1.10	1.05	0.99	1.21	1.31	1.37	1.42	1.43
2011.5	0.77	0.75	0.82	0.74	0.99	1.09	1.01	1.17	1.09	1.14	1.18	1.36	1.19	1.18	1.12	1.01
2011.6	0.56	0.53	0.57	0.51	0.69	0.66	0.70	0.75	1.07	1.13	1.04	1.22	1.04	1.15	1.01	1.17
2011.7	0.64	0.58	0.63	0.59	0.59	0.54	0.54	0.59	0.97	0.95	0.94	1.02	1.04	1.15	0.99	1.15
2011.8	0.91	0.74	0.70	0.76	0.62	0.59	0.60	0.55	0.96	0.95	1.05	1.08	1.14	1.22	1.29	1.27
2011.9	0.89	0.73	0.86	0.77	0.67	0.64	0.76	0.61	0.96	1.00	1.12	1.00	1.22	1.21	1.35	1.25
2011.10	0.83	0.90	0.82	0.82	0.78	0.75	0.78	0.76	0.88	0.95	1.03	0.90	0.92	0.90	1.10	0.97
2011.11	0.95	1.06	0.95	0.94	0.75	0.77	0.79	0.74	0.87	0.91	0.94	0.80	0.57	0.63	0.76	0.64
2011.12	1.20	1.23	1.26	1.21	0.98	0.96	0.88	0.89	0.90	0.88	0.84	0.71	0.62	0.61	0.60	0.59
2012.1	1.26	1.42	1.42	1.47	1.39	1.41	1.39	1.28	1.00	0.95	0.93	0.83	0.82	0.78	0.66	0.74
2012.2	1.41	1.62	1.51	1.59	1.51	1.64	1.58	1.47	1.09	1.09	0.97	0.87	1.02	0.89	0.78	0.85
2012.3	1.41	1.42	1.39	1.55	1.48	1.47	1.45	1.55	1.09	1.03	0.97	1.00	1.09	0.92	0.93	0.95
2012.4	1.17	1.03	1.08	1.03	1.53	1.47	1.50	1.62	1.10	1.04	0.98	1.21	1.31	1.38	1.45	1.43
2012.5	0.77	0.75	0.82	0.75	1.00	1.09	1.01	1.17	1.10	1.13	1.19	1.36	1.20	1.18	1.11	1.00
2012.6	0.56	0.52	0.56	0.52	0.69	0.66	0.70	0.76	1.07	1.12	1.04	1.21	1.05	1.18	1.01	1.16
2012.7	0.63	0.59	0.63	0.59	0.59	0.55	0.54	0.60	0.97	0.95	0.94	1.01	1.01	1.13	0.97	1.15
2012.8	0.91	0.74	0.70	0.77	0.62	0.59	0.60	0.55	0.97	0.95	1.05	1.08	1.14	1.22	1.29	1.27
2012.9	0.90	0.74	0.87	0.77	0.67	0.64	0.76	0.61	0.96	1.00	1.13	1.00	1.24	1.19	1.33	1.25
2012.10	0.81	0.89	0.81	0.80	0.79	0.76	0.79	0.76	0.88	0.95	1.03	0.89	0.92	0.89	1.09	0.97
2012.11	0.96	1.06	0.95	0.94	0.76	0.77	0.79	0.73	0.86	0.91	0.94	0.81	0.57	0.63	0.77	0.64
2012.12	1.22	1.23	1.27	1.21	0.96	0.94	0.87	0.88	0.90	0.89	0.84	0.72	0.62	0.61	0.61	0.60
2013.1	1.27	1.43	1.42	1.47	1.39	1.41	1.39	1.27	1.01	0.95	0.93	0.83	0.83	0.79	0.65	0.74

数据来源：作者计算所得。

附表 6　北京及主产区蔬菜价格波动的周期成分和长期趋势（价格为剔除 CPI 后价格）

时间	圆白菜				油菜				芹菜				番茄				马铃薯			
	周期成分		长期趋势		周期成分		长期趋势		周期成分		长期趋势		周期成分		长期趋势		周期成分		长期趋势	
	北京	山东	北京	山东	北京	山东	北京	山东	北京	山东	北京	山东	北京	山东	北京	山东	北京	山东	北京	山东
1998.1	0.10	0.13	0.86	0.72	-0.06	0.00	0.98	0.63	0.00	0.01	0.86	0.73	0.19	-0.04	1.28	0.92	-0.04	-0.04	0.77	0.67
1998.2	0.31	-0.04	0.85	0.72	-0.09	0.02	0.97	0.63	0.05	0.25	0.85	0.72	0.00	-0.11	1.27	0.92	-0.02	0.06	0.76	0.67
1998.3	0.06	0.06	0.84	0.72	0.12	0.14	0.96	0.63	0.26	0.16	0.84	0.71	0.08	0.09	1.26	0.92	0.00	0.00	0.76	0.66
1998.4	0.23	0.15	0.83	0.71	0.09	0.05	0.96	0.63	0.20	0.12	0.83	0.71	0.05	0.17	1.26	0.92	0.03	0.03	0.75	0.66
1998.5	0.03	0.04	0.83	0.71	0.31	0.00	0.95	0.63	0.06	0.18	0.82	0.70	0.11	0.18	1.25	0.92	0.10	0.16	0.75	0.66
1998.6	-0.15	-0.03	0.82	0.70	-0.21	-0.17	0.94	0.63	-0.11	-0.03	0.81	0.69	-0.22	-0.26	1.24	0.92	0.05	-0.16	0.74	0.65
1998.7	-0.12	-0.07	0.81	0.70	0.04	0.00	0.94	0.63	-0.17	-0.20	0.80	0.69	-0.27	-0.18	1.23	0.93	-0.08	0.03	0.74	0.65
1998.8	-0.17	-0.10	0.80	0.69	-0.09	0.04	0.93	0.63	-0.12	-0.12	0.79	0.68	-0.20	-0.03	1.22	0.93	0.07	0.03	0.73	0.65
1998.9	-0.01	-0.09	0.79	0.69	-0.04	-0.04	0.92	0.63	-0.06	-0.02	0.78	0.67	0.04	0.08	1.21	0.93	0.07	0.06	0.72	0.64
1998.10	-0.09	-0.11	0.79	0.69	0.02	0.00	0.92	0.63	-0.05	-0.07	0.77	0.67	-0.07	-0.02	1.21	0.93	-0.02	-0.01	0.72	0.64
1998.11	0.04	-0.06	0.78	0.68	0.12	-0.12	0.91	0.63	0.03	-0.09	0.76	0.66	0.18	0.08	1.20	0.93	-0.04	0.02	0.71	0.64
1998.12	-0.09	0.05	0.77	0.68	0.06	0.00	0.90	0.64	-0.03	-0.07	0.76	0.65	0.06	0.01	1.19	0.93	-0.01	0.01	0.71	0.63
1999.1	-0.03	-0.03	0.77	0.68	0.00	-0.04	0.90	0.64	0.03	-0.06	0.75	0.65	-0.03	-0.02	1.18	0.93	-0.01	-0.03	0.70	0.63
1999.2	-0.25	0.03	0.76	0.67	-0.14	-0.10	0.89	0.64	-0.11	-0.13	0.74	0.64	0.09	0.22	1.17	0.93	-0.10	-0.06	0.70	0.63
1999.3	-0.18	-0.05	0.76	0.67	-0.12	-0.06	0.88	0.64	-0.17	-0.12	0.73	0.64	0.05	-0.12	1.17	0.93	-0.05	-0.05	0.69	0.62
1999.4	-0.21	-0.11	0.75	0.67	0.07	0.04	0.88	0.64	-0.04	-0.03	0.72	0.63	-0.10	-0.03	1.16	0.93	0.01	-0.01	0.69	0.62
1999.5	-0.09	-0.13	0.75	0.66	-0.06	0.01	0.87	0.64	-0.02	-0.05	0.71	0.63	-0.04	0.05	1.15	0.93	-0.04	-0.14	0.68	0.62
1999.6	-0.17	-0.04	0.74	0.66	0.03	0.04	0.87	0.64	-0.03	-0.04	0.71	0.63	0.35	0.11	1.14	0.93	0.01	-0.03	0.68	0.62
1999.7	0.04	0.20	0.74	0.66	-0.08	-0.02	0.86	0.64	0.13	0.04	0.70	0.62	-0.05	0.05	1.13	0.93	-0.06	0.02	0.67	0.61
1999.8	0.10	0.02	0.73	0.66	-0.04	-0.06	0.85	0.64	0.13	0.05	0.69	0.62	0.04	-0.18	1.13	0.94	-0.04	-0.02	0.67	0.61
1999.9	0.08	0.10	0.73	0.65	0.03	0.05	0.85	0.64	0.05	0.04	0.68	0.62	0.04	-0.01	1.12	0.94	-0.03	-0.04	0.66	0.61

（续）

时间	圆白菜				油菜				芹菜				番茄				马铃薯			
	周期成分		长期趋势		周期成分		长期趋势		周期成分		长期趋势		周期成分		长期趋势		周期成分		长期趋势	
	北京	山东	北京	山东	北京	山东	北京	山东	北京	山东	北京	山东	北京	山东	北京	山东	北京	山东	北京	山东
1999.10	0.18	0.15	0.72	0.65	0.29	0.34	0.84	0.65	0.11	0.09	0.68	0.61	0.41	0.01	1.11	0.94	0.00	−0.05	0.66	0.61
1999.11	0.13	0.12	0.72	0.65	−0.09	0.10	0.84	0.65	0.01	0.06	0.67	0.61	−0.20	−0.05	1.10	0.94	0.09	0.10	0.65	0.61
1999.12	0.00	−0.02	0.72	0.64	−0.28	−0.02	0.83	0.65	0.10	0.01	0.66	0.61	−0.09	−0.23	1.10	0.94	0.01	0.00	0.65	0.60
2000.1	0.12	−0.06	0.71	0.64	0.07	0.01	0.83	0.65	0.05	0.03	0.65	0.60	−0.08	0.18	1.09	0.94	0.08	0.05	0.64	0.60
2000.2	0.26	0.10	0.71	0.64	0.18	0.14	0.82	0.65	0.10	0.10	0.65	0.60	−0.15	0.07	1.08	0.94	0.12	0.06	0.64	0.60
2000.3	0.10	0.11	0.70	0.64	0.18	0.05	0.82	0.65	0.08	0.14	0.64	0.60	−0.26	0.00	1.08	0.94	0.12	0.01	0.64	0.60
2000.4	0.02	−0.01	0.70	0.63	−0.10	−0.05	0.81	0.65	0.01	0.02	0.63	0.60	−0.08	0.05	1.07	0.94	0.02	0.02	0.63	0.60
2000.5	−0.11	−0.05	0.69	0.63	−0.10	−0.01	0.81	0.65	−0.20	−0.03	0.63	0.60	−0.15	−0.09	1.06	0.94	0.20	−0.01	0.63	0.60
2000.6	0.13	0.14	0.69	0.63	0.11	−0.01	0.80	0.65	−0.09	0.03	0.62	0.59	−0.08	−0.02	1.06	0.94	−0.02	0.04	0.62	0.60
2000.7	−0.09	−0.03	0.69	0.63	−0.08	0.04	0.80	0.65	−0.20	−0.06	0.62	0.59	0.02	0.09	1.05	0.94	−0.03	0.00	0.62	0.60
2000.8	0.15	−0.06	0.68	0.62	0.03	0.04	0.80	0.65	0.14	−0.02	0.61	0.59	0.12	0.09	1.05	0.94	−0.09	0.03	0.61	0.59
2000.9	−0.10	−0.05	0.68	0.62	−0.03	−0.02	0.79	0.65	0.06	−0.04	0.60	0.59	−0.04	−0.11	1.04	0.94	−0.05	−0.02	0.61	0.59
2000.10	−0.16	−0.11	0.67	0.62	0.03	−0.11	0.79	0.65	−0.08	−0.10	0.60	0.59	0.06	−0.02	1.04	0.95	0.00	−0.03	0.60	0.59
2000.11	−0.11	−0.12	0.67	0.62	0.03	−0.02	0.79	0.65	−0.08	−0.08	0.60	0.59	0.19	−0.05	1.03	0.95	0.00	−0.05	0.60	0.59
2000.12	−0.06	−0.08	0.66	0.62	0.05	0.00	0.78	0.65	−0.07	−0.02	0.59	0.59	0.02	0.15	1.03	0.95	−0.03	−0.04	0.59	0.59
2001.1	−0.11	0.02	0.66	0.62	−0.10	0.03	0.78	0.66	−0.02	0.10	0.59	0.59	−0.20	0.15	1.02	0.95	−0.07	−0.01	0.59	0.59
2001.2	−0.07	0.01	0.66	0.61	0.07	−0.07	0.78	0.66	0.04	0.00	0.58	0.59	0.16	0.17	1.02	0.95	−0.04	0.00	0.59	0.59
2001.3	0.05	−0.06	0.65	0.61	−0.02	−0.12	0.78	0.66	0.03	−0.02	0.58	0.59	0.21	0.08	1.01	0.95	−0.05	0.03	0.58	0.59
2001.4	0.30	0.11	0.65	0.61	0.07	−0.01	0.77	0.66	−0.04	0.01	0.58	0.60	0.26	0.06	1.01	0.95	−0.10	−0.02	0.58	0.59
2001.5	0.30	0.06	0.65	0.61	0.04	−0.03	0.77	0.66	0.11	0.04	0.58	0.60	0.07	0.04	1.00	0.95	−0.07	0.08	0.58	0.59
2001.6	0.20	0.04	0.64	0.61	−0.05	0.03	0.77	0.67	0.15	0.08	0.57	0.60	0.10	−0.16	1.00	0.95	−0.04	−0.10	0.57	0.60
2001.7	0.04	−0.01	0.64	0.61	0.18	0.04	0.77	0.67	0.13	0.05	0.57	0.60	0.00	−0.12	1.00	0.95	0.03	−0.09	0.57	0.60
2001.8	0.18	0.16	0.63	0.61	0.00	0.22	0.77	0.67	0.06	0.11	0.57	0.60	−0.11	0.29	0.99	0.95	−0.01	−0.07	0.57	0.60
2001.9	0.07	0.00	0.63	0.62	−0.05	−0.18	0.77	0.68	0.02	0.00	0.57	0.61	0.01	−0.01	0.99	0.96	0.02	−0.03	0.57	0.60

（续）

时间	圆白菜				油菜				芹菜				番茄				马铃薯			
	周期成分		长期趋势		周期成分		长期趋势		周期成分		长期趋势		周期成分		长期趋势		周期成分		长期趋势	
	北京	山东	北京	山东	北京	山东	北京	山东	北京	山东	北京	山东	北京	山东	北京	山东	北京	山东	北京	山东
2001.10	0.08	0.01	0.63	0.62	-0.08	-0.09	0.77	0.68	0.02	0.02	0.57	0.61	0.07	-0.06	0.99	0.96	0.01	0.03	0.56	0.60
2001.11	-0.16	-0.06	0.62	0.62	-0.07	-0.08	0.77	0.68	0.01	-0.04	0.57	0.61	-0.21	-0.01	0.98	0.96	0.02	0.01	0.56	0.60
2001.12	-0.28	-0.11	0.62	0.62	-0.19	0.07	0.78	0.69	-0.10	-0.07	0.57	0.62	0.01	-0.14	0.98	0.96	0.01	0.16	0.56	0.60
2002.1	-0.18	-0.17	0.62	0.62	-0.14	-0.14	0.78	0.69	-0.16	-0.21	0.57	0.62	-0.08	-0.22	0.98	0.96	0.02	0.04	0.56	0.61
2002.2	-0.24	-0.24	0.62	0.62	-0.32	-0.13	0.78	0.70	-0.23	-0.21	0.57	0.63	-0.10	-0.24	0.98	0.97	0.01	-0.03	0.56	0.61
2002.3	-0.04	-0.20	0.61	0.63	-0.24	-0.17	0.78	0.70	-0.28	-0.23	0.57	0.63	-0.17	-0.09	0.98	0.97	-0.03	0.02	0.56	0.61
2002.4	-0.20	-0.14	0.61	0.63	-0.11	-0.13	0.79	0.71	-0.15	-0.18	0.57	0.64	-0.25	-0.15	0.98	0.98	0.00	-0.04	0.55	0.61
2002.5	-0.13	0.05	0.61	0.63	0.00	0.17	0.79	0.72	0.00	0.04	0.58	0.64	-0.15	-0.07	0.98	0.98	-0.04	0.09	0.55	0.61
2002.6	0.12	0.27	0.61	0.64	0.18	-0.04	0.80	0.72	-0.07	0.11	0.58	0.65	0.22	0.11	0.98	0.98	-0.03	0.10	0.55	0.62
2002.7	-0.12	0.03	0.61	0.64	-0.03	-0.08	0.80	0.73	-0.07	-0.02	0.58	0.66	0.00	0.11	0.98	0.99	0.02	0.08	0.55	0.62
2002.8	-0.15	-0.05	0.61	0.65	-0.27	-0.10	0.81	0.74	-0.16	-0.13	0.59	0.67	-0.28	0.00	0.98	1.00	0.04	0.10	0.55	0.62
2002.9	0.00	-0.11	0.61	0.65	0.44	-0.03	0.81	0.74	-0.15	-0.15	0.59	0.67	-0.21	0.08	0.98	1.00	0.03	0.15	0.55	0.62
2002.10	-0.01	-0.07	0.61	0.66	-0.16	-0.01	0.82	0.75	-0.09	-0.12	0.60	0.68	-0.18	0.00	0.98	1.01	0.04	0.10	0.55	0.63
2002.11	0.00	-0.02	0.61	0.66	-0.12	-0.01	0.82	0.76	-0.14	-0.05	0.60	0.69	0.08	-0.17	0.98	1.01	-0.01	0.01	0.55	0.63
2002.12	0.06	-0.05	0.61	0.67	0.03	0.00	0.83	0.76	-0.02	-0.08	0.61	0.70	0.05	-0.17	0.99	1.02	0.06	-0.01	0.55	0.63
2003.1	0.10	0.01	0.62	0.67	0.12	0.13	0.84	0.77	0.10	0.10	0.61	0.70	0.14	-0.15	0.99	1.03	0.03	-0.03	0.55	0.63
2003.2	0.19	0.10	0.62	0.68	0.16	0.10	0.84	0.78	0.33	0.17	0.62	0.71	0.18	-0.22	0.99	1.03	-0.01	-0.03	0.55	0.64
2003.3	0.21	0.25	0.62	0.68	0.58	0.19	0.85	0.79	0.37	0.25	0.62	0.72	0.50	-0.02	1.00	1.04	0.07	-0.09	0.55	0.64
2003.4	0.68	0.48	0.62	0.69	0.08	0.36	0.86	0.79	0.68	0.60	0.63	0.73	0.39	0.51	1.00	1.05	0.47	0.22	0.55	0.65
2003.5	-0.07	0.06	0.62	0.69	-0.09	0.03	0.86	0.80	-0.07	0.10	0.63	0.73	0.32	0.15	1.00	1.06	0.23	0.09	0.55	0.65
2003.6	-0.29	-0.23	0.63	0.70	-0.13	-0.20	0.87	0.81	-0.22	-0.07	0.64	0.74	-0.28	0.06	1.01	1.06	-0.10	0.24	0.55	0.66
2003.7	-0.19	-0.24	0.63	0.70	-0.14	-0.18	0.87	0.81	-0.16	-0.12	0.64	0.75	-0.40	-0.45	1.01	1.07	-0.11	-0.31	0.55	0.66
2003.8	-0.08	-0.09	0.63	0.71	-0.04	-0.22	0.88	0.82	0.07	-0.08	0.65	0.76	-0.02	-0.12	1.02	1.08	-0.06	-0.13	0.55	0.67
2003.9	-0.12	0.00	0.63	0.71	0.06	0.12	0.89	0.83	-0.02	0.05	0.65	0.76	-0.02	-0.64	1.02	1.09	-0.07	-0.18	0.56	0.67

（续）

时间	圆白菜				油菜				芹菜				番茄				马铃薯			
	周期成分		长期趋势		周期成分		长期趋势		周期成分		长期趋势		周期成分		长期趋势		周期成分		长期趋势	
	北京	山东	北京	山东	北京	山东	北京	山东	北京	山东	北京	山东	北京	山东	北京	山东	北京	山东	北京	山东
2003.10	−0.04	0.03	0.64	0.72	0.61	0.12	0.89	0.83	0.00	0.04	0.66	0.77	0.13	0.05	1.03	1.09	−0.06	−0.17	0.56	0.68
2003.11	0.13	0.18	0.64	0.72	0.38	0.57	0.90	0.84	0.33	0.21	0.66	0.78	0.18	0.81	1.03	1.10	−0.08	−0.08	0.56	0.69
2003.12	0.19	0.21	0.65	0.73	0.06	0.07	0.91	0.85	0.29	0.27	0.67	0.78	0.24	0.66	1.04	1.11	−0.08	−0.11	0.56	0.70
2004.1	0.01	0.19	0.65	0.73	−0.22	−0.01	0.91	0.85	0.16	0.15	0.67	0.79	0.13	0.87	1.04	1.12	−0.07	−0.12	0.57	0.71
2004.2	−0.11	0.01	0.66	0.74	−0.17	−0.30	0.92	0.86	0.04	−0.03	0.68	0.79	0.08	0.75	1.05	1.12	−0.09	−0.10	0.57	0.72
2004.3	−0.15	0.00	0.66	0.74	−0.18	−0.06	0.93	0.86	−0.09	0.05	0.68	0.80	−0.09	0.28	1.05	1.13	−0.07	−0.10	0.57	0.73
2004.4	−0.21	−0.15	0.67	0.75	−0.20	−0.06	0.93	0.87	−0.03	−0.08	0.69	0.81	−0.17	−0.02	1.06	1.14	−0.07	−0.08	0.58	0.74
2004.5	−0.19	−0.23	0.67	0.75	−0.17	0.01	0.94	0.88	−0.06	−0.05	0.69	0.81	−0.10	−0.09	1.07	1.14	−0.14	−0.13	0.58	0.75
2004.6	−0.16	−0.12	0.68	0.76	−0.18	−0.05	0.95	0.88	−0.07	−0.04	0.70	0.82	0.00	−0.03	1.08	1.15	−0.03	0.07	0.59	0.76
2004.7	0.19	−0.15	0.68	0.76	0.00	−0.01	0.96	0.89	0.02	0.03	0.70	0.82	−0.06	−0.01	1.09	1.16	0.03	0.11	0.59	0.78
2004.8	0.46	0.13	0.69	0.77	−0.07	0.12	0.97	0.90	−0.01	0.21	0.71	0.83	0.16	−0.24	1.10	1.16	0.13	0.08	0.60	0.79
2004.9	−0.08	−0.06	0.70	0.77	−0.03	−0.08	0.98	0.90	0.05	−0.05	0.71	0.84	0.08	−0.39	1.11	1.17	0.02	0.04	0.61	0.80
2004.10	−0.20	−0.08	0.71	0.78	0.02	−0.10	0.98	0.91	−0.08	−0.03	0.72	0.84	−0.13	−0.27	1.12	1.18	−0.05	0.24	0.61	0.82
2004.11	−0.20	−0.18	0.71	0.78	−0.18	−0.08	0.99	0.91	−0.21	−0.23	0.73	0.85	−0.20	−0.51	1.13	1.19	−0.05	−0.04	0.62	0.83
2004.12	−0.11	−0.13	0.72	0.79	−0.07	−0.11	1.00	0.92	−0.24	−0.32	0.73	0.86	−0.25	−0.56	1.14	1.20	−0.01	−0.08	0.63	0.85
2005.1	−0.15	−0.12	0.73	0.79	0.28	−0.10	1.01	0.93	−0.21	−0.39	0.74	0.87	−0.39	−0.65	1.15	1.22	−0.04	−0.10	0.64	0.86
2005.2	0.00	−0.04	0.74	0.80	0.25	0.04	1.02	0.93	−0.26	−0.15	0.75	0.88	−0.41	−0.55	1.17	1.23	−0.07	−0.18	0.65	0.88
2005.3	−0.13	−0.02	0.75	0.80	0.20	0.04	1.03	0.94	−0.14	−0.19	0.75	0.88	−0.25	−0.31	1.18	1.24	−0.05	−0.20	0.66	0.90
2005.4	0.00	0.03	0.76	0.81	−0.08	0.04	1.04	0.95	−0.11	−0.15	0.76	0.89	−0.01	−0.53	1.20	1.26	−0.05	−0.19	0.67	0.91
2005.5	0.23	0.19	0.76	0.81	0.09	0.04	1.05	0.95	−0.04	−0.03	0.77	0.90	−0.15	−0.49	1.22	1.27	0.01	−0.27	0.68	0.93
2005.6	0.14	0.17	0.77	0.82	−0.01	0.07	1.06	0.96	0.00	0.01	0.78	0.91	−0.08	−0.04	1.23	1.29	0.02	−0.14	0.69	0.95
2005.7	0.22	0.29	0.78	0.82	0.00	0.12	1.07	0.96	0.01	0.08	0.79	0.92	0.08	0.06	1.25	1.31	−0.09	−0.02	0.70	0.97
2005.8	−0.12	0.19	0.79	0.83	0.07	−0.08	1.09	0.97	0.02	0.07	0.80	0.93	−0.03	0.35	1.27	1.32	−0.04	0.26	0.71	0.99
2005.9	−0.10	0.17	0.80	0.83	−0.16	−0.03	1.10	0.98	−0.01	0.12	0.81	0.94	−0.04	0.61	1.29	1.34	−0.02	0.12	0.72	1.00

（续）

时间	圆白菜				油菜				芹菜				番茄				马铃薯			
	周期成分		长期趋势		周期成分		长期趋势		周期成分		长期趋势		周期成分		长期趋势		周期成分		长期趋势	
	北京	山东	北京	山东	北京	山东	北京	山东	北京	山东	北京	山东	北京	山东	北京	山东	北京	山东	北京	山东
2005.10	−0.04	0.14	0.81	0.83	−0.16	0.13	1.11	0.98	0.16	0.08	0.82	0.95	0.08	0.46	1.31	1.36	−0.02	0.09	0.73	1.02
2005.11	0.13	0.19	0.82	0.84	−0.23	0.19	1.12	0.99	0.21	0.24	0.83	0.96	−0.15	0.44	1.33	1.37	−0.01	0.14	0.75	1.04
2005.12	0.10	0.18	0.83	0.84	−0.03	0.12	1.13	0.99	0.17	0.25	0.84	0.97	−0.12	0.31	1.35	1.39	−0.08	0.06	0.76	1.06
2006.1	0.24	0.21	0.84	0.84	0.06	0.15	1.15	1.00	0.17	0.21	0.84	0.98	0.33	0.17	1.37	1.40	0.10	0.01	0.77	1.08
2006.2	0.20	0.10	0.84	0.85	0.18	0.04	1.16	1.00	0.29	0.12	0.85	0.99	0.44	0.11	1.39	1.42	0.09	0.29	0.78	1.10
2006.3	−0.04	−0.04	0.85	0.85	0.13	0.03	1.17	1.01	0.14	−0.06	0.86	1.00	0.24	0.37	1.41	1.44	0.07	0.13	0.80	1.11
2006.4	0.11	0.00	0.86	0.85	0.24	0.03	1.18	1.01	0.05	0.05	0.87	1.01	0.18	0.38	1.43	1.45	0.11	0.13	0.81	1.13
2006.5	0.06	−0.06	0.87	0.85	0.06	−0.04	1.20	1.02	0.10	−0.11	0.88	1.02	0.30	0.37	1.44	1.47	0.02	0.07	0.82	1.15
2006.6	−0.10	−0.19	0.88	0.85	−0.05	−0.10	1.21	1.03	0.08	−0.07	0.89	1.03	0.61	−0.03	1.46	1.48	0.10	−0.02	0.83	1.17
2006.7	−0.35	−0.22	0.89	0.86	−0.35	0.00	1.23	1.03	−0.22	−0.12	0.90	1.04	−0.26	−0.16	1.48	1.49	0.05	−0.07	0.85	1.18
2006.8	−0.24	−0.19	0.89	0.86	0.19	0.01	1.24	1.04	−0.08	−0.09	0.91	1.05	−0.18	−0.19	1.50	1.51	0.03	−0.11	0.86	1.20
2006.9	0.01	−0.15	0.90	0.86	0.06	0.00	1.25	1.04	0.05	0.00	0.92	1.06	−0.03	−0.10	1.52	1.52	−0.05	−0.06	0.87	1.22
2006.10	0.01	−0.17	0.91	0.87	−0.11	−0.10	1.27	1.05	−0.06	0.04	0.93	1.07	−0.44	−0.19	1.54	1.54	−0.01	0.02	0.88	1.23
2006.11	−0.06	−0.19	0.92	0.87	−0.10	−0.19	1.28	1.06	−0.11	−0.09	0.94	1.08	−0.25	−0.10	1.56	1.55	0.10	−0.10	0.90	1.25
2006.12	0.10	−0.10	0.92	0.87	−0.07	−0.06	1.30	1.06	−0.10	−0.01	0.95	1.09	0.37	0.01	1.58	1.56	0.07	0.13	0.91	1.26
2007.1	−0.10	−0.21	0.93	0.88	−0.07	−0.13	1.32	1.07	−0.08	−0.02	0.96	1.10	−0.03	−0.10	1.60	1.58	−0.06	0.14	0.92	1.28
2007.2	−0.18	−0.28	0.94	0.88	−0.38	−0.19	1.33	1.08	−0.22	−0.15	0.97	1.11	−0.11	−0.28	1.62	1.59	0.01	0.08	0.94	1.30
2007.3	−0.01	−0.16	0.95	0.89	−0.29	−0.28	1.35	1.09	−0.26	−0.08	0.98	1.12	−0.05	−0.14	1.64	1.61	0.02	0.13	0.95	1.31
2007.4	−0.05	−0.04	0.95	0.89	−0.06	−0.05	1.37	1.10	−0.07	0.00	0.99	1.14	−0.06	−0.16	1.66	1.62	−0.08	0.09	0.96	1.33
2007.5	−0.27	−0.08	0.96	0.90	−0.01	0.01	1.38	1.10	−0.12	−0.01	1.00	1.15	−0.19	−0.27	1.67	1.63	−0.17	−0.03	0.97	1.34
2007.6	0.10	0.06	0.97	0.90	0.41	0.15	1.40	1.11	−0.04	0.08	1.01	1.16	0.01	−0.23	1.69	1.65	−0.08	−0.21	0.99	1.36
2007.7	0.26	0.15	0.97	0.91	−0.18	−0.02	1.42	1.12	0.16	0.12	1.02	1.17	0.32	0.01	1.71	1.66	0.05	−0.23	1.00	1.37
2007.8	0.47	0.16	0.98	0.92	−0.18	0.08	1.44	1.13	0.08	0.11	1.03	1.18	0.33	0.46	1.73	1.68	0.14	−0.01	1.01	1.38
2007.9	0.22	0.13	0.99	0.92	−0.12	0.07	1.46	1.14	0.11	−0.01	1.04	1.19	0.04	−0.11	1.75	1.69	0.19	−0.01	1.03	1.40

（续）

时间	圆白菜				油菜				芹菜				番茄				马铃薯			
	周期成分		长期趋势		周期成分		长期趋势		周期成分		长期趋势		周期成分		长期趋势		周期成分		长期趋势	
	北京	山东	北京	山东	北京	山东	北京	山东	北京	山东	北京	山东	北京	山东	北京	山东	北京	山东	北京	山东
2007.10	0.33	0.22	0.99	0.93	0.50	0.12	1.47	1.15	0.00	−0.21	1.05	1.20	0.10	−0.07	1.77	1.70	0.21	−0.01	1.04	1.41
2007.11	0.34	0.41	1.00	0.93	0.22	0.33	1.49	1.16	0.05	0.21	1.06	1.21	0.05	0.04	1.78	1.72	0.10	0.04	1.05	1.43
2007.12	−0.02	0.12	1.00	0.94	−0.05	0.07	1.51	1.17	0.05	0.10	1.08	1.22	−0.06	−0.04	1.80	1.73	0.06	0.17	1.06	1.44
2008.1	−0.21	−0.03	1.00	0.94	−0.27	−0.11	1.53	1.18	−0.08	−0.03	1.09	1.23	−0.10	0.04	1.82	1.74	0.01	0.14	1.08	1.45
2008.2	0.13	0.18	1.01	0.95	−0.04	0.04	1.55	1.19	0.13	0.03	1.10	1.25	0.17	0.39	1.84	1.76	−0.09	0.23	1.09	1.47
2008.3	0.09	0.15	1.01	0.95	0.00	−0.10	1.56	1.20	0.05	−0.05	1.11	1.26	0.15	0.16	1.86	1.77	−0.12	0.08	1.10	1.48
2008.4	−0.06	−0.06	1.01	0.96	−0.16	−0.15	1.58	1.21	−0.12	−0.14	1.12	1.27	0.10	0.34	1.87	1.78	−0.10	−0.08	1.12	1.49
2008.5	−0.20	−0.12	1.02	0.96	−0.18	−0.18	1.60	1.23	−0.05	−0.11	1.13	1.28	−0.02	−0.07	1.89	1.79	0.05	−0.10	1.13	1.50
2008.6	−0.11	−0.12	1.02	0.96	0.01	−0.11	1.62	1.24	−0.04	−0.19	1.14	1.29	0.16	0.01	1.91	1.80	0.00	0.34	1.14	1.52
2008.7	−0.20	0.01	1.02	0.97	0.63	−0.03	1.63	1.25	−0.06	−0.17	1.15	1.30	−0.11	−0.15	1.93	1.81	0.06	0.07	1.16	1.53
2008.8	−0.12	−0.09	1.03	0.97	−0.20	0.26	1.65	1.26	−0.05	−0.02	1.16	1.31	−0.18	0.13	1.94	1.83	−0.03	−0.07	1.17	1.54
2008.9	−0.18	−0.14	1.03	0.98	0.06	−0.09	1.67	1.27	−0.05	−0.06	1.17	1.32	−0.24	−0.05	1.96	1.84	−0.03	−0.04	1.19	1.55
2008.10	−0.15	−0.13	1.03	0.98	0.37	−0.12	1.68	1.28	0.01	−0.12	1.18	1.33	−0.40	−0.12	1.98	1.85	−0.04	−0.11	1.20	1.57
2008.11	−0.17	−0.14	1.04	0.99	−0.33	−0.20	1.70	1.30	0.02	−0.27	1.19	1.34	−0.23	−0.26	2.00	1.86	−0.08	−0.10	1.21	1.58
2008.12	−0.15	−0.17	1.04	0.99	−0.35	−0.22	1.71	1.31	−0.06	−0.24	1.20	1.35	−0.27	−0.16	2.02	1.86	−0.13	−0.18	1.23	1.59
2009.1	0.02	0.03	1.04	1.00	−0.40	−0.02	1.73	1.32	0.07	−0.13	1.20	1.36	−0.12	0.22	2.04	1.87	−0.22	−0.05	1.25	1.60
2009.2	0.12	0.01	1.05	1.00	−0.09	0.00	1.74	1.33	−0.03	0.14	1.21	1.37	−0.08	0.19	2.06	1.88	−0.22	−0.14	1.26	1.62
2009.3	0.11	0.07	1.05	1.00	−0.03	0.08	1.75	1.35	0.04	0.26	1.22	1.38	−0.19	−0.10	2.07	1.89	−0.27	−0.14	1.28	1.63
2009.4	0.08	0.07	1.05	1.01	−0.10	−0.01	1.77	1.36	0.13	0.35	1.23	1.39	−0.34	−0.12	2.09	1.90	−0.27	0.02	1.29	1.64
2009.5	0.07	0.17	1.06	1.01	0.00	0.26	1.78	1.37	0.08	0.57	1.23	1.40	−0.05	0.30	2.11	1.91	−0.32	0.05	1.31	1.66
2009.6	0.05	0.21	1.06	1.02	0.42	0.02	1.79	1.38	−0.03	0.12	1.24	1.40	−0.14	0.15	2.13	1.91	−0.23	−0.20	1.33	1.67
2009.7	−0.03	−0.02	1.06	1.02	−0.05	−0.13	1.80	1.39	−0.02	−0.06	1.25	1.41	0.04	0.31	2.15	1.92	−0.18	−0.27	1.34	1.68
2009.8	0.02	−0.09	1.06	1.03	0.01	−0.21	1.81	1.41	0.00	−0.11	1.25	1.41	−0.01	0.00	2.17	1.93	−0.21	−0.31	1.36	1.70
2009.9	0.10	−0.05	1.07	1.03	0.13	−0.17	1.82	1.42	0.05	−0.08	1.26	1.42	0.29	0.27	2.19	1.93	−0.21	−0.44	1.38	1.71

（续）

时间	圆白菜				油菜				芹菜				番茄				马铃薯			
	周期成分		长期趋势		周期成分		长期趋势		周期成分		长期趋势		周期成分		长期趋势		周期成分		长期趋势	
	北京	山东	北京	山东	北京	山东	北京	山东	北京	山东	北京	山东	北京	山东	北京	山东	北京	山东	北京	山东
2009.10	−0.13	−0.14	1.07	1.03	0.08	−0.39	1.83	1.43	−0.03	−0.21	1.26	1.42	−0.37	−0.06	2.20	1.94	−0.22	−0.49	1.39	1.72
2009.11	0.00	−0.11	1.07	1.04	0.49	0.17	1.83	1.44	0.04	−0.08	1.26	1.42	0.21	−0.07	2.22	1.95	−0.16	−0.43	1.41	1.74
2009.12	−0.01	−0.05	1.07	1.04	0.69	0.40	1.84	1.45	0.07	0.18	1.27	1.43	0.69	0.01	2.23	1.95	−0.19	−0.58	1.42	1.75
2010.1	0.05	−0.01	1.08	1.04	0.80	0.48	1.84	1.46	0.51	0.44	1.27	1.43	0.29	−0.13	2.25	1.96	0.10	−0.36	1.44	1.77
2010.2	−0.01	0.05	1.08	1.05	0.23	0.28	1.84	1.47	0.28	0.24	1.27	1.43	0.11	−0.22	2.26	1.96	0.31	−0.23	1.45	1.78
2010.3	−0.01	0.07	1.08	1.05	0.07	0.17	1.84	1.48	0.18	0.10	1.27	1.43	0.18	−0.09	2.28	1.97	0.38	−0.14	1.46	1.79
2010.4	0.27	0.14	1.08	1.05	0.18	0.31	1.84	1.49	0.07	0.03	1.27	1.43	0.18	−0.04	2.29	1.98	0.37	0.04	1.47	1.80
2010.5	−0.05	0.15	1.08	1.06	−0.72	0.12	1.84	1.49	−0.35	−0.03	1.27	1.42	−0.15	−0.04	2.30	1.98	0.26	0.11	1.48	1.81
2010.6	−0.47	−0.30	1.09	1.06	−0.48	−0.03	1.84	1.50	−0.19	−0.26	1.27	1.42	−0.64	−0.24	2.31	1.99	−0.03	0.34	1.49	1.82
2010.7	−0.08	−0.06	1.09	1.06	0.11	0.13	1.84	1.51	−0.12	0.01	1.27	1.42	−0.49	−0.58	2.32	1.99	0.02	0.37	1.50	1.83
2010.8	0.01	0.05	1.09	1.06	−0.46	0.11	1.84	1.51	−0.04	−0.03	1.27	1.41	−0.16	−0.91	2.33	2.00	0.05	0.30	1.50	1.83
2010.9	0.09	0.04	1.09	1.07	0.09	0.27	1.83	1.52	−0.09	−0.02	1.26	1.41	0.21	−0.58	2.33	2.01	0.33	0.43	1.50	1.84
2010.10	0.36	0.17	1.09	1.07	0.82	0.14	1.83	1.52	0.27	0.14	1.26	1.40	1.09	−0.12	2.34	2.01	0.49	0.44	1.50	1.84
2010.11	0.73	0.61	1.09	1.07	0.44	0.01	1.82	1.53	0.58	0.24	1.26	1.40	0.66	0.02	2.34	2.02	0.61	0.34	1.50	1.83
2010.12	0.26	0.13	1.09	1.07	0.10	−0.32	1.82	1.54	0.26	0.06	1.26	1.39	0.43	−0.07	2.34	2.02	0.71	0.47	1.50	1.83
2011.1	−0.15	−0.01	1.09	1.07	−0.19	−0.43	1.81	1.54	0.05	−0.15	1.25	1.38	−0.19	0.22	2.35	2.03	0.66	0.35	1.50	1.82
2011.2	0.00	−0.05	1.09	1.07	−0.26	−0.12	1.81	1.55	−0.08	−0.09	1.25	1.37	0.00	0.42	2.35	2.03	0.48	0.41	1.49	1.81
2011.3	−0.11	−0.21	1.09	1.07	−0.19	−0.19	1.80	1.55	−0.20	−0.22	1.24	1.36	−0.14	0.27	2.34	2.04	0.45	0.51	1.48	1.80
2011.4	−0.20	−0.47	1.09	1.07	−0.15	−0.33	1.79	1.56	−0.19	−0.28	1.24	1.35	−0.08	−0.44	2.34	2.04	0.44	0.43	1.47	1.79
2011.5	−0.25	−0.53	1.09	1.07	0.17	0.01	1.79	1.56	−0.14	−0.11	1.24	1.34	0.15	−0.39	2.34	2.04	0.23	−0.12	1.46	1.77
2011.6	−0.06	−0.05	1.09	1.07	0.25	0.22	1.78	1.57	0.00	0.26	1.23	1.33	0.81	0.63	2.33	2.04	−0.05	0.22	1.44	1.75
2011.7	0.28	0.55	1.09	1.07	−0.13	0.05	1.77	1.57	0.00	0.55	1.23	1.32	0.35	1.25	2.33	2.04	−0.11	0.44	1.43	1.73
2011.8	−0.17	0.17	1.10	1.07	0.16	0.08	1.77	1.58	−0.11	0.11	1.23	1.31	−0.03	0.74	2.32	2.04	−0.05	0.34	1.41	1.71
2011.9	−0.24	0.00	1.10	1.07	−0.18	0.04	1.76	1.58	−0.10	0.05	1.22	1.30	−0.23	0.46	2.31	2.04	−0.28	0.48	1.40	1.68

（续）

时间	圆白菜				油菜				芹菜				番茄				马铃薯			
	周期成分		长期趋势		周期成分		长期趋势		周期成分		长期趋势		周期成分		长期趋势		周期成分		长期趋势	
	北京	山东	北京	山东	北京	山东	北京	山东	北京	山东	北京	山东	北京	山东	北京	山东	北京	山东	北京	山东
2011.10	−0.16	0.10	1.10	1.07	−0.53	0.00	1.76	1.59	−0.05	0.12	1.22	1.28	0.00	0.47	2.31	2.03	−0.34	0.67	1.38	1.65
2011.11	−0.36	0.07	1.10	1.07	−0.73	−0.05	1.75	1.60	−0.34	−0.06	1.22	1.27	−0.31	0.58	2.30	2.03	−0.50	0.51	1.36	1.62
2011.12	−0.37	−0.04	1.10	1.07	−0.50	0.01	1.75	1.60	−0.71	−0.10	1.22	1.26	−0.43	0.54	2.29	2.02	−0.50	0.63	1.35	1.59
2012.1	−0.23	−0.20	1.10	1.07	−0.23	−0.23	1.74	1.61	−0.47	−0.61	1.21	1.24	−0.17	−0.45	2.28	2.01	−0.05	−0.58	1.33	1.55
2012.2	−0.16	−0.09	1.11	1.07	0.18	−0.20	1.74	1.62	−0.17	−0.18	1.21	1.23	−0.36	−0.41	2.27	2.00	−0.50	−0.63	1.31	1.52
2012.3	−0.05	0.16	1.11	1.07	0.24	0.07	1.74	1.62	0.12	0.15	1.21	1.22	−0.14	−0.11	2.26	1.99	−0.48	−0.56	1.30	1.48
2012.4	0.34	0.20	1.11	1.07	0.11	0.08	1.73	1.63	0.32	0.24	1.21	1.20	0.08	0.03	2.25	1.98	−0.50	−0.46	1.28	1.45
2012.5	0.53	0.10	1.11	1.07	0.13	−0.18	1.73	1.64	0.86	0.66	1.21	1.19	0.05	−0.30	2.24	1.97	−0.28	−0.23	1.27	1.41
2012.6	0.25	0.08	1.12	1.07	−0.15	−0.16	1.73	1.64	0.33	0.15	1.21	1.17	−0.10	−0.38	2.23	1.96	0.07	−0.22	1.25	1.37
2012.7	−0.06	0.00	1.12	1.07	−0.11	−0.26	1.72	1.65	−0.26	−0.35	1.21	1.15	−0.20	−0.55	2.22	1.95	−0.11	−0.38	1.24	1.34
2012.8	0.21	−0.16	1.12	1.06	0.22	0.65	1.72	1.66	0.18	−0.15	1.20	1.14	0.18	0.35	2.21	1.94	−0.12	−0.26	1.22	1.30
2012.9	0.46	−0.05	1.12	1.06	−0.21	−0.29	1.72	1.67	0.04	−0.09	1.20	1.12	0.64	0.55	2.20	1.92	−0.01	−0.38	1.21	1.26
2012.10	−0.17	−0.24	1.13	1.06	−0.03	−0.25	1.72	1.67	−0.17	−0.23	1.20	1.11	−0.11	−0.28	2.19	1.91	−0.02	−0.34	1.19	1.22
2012.11	−0.14	−0.21	1.13	1.06	−0.14	−0.02	1.72	1.68	−0.17	−0.42	1.20	1.09	−0.27	−0.48	2.18	1.90	0.18	−0.21	1.18	1.18
2012.12	−0.09	−0.07	1.13	1.06	0.25	0.19	1.71	1.69	−0.08	−0.10	1.20	1.08	−0.15	−0.36	2.16	1.89	0.25	−0.05	1.16	1.15
2013.1	−0.17	0.28	1.13	1.06	0.39	0.32	1.71	1.70	0.14	0.25	1.20	1.06	−0.28	−0.12	2.15	1.87	0.24	0.08	1.15	1.11

时间	尖椒				蒜薹				茄子				萝卜				韭菜			
	周期成分		长期趋势		周期成分		长期趋势		周期成分		长期趋势		周期成分		长期趋势		周期成分		长期趋势	
	北京	山东	北京	山东	北京	山东	北京	山东	北京	山东	北京	山东	北京	山东	北京	山东	北京	山东	北京	山东
1998.1	−0.23	−0.05	1.60	1.58	0.24	0.12	1.85	1.79	0.47	0.04	1.64	1.16	0.02	−0.02	0.71	0.39	0.00	0.08	1.03	0.83
1998.2	−0.31	−0.24	1.60	1.58	−0.03	−0.06	1.85	1.79	0.14	0.39	1.62	1.15	−0.10	0.05	0.72	0.39	−0.01	0.16	1.03	0.83
1998.3	−0.31	−0.18	1.60	1.58	0.01	0.19	1.84	1.79	0.01	0.47	1.61	1.14	−0.03	0.04	0.73	0.39	0.16	0.04	1.03	0.83

（续）

时间	尖椒				蒜薹				茄子				萝卜				韭菜			
	周期成分		长期趋势		周期成分		长期趋势		周期成分		长期趋势		周期成分		长期趋势		周期成分		长期趋势	
	北京	山东	北京	山东	北京	山东	北京	山东	北京	山东	北京	山东	北京	山东	北京	山东	北京	山东	北京	山东
1998.4	−0.30	−0.26	1.60	1.58	0.27	0.33	1.83	1.79	0.08	0.36	1.59	1.13	0.00	−0.03	0.73	0.39	−0.09	0.11	1.03	0.83
1998.5	0.22	0.09	1.60	1.58	0.10	−0.11	1.82	1.79	0.33	0.42	1.57	1.11	0.00	−0.08	0.74	0.40	−0.09	−0.14	1.03	0.83
1998.6	0.34	0.61	1.59	1.58	0.07	0.24	1.81	1.78	0.13	−0.10	1.56	1.10	−0.11	0.00	0.74	0.40	−0.18	−0.08	1.03	0.83
1998.7	0.21	−0.07	1.59	1.58	0.15	0.26	1.80	1.78	−0.09	−0.38	1.54	1.09	−0.21	−0.10	0.75	0.40	0.01	−0.05	1.03	0.84
1998.8	0.09	−0.03	1.59	1.58	0.04	−0.12	1.79	1.78	−0.02	−0.12	1.53	1.08	−0.12	−0.14	0.76	0.40	−0.08	0.01	1.03	0.84
1998.9	−0.09	0.23	1.59	1.58	−0.12	−0.10	1.78	1.78	−0.14	−0.09	1.51	1.07	−0.19	−0.03	0.76	0.40	0.00	0.03	1.03	0.84
1998.10	0.20	−0.03	1.58	1.58	−0.12	−0.13	1.77	1.78	−0.31	−0.23	1.49	1.06	−0.04	−0.04	0.77	0.40	−0.10	0.04	1.03	0.84
1998.11	0.10	−0.08	1.58	1.58	−0.12	−0.32	1.76	1.78	−0.21	−0.31	1.48	1.05	0.09	−0.02	0.77	0.40	−0.04	−0.01	1.03	0.85
1998.12	−0.08	−0.24	1.58	1.58	−0.35	−0.56	1.75	1.78	−0.33	−0.59	1.47	1.04	0.08	−0.03	0.78	0.41	−0.07	0.03	1.03	0.85
1999.1	−0.23	−0.19	1.57	1.57	−0.25	−0.34	1.75	1.77	−0.40	−0.44	1.45	1.04	0.20	0.00	0.79	0.41	−0.07	−0.05	1.03	0.85
1999.2	−0.07	0.09	1.57	1.57	0.03	−0.07	1.74	1.78	−0.40	−0.41	1.44	1.03	0.04	0.03	0.79	0.41	−0.27	−0.27	1.03	0.85
1999.3	−0.20	−0.14	1.56	1.57	0.13	−0.06	1.73	1.78	−0.30	−0.22	1.43	1.02	−0.06	−0.14	0.80	0.41	−0.14	−0.11	1.03	0.86
1999.4	0.14	0.23	1.56	1.57	−0.05	0.00	1.73	1.78	−0.06	0.04	1.42	1.02	−0.03	0.13	0.80	0.41	0.47	−0.13	1.03	0.86
1999.5	0.05	0.31	1.55	1.56	0.01	−0.07	1.72	1.78	−0.08	0.03	1.40	1.01	−0.04	0.13	0.80	0.41	0.09	−0.17	1.03	0.86
1999.6	0.00	0.09	1.55	1.56	−0.21	−0.18	1.72	1.78	0.26	0.28	1.39	1.01	−0.24	0.10	0.81	0.41	−0.07	−0.11	1.03	0.87
1999.7	−0.05	0.05	1.54	1.56	−0.68	−0.09	1.71	1.78	0.18	0.01	1.38	1.00	0.11	0.24	0.81	0.41	0.02	−0.05	1.03	0.87
1999.8	0.02	−0.25	1.53	1.56	−0.39	−0.35	1.71	1.78	0.02	−0.04	1.37	1.00	0.09	0.27	0.81	0.41	0.11	−0.07	1.03	0.87
1999.9	0.10	−0.43	1.52	1.55	−0.34	−0.10	1.70	1.78	0.23	−0.26	1.36	1.00	0.08	−0.02	0.82	0.41	0.07	−0.03	1.02	0.88
1999.10	0.08	0.00	1.51	1.55	−0.18	−0.12	1.70	1.78	0.23	0.09	1.35	0.99	0.14	0.00	0.82	0.41	0.47	0.06	1.02	0.88
1999.11	−0.01	0.10	1.50	1.54	−0.11	0.02	1.69	1.78	−0.24	0.00	1.34	0.99	0.05	0.40	0.82	0.41	−0.09	0.08	1.02	0.88
1999.12	0.19	0.23	1.49	1.54	0.12	0.01	1.69	1.79	0.35	0.50	1.33	0.99	−0.07	0.00	0.82	0.41	−0.19	−0.10	1.01	0.89
2000.1	0.39	0.29	1.48	1.54	0.13	0.05	1.68	1.79	0.50	0.72	1.32	0.98	−0.10	0.01	0.82	0.41	0.05	0.05	1.01	0.89
2000.2	0.93	0.80	1.47	1.53	0.26	0.34	1.68	1.79	0.46	0.71	1.31	0.98	−0.18	−0.04	0.82	0.41	0.22	0.33	1.01	0.89
2000.3	0.44	0.18	1.46	1.52	0.49	0.76	1.67	1.78	0.45	0.32	1.30	0.98	−0.20	0.13	0.81	0.40	0.14	0.02	1.00	0.90

（续）

时间	尖椒				蒜薹				茄子				萝卜				韭菜			
	周期成分		长期趋势		周期成分		长期趋势		周期成分		长期趋势		周期成分		长期趋势		周期成分		长期趋势	
	北京	山东	北京	山东	北京	山东	北京	山东	北京	山东	北京	山东	北京	山东	北京	山东	北京	山东	北京	山东
2000.4	−0.02	−0.03	1.45	1.52	−0.15	0.01	1.67	1.78	−0.21	0.08	1.29	0.97	0.20	−0.03	0.81	0.40	0.07	−0.11	0.99	0.90
2000.5	−0.25	−0.28	1.43	1.51	0.06	−0.34	1.66	1.78	−0.14	−0.09	1.28	0.97	1.17	0.08	0.81	0.40	−0.19	0.13	0.99	0.90
2000.6	−0.11	−0.07	1.42	1.51	0.12	0.28	1.66	1.78	−0.29	−0.08	1.27	0.96	0.36	−0.05	0.80	0,40	0.00	0.09	0.98	0.90
2000.7	−0.03	−0.07	1.40	1.50	0.41	0.52	1.65	1.77	−0.37	−0.11	1.26	0.96	0.18	−0.04	0.80	0.40	−0.01	0.15	0.97	0.90
2000.8	−0.01	0.02	1.39	1.49	0.94	0.61	1.64	1.77	0.30	−0.28	1.25	0.96	−0.03	−0.07	0.79	0.40	0.33	0.04	0.97	0.91
2000.9	−0.04	−0.04	1.37	1.49	0.40	0.31	1.63	1.76	−0.01	−0.38	1.24	0.96	−0.05	−0.10	0.79	0.40	0.02	0.10	0.96	0.91
2000.10	−0.05	−0.13	1.36	1.48	0.43	0.28	1.62	1.75	−0.20	−0.27	1.23	0.95	0.04	−0.10	0.78	0.40	−0.13	−0.01	0.95	0.91
2000.11	−0.07	0.05	1.34	1.48	0.51	0.35	1.61	1.75	−0.27	−0.10	1.23	0.95	0.04	−0.08	0.77	0.40	0.27	0.12	0.94	0.91
2000.12	−0.10	0.02	1.33	1.47	0.38	0.49	1.60	1.74	−0.23	−0.12	1.22	0.95	−0.06	−0.01	0.76	0.40	0.20	0.16	0.93	0.91
2001.1	−0.14	−0.09	1.31	1.46	0.36	0.48	1.59	1.73	−0.32	0.06	1.21	0.95	−0.17	−0.03	0.76	0.40	0.09	0.19	0.92	0.91
2001.2	−0.34	−0.27	1.30	1.46	0.05	0.13	1.58	1.72	−0.14	0.11	1.20	0.95	0.13	−0.02	0.75	0.40	0.17	0.14	0.91	0.90
2001.3	0.16	0.21	1.29	1.45	−0.15	−0.03	1.57	1.71	0.07	0.05	1.20	0.95	−0.10	−0.09	0.74	0.41	−0.03	0.07	0.90	0.90
2001.4	0.34	0.21	1.27	1.45	0.07	−0.09	1.55	1.70	0.64	0.01	1.19	0.95	−0.12	−0.06	0.73	0.41	0.03	0.10	0.89	0.90
2001.5	0.06	−0.08	1.26	1.44	0.51	−0.19	1.54	1.69	0.08	0.07	1.19	0.95	0.01	−0.15	0.72	0.41	0.03	0.16	0.88	0.90
2001.6	0.06	−0.06	1.25	1.44	0.18	−0.46	1.53	1.68	−0.01	0.00	1.18	0.95	0.07	−0.04	0.71	0.42	0.14	0.14	0.88	0.90
2001.7	−0.50	−0.04	1.23	1.44	−0.21	−0.30	1.52	1.67	0.19	−0.12	1.18	0.96	−0.05	−0.06	0.70	0.42	0.02	0.00	0.87	0.89
2001.8	−0.08	0.16	1.22	1.43	−0.38	0.09	1.51	1.66	0.26	0.31	1.17	0.96	0.00	0.09	0.69	0.43	−0.05	0.11	0.86	0.89
2001.9	0.16	−0.20	1.21	1.43	−0.20	0.01	1.50	1.65	−0.11	0.19	1.17	0.96	0.14	0.09	0.68	0.43	−0.08	−0.03	0.85	0.89
2001.10	−0.12	−0.14	1.20	1.43	−0.21	−0.01	1.49	1.65	0.02	0.07	1.16	0.96	−0.14	0.07	0.67	0.44	0.01	−0.03	0.84	0.89
2001.11	0.10	−0.20	1.19	1.43	−0.42	−0.03	1.49	1.64	−0.12	0.00	1.16	0.97	−0.20	−0.08	0.66	0.44	−0.16	−0.12	0.83	0.89
2001.12	0.03	−0.05	1.18	1.42	−0.27	−0.06	1.48	1.63	−0.13	−0.11	1.16	0.97	−0.05	−0.08	0.66	0.45	−0.11	−0.08	0.83	0.88
2002.1	−0.11	−0.14	1.17	1.42	−0.43	−0.25	1.48	1.63	−0.24	−0.31	1.15	0.98	−0.06	−0.09	0.65	0.46	0.07	−0.15	0.82	0.88
2002.2	0.15	−0.11	1.17	1.42	−0.42	−0.35	1.48	1.63	−0.01	−0.31	1.15	0.98	−0.11	−0.09	0.64	0.47	−0.34	−0.19	0.81	0.88
2002.3	−0.34	−0.18	1.16	1.42	−0.42	−0.35	1.48	1.63	−0.18	−0.26	1.15	0.99	0.01	−0.15	0.63	0.48	−0.36	−0.18	0.81	0.88

（续）

时间	尖椒				蒜薹				茄子				萝卜				韭菜			
	周期成分		长期趋势		周期成分		长期趋势		周期成分		长期趋势		周期成分		长期趋势		周期成分		长期趋势	
	北京	山东	北京	山东	北京	山东	北京	山东	北京	山东	北京	山东	北京	山东	北京	山东	北京	山东	北京	山东
2002.4	−0.30	−0.29	1.15	1.42	−0.37	−0.22	1.48	1.63	−0.12	−0.22	1.15	1.00	−0.18	−0.15	0.63	0.49	−0.29	−0.23	0.80	0.88
2002.5	−0.13	−0.02	1.15	1.42	−0.52	−0.10	1.48	1.63	−0.21	−0.02	1.15	1.01	−0.24	0.06	0.62	0.50	−0.18	0.12	0.80	0.88
2002.6	0.00	0.41	1.15	1.43	−0.36	−0.07	1.49	1.63	−0.04	0.03	1.15	1.01	−0.22	0.10	0.61	0.51	−0.05	−0.07	0.80	0.88
2002.7	−0.11	0.10	1.14	1.43	−0.19	−0.27	1.49	1.63	−0.08	0.00	1.15	1.02	−0.19	−0.01	0.61	0.52	−0.16	−0.15	0.80	0.89
2002.8	−0.13	−0.08	1.14	1.43	−0.25	−0.29	1.50	1.64	−0.29	−0.02	1.15	1.03	−0.06	−0.16	0.60	0.53	−0.15	−0.27	0.80	0.89
2002.9	−0.28	−0.07	1.14	1.43	−0.04	−0.32	1.51	1.65	−0.05	−0.09	1.15	1.04	−0.01	−0.14	0.60	0.55	−0.06	−0.22	0.80	0.89
2002.10	−0.13	−0.01	1.14	1.44	−0.20	−0.16	1.53	1.66	0.04	−0.10	1.15	1.05	−0.09	−0.06	0.59	0.56	−0.30	−0.16	0.80	0.90
2002.11	−0.09	−0.03	1.14	1.44	−0.12	−0.22	1.54	1.67	0.17	−0.08	1.15	1.06	−0.01	−0.08	0.59	0.57	0.05	−0.01	0.80	0.90
2002.12	−0.13	−0.11	1.14	1.44	−0.23	−0.31	1.56	1.68	0.22	0.10	1.15	1.07	0.05	−0.17	0.59	0.59	−0.06	−0.15	0.80	0.91
2003.1	0.09	−0.02	1.15	1.45	−0.19	−0.15	1.57	1.69	0.42	0.15	1.16	1.08	0.07	−0.06	0.58	0.60	0.05	−0.03	0.81	0.91
2003.2	0.09	0.15	1.15	1.45	−0.11	−0.13	1.59	1.70	0.00	0.00	1.16	1.10	0.17	−0.19	0.58	0.62	0.11	−0.05	0.81	0.92
2003.3	−0.05	0.04	1.15	1.46	0.02	0.07	1.61	1.72	0.06	0.20	1.16	1.11	0.09	−0.13	0.58	0.63	0.30	0.10	0.81	0.93
2003.4	0.24	0.49	1.16	1.46	0.83	0.56	1.63	1.73	0.72	0.72	1.16	1.12	1.00	0.98	0.58	0.65	0.34	0.34	0.82	0.94
2003.5	0.03	0.11	1.16	1.47	0.89	0.22	1.65	1.75	0.43	−0.03	1.16	1.13	−0.04	−0.02	0.57	0.66	0.39	−0.11	0.82	0.94
2003.6	−0.08	−0.16	1.17	1.47	−0.55	−0.44	1.67	1.77	−0.14	−0.10	1.17	1.14	−0.20	−0.11	0.57	0.68	−0.25	−0.09	0.83	0.95
2003.7	0.05	−0.48	1.17	1.48	−0.08	−0.27	1.69	1.79	−0.51	−0.23	1.17	1.15	−0.23	−0.44	0.57	0.69	−0.04	−0.10	0.84	0.96
2003.8	0.13	−0.12	1.18	1.48	0.09	−0.35	1.71	1.81	−0.11	−0.24	1.17	1.17	−0.06	−0.38	0.57	0.71	−0.07	−0.09	0.84	0.97
2003.9	0.10	0.49	1.19	1.49	−0.10	0.07	1.73	1.83	−0.14	−0.22	1.17	1.18	−0.03	0.05	0.57	0.72	−0.13	0.11	0.85	0.98
2003.10	0.11	0.28	1.19	1.49	0.01	−0.04	1.75	1.85	0.61	0.17	1.18	1.19	0.06	0.09	0.57	0.74	0.10	0.08	0.86	0.99
2003.11	0.14	0.09	1.20	1.50	0.25	0.18	1.77	1.87	0.17	0.22	1.18	1.20	0.03	0.19	0.57	0.75	0.03	0.00	0.86	1.00
2003.12	0.18	0.05	1.21	1.50	0.27	0.24	1.79	1.89	0.04	0.30	1.18	1.21	−0.08	0.28	0.57	0.77	0.28	0.25	0.87	1.01
2004.1	0.04	0.12	1.22	1.51	0.25	0.30	1.82	1.91	−0.28	0.60	1.19	1.23	0.02	0.13	0.57	0.78	0.10	0.04	0.88	1.02
2004.2	−0.01	−0.23	1.23	1.52	0.28	0.17	1.84	1.93	−0.24	0.31	1.19	1.24	−0.16	0.01	0.57	0.79	0.11	0.03	0.89	1.03
2004.3	0.29	0.07	1.24	1.52	0.12	0.26	1.86	1.95	−0.20	0.10	1.20	1.25	−0.03	0.20	0.57	0.81	−0.07	0.18	0.90	1.04

（续）

时间	尖椒				蒜薹				茄子				萝卜				韭菜			
	周期成分		长期趋势		周期成分		长期趋势		周期成分		长期趋势		周期成分		长期趋势		周期成分		长期趋势	
	北京	山东	北京	山东	北京	山东	北京	山东	北京	山东	北京	山东	北京	山东	北京	山东	北京	山东	北京	山东
2004.4	0.04	−0.02	1.25	1.53	−0.44	−0.03	1.88	1.98	−0.23	−0.30	1.20	1.26	−0.11	0.12	0.57	0.82	−0.15	−0.04	0.91	1.04
2004.5	0.06	−0.04	1.25	1.54	−0.10	−0.17	1.90	2.00	−0.13	0.03	1.21	1.27	−0.13	−0.04	0.57	0.83	−0.22	−0.06	0.92	1.05
2004.6	−0.12	0.12	1.26	1.54	−0.20	−0.16	1.92	2.02	0.03	0.06	1.22	1.29	−0.11	0.00	0.57	0.84	−0.22	−0.08	0.93	1.06
2004.7	−0.19	−0.35	1.28	1.55	−0.06	−0.08	1.94	2.04	−0.03	0.06	1.23	1.30	0.05	0.03	0.58	0.85	0.15	0.00	0.94	1.07
2004.8	−0.03	−0.12	1.29	1.56	0.18	−0.05	1.96	2.06	0.61	0.03	1.23	1.31	0.06	0.05	0.58	0.87	0.04	0.10	0.95	1.08
2004.9	−0.15	−0.05	1.30	1.57	0.03	−0.12	1.98	2.08	0.08	−0.15	1.24	1.33	−0.11	0.20	0.58	0.87	−0.01	−0.09	0.96	1.09
2004.10	0.09	−0.05	1.31	1.58	0.06	−0.06	2.00	2.10	−0.01	−0.52	1.25	1.34	−0.04	−0.05	0.59	0.88	−0.01	0.02	0.98	1.10
2004.11	−0.19	−0.02	1.32	1.58	−0.29	−0.22	2.02	2.12	−0.24	−0.62	1.26	1.36	−0.08	0.02	0.59	0.89	−0.02	0.02	0.99	1.11
2004.12	−0.08	0.03	1.33	1.59	−0.12	−0.28	2.04	2.13	−0.18	−0.70	1.27	1.37	−0.03	−0.08	0.60	0.90	−0.10	−0.18	1.00	1.12
2005.1	−0.07	−0.14	1.35	1.60	0.05	−0.13	2.06	2.15	0.01	−0.82	1.29	1.39	−0.11	−0.03	0.60	0.91	−0.04	−0.11	1.02	1.13
2005.2	−0.23	−0.19	1.36	1.61	0.28	0.22	2.07	2.17	−0.08	−0.68	1.30	1.40	0.07	−0.09	0.61	0.92	−0.12	0.21	1.03	1.14
2005.3	−0.34	−0.27	1.38	1.62	0.15	0.10	2.09	2.18	−0.07	−0.22	1.31	1.42	0.08	−0.11	0.61	0.92	0.01	0.02	1.04	1.15
2005.4	0.00	−0.14	1.39	1.63	0.07	0.25	2.11	2.20	−0.16	−0.37	1.33	1.44	0.13	0.00	0.62	0.93	−0.34	0.06	1.06	1.16
2005.5	0.00	−0.09	1.41	1.65	0.14	0.45	2.12	2.21	−0.04	−0.59	1.34	1.46	0.15	0.12	0.63	0.93	−0.08	0.06	1.07	1.17
2005.6	0.05	0.04	1.42	1.66	0.37	0.35	2.14	2.22	−0.12	0.18	1.36	1.47	0.09	0.22	0.63	0.94	0.07	−0.07	1.09	1.18
2005.7	0.08	0.25	1.44	1.67	0.39	0.59	2.15	2.23	−0.03	0.47	1.37	1.49	0.07	0.26	0.64	0.94	−0.20	0.35	1.11	1.19
2005.8	−0.03	0.22	1.45	1.68	0.17	0.34	2.16	2.24	0.00	0.58	1.39	1.51	0.00	0.21	0.64	0.94	0.14	0.01	1.12	1.20
2005.9	0.14	0.38	1.47	1.69	0.17	0.32	2.17	2.25	−0.13	1.67	1.41	1.52	0.05	0.05	0.65	0.95	0.07	0.06	1.14	1.21
2005.10	0.14	0.21	1.48	1.70	−0.09	0.11	2.18	2.26	−0.51	1.27	1.42	1.54	0.01	0.15	0.66	0.95	−0.01	0.05	1.16	1.22
2005.11	0.27	0.31	1.50	1.71	−0.01	0.11	2.20	2.26	−0.19	1.05	1.44	1.55	−0.01	0.21	0.67	0.95	−0.04	0.00	1.17	1.23
2005.12	−0.29	0.02	1.52	1.72	−0.11	0.09	2.20	2.26	−0.07	0.11	1.46	1.56	0.37	0.46	0.67	0.95	−0.14	−0.03	1.19	1.23
2006.1	0.34	0.34	1.53	1.74	0.08	0.10	2.21	2.27	0.22	0.14	1.48	1.57	0.07	0.12	0.68	0.95	0.31	0.42	1.20	1.24
2006.2	0.61	0.19	1.55	1.75	0.01	0.08	2.22	2.27	0.37	0.36	1.50	1.59	0.05	0.24	0.69	0.95	0.20	0.13	1.22	1.25
2006.3	0.27	0.14	1.56	1.76	−0.12	−0.12	2.23	2.27	0.18	0.15	1.52	1.60	−0.13	0.06	0.69	0.95	0.14	−0.19	1.24	1.26

（续）

时间	尖椒				蒜薹				茄子				萝卜				韭菜			
	周期成分		长期趋势		周期成分		长期趋势		周期成分		长期趋势		周期成分		长期趋势		周期成分		长期趋势	
	北京	山东	北京	山东	北京	山东	北京	山东	北京	山东	北京	山东	北京	山东	北京	山东	北京	山东	北京	山东
2006.4	0.06	0.08	1.58	1.77	0.35	0.24	2.24	2.27	0.00	0.24	1.54	1.60	−0.09	−0.14	0.70	0.95	0.37	0.01	1.25	1.27
2006.5	0.25	0.17	1.60	1.78	0.61	0.66	2.24	2.26	0.01	0.17	1.57	1.61	−0.09	−0.14	0.71	0.95	0.29	0.10	1.27	1.28
2006.6	0.65	−0.14	1.61	1.79	0.59	0.40	2.25	2.26	0.80	−0.52	1.59	1.62	−0.13	−0.35	0.72	0.95	−0.03	−0.06	1.28	1.29
2006.7	0.09	−0.24	1.63	1.81	0.43	0.34	2.26	2.26	−0.33	−0.48	1.61	1.63	−0.31	−0.27	0.73	0.95	−0.01	−0.13	1.30	1.30
2006.8	0.05	−0.34	1.65	1.82	0.05	0.18	2.26	2.25	−0.29	−0.58	1.63	1.64	−0.22	−0.16	0.74	0.95	−0.02	−0.13	1.31	1.31
2006.9	0.03	−0.29	1.66	1.83	0.20	0.19	2.27	2.25	−0.26	−0.44	1.65	1.65	0.01	−0.08	0.75	0.95	0.17	−0.05	1.33	1.32
2006.10	−0.46	−0.31	1.68	1.85	0.16	0.31	2.27	2.25	−0.38	−0.37	1.68	1.66	−0.23	0.00	0.76	0.96	−0.17	−0.19	1.34	1.33
2006.11	−0.72	−0.60	1.70	1.86	0.21	0.17	2.28	2.24	−0.30	−0.64	1.70	1.67	−0.18	−0.05	0.77	0.96	−0.21	−0.28	1.36	1.34
2006.12	−0.28	−0.51	1.72	1.88	0.27	0.20	2.29	2.24	−0.03	−0.08	1.72	1.68	−0.11	−0.03	0.78	0.96	0.56	0.34	1.37	1.35
2007.1	−0.69	−0.61	1.74	1.90	0.14	0.11	2.29	2.23	−0.18	−0.06	1.74	1.69	−0.03	−0.04	0.79	0.96	−0.16	−0.07	1.39	1.36
2007.2	−0.73	−0.73	1.76	1.92	−0.18	0.06	2.30	2.23	−0.22	−0.30	1.77	1.70	−0.24	−0.15	0.80	0.97	−0.49	−0.40	1.40	1.37
2007.3	−0.26	−0.16	1.78	1.93	−0.04	0.06	2.31	2.23	−0.05	−0.19	1.79	1.72	−0.23	−0.10	0.81	0.97	−0.06	−0.29	1.42	1.38
2007.4	−0.27	0.00	1.81	1.95	−0.26	0.10	2.32	2.23	0.22	−0.27	1.81	1.73	−0.07	−0.13	0.82	0.98	−0.03	−0.12	1.43	1.40
2007.5	−0.33	0.13	1.83	1.97	−0.44	−0.58	2.34	2.23	−0.02	−0.34	1.83	1.74	0.09	−0.16	0.83	0.98	0.01	−0.20	1.45	1.41
2007.6	−0.30	0.46	1.86	1.99	−0.69	−0.89	2.35	2.23	0.29	−0.11	1.85	1.75	0.16	−0.26	0.84	0.99	−0.15	0.01	1.46	1.42
2007.7	0.13	0.76	1.88	2.01	−0.82	−1.10	2.37	2.24	0.44	−0.01	1.87	1.77	0.39	−0.17	0.85	0.99	−0.13	−0.05	1.48	1.44
2007.8	−0.02	0.98	1.91	2.02	−0.56	−0.58	2.39	2.25	0.41	0.19	1.89	1.78	0.21	−0.21	0.86	1.00	−0.26	0.11	1.49	1.45
2007.9	0.04	0.26	1.93	2.04	−0.59	−0.44	2.41	2.26	−0.10	0.06	1.91	1.79	0.22	−0.21	0.87	1.01	−0.13	0.07	1.51	1.47
2007.10	0.26	0.28	1.96	2.06	−0.29	−0.43	2.43	2.27	0.49	0.00	1.93	1.80	0.32	−0.19	0.88	1.02	0.16	−0.01	1.52	1.48
2007.11	0.25	0.55	1.98	2.07	−0.31	−0.17	2.46	2.28	0.58	0.79	1.95	1.81	0.18	−0.21	0.89	1.03	0.45	0.24	1.54	1.49
2007.12	−0.03	0.50	2.01	2.09	−0.17	−0.05	2.49	2.30	0.10	0.39	1.97	1.83	0.05	−0.16	0.89	1.04	−0.01	0.06	1.55	1.51
2008.1	0.20	0.07	2.03	2.11	−0.24	−0.13	2.52	2.32	0.14	0.08	1.98	1.84	−0.01	−0.30	0.90	1.05	−0.16	−0.04	1.57	1.52
2008.2	0.44	0.11	2.06	2.12	0.21	0.29	2.55	2.34	0.33	0.69	2.00	1.85	0.26	0.09	0.91	1.06	0.23	0.36	1.58	1.54
2008.3	0.48	0.10	2.08	2.14	0.03	−0.02	2.59	2.37	0.03	0.41	2.01	1.86	0.30	0.27	0.91	1.07	−0.10	0.14	1.60	1.55

（续）

时间	尖椒				蒜薹				茄子				萝卜				韭菜			
	周期成分		长期趋势		周期成分		长期趋势		周期成分		长期趋势		周期成分		长期趋势		周期成分		长期趋势	
	北京	山东	北京	山东	北京	山东	北京	山东	北京	山东	北京	山东	北京	山东	北京	山东	北京	山东	北京	山东
2008.4	0.09	−0.15	2.10	2.15	−0.11	−0.17	2.62	2.40	−0.06	−0.10	2.03	1.87	0.10	0.24	0.92	1.08	0.03	0.00	1.61	1.57
2008.5	−0.30	−0.52	2.13	2.17	−0.33	−0.58	2.66	2.43	0.00	−0.06	2.04	1.88	−0.01	0.17	0.92	1.09	0.07	0.04	1.63	1.58
2008.6	0.20	−0.56	2.15	2.18	−0.38	−0.35	2.70	2.46	0.04	0.10	2.06	1.89	−0.13	0.18	0.93	1.10	0.12	0.07	1.64	1.59
2008.7	−0.17	−0.49	2.17	2.20	−0.37	−0.41	2.74	2.49	0.08	0.00	2.07	1.89	−0.11	0.08	0.93	1.12	0.44	0.00	1.65	1.61
2008.8	−0.22	−0.21	2.19	2.22	−0.27	−0.35	2.79	2.53	−0.33	−0.17	2.08	1.90	−0.12	0.07	0.94	1.13	0.23	0.02	1.67	1.62
2008.9	−0.27	−0.32	2.21	2.23	−0.21	−0.47	2.83	2.57	−0.35	−0.21	2.10	1.91	−0.11	0.01	0.94	1.14	−0.24	0.01	1.68	1.64
2008.10	−0.26	−0.43	2.23	2.25	−0.26	−0.42	2.88	2.61	0.38	−0.18	2.11	1.92	−0.09	0.02	0.94	1.15	0.01	−0.01	1.69	1.65
2008.11	−0.35	−0.48	2.25	2.27	−0.44	−0.56	2.93	2.65	−0.18	−0.24	2.12	1.93	−0.13	0.08	0.95	1.16	−0.37	−0.26	1.71	1.66
2008.12	0.43	−0.05	2.27	2.29	−0.57	−0.68	2.98	2.70	−0.40	−0.30	2.13	1.93	−0.14	0.03	0.95	1.17	−0.31	−0.15	1.72	1.68
2009.1	1.37	0.79	2.28	2.30	−0.61	−0.48	3.03	2.75	−0.45	0.09	2.15	1.94	−0.09	0.19	0.95	1.17	−0.18	−0.01	1.74	1.69
2009.2	0.62	0.47	2.30	2.32	−0.37	−0.53	3.08	2.79	−0.54	−0.05	2.16	1.95	−0.07	−0.09	0.96	1.18	−0.19	−0.07	1.75	1.71
2009.3	0.01	0.01	2.31	2.34	−0.40	−0.48	3.13	2.84	−0.34	−0.18	2.17	1.96	−0.11	−0.07	0.96	1.19	0.09	0.12	1.76	1.72
2009.4	−0.13	−0.05	2.33	2.36	−0.05	−0.29	3.18	2.89	−0.31	0.06	2.19	1.97	−0.10	0.00	0.96	1.20	−0.10	−0.06	1.78	1.74
2009.5	0.05	−0.05	2.34	2.37	0.13	0.26	3.24	2.94	−0.17	0.06	2.20	1.97	−0.11	0.14	0.96	1.21	−0.21	−0.10	1.79	1.75
2009.6	−0.02	−0.05	2.35	2.39	0.54	0.62	3.29	2.99	−0.30	0.19	2.21	1.98	0.27	0.16	0.97	1.21	0.10	−0.17	1.80	1.76
2009.7	0.03	−0.24	2.36	2.41	0.51	0.56	3.33	3.04	−0.32	−0.19	2.23	1.99	0.10	0.09	0.97	1.22	−0.09	−0.19	1.82	1.78
2009.8	0.33	−0.47	2.37	2.43	0.83	0.53	3.38	3.09	−0.19	−0.20	2.24	2.00	0.10	0.06	0.97	1.22	0.06	−0.32	1.83	1.79
2009.9	0.21	−0.27	2.38	2.44	0.60	0.44	3.43	3.14	0.07	0.04	2.25	2.00	0.03	−0.02	0.97	1.23	0.24	−0.32	1.84	1.81
2009.10	−0.01	−0.23	2.39	2.46	0.39	0.27	3.47	3.18	−0.01	−0.29	2.26	2.01	−0.06	−0.03	0.97	1.23	−0.23	−0.40	1.86	1.82
2009.11	−0.10	−0.24	2.40	2.48	0.38	0.22	3.51	3.23	0.12	−0.37	2.28	2.02	0.19	−0.02	0.97	1.23	0.54	0.10	1.87	1.83
2009.12	−0.05	−0.01	2.40	2.49	0.42	0.25	3.55	3.27	0.73	−0.17	2.29	2.02	0.18	−0.04	0.97	1.24	0.38	0.52	1.88	1.85
2010.1	−0.24	0.50	2.41	2.51	0.36	0.07	3.59	3.31	0.49	−0.16	2.30	2.03	0.05	0.02	0.97	1.24	−0.06	0.17	1.89	1.86
2010.2	−0.49	−0.13	2.41	2.52	0.14	0.03	3.62	3.35	0.35	−0.20	2.30	2.03	−0.02	−0.04	0.97	1.24	−0.36	0.03	1.90	1.87
2010.3	−0.51	−0.11	2.42	2.53	−0.22	−0.35	3.65	3.38	0.04	0.13	2.31	2.04	0.01	−0.03	0.97	1.24	−0.09	0.00	1.91	1.88

（续）

时间	尖椒				蒜薹				茄子				萝卜				韭菜			
	周期成分		长期趋势		周期成分		长期趋势		周期成分		长期趋势		周期成分		长期趋势		周期成分		长期趋势	
	北京	山东	北京	山东	北京	山东	北京	山东	北京	山东	北京	山东	北京	山东	北京	山东	北京	山东	北京	山东
2010.4	−0.23	−0.03	2.42	2.55	0.11	0.43	3.68	3.41	0.29	0.56	2.32	2.04	−0.03	−0.10	0.97	1.24	0.24	0.10	1.93	1.89
2010.5	0.01	0.18	2.43	2.56	1.03	1.37	3.71	3.44	0.11	0.56	2.32	2.05	−0.16	−0.20	0.97	1.24	−0.29	0.33	1.94	1.90
2010.6	−0.33	0.03	2.43	2.57	0.49	0.59	3.73	3.47	0.13	0.34	2.32	2.05	−0.17	−0.19	0.96	1.24	−0.35	0.17	1.94	1.91
2010.7	−0.23	−0.08	2.44	2.58	0.51	0.64	3.75	3.49	0.09	0.03	2.33	2.05	−0.16	−0.24	0.96	1.24	−0.01	0.27	1.95	1.92
2010.8	−0.02	−0.08	2.44	2.59	0.09	0.57	3.77	3.51	0.59	−0.62	2.33	2.06	0.05	−0.25	0.96	1.23	−0.23	0.20	1.96	1.93
2010.9	0.09	0.01	2.44	2.59	0.23	0.33	3.79	3.53	0.35	−0.40	2.33	2.06	0.06	−0.12	0.96	1.23	0.20	0.00	1.97	1.93
2010.10	0.35	0.19	2.45	2.60	0.17	0.27	3.80	3.54	0.40	−0.12	2.33	2.06	0.20	−0.08	0.96	1.23	0.77	0.08	1.98	1.94
2010.11	0.21	−0.25	2.45	2.60	0.36	0.18	3.81	3.55	0.06	−0.07	2.32	2.06	0.32	−0.10	0.95	1.22	0.19	0.04	1.99	1.94
2010.12	−0.40	−0.62	2.45	2.60	0.36	0.11	3.82	3.56	0.08	−0.35	2.32	2.05	0.18	0.08	0.95	1.21	−0.33	−0.57	1.99	1.95
2011.1	−0.59	−0.68	2.45	2.60	0.18	0.29	3.82	3.57	−0.41	−0.01	2.32	2.05	−0.14	0.18	0.95	1.21	0.03	−0.22	2.00	1.95
2011.2	0.07	0.20	2.45	2.60	−0.12	0.34	3.82	3.57	−0.31	0.19	2.31	2.05	0.01	0.46	0.94	1.20	0.12	0.18	2.00	1.95
2011.3	1.08	0.76	2.45	2.60	0.02	0.30	3.83	3.57	−0.08	−0.03	2.30	2.04	0.04	0.53	0.94	1.19	0.00	0.05	2.01	1.95
2011.4	0.22	0.32	2.44	2.59	0.22	0.27	3.82	3.57	−0.17	−0.07	2.30	2.04	−0.07	0.29	0.93	1.17	0.05	0.14	2.01	1.95
2011.5	−0.07	−0.17	2.44	2.58	0.21	−0.52	3.82	3.56	−0.04	0.11	2.29	2.03	0.16	0.23	0.93	1.16	0.85	0.00	2.02	1.95
2011.6	0.38	0.61	2.44	2.57	−0.04	0.07	3.82	3.55	0.41	0.05	2.28	2.02	0.07	0.25	0.93	1.15	0.22	0.18	2.02	1.95
2011.7	0.23	1.16	2.43	2.55	−0.25	−0.15	3.81	3.55	−0.07	0.86	2.28	2.01	0.17	0.35	0.92	1.13	−0.13	0.20	2.02	1.95
2011.8	−0.30	0.37	2.42	2.53	−0.12	−0.25	3.81	3.53	−0.30	0.70	2.27	1.99	−0.18	0.28	0.92	1.11	0.04	0.27	2.02	1.95
2011.9	−0.28	0.50	2.42	2.51	−0.18	0.00	3.80	3.52	−0.32	0.49	2.26	1.98	−0.16	0.28	0.91	1.09	−0.27	0.42	2.02	1.94
2011.10	−0.04	0.78	2.41	2.49	−0.15	0.08	3.79	3.51	−0.14	0.69	2.25	1.96	−0.21	0.25	0.91	1.07	−0.14	0.33	2.03	1.94
2011.11	0.14	0.89	2.40	2.47	−0.28	0.14	3.78	3.49	−0.72	0.73	2.24	1.94	−0.39	0.22	0.91	1.05	−0.27	0.17	2.03	1.93
2011.12	−0.14	0.87	2.39	2.44	−0.32	0.26	3.77	3.48	−0.25	0.64	2.23	1.92	−0.31	0.30	0.90	1.03	−0.17	0.21	2.03	1.93
2012.1	1.09	0.30	2.38	2.41	0.06	−0.14	3.76	3.46	0.29	−0.06	2.22	1.90	−0.10	−0.25	0.90	1.01	0.12	0.05	2.03	1.92
2012.2	−0.11	−0.12	2.37	2.37	−0.15	0.03	3.75	3.44	0.37	−0.02	2.21	1.88	−0.12	−0.39	0.90	0.99	−0.06	−0.17	2.03	1.91
2012.3	0.09	0.03	2.36	2.34	−0.13	−0.18	3.74	3.43	0.41	0.34	2.20	1.86	−0.06	−0.39	0.90	0.96	−0.17	−0.19	2.03	1.90

（续）

时间	尖椒				蒜薹				茄子				萝卜				韭菜			
	周期成分		长期趋势		周期成分		长期趋势		周期成分		长期趋势		周期成分		长期趋势		周期成分		长期趋势	
	北京	山东	北京	山东	北京	山东	北京	山东	北京	山东	北京	山东	北京	山东	北京	山东	北京	山东	北京	山东
2012.4	0.08	0.05	2.34	2.30	-0.17	-0.09	3.73	3.41	0.20	-0.27	2.19	1.83	0.14	-0.25	0.89	0.94	-0.04	-0.10	2.03	1.90
2012.5	0.15	-0.01	2.33	2.26	-0.13	-0.37	3.72	3.39	0.13	-0.44	2.18	1.81	0.39	-0.25	0.89	0.91	0.09	-0.66	2.03	1.89
2012.6	-0.06	-0.26	2.32	2.22	-0.49	-0.49	3.71	3.37	-0.02	-0.51	2.17	1.78	0.06	-0.16	0.89	0.89	0.04	-0.15	2.03	1.88
2012.7	-0.08	-0.54	2.30	2.18	-0.23	-0.67	3.70	3.35	-0.47	-0.66	2.16	1.76	-0.01	-0.02	0.88	0.86	-0.03	-0.16	2.03	1.87
2012.8	0.09	-0.25	2.29	2.14	-0.29	-0.30	3.69	3.33	0.60	-0.33	2.15	1.73	0.00	0.07	0.88	0.84	0.12	0.07	2.03	1.86
2012.9	0.03	-0.06	2.27	2.10	-0.54	-0.25	3.68	3.31	0.17	-0.29	2.13	1.71	0.28	0.08	0.88	0.81	-0.03	-0.14	2.03	1.86
2012.10	-0.19	-0.89	2.26	2.05	-0.01	-0.14	3.67	3.29	-0.19	-0.51	2.12	1.68	-0.01	-0.09	0.88	0.79	-0.50	-0.48	2.03	1.85
2012.11	-0.54	-1.04	2.24	2.01	0.10	-0.02	3.67	3.27	-0.60	-0.45	2.11	1.66	-0.24	-0.38	0.87	0.76	-0.12	-0.25	2.03	1.84
2012.12	-0.14	-0.55	2.22	1.97	0.31	-0.01	3.66	3.25	-0.06	-0.17	2.10	1.63	0.02	-0.29	0.87	0.74	0.26	-0.02	2.03	1.83
2013.1	-0.38	-0.08	2.21	1.93	0.28	0.20	3.65	3.23	-0.08	0.52	2.09	1.60	0.04	0.07	0.87	0.71	0.05	0.53	2.03	1.82

时间	黄瓜				青椒				胡萝卜				大白菜			
	周期成分		长期趋势		周期成分		长期趋势		周期成分		长期趋势		周期成分		长期趋势	
	北京	山东	北京	山东	北京	山东	北京	山东	北京	山东	北京	山东	北京	山东	北京	山东
1998.1	0.40	0.04	1.41	1.17	0.20	-0.01	1.83	1.69	-0.19	-0.03	0.99	0.79	-0.16	-0.07	0.58	0.48
1998.2	0.22	0.14	1.39	1.17	-0.02	-0.10	1.81	1.68	0.05	0.06	0.98	0.79	-0.17	0.00	0.58	0.48
1998.3	0.22	0.15	1.38	1.16	-0.06	0.01	1.80	1.67	0.16	0.03	0.97	0.78	-0.14	0.01	0.58	0.48
1998.4	0.17	0.28	1.37	1.16	0.38	0.22	1.78	1.66	0.26	0.02	0.95	0.78	0.11	-0.06	0.58	0.48
1998.5	0.07	0.23	1.35	1.16	0.11	0.37	1.77	1.65	0.24	0.22	0.94	0.78	0.26	0.11	0.58	0.48
1998.6	-0.06	-0.11	1.34	1.15	-0.09	0.40	1.75	1.64	0.11	-0.06	0.93	0.77	-0.10	0.02	0.58	0.48
1998.7	-0.27	-0.43	1.33	1.15	0.09	-0.38	1.73	1.63	0.18	0.06	0.92	0.77	-0.26	-0.15	0.58	0.48
1998.8	-0.35	-0.22	1.32	1.15	-0.17	-0.06	1.72	1.62	-0.12	-0.01	0.90	0.76	-0.08	0.00	0.58	0.48
1998.9	-0.18	0.00	1.31	1.14	-0.06	0.03	1.70	1.61	-0.17	0.00	0.89	0.76	0.04	0.04	0.58	0.48

（续）

时间	黄瓜				青椒				胡萝卜				大白菜			
	周期成分		长期趋势		周期成分		长期趋势		周期成分		长期趋势		周期成分		长期趋势	
	北京	山东	北京	山东	北京	山东	北京	山东	北京	山东	北京	山东	北京	山东	北京	山东
1998.10	−0.13	−0.09	1.29	1.14	−0.30	−0.25	1.69	1.60	−0.17	−0.04	0.88	0.76	0.03	−0.06	0.58	0.48
1998.11	−0.03	0.03	1.28	1.14	0.01	−0.27	1.67	1.60	−0.05	−0.11	0.87	0.75	0.04	−0.08	0.58	0.48
1998.12	0.01	0.28	1.27	1.13	−0.21	−0.35	1.66	1.59	−0.07	−0.13	0.85	0.75	0.14	0.00	0.58	0.48
1999.1	−0.37	−0.44	1.26	1.13	−0.16	−0.06	1.64	1.58	−0.09	−0.10	0.84	0.75	0.05	0.01	0.58	0.48
1999.2	−0.36	−0.26	1.25	1.13	0.01	−0.04	1.63	1.57	−0.07	−0.11	0.83	0.74	0.09	−0.03	0.58	0.48
1999.3	−0.26	−0.16	1.24	1.13	−0.22	−0.19	1.61	1.56	−0.07	−0.07	0.82	0.74	0.07	0.03	0.58	0.48
1999.4	−0.02	−0.03	1.23	1.13	−0.34	0.08	1.60	1.56	−0.15	−0.02	0.81	0.74	0.08	0.22	0.58	0.48
1999.5	0.00	0.01	1.23	1.13	0.16	0.17	1.59	1.55	−0.19	−0.06	0.80	0.74	0.05	0.04	0.58	0.48
1999.6	0.05	0.12	1.22	1.13	0.19	−0.01	1.57	1.54	−0.06	0.07	0.79	0.73	−0.09	0.01	0.57	0.48
1999.7	0.06	0.18	1.21	1.12	−0.05	0.09	1.56	1.53	−0.12	−0.03	0.78	0.73	0.13	0.04	0.57	0.48
1999.8	0.28	0.03	1.20	1.12	−0.34	−0.16	1.55	1.52	−0.04	−0.02	0.77	0.73	0.06	0.01	0.57	0.48
1999.9	0.03	−0.14	1.19	1.12	−0.05	−0.32	1.53	1.52	0.10	0.02	0.76	0.73	0.14	0.03	0.56	0.48
1999.10	0.19	0.13	1.19	1.12	0.33	−0.08	1.52	1.51	0.10	0.06	0.75	0.72	0.20	0.12	0.56	0.48
1999.11	−0.16	−0.16	1.18	1.12	0.08	0.12	1.51	1.50	0.06	0.09	0.74	0.72	0.02	0.11	0.56	0.48
1999.12	−0.19	−0.17	1.17	1.12	0.38	1.27	1.49	1.49	0.01	0.05	0.73	0.72	0.00	0.04	0.55	0.48
2000.1	0.38	0.12	1.16	1.12	0.29	0.12	1.48	1.49	0.08	−0.06	0.72	0.72	0.07	0.03	0.55	0.47
2000.2	1.06	0.82	1.15	1.12	0.87	0.59	1.47	1.48	0.09	0.15	0.71	0.71	0.07	0.02	0.54	0.47
2000.3	0.09	0.06	1.15	1.12	0.19	0.09	1.45	1.47	0.11	0.00	0.71	0.71	0.02	−0.04	0.54	0.47
2000.4	−0.18	−0.14	1.14	1.12	−0.14	−0.10	1.44	1.46	0.16	0.09	0.70	0.71	−0.12	−0.05	0.53	0.47
2000.5	−0.39	−0.21	1.13	1.11	−0.26	−0.41	1.42	1.45	0.47	0.13	0.69	0.71	−0.16	−0.09	0.53	0.47
2000.6	−0.16	−0.12	1.12	1.11	−0.08	−0.05	1.41	1.44	0.03	0.09	0.68	0.70	−0.15	−0.06	0.52	0.47
2000.7	0.03	−0.16	1.11	1.11	−0.20	−0.13	1.39	1.43	−0.04	0.06	0.67	0.70	−0.11	−0.04	0.52	0.46
2000.8	0.05	−0.04	1.10	1.11	0.08	0.02	1.38	1.42	−0.08	0.07	0.66	0.70	0.03	−0.03	0.51	0.46
2000.9	−0.08	−0.08	1.10	1.11	−0.03	0.01	1.37	1.42	−0.15	0.02	0.65	0.69	−0.11	−0.04	0.51	0.46

（续）

时间	黄瓜				青椒				胡萝卜				大白菜			
	周期成分		长期趋势		周期成分		长期趋势		周期成分		长期趋势		周期成分		长期趋势	
	北京	山东	北京	山东	北京	山东	北京	山东	北京	山东	北京	山东	北京	山东	北京	山东
2000.10	−0.15	−0.12	1.09	1.11	−0.14	−0.03	1.35	1.41	−0.09	−0.05	0.64	0.69	−0.06	−0.12	0.50	0.46
2000.11	0.22	0.23	1.08	1.11	−0.22	−0.07	1.34	1.40	−0.01	−0.10	0.64	0.69	0.13	−0.08	0.50	0.46
2000.12	0.14	0.24	1.07	1.10	−0.22	−0.08	1.33	1.39	−0.10	−0.06	0.63	0.69	0.01	−0.01	0.49	0.46
2001.1	0.07	0.29	1.06	1.10	−0.20	−0.12	1.31	1.39	−0.15	−0.02	0.62	0.68	−0.05	0.18	0.49	0.46
2001.2	0.27	0.22	1.06	1.10	−0.16	−0.27	1.30	1.38	−0.17	−0.13	0.61	0.68	0.06	0.04	0.48	0.46
2001.3	0.14	0.03	1.05	1.10	0.21	0.14	1.29	1.37	−0.15	−0.10	0.61	0.68	−0.01	−0.03	0.48	0.46
2001.4	0.13	0.06	1.04	1.10	0.73	0.33	1.28	1.37	−0.18	−0.14	0.60	0.68	−0.01	0.08	0.47	0.46
2001.5	−0.09	−0.04	1.03	1.09	0.15	−0.22	1.26	1.36	−0.20	−0.09	0.60	0.68	0.06	0.07	0.47	0.46
2001.6	0.16	−0.05	1.03	1.09	0.12	−0.14	1.25	1.36	0.04	0.00	0.59	0.67	0.27	0.07	0.46	0.46
2001.7	−0.07	−0.03	1.02	1.09	0.15	−0.05	1.24	1.36	0.18	0.01	0.58	0.67	0.10	0.06	0.46	0.46
2001.8	−0.13	0.34	1.01	1.09	0.01	0.14	1.23	1.35	0.14	0.08	0.58	0.67	0.10	0.16	0.45	0.46
2001.9	−0.04	−0.04	1.01	1.09	−0.14	−0.14	1.22	1.35	0.23	0.02	0.57	0.67	0.04	−0.01	0.45	0.46
2001.10	0.05	−0.14	1.00	1.08	−0.20	−0.01	1.21	1.35	0.02	0.07	0.57	0.67	−0.05	−0.06	0.44	0.46
2001.11	−0.35	−0.23	1.00	1.08	−0.07	−0.06	1.20	1.35	0.06	0.04	0.56	0.67	−0.14	−0.12	0.44	0.46
2001.12	−0.40	−0.24	1.00	1.08	−0.04	0.07	1.20	1.34	0.14	0.07	0.56	0.67	−0.16	−0.17	0.44	0.46
2002.1	−0.31	−0.36	0.99	1.08	−0.23	−0.23	1.19	1.34	0.15	0.03	0.55	0.67	−0.16	−0.22	0.43	0.46
2002.2	−0.17	−0.21	0.99	1.08	−0.08	−0.12	1.18	1.34	0.08	0.01	0.55	0.66	−0.24	−0.21	0.43	0.46
2002.3	−0.26	−0.13	0.99	1.08	−0.41	−0.18	1.18	1.34	−0.05	0.05	0.54	0.66	−0.25	−0.18	0.43	0.47
2002.4	−0.16	−0.08	0.99	1.08	−0.22	−0.23	1.17	1.35	0.11	0.03	0.54	0.66	−0.16	−0.15	0.43	0.47
2002.5	0.01	0.09	0.99	1.08	0.07	0.07	1.17	1.35	0.11	0.14	0.53	0.66	−0.03	−0.10	0.42	0.47
2002.6	0.41	0.21	0.99	1.08	−0.11	0.38	1.16	1.35	−0.07	0.02	0.53	0.66	0.23	0.10	0.42	0.47
2002.7	−0.23	−0.05	0.99	1.08	−0.08	0.00	1.16	1.35	−0.11	−0.07	0.52	0.66	−0.09	−0.10	0.42	0.48
2002.8	−0.18	−0.10	0.99	1.08	−0.19	−0.20	1.16	1.36	−0.06	−0.13	0.52	0.66	−0.18	−0.11	0.42	0.48
2002.9	0.08	−0.11	0.99	1.08	−0.03	−0.16	1.16	1.36	−0.09	−0.14	0.52	0.66	0.00	−0.04	0.42	0.48

（续）

时间	黄瓜				青椒				胡萝卜				大白菜			
	周期成分		长期趋势		周期成分		长期趋势		周期成分		长期趋势		周期成分		长期趋势	
	北京	山东	北京	山东	北京	山东	北京	山东	北京	山东	北京	山东	北京	山东	北京	山东
2002.10	−0.06	−0.05	0.99	1.08	0.02	−0.15	1.16	1.36	−0.05	−0.10	0.51	0.66	−0.06	−0.01	0.42	0.49
2002.11	0.25	0.15	0.99	1.08	0.03	−0.04	1.16	1.37	−0.06	−0.08	0.51	0.66	0.07	0.05	0.42	0.49
2002.12	0.40	0.23	1.00	1.08	−0.03	−0.34	1.16	1.37	−0.05	−0.07	0.51	0.66	0.13	0.12	0.42	0.50
2003.1	0.15	0.14	1.00	1.09	0.39	0.17	1.16	1.38	0.00	−0.06	0.51	0.66	0.10	0.17	0.42	0.50
2003.2	0.05	0.12	1.00	1.09	0.16	0.04	1.16	1.38	0.02	−0.05	0.50	0.66	0.18	0.24	0.42	0.50
2003.3	0.19	0.10	1.00	1.09	0.15	0.08	1.16	1.39	0.05	0.01	0.50	0.67	0.30	0.28	0.42	0.50
2003.4	0.56	0.36	1.01	1.09	0.47	0.62	1.16	1.39	0.20	0.11	0.50	0.67	0.35	0.45	0.42	0.51
2003.5	−0.04	−0.03	1.01	1.09	0.14	0.20	1.17	1.40	0.03	−0.05	0.50	0.67	0.00	0.06	0.42	0.51
2003.6	−0.22	−0.15	1.02	1.09	−0.06	−0.10	1.17	1.40	−0.02	−0.09	0.50	0.67	−0.22	−0.18	0.42	0.51
2003.7	−0.46	−0.23	1.02	1.09	−0.27	−0.28	1.17	1.41	−0.05	−0.10	0.50	0.67	−0.16	−0.18	0.42	0.51
2003.8	0.62	0.07	1.02	1.09	−0.08	−0.19	1.18	1.41	0.03	0.03	0.50	0.67	−0.08	−0.07	0.42	0.52
2003.9	−0.09	0.23	1.03	1.10	0.03	0.32	1.18	1.42	0.07	0.22	0.50	0.67	−0.07	0.00	0.42	0.52
2003.10	−0.03	0.26	1.03	1.10	−0.07	0.18	1.19	1.43	0.04	0.12	0.51	0.68	0.03	0.05	0.42	0.52
2003.11	0.14	0.09	1.04	1.10	0.25	0.17	1.19	1.43	−0.03	0.22	0.51	0.68	0.08	0.18	0.42	0.52
2003.12	0.02	0.14	1.05	1.10	0.07	0.21	1.20	1.44	−0.06	0.16	0.51	0.68	0.04	0.28	0.42	0.52
2004.1	−0.10	0.14	1.05	1.10	−0.09	0.18	1.21	1.44	−0.04	0.14	0.52	0.68	0.06	0.14	0.42	0.52
2004.2	−0.29	−0.26	1.06	1.10	−0.08	−0.32	1.22	1.45	−0.06	0.10	0.52	0.68	0.01	−0.09	0.42	0.53
2004.3	−0.19	−0.11	1.07	1.11	0.24	0.17	1.23	1.45	−0.08	0.01	0.52	0.68	−0.02	−0.04	0.42	0.53
2004.4	−0.16	−0.22	1.08	1.11	−0.18	0.10	1.23	1.46	−0.08	0.04	0.53	0.68	−0.06	−0.10	0.42	0.53
2004.5	0.04	−0.14	1.09	1.11	−0.14	0.02	1.24	1.46	−0.02	−0.01	0.54	0.68	−0.07	−0.10	0.42	0.53
2004.6	−0.02	0.01	1.10	1.12	−0.15	0.28	1.26	1.47	−0.02	−0.04	0.54	0.68	−0.06	−0.10	0.43	0.53
2004.7	0.12	−0.06	1.11	1.12	−0.21	0.08	1.27	1.47	0.02	−0.09	0.55	0.69	0.19	−0.05	0.43	0.53
2004.8	−0.11	0.15	1.12	1.13	0.04	0.10	1.28	1.48	−0.09	−0.07	0.56	0.69	−0.02	0.00	0.43	0.53
2004.9	−0.03	−0.24	1.13	1.13	−0.10	−0.06	1.29	1.48	−0.09	−0.05	0.57	0.69	−0.07	−0.09	0.43	0.54

（续）

时间	黄瓜				青椒				胡萝卜				大白菜			
	周期成分		长期趋势		周期成分		长期趋势		周期成分		长期趋势		周期成分		长期趋势	
	北京	山东	北京	山东	北京	山东	北京	山东	北京	山东	北京	山东	北京	山东	北京	山东
2004.10	−0.08	−0.24	1.15	1.14	0.15	−0.07	1.31	1.49	−0.09	−0.09	0.58	0.69	−0.06	−0.07	0.44	0.54
2004.11	−0.27	−0.29	1.16	1.15	−0.18	−0.24	1.32	1.50	−0.06	−0.06	0.59	0.69	−0.14	−0.10	0.44	0.54
2004.12	−0.09	−0.32	1.18	1.15	−0.14	−0.35	1.34	1.50	−0.08	−0.11	0.60	0.70	−0.15	−0.20	0.44	0.54
2005.1	−0.05	−0.27	1.19	1.16	−0.08	−0.33	1.35	1.51	−0.26	−0.12	0.61	0.70	−0.08	−0.18	0.45	0.55
2005.2	0.12	0.00	1.21	1.17	−0.24	−0.28	1.37	1.52	−0.10	0.00	0.62	0.70	−0.08	−0.11	0.45	0.55
2005.3	0.12	0.12	1.22	1.18	−0.18	−0.34	1.39	1.52	−0.06	−0.07	0.64	0.70	−0.07	−0.10	0.45	0.55
2005.4	0.12	0.14	1.24	1.19	0.07	−0.14	1.40	1.53	−0.19	−0.10	0.65	0.71	0.06	−0.10	0.46	0.56
2005.5	−0.14	0.08	1.26	1.20	−0.06	−0.15	1.42	1.54	−0.14	−0.14	0.66	0.71	0.15	0.03	0.46	0.56
2005.6	−0.21	−0.16	1.28	1.21	0.01	−0.03	1.44	1.55	−0.13	−0.10	0.68	0.72	0.09	0.15	0.47	0.56
2005.7	−0.02	0.12	1.30	1.22	0.17	0.27	1.46	1.56	0.24	0.01	0.69	0.72	0.09	0.13	0.47	0.57
2005.8	−0.01	−0.08	1.32	1.23	0.03	0.24	1.48	1.57	0.00	0.17	0.71	0.72	−0.08	0.06	0.47	0.57
2005.9	−0.41	0.12	1.34	1.24	−0.04	0.11	1.50	1.58	−0.13	0.03	0.72	0.73	−0.04	0.10	0.48	0.57
2005.10	−0.07	0.11	1.36	1.25	−0.04	0.13	1.52	1.59	−0.14	0.00	0.74	0.73	−0.08	0.07	0.48	0.58
2005.11	−0.08	0.01	1.38	1.26	0.07	0.29	1.55	1.60	−0.14	−0.04	0.75	0.74	−0.08	0.06	0.49	0.58
2005.12	−0.20	−0.12	1.40	1.27	−0.35	0.06	1.57	1.61	−0.20	0.04	0.77	0.74	0.14	0.14	0.49	0.58
2006.1	0.27	0.21	1.42	1.28	0.03	0.20	1.59	1.61	0.01	0.08	0.78	0.75	0.15	0.14	0.50	0.58
2006.2	0.28	0.25	1.45	1.29	0.57	0.09	1.61	1.62	0.22	0.13	0.80	0.75	0.13	0.12	0.50	0.59
2006.3	0.06	0.06	1.47	1.30	0.13	0.12	1.63	1.63	0.20	0.15	0.81	0.76	0.04	0.10	0.51	0.59
2006.4	0.08	0.18	1.49	1.31	0.02	0.00	1.65	1.64	0.41	0.19	0.83	0.76	0.24	0.10	0.51	0.59
2006.5	0.17	0.19	1.51	1.32	0.13	0.08	1.68	1.65	0.80	0.34	0.84	0.77	0.04	0.04	0.52	0.59
2006.6	0.65	0.03	1.54	1.33	0.46	0.04	1.70	1.66	0.51	0.19	0.85	0.77	−0.10	−0.15	0.52	0.60
2006.7	−0.55	−0.06	1.56	1.34	0.02	0.05	1.72	1.67	0.23	0.17	0.87	0.78	−0.12	−0.18	0.52	0.60
2006.8	−0.15	−0.13	1.58	1.34	−0.06	−0.20	1.74	1.68	−0.08	0.05	0.88	0.78	−0.08	−0.12	0.53	0.60
2006.9	0.30	0.05	1.60	1.35	−0.14	−0.07	1.76	1.69	−0.02	−0.06	0.89	0.79	0.03	−0.02	0.53	0.60

（续）

时间	黄瓜				青椒				胡萝卜				大白菜			
	周期成分		长期趋势		周期成分		长期趋势		周期成分		长期趋势		周期成分		长期趋势	
	北京	山东	北京	山东	北京	山东	北京	山东	北京	山东	北京	山东	北京	山东	北京	山东
2006.10	−0.44	−0.20	1.63	1.36	−0.06	−0.14	1.79	1.70	0.11	−0.01	0.90	0.79	−0.10	−0.07	0.54	0.61
2006.11	−0.13	−0.09	1.65	1.37	−0.37	−0.41	1.81	1.71	0.05	−0.07	0.91	0.80	−0.14	−0.12	0.54	0.61
2006.12	0.22	0.16	1.67	1.38	−0.25	−0.19	1.83	1.72	0.12	−0.10	0.92	0.80	−0.06	0.03	0.55	0.61
2007.1	−0.05	−0.07	1.69	1.39	−0.29	−0.32	1.85	1.73	−0.02	−0.16	0.93	0.81	−0.08	−0.03	0.55	0.61
2007.2	−0.34	−0.26	1.72	1.40	−0.40	−0.54	1.88	1.74	−0.17	−0.22	0.94	0.82	−0.07	−0.04	0.56	0.62
2007.3	0.02	0.04	1.74	1.41	−0.20	−0.05	1.90	1.76	−0.25	−0.22	0.95	0.82	0.00	0.00	0.56	0.62
2007.4	0.03	0.03	1.76	1.42	−0.04	0.05	1.92	1.77	−0.31	−0.26	0.96	0.83	−0.05	0.00	0.57	0.62
2007.5	−0.09	0.03	1.78	1.42	0.00	0.09	1.94	1.78	−0.36	−0.28	0.97	0.84	−0.11	−0.07	0.57	0.62
2007.6	0.46	0.18	1.80	1.43	−0.02	−0.10	1.96	1.79	−0.36	−0.23	0.98	0.85	0.14	0.09	0.58	0.62
2007.7	0.05	0.01	1.82	1.44	0.16	−0.03	1.99	1.80	−0.27	−0.23	0.99	0.86	0.25	0.18	0.58	0.63
2007.8	0.14	0.17	1.84	1.45	0.12	0.19	2.01	1.81	−0.15	−0.11	1.00	0.87	0.14	0.14	0.59	0.63
2007.9	0.04	−0.16	1.86	1.46	0.24	0.31	2.03	1.82	0.13	−0.05	1.01	0.88	0.01	0.03	0.59	0.63
2007.10	0.28	0.28	1.88	1.46	0.16	0.33	2.05	1.83	0.17	0.00	1.02	0.89	0.14	0.08	0.60	0.63
2007.11	0.16	0.22	1.90	1.47	0.78	0.74	2.07	1.84	0.20	0.05	1.03	0.90	0.28	0.25	0.60	0.64
2007.12	−0.06	−0.03	1.91	1.48	0.11	0.40	2.08	1.85	0.10	0.08	1.04	0.92	0.12	0.16	0.60	0.64
2008.1	−0.14	−0.09	1.93	1.49	−0.16	−0.08	2.10	1.86	0.11	0.06	1.04	0.93	−0.04	0.04	0.61	0.64
2008.2	0.17	0.14	1.95	1.49	0.46	0.25	2.12	1.87	0.13	0.24	1.05	0.94	−0.01	0.00	0.61	0.64
2008.3	−0.08	−0.21	1.96	1.50	0.47	0.28	2.13	1.88	0.14	0.10	1.06	0.95	−0.05	−0.10	0.62	0.64
2008.4	−0.22	−0.25	1.98	1.51	−0.17	0.05	2.15	1.89	0.10	0.14	1.07	0.96	−0.13	−0.20	0.62	0.65
2008.5	−0.05	−0.32	2.00	1.51	−0.28	−0.28	2.16	1.89	−0.01	0.00	1.07	0.98	−0.08	−0.13	0.62	0.65
2008.6	0.06	−0.09	2.01	1.52	0.12	−0.25	2.18	1.90	0.03	−0.03	1.08	0.99	−0.12	−0.11	0.63	0.65
2008.7	0.04	0.19	2.02	1.53	−0.12	−0.18	2.19	1.91	0.09	−0.04	1.09	1.00	0.03	−0.04	0.63	0.66
2008.8	0.11	0.11	2.04	1.53	−0.26	−0.06	2.20	1.91	−0.09	−0.06	1.10	1.01	−0.03	−0.01	0.64	0.66
2008.9	−0.16	−0.14	2.05	1.54	−0.25	−0.36	2.21	1.92	−0.06	−0.05	1.10	1.02	−0.01	−0.03	0.64	0.66

（续）

时间	黄瓜				青椒				胡萝卜				大白菜			
	周期成分		长期趋势		周期成分		长期趋势		周期成分		长期趋势		周期成分		长期趋势	
	北京	山东	北京	山东	北京	山东	北京	山东	北京	山东	北京	山东	北京	山东	北京	山东
2008.10	0.16	0.01	2.06	1.55	−0.40	−0.36	2.23	1.93	−0.07	−0.07	1.11	1.03	0.02	−0.06	0.64	0.67
2008.11	−0.24	−0.19	2.08	1.56	−0.42	−0.33	2.24	1.94	−0.05	−0.06	1.11	1.05	−0.05	−0.14	0.65	0.67
2008.12	−0.36	−0.16	2.09	1.56	0.12	−0.03	2.25	1.94	−0.10	−0.07	1.12	1.06	−0.22	−0.23	0.65	0.68
2009.1	−0.07	0.10	2.10	1.57	0.75	0.71	2.26	1.95	−0.17	−0.07	1.12	1.07	−0.24	−0.16	0.66	0.68
2009.2	0.03	0.06	2.11	1.58	0.39	0.45	2.27	1.96	−0.29	−0.09	1.13	1.08	−0.23	−0.16	0.66	0.69
2009.3	−0.12	0.10	2.12	1.58	0.08	0.15	2.27	1.96	−0.28	−0.09	1.13	1.09	−0.19	−0.14	0.67	0.69
2009.4	0.03	0.09	2.13	1.59	−0.07	0.00	2.28	1.97	0.09	−0.02	1.14	1.10	0.22	0.04	0.67	0.70
2009.5	0.17	0.22	2.14	1.60	0.03	0.01	2.29	1.98	0.32	0.16	1.14	1.11	−0.03	0.09	0.68	0.70
2009.6	−0.05	0.07	2.15	1.60	−0.22	0.03	2.30	1.98	0.13	0.24	1.15	1.11	−0.08	−0.02	0.69	0.71
2009.7	0.19	−0.13	2.15	1.61	0.00	−0.13	2.30	1.99	0.17	0.26	1.15	1.12	−0.08	−0.13	0.69	0.71
2009.8	−0.05	−0.15	2.16	1.61	0.34	−0.22	2.31	2.00	0.18	0.14	1.15	1.13	−0.06	−0.13	0.70	0.72
2009.9	0.57	−0.09	2.17	1.62	0.31	−0.18	2.31	2.00	0.15	0.07	1.16	1.14	0.03	−0.04	0.70	0.73
2009.10	−0.58	−0.18	2.17	1.62	0.06	−0.24	2.32	2.01	0.01	0.01	1.16	1.14	−0.14	−0.10	0.70	0.73
2009.11	0.13	0.03	2.17	1.63	0.01	−0.20	2.32	2.02	−0.14	−0.02	1.16	1.15	−0.04	−0.14	0.71	0.74
2009.12	0.26	0.16	2.18	1.63	0.05	0.04	2.33	2.03	0.10	−0.04	1.16	1.15	0.01	−0.19	0.71	0.74
2010.1	−0.10	−0.07	2.18	1.64	−0.24	−0.25	2.33	2.03	0.13	0.04	1.16	1.15	0.46	0.23	0.72	0.75
2010.2	0.26	−0.06	2.18	1.64	−0.43	−0.46	2.33	2.04	0.08	0.08	1.16	1.16	0.30	0.39	0.72	0.75
2010.3	0.34	0.11	2.18	1.64	−0.57	−0.37	2.33	2.05	0.12	0.12	1.16	1.16	0.37	0.62	0.72	0.76
2010.4	0.37	0.18	2.18	1.65	−0.30	−0.13	2.34	2.06	−0.07	0.13	1.16	1.16	0.32	0.33	0.72	0.76
2010.5	−0.16	0.01	2.18	1.65	0.18	0.29	2.34	2.07	−0.07	0.02	1.16	1.16	0.00	0.19	0.73	0.76
2010.6	−0.16	−0.08	2.18	1.65	−0.33	0.23	2.34	2.07	−0.11	−0.05	1.16	1.16	−0.31	−0.23	0.73	0.76
2010.7	0.05	−0.02	2.17	1.65	−0.24	0.11	2.35	2.08	−0.28	−0.16	1.16	1.16	−0.19	−0.09	0.73	0.76
2010.8	0.10	−0.08	2.17	1.66	−0.13	0.12	2.35	2.09	−0.14	−0.12	1.16	1.16	−0.11	−0.05	0.73	0.77
2010.9	0.11	0.04	2.17	1.66	0.10	0.13	2.35	2.09	−0.10	−0.17	1.16	1.15	−0.14	−0.10	0.73	0.77
2010.10	0.32	0.40	2.16	1.66	0.33	0.20	2.35	2.10	0.03	−0.13	1.16	1.15	0.09	0.10	0.73	0.77
2010.11	0.19	0.13	2.16	1.66	0.32	0.03	2.35	2.10	0.11	−0.01	1.15	1.15	0.75	0.32	0.72	0.76

（续）

时间	黄瓜				青椒				胡萝卜				大白菜			
	周期成分		长期趋势		周期成分		长期趋势		周期成分		长期趋势		周期成分		长期趋势	
	北京	山东	北京	山东	北京	山东	北京	山东	北京	山东	北京	山东	北京	山东	北京	山东
2010.12	−0.34	−0.42	2.15	1.66	−0.42	−0.40	2.35	2.11	0.30	0.18	1.15	1.14	0.61	0.44	0.72	0.76
2011.1	−0.57	−0.39	2.14	1.66	−0.71	−0.76	2.35	2.11	0.17	0.13	1.15	1.13	0.13	0.17	0.72	0.76
2011.2	−0.44	−0.20	2.14	1.66	−0.02	0.07	2.35	2.12	0.25	0.25	1.15	1.13	0.01	0.03	0.72	0.76
2011.3	−0.19	−0.08	2.13	1.66	1.00	0.45	2.35	2.12	0.18	0.18	1.14	1.12	−0.11	−0.18	0.71	0.76
2011.4	−0.15	−0.19	2.12	1.66	0.38	−0.07	2.34	2.12	0.16	0.07	1.14	1.11	−0.22	−0.40	0.71	0.75
2011.5	0.04	−0.09	2.11	1.65	0.16	−0.34	2.34	2.13	0.09	−0.15	1.14	1.10	−0.23	−0.30	0.71	0.75
2011.6	0.24	0.24	2.11	1.65	0.49	0.09	2.34	2.13	−0.11	0.01	1.13	1.09	−0.01	0.12	0.71	0.74
2011.7	−0.13	0.26	2.10	1.65	0.20	0.43	2.33	2.12	−0.02	0.35	1.13	1.08	0.23	0.53	0.70	0.74
2011.8	0.03	0.29	2.09	1.64	−0.29	0.20	2.32	2.12	0.02	0.15	1.13	1.07	−0.20	0.06	0.70	0.74
2011.9	0.18	0.15	2.08	1.64	−0.40	0.27	2.32	2.12	−0.09	0.14	1.12	1.06	−0.14	0.03	0.70	0.73
2011.10	−0.17	0.11	2.07	1.63	−0.03	0.51	2.31	2.12	−0.22	0.17	1.12	1.04	−0.12	0.10	0.69	0.73
2011.11	−0.25	0.02	2.06	1.63	−0.08	0.34	2.30	2.11	−0.27	0.19	1.12	1.03	−0.29	−0.13	0.69	0.72
2011.12	0.72	0.54	2.05	1.62	−0.08	0.49	2.29	2.10	−0.33	0.21	1.12	1.02	−0.36	−0.27	0.69	0.72
2012.1	0.70	0.48	2.04	1.61	0.85	0.35	2.28	2.10	−0.23	−0.35	1.11	1.00	−0.30	−0.33	0.69	0.71
2012.2	0.06	0.24	2.03	1.60	0.01	0.14	2.27	2.09	−0.31	−0.29	1.11	0.99	−0.21	−0.23	0.69	0.71
2012.3	−0.06	−0.08	2.01	1.60	0.23	0.28	2.26	2.08	−0.28	−0.25	1.11	0.97	−0.16	−0.05	0.68	0.70
2012.4	−0.13	0.03	2.00	1.59	0.09	0.41	2.24	2.06	−0.15	−0.21	1.11	0.95	0.00	−0.01	0.68	0.70
2012.5	−0.01	−0.02	1.99	1.58	0.16	0.10	2.23	2.05	−0.05	−0.10	1.11	0.94	0.22	0.04	0.68	0.69
2012.6	−0.20	−0.30	1.98	1.56	0.02	−0.02	2.22	2.04	0.46	0.24	1.11	0.92	0.13	0.03	0.68	0.69
2012.7	−0.23	−0.18	1.96	1.55	0.01	−0.28	2.20	2.03	0.22	−0.07	1.11	0.91	0.09	0.12	0.68	0.68
2012.8	0.22	0.47	1.95	1.54	0.17	−0.13	2.19	2.01	0.09	0.02	1.10	0.89	0.28	0.14	0.68	0.68
2012.9	−0.21	−0.20	1.94	1.53	0.03	−0.16	2.17	2.00	0.15	0.07	1.10	0.87	0.12	0.09	0.68	0.67
2012.10	−0.29	−0.58	1.92	1.52	−0.38	−0.49	2.16	1.98	0.21	−0.02	1.10	0.86	−0.05	−0.16	0.68	0.67
2012.11	−0.24	−0.34	1.91	1.51	−0.49	−0.78	2.14	1.97	0.07	−0.22	1.10	0.84	−0.07	−0.33	0.68	0.66
2012.12	−0.04	−0.21	1.90	1.50	−0.18	−0.26	2.13	1.95	−0.10	−0.20	1.10	0.82	0.06	−0.05	0.68	0.66
2013.1	0.16	0.08	1.88	1.48	−0.35	−0.05	2.11	1.94	−0.10	−0.04	1.10	0.81	0.02	0.26	0.68	0.65

数据来源：作者计算所得。

附表 7 全国水果的平均成本数据和平均价格

品种	年份	生产成本（元）	物质费用（元）	所占成本比重（%）	用工总价（元）	所占成本比重（%）	价格（元/50千克）
苹果	1998	881.37	413.37	46.90	468.00	53.10	50.18
	2000	891.22	452.22	50.74	439.00	49.26	43.36
	2001	843.53	447.29	53.03	396.24	46.97	49.55
	2002	726.97	345.27	47.49	381.70	52.51	48.20
	2003	897.32	470.60	52.45	426.72	47.55	51.74
	2004	1 248.73	636.55	50.98	612.18	49.02	58.26
	2005	1 163.82	559.15	48.04	604.67	51.96	77.06
	2006	1 487.55	735.41	49.44	752.14	50.56	83.28
	2007	2 174.35	1 357.47	62.43	816.88	37.57	139.86
	2008	2 053.04	1 051.54	51.22	1 001.50	48.78	106.75
	2009	3 312.68	1 823.71	55.05	1 488.97	44.95	164.60
	2010	3 589.68	1 882.48	52.44	1 707.20	47.56	238.05
	2011	3 861.49	1 917.34	49.65	1 944.15	50.35	222.93
柑	2001	1 139.85	683.29	59.95	456.56	40.05	64.92
	2002	1 687.81	1 019.01	60.37	668.80	39.63	114.79
	2003	2 170.01	1 382.65	63.72	787.36	36.28	101.44
	2004	2 177.24	1 092.13	50.16	1 085.11	49.84	86.08

（续）

品种	年份	生产成本（元）	物质费用（元）	所占成本比重（%）	用工总价（元）	所占成本比重（%）	价格（元/50千克）
柑	2005	1 257.08	724.81	57.66	532.27	42.34	125.99
	2006	1 459.50	649.45	44.50	810.05	55.50	70.32
	2007	2 280.99	1 072.72	47.03	1 208.27	52.97	110.53
	2008	2 064.22	1 014.35	49.14	1 049.87	50.86	84.95
	2009	1 869.82	912.42	48.80	957.40	51.20	99.52
	2010	1 968.25	1 054.04	53.55	914.21	46.45	132.54
	2011	2 581.20	1 405.10	54.44	1 176.10	45.56	113.74
橘	2001	962.12	553.40	57.52	408.72	42.48	66.49
	2002	1 092.17	642.27	58.81	449.90	41.19	74.45
	2003	1 090.36	611.00	56.04	479.36	43.96	71.01
	2004	1 256.38	840.50	66.90	415.88	33.10	81.12
	2005	1 389.57	896.74	64.53	492.83	35.47	97.81
	2006	2 050.92	859.50	41.91	1 191.42	58.09	124.01
	2007	1 545.00	685.08	44.34	859.92	55.66	85.48
	2008	1 492.62	807.95	54.13	684.67	45.87	40.12
	2009	1 440.99	723.95	50.24	717.04	49.76	72.51
	2010	1 771.08	1 031.76	58.26	739.32	41.74	159.53
	2011	2 098.89	1 152.23	54.90	946.66	45.10	111.84

数据来源：《全国农产品成本收益汇编》。

附表 8　全国蔬菜的平均成本数据和平均价格

品种	年份	生产成本（元）	物质费用（元）	所占成本比重（%）	用工总价（元）	所占成本比重（%）	价格（元/50 千克）
番茄	2001	2 036.19	1 237.47	60.77	798.72	39.23	53.69
	2002	1 918.50	1 119.61	58.36	798.89	41.64	48.71
	2003	1 949.58	1 038.35	53.26	911.23	46.74	45.75
	2004	2 360.28	1 381.82	58.54	978.46	41.46	54.28
	2005	2 594.24	1 417.21	54.63	1 177.03	45.37	56.48
	2006	2 976.93	1 709.68	57.43	1 267.25	42.57	60.34
	2007	3 102.70	1 781.37	57.41	1 321.33	42.59	70.22
	2008	3 177.93	1 823.51	57.38	1 354.42	42.62	70.16
	2009	3 321.36	1 752.08	52.75	1 569.28	47.25	79.74
	2010	3 825.28	1 821.43	47.62	2 003.85	52.38	90.68
	2011	6 137.09	3 180.86	51.83	2 956.23	48.17	116.07
黄瓜	2001	1 802.97	1 124.89	62.39	678.08	37.61	50.90
	2002	1 524.25	912.74	59.88	611.51	40.12	36.95
	2003	1 528.34	907.90	59.40	620.44	40.60	38.91
	2004	2 168.15	1 272.26	58.68	895.89	41.32	55.27
	2005	2 413.87	1 344.67	55.71	1 069.20	44.29	55.21
	2006	2 624.06	1 510.14	57.55	1 113.92	42.45	57.07
	2007	2 948.94	1 763.21	59.79	1 185.73	40.21	70.55
	2008	2 985.93	1 726.94	57.84	1 258.99	42.16	67.57
	2009	3 094.04	1 670.11	53.98	1 423.93	46.02	76.81
	2010	3 577.38	1 674.72	46.81	1 902.66	53.19	91.74
	2011	5 153.69	2 774.89	53.84	2 378.80	46.16	96.78

（续）

品种	年份	生产成本（元）	物质费用（元）	所占成本比重（%）	用工总价（元）	所占成本比重（%）	价格（元/50千克）
茄子	2001	1 117.28	581.68	52.06	535.60	47.94	46.80
	2002	1 084.05	582.45	53.73	501.60	46.27	37.58
	2003	1 418.45	625.84	44.12	792.61	55.88	41.76
	2004	1 768.62	948.66	53.64	819.96	46.36	54.11
	2005	1 962.14	1 012.62	51.61	949.52	48.39	57.84
	2006	2 213.26	1 204.16	54.41	1 009.10	45.59	57.80
	2007	2 287.24	1 177.72	51.49	1 109.52	48.51	74.11
	2008	2 376.70	1 251.49	52.66	1 125.21	47.34	70.32
	2009	2 552.42	1 221.94	47.87	1 330.48	52.13	70.73
	2010	3 034.87	1 321.02	43.53	1 713.85	56.47	94.85
	2011	5 000.30	2 948.88	58.97	2 051.42	41.03	108.05
青椒	2001	1 110.18	631.78	56.91	478.40	43.09	60.77
	2002	1 103.95	610.05	55.26	493.90	44.74	54.05
	2003	1 173.83	660.87	56.30	512.96	43.70	56.48
	2004	1 758.23	952.17	54.16	806.06	45.84	67.16
	2005	1 903.81	993.67	52.19	910.14	47.81	73.09
	2006	2 097.01	1 107.89	52.83	989.12	47.17	70.51
	2007	2 177.95	1 197.90	55.00	980.05	45.00	84.96
	2008	2 396.94	1 265.55	52.80	1 131.39	47.20	76.11
	2009	2 498.58	1 204.35	48.20	1 294.23	51.80	89.21
	2010	3 207.97	1 377.38	42.94	1 830.59	57.06	112.30
	2011	4 095.46	2 338.83	57.11	1 756.63	42.89	105.08

（续）

品种	年份	生产成本（元）	物质费用（元）	所占成本比重（%）	用工总价（元）	所占成本比重（%）	价格（元/50千克）
圆白菜	2001	696.39	383.35	55.05	313.04	44.95	22.67
	2002	705.72	384.52	54.49	321.20	45.51	25.54
	2003	773.18	432.70	55.96	340.48	44.04	26.61
	2004	880.76	485.10	55.08	395.66	44.92	26.32
	2005	985.31	504.90	51.24	480.41	48.76	38.33
	2006	1 011.49	530.54	52.45	480.95	47.55	31.70
	2007	1 116.40	590.85	52.92	525.55	47.08	42.06
	2008	1 199.26	633.82	52.85	565.44	47.15	36.05
	2009	1 363.50	747.39	54.81	616.11	45.19	41.60
	2010	1 543.52	655.96	42.50	887.56	57.50	40.75
	2011	3 040.49	1 720.73	56.59	1 319.76	43.41	55.56
马铃薯	2001	491.05	294.49	59.97	196.56	40.03	38.38
	2002	521.36	306.86	58.86	214.50	41.14	33.05
	2003	512.27	301.71	58.90	210.56	41.10	33.31
	2004	554.30	349.59	63.07	204.71	36.93	36.47
	2005	702.85	428.77	61.00	274.08	39.00	40.38
	2006	684.97	431.99	63.07	252.98	36.93	42.96
	2007	875.71	511.37	58.39	364.34	41.61	50.87

（续）

品种	年份	生产成本（元）	物质费用（元）	所占成本比重（%）	用工总价（元）	所占成本比重（%）	价格（元/50千克）
马铃薯	2008	862.58	526.70	61.06	335.88	38.94	50.85
	2009	653.62	350.77	53.67	302.85	46.33	48.42
	2010	727.23	420.25	57.79	306.98	42.21	92.37
	2011	938.97	567.93	60.48	371.04	39.52	44.01
大白菜	2001	610.07	316.79	51.93	293.28	48.07	16.26
	2002	632.03	305.33	48.31	326.70	51.69	19.41
	2003	658.42	358.26	54.41	300.16	45.59	22.44
	2004	801.96	445.42	55.54	356.54	44.46	17.56
	2005	847.26	439.89	51.92	407.37	48.08	25.77
	2006	956.64	496.29	51.88	460.35	48.12	26.39
	2007	994.19	511.42	51.44	482.77	48.56	31.98
	2008	1 172.85	625.41	53.32	547.44	46.68	29.28
	2009	1 112.00	601.45	54.09	510.55	45.91	25.91
	2010	1 355.41	660.20	48.71	695.21	51.29	47.19
	2011	2 608.11	1 590.48	60.98	1 017.63	39.02	47.78

数据来源：《全国农产品成本收益汇编》。

参 考 文 献

蔡贤恩，孙青松，等 . 2002. 中国农产品价格走势分析与对策研究［J］. 福建农林大学学报（哲学社会科学版），5（1）：28-31.

程建华，等 . 2008. 中国物价变动的影响因素及其传导机制的实证研究［J］. 统计研究（1）：30-34.

程瑞芳 . 2007. 中国农产品价格形成机制及波动效应分析［J］. 中国流通经济（3）：22-24.

崔友平 . 2007. 农业波动对中国经济周期波动的影响［J］. 经济研究参考（54）：24.

丁声俊 . 2007. 从深层次看待和认识农产品价格变动［J］. 价格理论与实践（9）：11-12.

杜俊 . 2008. 基于小波分析的蔬菜价格波动及与气候关系研究［D］. 南京：南京农业大学 .

杜鹏 . 2004. 对价格传导机制变异的解析［J］. 价格理论与实践（11）：13-14.

范言慧 . 2009. 看不懂的 CPI：价格指数与你的生活［M］. 北京：机械工业出版社 .

高铁梅 . 2009. 计量经济分析方法与建模［M］. 北京：清华大学出版社 .

国涓，李会敏 . 2007. 中国农产品价格波动的影响趋势分析［J］. 沈阳农业大学学报（社会科学版），9（2）：144-147.

何新华 . 2006. 中国价格指数间的关系研究［J］. 世界经济（4）：31-36.

贺力平，樊纲，胡嘉妮 . 2008. 消费者价格指数与生产者价格指数：谁带动谁?［J］. 经济研究（11）：16-26.

孔祥智，等 . 2010. 农业产业链条价格传递机制的实证分析［J］. 技术经济（1）：108-112.

孔媛 . 2006. 世界水果贸易比较优势与产业内贸易研究［J］. 国际贸易问题（1）：18-24.

李会敏，国涓 . 2005. 农产品价格波动与通货膨胀关系的实证分析［J］. 辽宁经济（5）：62-63.

李克伟，马晓和 . 1998. 中国农产品价格季节变动的分析［J］. 中国农村观察（2）：28-33.

刘汉成，夏亚华 . 2006. 中美苹果产业的比较分析及政策建议［J］. 中国果业信息（7）：1-4.

刘汉成 . 2007. 中国水果生产的波动特征及主要影响因素分析［J］. 中国果业信息（3）：1-5.

刘浩澜 . 2007. 对价格传导机制的实证分析———以全国、省两级数据为例［J］. 中国物价（7）：3-6.

卢锋，彭凯翔 . 2002. 中国粮价与通货膨胀关系（1987—1999）［J］. 经济学季刊，1（4）：821-836.

鲁沂 . 2007. 农产品价格过快上涨的原因及对策［J］. 粤港澳市场与价格（11）：22-25.

穆维松 . 2005. 中国水果供求特征的计量研究［D］. 北京：中国农业大学 .

乔娟 . 2002. 中国主要新鲜水果国际竞争力变动分析［J］. 农业经济问题（12）：33-38.

闫晓军，赵友森，等．2002. 北京市三大蔬菜批发市场行情研究［J］．中国农学通报（2）：58-66.

王学庆．2009. PPI 与 CPI 的传导关系与当前价格传导的新特征［J］．价格理论与实践（1）：52.

王雪松．2007. 价格传导机制在中国的实证分析［J］．价格理论与实践（9）：29-30.

王益松．2004. 中国农业波动周期与预警分析［J］．农业经济问题（1）：38-42.

温铁军．1996. 经济周期与发展［J］．中国软科学（9）：31-43.

肖六亿，常云昆．2005. 价格传导关系断裂的根本原因分析［J］．中国物价（12）：18-21.

辛贤，谭向勇．2000. 农产品价格的放大效应研究［J］．中国农村观察（1）：52-57.

许世卫，等．2010. 中国农产品在产销间价格传导机制研究［J］．资源科学（11）：2092-2099.

扬顺江．2004. 中国蔬菜产业发展研究［D］．武汉：华中农业大学．

姚霞．2004. 农产品市场时空格局与江苏农业结构调整策略［J］．南京农业大学学报(6)．

易丹辉．2009. 数据分析与 EViews 应用［M］．北京：中国人民大学出版社．

张晓峒．2009. EViews 使用指南与案例［M］．北京：机械工业出版社．

张翼，李崇光．2003. 中国水果业的国际竞争力分析［J］．农村经济（2）：9-11.

张永良，侯铁珊．2007. 中国苹果出口的贸易流向分析［J］．安徽农业科学（11）．3430-3432.

中华人民共和国国家统计局．什么是农产品生产者价格指数?［EB/OL］．http：//www. stats. gov. cn.

周望军，葛建营，王小宁，等．2008. 价格传导问题综述及量化分析［J］．北京交通大学学报（社会科学版），7（2）：48-55.

Coase R H，Fowler R F. 1937. The Pig-cycle in Great Britain：An Explanation［J］. Economic（13）：55-82.

David E · Merrifield，Richard W · Haynes. 1984. The Adjustment of Product and Factor Markets：An Application to the Pacific Northwest Forest Products Industry［J］. American Journal of Agricultural Economics，66（1）.

Ezekie M. 1938. The Cobweb Theorem［J］. Quarterly Journal Economics，52（2）：255-248.

Nicholas Apergis，Anthony Rezitis. 2003. Mean Spillover Effects in Agricultural Prices：The Case of Greece［J］. Agri-business，19（4）.

Talpaz H. 1974. Multi-frequency Cobweb Model：Decomposition of the Hog Cycle［J］. American Journal of Agricultural Economics，57（1）：38-49.

图书在版编目（CIP）数据

北京鲜活果蔬产品价格波动与调控研究/刘芳，何忠伟著．—北京：中国农业出版社，2014.4
ISBN 978-7-109-19060-3

Ⅰ.①北… Ⅱ.①刘… ②何… Ⅲ.①水果－价格－研究－北京市②蔬菜－价格－研究－北京市 Ⅳ.①F726

中国版本图书馆CIP数据核字（2014）第067790号

中国农业出版社出版
（北京市朝阳区农展馆北路2号）
（邮政编码100125）
责任编辑 李文宾 冀 刚

北京中科印刷有限公司印刷 新华书店北京发行所发行
2014年7月第1版 2014年7月北京第1次印刷

开本：720mm×960mm 1/16 印张：18.5
字数：380千字
定价：48.00元